# 高密市审计志

《高密市审计志》编纂委员会 编

中国海洋大学出版社
CHINA OCEAN UNIVERSITY PRESS
·青岛·

图书在版编目（CIP）数据

高密市审计志 / 《高密市审计志》编纂委员会编 . 青岛 : 中国海洋大学出版社 , 2024. 12. -- ISBN 978-7-5670-3964-3

Ⅰ . F239.227.523

中国国家版本馆 CIP 数据核字第 202430C7V8 号

| | | | |
|---|---|---|---|
| **出版发行** | 中国海洋大学出版社 | | |
| **社　　址** | 青岛市香港东路 23 号 | **邮政编码** | 266071 |
| **网　　址** | http：//pub.ouc.edu.cn | | |
| **出 版 人** | 刘文菁 | | |
| **责任编辑** | 滕俊平 | **电　　话** | 0532-85902342 |
| **电子邮箱** | 116333903@qq.com | | |
| **印　　制** | 山东潍坊新华印务有限责任公司 | | |
| **版　　次** | 2024 年 12 月第 1 版 | | |
| **印　　次** | 2024 年 12 月第 1 版印刷 | | |
| **成品尺寸** | 210 mm×285 mm | | |
| **印　　张** | 25.25 | | |
| **字　　数** | 540 千 | | |
| **印　　数** | 1—1000 | | |
| **定　　价** | 380.00 元 | | |

---

## 《高密市审计志》编纂委员会

**主　　任：** 董广明

**常务副主任：** 王大伟

**副 主 任：** 张新明　陈丽波　杜启强　马伟莲

**委　　员：** 王福兴　姜殿国　戴学仁　李宗福　张宗春　王丽萍

## 《高密市审计志》编纂人员

**主　　编：** 王丽萍

**副 主 编：** 王有志　李　欣

**执行主编：** 袁毅飞　李　苹

**主　　审：** 王有志

**副 主 审：** 仪　敏　迟　莹　李金科　侯文奇　王　静
王艳丽　付希娟　张海波　陈鹏程　徐正伟
程元友

**撰稿人员**（按姓氏笔画排序）：
王　峰　王春晓　冯　梅　朱　慧　宋世忠
张　婷　张志伟　郭　鹏　魏　强　魏凤磊

**摄　　影：** 张　涛

# 序

盛世修志，鉴往知今。在全国上下深入学习贯彻党的二十届三中全会精神之际，《高密市审计志》告竣付梓。这是高密市审计史上的一件大事，也是向中华人民共和国成立75周年的献礼。值此机会，谨向本书的出版表示热烈的祝贺！

习近平总书记指出，审计是党和国家监督体系的重要组成部分。高密的审计事业，始于1984年4月高密县审计局成立。40年来，高密审计机关从无到有、由弱变强，走过了摸索经验、拓展空间、法治规范、科学转型、审计全覆盖五个发展时期，2019年3月成立中共高密市委审计委员会，构建起集中统一、全面覆盖、权威高效的审计监督体系。近年来，高密审计机关紧紧围绕市委、市政府中心工作和全市发展大局，牢牢把握政治机关定位，坚持依法审计、科学审计、文明审计、廉洁审计，聚焦经济发展、财政资金绩效、保障改善民生、防范化解风险、规范权力运行等重点领域，协同推进高水平监督和高效能整改，以强有力的审计监督推动政策落实、护航高质量发展，交出了无愧于时代、无愧于人民、无愧于历史的合格答卷。高密审计多项工作走在省和潍坊市前列，年轻审计干部培养经验做法在全省推广，累计获评全省优秀审计项目5个，连续15年获省级文明单位，连续4届获山东省审计系统先进集体，被确定为全省审计系统模范机关建设"三级联动"试点单位。

志属信史，一域重典。《高密市审计志》，2023年启动编纂，历时两载，数易其稿，是全市第一部记载审计监督的部门志。全书收录了高密审计发展过程中的重大事件和重要成果，记载了高密审计事业栉风沐雨、开拓创新的光辉历程，展现了高密审计队伍忠于法律、敢打硬仗、担当实干、敬业奉献的精神风采，具有很强的可查考性、可借鉴性，必将发挥存史、资政、育人的重要价值。

志以载道，以启未来。当前，高密正处在爬坡过坎、率先崛起的关键时期，全市人民团结同心、砥砺奋进，加快建设现代化新高密。希望全市审计机关和审计工作者深入学习贯彻习近平总书记关于审计工作的重要论述和指示批示精神，坚决扛牢审计监督重大政治担当，全面落实“如臂使指、如影随形、如雷贯耳”的总要求，以更高标准、更大力度、更实举措推动各项审计工作再上新台阶，着力打造信仰坚定、业务精通、作风务实、清正廉洁的审计铁军，为谱写中国式现代化高密新篇章提供坚强有力的审计保障。

中 共 高 密 市 委 书 记

中共高密市委审计委员会主任 董朋

2024 年 12 月

# 凡例

FANLI

一、本志以马列主义、毛泽东思想、邓小平理论、“三个代表”重要思想、科学发展观、习近平新时代中国特色社会主义思想为指导，坚持辩证唯物主义和历史唯物主义的立场、观点和方法，突出时代特征、行业特点，存真求实，全面、客观、系统记述高密审计事业40年发展历程和现状，力求资料性、思想性、科学性的统一。

二、本志记述时间始于1984年4月高密县审计局成立，终于2024年12月底。为保持记述的完整，有些内容适当上溯或下延。

三、本志采用述、记、志、传、图、表、录等体裁，以志为主，全书随文插图，前设概述、大事记，中设专志12章，后置附录、后记，基本按照审计事业的诸项工作分类，力求做到横不缺要项，纵不断主线，并注意行业特点。

四、本志采用语体文、记述体，力求语言朴实、文风严谨。文字使用国家公布的规范简化字。数字、标点符号、计量单位等的使用按国家相关标准执行。

五、本志第二章涉及的被审计单位名称变化频繁，已无从查证，用该单位档案所述名称。

六、本志收录人物包括1984年—2024年高密市审计局在职在岗干部职工和部分已离职离任的干部职工。

七、本志资料主要来源于高密市档案馆、高密市审计局档案室。

# 目录

# 概述

GAISHU

高密市位于山东省潍坊市东境、胶东半岛中部、胶莱平原腹地，是国务院批准的山东半岛沿海开放重点县市之一。地理坐标为东经 119° 26′ 16″ ~ 120° 0′ 38″，北纬 36° 8′ 44″ ~ 36° 41′ 20″。总面积 1523.49 平方千米。辖 3 街道、7 镇以及 1 省级经济开发区。2023 年 12 月底，全市户籍总人口 885008 人。荣获全国综合实力百强县、全国科技创新示范县、全国集约节约用地模范县、全国义务教育发展基本均衡县、国家园林城市、国家卫生城市、中国家纺名城、中国安全防护用品产业名城、中国民间文化艺术之乡、中国文旅融合发展名县、全国象棋之乡、中国长寿之乡等称号。

## 一

高密市位于新华夏系第二隆起带鲁东古隆起区西部、胶莱坳陷之内，横跨高密凹陷和柴沟凸起两个Ⅳ级构造单元。境内底层构造比较简单，2/3 的面积被第四系覆盖，以河床和河漫滩相及湖沼相沉积为主；注沟、井沟、双羊、后店、高密城一带有白垩系上统王氏组地层出露，属河湖相沉积；在柴沟—王吴一线，即柴沟凸起的西段，分布有侏罗系上统莱阳组地层；在道乡南部、谭家营和东疃一带，有白垩系下统青山组小范围出露。

辖区内以盆地沉降中心形成的高密凹陷和受东西向断裂控制形成的柴沟凸起组成市域内丁字形构造格架。高密凹陷包括柴沟至胶州市以北、平度城以南，西起沂沭断裂带的景芝断裂，东至即墨—朱吴断裂；区内古老结晶基底埋深，大都在 7000 米以上。柴沟凸起包括胶州—柴沟和二十里夼—百尺河之间的地区，为一受东西向断裂构造控制的断块凸起带，宽约 15000 米。区内结晶地理埋深大约 2000 米。

境域地势南高北低，最高点在柴沟镇张林村北侧梁尹岭，海拔 114.2 米；最低点在大牟家镇曹家北近北胶莱河处，海拔 5.3 米。相对高差 108.9 米。全市主要河流有 18 条，分属南胶莱河、北胶莱河和潍河三大水系，流域总面积 1525.21 平方千米。土壤有棕壤、褐土、潮土和砂礓黑土 4 种。境域属季风性暖温带大陆性半湿润气候。冬冷夏热，四季分明。年平均气温 13.5℃，年降水量 647.8 毫米。

高密市经济布局合理，发展势头强劲。2023 年，全年地区生产总值（GDP）679.5 亿元。其中，第一产业增加值 59.0 亿元，第二产业增加值 231.1 亿元，第三产业增加值 389.4 亿元。工业主要有机械装备、纺织服装、安防用品、高端化工、食品加工等五大产业集群。全市规模以上工业企业 437

家，高新技术产业企业110家。豪迈公司为国家技术创新示范企业、省“十强”产业领军企业；孚日集团上榜全国棉纺织行业竞争力百强企业；金永和精工制造股份有限公司、山东银鹰股份有限公司两家企业分别获评第五批国家级绿色工厂、国家制造业单项冠军。

高密市交通发达便捷，距胶东国际机场仅30分钟车程。境内有胶济铁路（客线）、胶济铁路（货线）、济青高速铁路、胶新铁路、海青铁路5条铁路线，青银高速、青商高速、明董高速3条高速公路，青兰线1条国道，灰里线、平日线、济青线3条省道，273条县乡道路。

高密市历史悠久，文化底蕴深厚。5000年前已有先民在这里繁衍生息，战国始有高密之名，秦置高密县，1994年撤县设市。高密是龙山文化、海岱文化、齐鲁文化发祥地之一，是晏婴、郑玄、刘墉等知名人物的故乡。至2023年12月，境内有文物古迹211处，全国重点文物保护单位1处（高密故城遗址），省级重点文物保护单位7处，市级重点文物保护单位16处，县级重点文物保护单位188处。前冢子头遗址考古被文化和旅游部列为“考古中国”重大项目。古代名人墓、祠、碑多有留存，如晏婴冢、顼王冢、小妹冢、袁绍墓（疑冢）等。馆藏文物11123件（套）。其中，国家一级文物8件（套），二级文物24件（套），三级文物480件（套）。境内民间艺术众多，高

密剪纸被列入联合国教科文组织人类非物质文化遗产代表作名录。剪纸、泥塑、茂腔和扑灰年画被列入国家级非物质文化遗产代表性项目名录，被誉为高密民艺“四宝”。还有省级非物质文化遗产项目11项、潍坊市级34项、高密市级146项。在高密拍摄的电影《红高粱》获德国柏林国际电影节最佳影片“金熊奖”，本影片根据高密籍作家莫言的同名小说改编，同名茂腔电影、同名电视连续剧在高密拍摄并公映。连续举办12届红高粱文化节，红高粱文学现象研讨会具有全国影响力。高密市图书馆、高密市文化馆通过国家一级馆复审，高密市博物馆晋升为国家二级馆。2023年11月，莫言文学艺术馆（红高粱文学基地）启用。

## 二

审计制度在中国有着悠久的历史。早在商周时期，就出现了审计的萌芽。中国古代审计的发展，主要经历了五个阶段。一是宰夫治官审计阶段（前11世纪至前771年）。西周时期大宰率部属辅佐天子，掌理天下政务，大宰职责中的考核财计、考核官吏都与审计有关，具体审计工作则由辅佐大宰的小宰和宰夫实施。二是上计审计阶段（前771年—220年）。春秋战国时期中央通过上计监察和制度加强对地方政权的控制；秦汉的统一和发展，促进了上计制度的完善。三是比部审计阶段（220年—763年）。魏晋南北朝时期，上计制度逐渐退出历史舞台，尚书

高密市区东部

省下负责法制勾检的比部逐渐承担起审计监督的职责，并最终在隋唐时期成为刑部下专门行使经济监督权的审计机构。四是三司与审计司（院）审计阶段（763年—1271年）。安史之乱以后，以户部、度支和盐运三司为首的中央财政行使及地方道、州、县均出现了具有审计职责的官吏，形成了一些新的审计机构，为五代、宋时期三司审计奠定了基础；宋朝设立审计院，是最早的以“审计”命名的审计机关，隶属户部。五是都察院和六科审计阶段（1271年—1912年）。明代建立起以都察院和六科审计监督为主的审计体制，清代沿袭明代的科道审计制度，都察院下设15道监察御史，负责15个省的监察审计工作并稽查在京各衙门事务。明代和清代前期对财会审查监督制度作了一些规定。清代末年，设置了审计院，草拟了《审计院官制草案》，明确了审计院的体制、职责、权限以及决议报告制度等。

1912年9月，袁世凯政权成立审计处，隶属国务总院，各省设审计分处，先后颁布《审计处暂行章程》和《审计条例》。1914年，北洋政府设立审计院，先后颁布《审计法》和《审计法实施细则》。1925年8月，国民政府颁布的《监察院组织法》规定，监察院第二局下设审计科管理审计事务。11月，颁布《审计法》和《审计法实施细则》。1928年2月，国民政府设立审计院。8月，《国民政府组织法》规定，监察院设审计部履行审计职责。1938年5月，国民政府对《审计法》进行修订后颁布实施。

中国共产党自创建之日起，就十分重视经济管理和审计监察工作。1923年—1924年建立的安源路矿工人俱乐部经济委员会审查部和经济审查委员会，是中国共产党创建后直接领导设立的经济监督机构。1925年7月，在中国共产党领导下成立的省港罢工委员会专门设立审计局，这是中国共产党领导下成立的早期以“审计”命名的机构。

1927年4月中共第五次全国代表大会后的中央领导机构中设立中央审计委员一职。1932年8月，中华苏维埃共和国临时中央政府规定，中央财政部设立审计处，省财政部设立审计科。1933年9月，设立中央审计委员会，归中央人民委员会直接领导。1934年2月，在中央执行委员会之下设立审计委员会，同时还颁布了《中华苏维埃共和国中央政府执行委员会审计条例》。

抗日战争时期，全国各抗日根据地建立起相应的审计机构，颁布实施相关的审计法规。在山东抗日根据地，各行政区设立审计处，施行财政上的司法监督，各行政区审计处受地区检查委员会领导，并受行政委员会指导，但仍保持独立的系统。山东省设审计处，主署区设审计分处，专署区设审计员。1942年6月，山东战时工作推进委员会颁布《山东省审计处暂行组织条例》。1946年2月，山东省政府颁布《山东省暂行审计规程（草案）》。

中华人民共和国成立后，1950年初，《中华人民共和国暂行审计条例（草案）》印发征求意见，但一直没有设置独立的国家审计机构，审计监督寓于财政、金融等专业监督之中，由财政部门内部的检查（监察）机构结合财政财务管理实施检查，在加强财政财务收支监督方面发挥着积极作用。

1982年12月公布施行的《中华人民共和国宪法》规定，国家实行审计监督制度，设立审计机关。1983年9月，中华人民共和国审计署成立。1985年8月，国务院颁布《关于审计工作的暂行规定》。1988年11月，国务院颁布《中华人民共和国审计条例》（以下简称《审计条例》）。1994年8月，第八届全国人大常委会第九次会议制定并通过《中华人民共和国审计法》（以下简称《审计法》），自1995年1月1日起施行。1997年10月，国务院颁布《中华人民共和国审计法实施条例》（以下简称《审计法实施条例》）。2006年2月，第十届全国人大常委会第二十次会议修正了《中华人民共和国审计法》部分条文，使该法臻于完善。2021年10月，第十三届全国人民代表大会常务委员会第三十一次会议《关于修改〈中华人民共和国审计法〉的决定》对《审计法》进行了第二次修正。

## 三

中华人民共和国成立以后的30多年间，高密没有设立独立的审计机关，对财政财务收支的监督主要由财政、银行、税务等部门结合自身的业务管理进行。按照1982年施行的《中华人民共和国宪法》的规定，1983年9月，审计署成立，随后两年间，全国县级以上地方各级人民政府普遍设立了审计机关，依照法律规定独立行使审计监督权。

1984年4月，高密县审计局（以下简称“县审计局”）成立，为正科级行政单位。1987年2月，县审计局内设办公室、工基交审计股、商粮贸审计股、行政事业审计股“三股一室”。1991年9月，县审计局机构基本健全，设办公室、工交审计科、商粮贸审计科、行政事业科、综合科、基本建设审计科“五科一室”，并设事业单位1个：审计事务所。1994年5月高密撤县设市后，改高密县审计局为高密市审计局（以下简称“市审计局”），改高密县审计事务所为高密市审计师事务所。1999年3月，增设审计管理科；撤销工交审计科、商贸审计科，成立企业审计科；撤销行政事业财政金融审计科，成立行政事业审计科、财政金融审计科。2001年6月，成立高密市经济责任审计办公室，隶属高密市审计局，为副科级行政延伸性全额拨款事业单位，2009年10月升格为正科级事业单位。2019年3月，高密市经济责任审计办公室更名为高密市经济责任审计服务中心，为副科级单位。

1986年，高密县开始建立内审机构。1996年高密市政府转发《高密市审计局关于内审工作的规定》后，内审工作蓬勃发展。2010年12月，成立高密市内部审计协会。2011年2月，选举产生第一届理事会会长、副会长、秘书长、副秘书长、常务理事。至2023年底，全市共有53家单位173名财会内审相关工作人员为潍坊内审会员，数量位居潍坊之首。各内审机构负责本部门、本单位的经济监督工作，重点进行专项审计和审计调查，加强大宗资产采购比价审计、离任审计等工作，达到了完善内控制度、规范管理、降本增效的目的。高密市审计局加强对内部审计协会、各内审机构和内审人员的业务指导和管理，截至2023年12月，共举办内审培训班36期，培训内审人员1540人

（次），有力促进了内审工作健康开展。

1990 年，高密县审计事务所成立（1994 年高密撤县设市后改为高密市审计师事务所），是当时高密县唯一的社会审计组织。高密市审计师事务所内设注册资金验资部、审计查证部、基建审计部、资产评估部、办公室。截至 1999 年 12 月 30 日，高密市审计师事务所实有从业人员 24 人，其中，中级专业技术职称 9 人，初级专业技术职称 12 人；共完成审计查证金额 444294 万元，验资年检金额 329873 万元，基建验证金额 40664 万元，资产评估金额 67186 万元，资产增值金额 25088 万元。1999 年 12 月，高密市审计师事务所与审计机关脱钩，成立高密康成有限责任会计师事务所。高密市审计局按照《审计法》的规定，加强对高密康成有限责任会计师事务所及其他社会审计中介机构的指导和监督，促进了社会审计机构健康发展。

截至 2023 年，高密市审计局在职在编人员 46 人。其中，行政编制 22 人，事业编制 24 人；副科级以上干部 12 人；中高级职称 19 人，本科及以上学历人员占比 73%。内设 9 个职能科室。局班子核定领导职数 1 正 2 副，下辖 1 个副科级事业单位（高密市经济责任审计服务中心），另配备市经济责任审计工作联席会议办公室主任 1 人（副科级）。

## 四

伴随着改革开放和社会主义现代化建设的大潮，审计监督制度应运而生。高密审计机关经历了从无到有、从小到大、从弱到强逐步发展壮大的过程。高密审计机关成立 40 年以来，审计监督工作在实践中探索，在发展中深化，在改革中奋进，为规范财经秩序、严肃财经纪律、服务党委政府中心工作、保障经济社会健康发展、促进党风廉政建设、推动完善国家治理等发挥了重要作用，做出了积极贡献。

积极开展试审工作、大胆摸索经验时期（1983 年—1987 年）。1983 年《国务院批转审计署关于开展审计工作几个问题的请示的通知》和 1985 年《国务院关于审计工作的暂行规定》，为贯彻落实《中华人民共和国宪法》的规定、规范审计工作提供了必要的法规依据。高密县一面组建审计机关，创造工作条件，一面围绕上级部署的增收节支、平衡财政收支等经济工作重点，积极开展试审，摸索经验。审计监督在严肃财经法纪、纠正不正之风、促进改善管理、提高经济效益、纠正账目差错、加强基础工作等方面都发挥了重要作用。1984 年，按照审计署要求，高密县重点抓组建，打好工作基础，同时积极开展审计监督，为促进经济的健康发展做出了贡献。1985 年，县审计局重点围绕经济体制改革，开展财务和违纪审计，严肃了财政法纪，纠正了不正之风。1986 年是县审计局实行审计工作计划管理的第一年，以维护财经纪律为重点，保证体制改革的顺利进行。1987 年，县审计局紧紧围绕增产节约、增收节支运动，按计划、有重点地积极开展审计监督，取得较好成绩，圆满完成了审计工作。

顺应经济体制转变，拓展审计监督空间时期（1988 年—1993 年）。随着改革开放的进一步深入，我国传统的计划经济体制开始逐步向社会主义市场经济体制转变。党的十三大系统阐述了社会主义初级阶段理论，提出“一个中心、两个基本点”的基本路线。所有这些，给审计工作提出了许多新课题，也为高密审计事业的发展提供了广阔空间。1988年，国务院发布《中华人民共和国审计条例》，将《中华人民共和国宪法》关于审计监督的原则规定进一步具体化，审计工作初步纳入法治化轨道。高密县审计局逐步以经常性的审计监督代替一年一度的财务大检查，有重点地开展审计工作，主要做好公有制经济和各级财政、金融的审计工作，在宏观管理监督和保障经济体制改革顺利进行等方面发挥了重要作用。1991年，县审计局继续贯彻“积极发展、稳步提高”的审计工作方针，大力加强和改进审计工作，积极开展审计监督，为治理整顿和深化改革、促进企业经营管理、提高经济效益、推动高密县经济健康发展做出了积极贡献。1993年，县审计局认真贯彻山东省、潍坊市审计工作会议精神，解放思想、转换脑筋，牢固树立审计为社会主义市场经济服务的思想，为促进企业经营机制转换、严肃财经法规、推动高密县经济健康发展做出了积极贡献。

认真总结经验，提升审计工作法治化、规范化水平时期（1994年—2005年）。党的十四大确立了建立社会主义市场经济体制的目标，党的十五大提出实行依法治国方略，加快了建设社会主义法治国家的历史进程。面对更为有利的发展环境，高密审计工作在总结以往经验，逐步走向法治化、制度化、规范化方面取得很大进展，审计工作的层次和水平不断提升。1994年颁布的《中华人民共和国审计法》和1997年国务院发布的《中华人民共和国审计法实施条例》，为审计工作开展指明了方向。高密市认真贯彻落实上述法律法规和条例，以提升审计成果质量和水平为核心，坚持以真实性为基础、以打假治乱为重点，加大对严重违法违规问题和经济犯罪的查处力度，积极探索经济责任审计，构建了“3 + 1”的审计业务格局，加强了对权力的制约和监督。1994年，高密市以深化改革、发展经济、奔小康、过百亿、建强市为中心，认真履行审计职能，积极开展审计工作，取得了显著成绩。1995年，高密市紧紧围绕改革、发展、稳定大局，以贯彻实施《中华人民共和国审计法》为动力，以推动“管理效益年”活动的顺利开展为重点，加大审计力度，提高执法水平，圆满完成了市委、市政府和上级审计机关安排的各项工作任务。2004年，积极履行审计监督职能，不断加大对经济活动的监督力度，努力为政府宏观经济管理与决策当好参谋助手。2005年，认真履行职能，严格审计执法，各项工作都呈现出争先创优的好势头。

立足转方式调结构，促进审计工作科学转型时期（2006年—2011年）。2006年，全国人大常委会通过修正后的《中华人民共和国审计法》，审计工作进入新时期。高密审计工作紧紧围绕落实科学发展观，在审计理念、监督内容、工作方式方法、目标任务等方面大胆探索，创新发展，积累经验，立足高密审计的行业特点和工作实际，于2010年确立了“推进审计工作科学转型”的发展思路，充分发挥审计“免疫系统”功能，全力服务打好“转方式、调结构”主动仗，促进高密经济社会持续健康发展。明确审计转型目标，实现在审计理念上由传统经济监督模式为主向维护国家安全“免疫系统”的现代监督模式为主转变，在审计内容上由微观为主向宏观为主转变，在审计类型上由合规审计为主向绩效审计为主转变，在审计手段上由手工账目审计为主向计算机审计为主转变，在审计时点上由事后监督为主向事前、事中监督为主转变。

围绕新常态和新发展理念，推动实现审计全覆盖时期（2012年—2024年）。党的十八大以来，中央出台了一系列“稳增长、促改革、调结构、惠民生、防风险、保稳定”的政策措施，经济发展进入新常态。2014年10月，国务院印发《关于加强审计工作的意见》，“审计监督全覆盖”概念首次被写进政府文件。2015年12月，中共中央办公厅、国务院办公厅印发《关于完善审计制度若干重大问题的框架意见》以及《关于实行审计全覆盖的实施意见》。高密审计工作顺应经济发展新常态和新发展理念要求，积极探索推进审计监督全覆盖，进入一个新的发展时期。从2014年末开始，对“稳增长、促改革、调结构、惠民生、防风险、保稳定”等政策措施落实情况以及公共资金、国有资产、国有资源和领导干部履行经济责任情况进行全面审计监督，努力实现审计全覆盖。2016年4月，高密市人民政府印发《关于加强审计工作的实施意见》，对把握审计工作大势、强化审计监督、完善审计工作机制、深化审计成果利用、夯实组织保障等方面进行规范并提出要求。高密审计工作充分发挥重大政策措施落实“督查员”、公共资金“守护者”、权力运行“紧箍咒”、反腐败“利剑”等作用，全力服务“打好稳增长、调结构主动仗”，有力保障和促进了全市经济社会转型跨越发展。2017年，全市经济责任工作审计联席会议召开，印发《高密市领导干部离任经济责任事项交接办法（试行）》，简化了审计程序，提高了审计成效。开展领导干部自然资源资产离任审计试点工作，取得初步成效。6月，按照省审计厅《全省审计机关实施“强基层、铸铁军”工程方案》部署要求，高密市审计局党组成立“强基层、铸铁军”工程领导小组，制订工程实施方案，锻造高素质的审计队伍。2019年，市审计局印发《关于建立审计容错免责机制的实施办法》，在审计监督中正确运用“三个区分开来”，进一步支持改革、鼓励创新、宽容失误。印发《高密市领导干部离任经济责任事项交接办法》，进一步提高经济责任审计的效率和覆盖面，增强领导干部的经济责任意识和自律意识，规范领导干部的经济责任行为。2020年，中共高密市委审计委员会办公室印发《关于进一步加强内部审计工作的意见》，要求建立健全内部审计制度，提升内部审计工作质量，充分发挥内部审计作用。2021年，市审计局印发《正向激励实施办法（试行）》，树立重实干、重实绩的用人导向，发挥考核评价的激励鞭策作用，大力教育引导干部担当作为、干事创业。2022年，高密市审计局通过“师带徒”“大培训、大练兵、大比武”方式加强培养年轻审计干部，锻造一流过硬审计铁军，该经验做法得到省审计厅和潍坊市审计局主要领导批示。高密市审计局被确立为全省审计机关模范机关建设省市县“三级联动”试点单位。此后，全省工作视频推进会议召开，高密市审计局作为全省八个单位之一，也是潍坊市唯一单位在会上作了题为“聚焦‘四个建设’，锻造模范机关”的典型经验介绍。2023年，市审计局为提高整改质效，联合市纪委机关下发《关于建立医疗卫生系统审计查出问题整改协同监督工作机制的意见》，进一步提高监督治理效能。2024年，在山东省审计厅组织的全省优秀审计项目评选活动中，市审计局的全市基层医疗机构运营及政策落实情况专项审计调查项目获省优二等奖。因工作成绩突出，市审计局受到市委、市政府通报表扬。

## 五

高密市40年审计工作的实践充分证明，只有坚持党的领导，着眼大局、把握大势，及时调整审计工作思路和重点，不断加强和改进审计工作，才能切实有效地履行审计监督的职责，充分发挥好审计监督的作用，为经济社会高质量发展保驾护航。

必须始终坚持一切从实际出发，不断开拓创新，积极探索审计工作新思路、新方法。高密审计机关始终坚持立足于高密实际，创造性地开展工作。从实行财政财务收支审计与效益审计并重，到全面推进绩效审计，促进提高经济效益、扩大社会效益和保护生态效益；从企业审计、行政事业单位审计，到财政“同级审”、社会保障审计、经济责任审计，再到开展“稳增长”等政策措施落实情况审计、环境保护审计、领导干部自然资源资产离任审计；从最初以核对账目为主要方式的审计，到运用经济活动分析、内部控制测评、审计抽样等现代技术，再到探索推广信息化环境下的审计方式；从单一的事后审计，到对重大投资项目、重大突发性公共事项等进行全方位、全过程跟踪审计；从审计结果向高密市人大常委会报告，到项目结束后向社会公告……纵观整个高密审计发展史，其也是不断推进审计理论和实践创新的历史。高密市审计机关积极探索审计业务模式改革，促进了审计工作科学化、规范化和法治化，减少了制度缺陷可能造成的审计风险，强化了廉政制约和审计质量控制，提升了工作质效和监督水平。“四分离”模式改革，引起上级审计机关的高度关注和重视，潍坊市审计局在全市审计系统介绍推广。

必须始终坚持“依法审计、服务大局、围绕中心、突出重点、求真务实”的审计工作方针，充分有效地履行审计监督的法定职责。高密审计机关组建初期，有针对性地提出“边组建、边工作”的方针，使审计机关很快进入角色，逐步开展工作。组建任务基本完成之后，确定了“抓重点、打基础”“积极发展、逐步提高”的方针，不断拓宽审计领域，使审计监督成为一项经常性制度。党的十四大以后，高密审计机关不断加强审计法制和规范化建设；根据经济社会发展的新要求，认真落实“依法审计、服务大局、围绕中心、突出重点、求真务实”的工作方针，坚持以真实性为基础、以打假治乱为重点，加大对严重违法违规问题和经济犯罪的查处力度，依法履行审计监督职责。

必须始终加强各项基础建设，为审计工作科学发展奠定基础和提供保障。高密审计机关加强队伍建设，坚持以班子队伍建设为重点，解放思想，转变观念，不断强化理想信念教育和审计业务培训，加大公开选拔、交流轮岗、竞争上岗的力度，推进实战能力建设，培养出一大批查核问题的能手、分析研究的高手、计算机应用的强手和精通管理的行家里手。加强文化建设，大力弘扬“依法、求实、严格、奋进、奉献”的审计精神，加强“崇真尚审”的审计文化品牌建设。加强审计法治建设，以制度建设为载体和保障，推进审计工作的制度化和规范化，不断改进和完善执法情况汇报、审计执法岗位责任制、审计错案追究制、审计项目负责制、审计回访制、审计审理制、审计联动整改制等规范审计行为的制度。加强信息化建设，不断推广先进的管理方法和技术手段，大力推进以AO（现场审计实施系统）为基础、以“金审工程（审计信息化系统建设）”为核心的审计信息化建设，积极探索信息化环境下的审计新方式、新方法。聚焦科技强审，高标准打造数据分析室，组建起覆盖财政、投资、资源环境、民生、国企5类行业10余人的大数据分析团队。2022年1月—2024年9月，参与、实施项目22个，采集业务数据2300GB，筛查疑点60余万条，为精准高效审计夯基赋能，努力推动审计工作从传统审计方式向现代审计方式转变。

## 1984 年

2 月　高密县审计局筹备组建。

4 月　县审计局成立，同时成立党支部；王镇一任县审计局局长，王积田任县审计局副局长、党支部书记；县审计局设立商贸股。办公地址在县政府大楼 4 楼。

5 月—9 月　县审计局配合商业、供销、粮食部门，抓好化肥、食品、石油、粮食 4 项商品财务大检查，共检查 68 个单位。

7 月　县审计局对高密县酒厂进行试审。

9 月 22 日—27 日　县审计局局长王镇一参加在济南召开的全省第一次审计工作会议。

10 月—12 月　县审计局配合财税部门开展财务、税收大检查，共检查 94 个单位。

11 月 1 日—25 日　县审计局配合财政局对支农周转金进行审计，共普查 29 个乡镇、29 个社队企业、234 个专业户。

12 月 10 日　县审计局首次对各专业银行技术改造资金、贷款回收情况进行审计。

是年　县审计局完成 1 个审计项目，为专项资金审计。

## 1985 年

1 月　潍坊市审计局为全市审计干部颁发“山东省审计证”，高密县审计局有 7 人获得。

4 月　县审计局对县酒厂财务收支情况进行试审，将查出的问题上报县委、县政府予以处理。

5 月　县审计局对养路费、教育经费、个体劳动者协会进行专项审计。

7 月　郝恩贵任高密县审计局局长。

同月　由潍坊市审计局组织，以高密县审计人员为主，对高密县粮食系统进行审计。

10月　县审计局开展全县行政事业单位财务大检查。

12月5日　审计署发布《审计署关于内部审计工作的若干规定》，县审计局组织学习贯彻。

是年　县审计局组织干部职工学习实施《国务院关于审计工作的暂行规定》。

是年　县审计局完成4个审计项目，为专项资金审计。

## 1986年

4月　全国职称改革领导小组通知，在实行专业技术职务聘任工作中，审计专业人员暂时靠用会计人员专业职务系列的名称、档次。县审计局决定，根据工作需要审计人员可在会计前冠以“审计”二字，以示区别。

7月　县审计局首次对县商业综合公司经理进行离任审计。

11月　县审计局开展全县行政事业单位财务大检查。

是年　县审计局开始建立内部审计机构。此机构为企事业单位内部监督组织。

是年　县审计局完成16个审计项目。其中，经济责任审计项目1个，金融财务收支审计项目1个，企业财务收支审计项目5个，固定资产投资审计项目1个，专项资金审计项目8个。

## 1987年

4月　县审计局8名人员参加山东经济学院组织的审计函授培训，并于1988年3月以潍坊市第一名的成绩顺利结业。

5月　县审计局分两批共组织14人赴青岛市审计局学习审计档案管理。

6月　县审计局被山东省审计局授予全省审计统计工作先进单位称号。

7月　县审计局开展对高密火车站广场、利群路、立新街路面等市政工程的审计工作，共审减工程造价500余万元。

7月25日　高密县审计专业职称改革领导小组成立，郝恩贵任组长，王镇一、王积田任副组长，领导小组下设办公室。

8月16日　中央职称改革领导小组将审计专业职务名称审计会计师简称审计师，各档次专业职务名称简称分别为高级审计师、审计师、助理审计师、审计员。

9月1日　潍坊市审计局印发《关于厂长（经理）离任经济责任审计实施细则》，对厂长（经理）的离任经济责任审计进行了详细规定，县审计局组织学习贯彻。

12月　县审计局被山东省审计局评为全省审计统计工作先进单位。

是年　县审计局完成29个审计项目。其中，经济责任审计项目4个，金融财务收支审计项目1个，企业财务收支审计项目16个，固定资产投资审计项目6个，专项资金审计项目2个。

## 1988年

4月　审计署纪委组长任景德、山东省审计局局长方向、潍坊市审计局副局长赵树奎、高密县副县长李万河、高密县审计局局长郝恩贵到高密县酒厂、大理石厂检查审计工作。

5月　潍坊市审计局在高密县商业宾馆召开全市基本建设审计现场会，潍坊市审计局副局长赵树奎到会讲话，各县市区审计局局长、基建审计科长参加会议。

10月4日　潍坊市政府印发《潍坊市企业承包经济责任审计暂行办法》，县审计局组织学习贯彻。

11月30日　国务院发布《中华人民共和国审计条例》，县审计局组织学习贯彻。

是年　县审计局完成19个审计项目。其中，经济责任审计项目2个，企业财务收支审计项目9个，固定资产投资审计项目2个，专项资金审计项目6个。

## 1989年

6月21日　审计署发布《中华人民共和国审计条例施行细则》，县审计局组织学习贯彻。

12月2日　审计署发布《审计署关于内部审计工作的规定》，

县审计局组织学习贯彻。

12月13日　县审计局请示高密县编委成立审计事务所。

12月22日　高密县编委同意成立高密县审计事务所，为县审计局的直属股级事业单位，定编5人，人员从现有事业单位编制中调剂使用。

是年　县审计局共完成13个审计项目。其中，经济责任审计项目1个，企业财务收支审计项目8个，专项资金审计项目4个。

## 1990年

5月21日　张耀勋任高密县审计事务所所长。

5月　筹建审计局新办公大楼（位于立新街）。

同月　高密县审计事务所成立，为事业单位，从事社会审计工作。

是年　县审计局共完成29个审计项目。其中，经济责任审计项目4个，金融财务收支审计项目2个，企业财务收支审计项目17个，专项资金审计项目6个。

## 1991年

8月　县审计局基本建设审计科成立。

9月　县审计局商粮贸审计股更名为商粮贸审计科。

9月24日　县审计局设立综合科，主要职能为考核、统计、内审。

12月23日　审计署、国家计委、中国人民建设银行印发《基本建设项目竣工决算审计试行办法》，县审计局组织学习。

是年　县审计局共完成33个审计项目。其中，经济责任审计项目14个，金融财务收支审计项目3个，企业财务收支审计项目7个，固定资产投资审计项目3个，专项资金审计项目6个。

## 1992年

3月　省审计局副局长李常佐到县审计局检查工作，县委书记王在辉陪同。

6月　县审计局由县政府大楼迁至新落成的办公楼，地址在立新街中段路南。

7月　根据山东省审计局《关于对全省小型农田水利和水土保

持补助费进行审计的通知》的部署，县审计局对1991年度全县小型农田水利和水土保持补助费的管理和使用情况进行审计。

12月3日　中共高密县审计局党组建立。

是年　县审计局共完成27个审计项目。其中，经济责任审计项目12个，金融财务收支审计项目1个，乡镇预算、决算审计项目2个，企业财务收支审计项目9个，专项资金审计项目3个。

## 1993年

2月2日　山东省审计厅转发《中外合资合作经营企业审计办法》，县审计局组织学习。

6月　县审计局对县广播电视局进行财务收支审计。

同月　山东省审计局更名为山东省审计厅。

6月29日　审计署、国家计委、国家经贸委、建设部、中国人民银行印发《关于加强对新开工建设项目资金来源审计的通知》，明确新开工基本建设项目一律由审计机关进行资金来源审计，县审计局组织学习。

7月20日　山东省审计厅发布《关于在全省审计系统开展“抓住机遇，强化审计监督”大讨论的通知》，县审计局贯彻落实。

9月14日　中国注册审计师协会印发《中国注册审计师职业道德规范（试行）》，县审计局组织学习。

12月　县审计局设立行政事业财政金融审计科。

是年　县审计局组织审计人民大街拓宽、西岭公园、郑公祠、东风桥等建设工程。

是年　县审计局共完成44个审计项目。其中，经济责任审计项目17个，乡镇预算、决算审计项目4个，企业财务收支审计项目12个，固定资产投资审计项目5个，专项资金审计项目6个。

## 1994年

2月5日　审计署办公厅印发《关于工交企业财务收支审计问题的意见》，县审计局组织学习。

5月18日　经国务院批准，撤销高密县，设立高密市（县级），原高密县审计局改为高密市审计局，高密县审计事务所改为高密市审计师事务所。高密市审计师事务所，是当时高密市唯一的社会审计组织，事务所设注册资金验资部、审计查证部、基建审计部、资产评估部、办公室。

8月31日 《中华人民共和国审计法》由第八届全国人大常委会第九次会议通过，于1995年1月1日实施。市审计局组织学习贯彻。

是年 市审计局全面开展乡镇财政决算情况审计。

是年 市审计局共完成23个审计项目。其中，经济责任审计项目6个，乡镇预算、决算审计项目7个，企业财务收支审计项目4个，固定资产投资审计项目1个，专项资金审计项目5个。

## 1995年

1月1日 《中华人民共和国审计法》正式施行。市审计局组织学习贯彻。

7月14日 审计署重新发布《审计署关于内部审计工作的规定》，市审计局组织学习贯彻。

9月22日 潍坊市审计局印发《潍坊市审计局接待工作制度》，高密市审计局组织学习贯彻。

9月28日 市审计局印发《执法责任制实施方案》。

10月12日 市审计局实施《关于严禁公款吃喝玩乐的规定》。

10月30日 潍坊市审计局印发《潍坊市审计机关关于国家建设项目审计监督暂行办法》，高密市审计局组织学习贯彻。

12月 王福兴任高密市审计局局长、党组书记。

12月14日 山东省第八届人大常委会第十九次会议通过《山东省实施〈中华人民共和国审计法〉办法》，市审计局组织学习并贯彻实施。

是年 市审计局共完成30个审计项目。其中，经济责任审计项目4个，乡镇预算、决算审计项目9个，企业财务收支审计项目7个，固定资产投资审计项目4个，专项资金审计项目6个。

## 1996年

4月18日 高密市人民政府印发《高密市基本建设项目审计规定》。

5月　潍坊市审计局局长姜耕田在高密市市长吴元宝陪同下到高密市审计局检查指导工作。

7月24日　山东省审计厅发布在全省审计机关实施禁酒令的通知，市审计局组织学习贯彻。

12月　根据房改政策，市审计局全体人员召开职工住房会议，拆平房盖楼房，1998年2月回迁。

是年　市审计局对市水泥制品厂经营情况、经营成果进行审计，发现存在财务管理混乱等问题。市审计局依法做出严肃处理，在全市通报批评。

是年　市审计局共完成49个审计项目。其中，经济责任审计项目11个，预算执行审计项目15个，乡镇预算、决算审计项目7个，企业财务收支审计项目6个，固定资产投资审计项目5个，专项资金审计项目5个。

## 1997年

3月　全市首次召开审计工作会议，高密市市长吴元宝、常务副市长齐世增出席会议，全市各单位负责人、财务科长、内审工作负责人和市审计局全体人员参加会议。

10月21日　国务院发布《中华人民共和国审计法实施条例》，自发布之日起施行。市审计局组织学习贯彻。

是年　市审计局共完成39个审计项目。其中，经济责任审计项目9个，预算执行审计项目10个，乡镇预算、决算审计项目10个，企业财务收支审计项目3个，固定资产投资审计项目3个，专项资金审计项目4个。

## 1998年

5月28日—10月15日　潍坊市审计局组织建局以来规模最大、参审人员最多的全市粮食、财政、农业发展银行3个系统的行业审计。市、县两级审计机关抽调160人组成52个审计小组，采取交叉审计的办法，对全市204户纳入清查审计范围的政策性粮食企业新增财务挂账及占用农业发展银行贷款情况、11家农业发展银行信贷资金运营情况、11个粮食主管部门和11个财政主管部门安排粮油政策性补贴及拨付情况以及74户非政策性粮食企业进行全面清查审计。

10月1日　市审计局开通财经法规咨询电话，向社会提供财经法规方面的咨询服务。

10月12日　山东省第九届人大常委会第四次会议通过《山东省机关事业单位及国有企业法定代表人离任审计条例》，市审计局组织学习贯彻。

11月　山东省审计厅、山东省人事厅印发《山东省高级审计师职务任职资格评审工作暂行办法》，市审计局组织学习贯彻。

是年　市审计局共完成52个审计项目。其中，经济责任审计项目10个，预算执行审计项目13个，乡镇预算、决算审计项目10个，企业财务收支审计项目11个，固定资产投资审计项目1个，专项资金审计项目7个。

## 1999年

3月26日　高密市审计局被潍坊市审计局评为粮食财务挂账清查审计先进集体。

3月8日　高密市审计局工交审计科和商贸审计科合并为企业审计科。撤销原行政事业财政金融审计科，设财政金融审计科和行政事业审计科。增设审计管理科。

4月1日　审计署发布《审计机关监督社会审计组织审计业务质量的暂行规定》，市审计局组织学习贯彻。

5月24日　中共中央办公厅、国务院办公厅印发《县级以下党政领导干部任期经济责任审计暂行规定》和《国有企业及国有控股企业领导人员任期经济责任审计暂行规定》，市审计局组织学习贯彻。

12月　市审计师事务所与市审计局脱钩，改称高密康成有限责任会计师事务所。

是年　市审计局被高密市精神文明建设委员会授予文明单位称号。

是年　市委、市政府印发《高密市关于加强机关事业单位主要负责人任期和离任经济责任审计的意见》，规定对副科级以上机关事业单位的主要负责人，每2~3年安排一次任中审计和离任审计。

是年　市审计局共完成37个审计项目。其中，经济责任审计项目4个，预算执行审计项目17个，乡镇预算、决算审计项目9个，企业财务收支审计项目3个，固定资产投资审计项目3个，专项资金审计项目1个。

## 2000年

1月28日　审计署颁布《中华人民共和国国家审计基本准则》等5个规章，自颁布之日起施行，市审计局组织学习。

6月28日　中共中央办公厅、国务院办公厅转发《中央纪委、中央组织部、中央编办、监察部、人事部、审计署关于认真贯彻落实中办发〔1999〕20号文件切实做好经济责任审计工作的意见》，市审计局组织学习贯彻。

12月25日　审计署印发《县级以下党政领导干部任期经济责任审计暂行规定实施细则》和《国有企业及国有控股企业领导人员任期经济责任审计暂行规定实施细则》，市审计局组织学习贯彻。

是年　市审计局基本建设审计科变更为固定资产投资审计科。

是年　市审计局共完成38个审计项目。其中，经济责任审计项目24个，预算执行审计项目8个，乡镇预算、决算审计项目1个，企业财务收支审计项目3个，固定资产投资审计项目2个。

## 2001年

1月20日　中央纪委、中央组织部、监察部、人事部、审计署印发《关于进一步做好经济责任审计工作的意见》，市审计局组织学习贯彻。

4月7日　由市纪委、市委组织部、市人事局、市监察局、市审计局组成的经济责任审计联席会议成立，办公室设在市审计局。

4月12日　山东省审计厅印发《任期经济责任审计文书试行范本》，市审计局组织学习。

6月　市经济责任审计办公室成立，隶属市审计局，为副科级行政延伸性全额拨款事业单位。

8月1日　审计署颁布《审计机关专项审计调查准则》等5个

规章，市审计局组织学习贯彻。

是年　市审计局共完成40个审计项目。其中，经济责任审计项目22个，预算执行审计项目11个，固定资产投资审计项目3个，专项资金审计项目4个。

## 2002年

1月　市审计局被山东省人事厅、山东省审计厅授予全省审计机关先进集体称号。

7月25日　潍坊市审计局印发《潍坊市审计局审计项目评估办法（试行）》，高密市审计局组织学习贯彻。

是年　市审计局共完成38个审计项目。其中，经济责任审计项目12个，金融财务收支审计项目1个，预算执行审计项目11个，乡镇预算、决算审计项目3个，企业财务收支审计项目2个，固定资产投资审计项目1个，专项资金审计项目8个。

## 2003年

1月　市审计局在2002年度全省审计机关省级审计资金管理使用情况综合评估中被评为政府采购完成较好单位。

2月15日　山东省审计厅印发《关于2003年地税系统税收征管和经费收支情况审计工作方案》，市审计局组织学习。

3月　市审计局被山东省审计厅评为全省审计科研工作先进单位。

3月4日　审计署颁发《审计署关于内部审计工作的暂行规定》，市审计局组织学习贯彻。

12月15日　审计署颁布《审计机关审计重要性与审计风险评价准则》等5个文件，市审计局组织学习贯彻。

是年　潍坊市审计局制定《干部监督工作联席会议制度实施意见》《潍坊市机关事业单位和国有企业法定代表人任中经济责任与日常财政财务收支审计相结合的实施办法》，进一步整合审计资源，提高工作效率。高密市审计局组织学习。

是年　市审计局共完成37个审计项目。其中，经济责任审计项目16个，预算执行审计项目10个，乡镇预算、决算审计项目3个，固定资产投资审计项目3个，专项资金审计项目5个。

## 2004年

2月10日　审计署发布《审计机关审计项目质量控制办法（试行）》，市审计局组织学习贯彻。

4月　审计署印发《审计报告》文书标准，市审计局组织学习贯彻。

5月10日　潍坊市审计局印发《2004年党风廉政建设和反腐败工作实施意见》，高密市审计局组织学习贯彻。

7月22日　潍坊市审计局制定印发《审计工作考核办法》，对审计项目数量、审计意见和决定落实、审计质量、审计信息、廉政建设及其他机关工作实行百分制考核。高密市审计局组织学习贯彻。

是年　潍坊市审计局制定《市直机关事业单位领导干部任中经济责任审计分类管理办法》，对审计监督对象进行分类管理。高密市审计局组织学习贯彻。

是年　高密市审计局被潍坊市精神文明建设委员会授予潍坊市级文明单位荣誉称号。

是年　市审计局共完成37个审计项目。其中，经济责任审计项目23个，预算执行审计项目9个，固定资产投资审计项目2个，专项资金审计项目1个，资产负债审计项目2个。

## 2005年

1月10日　山东省政府印发《山东省审计结论落实工作暂行规定》，市审计局组织学习贯彻。

3月16日　潍坊市审计局制定印发《党风廉政建设责任书》，高密市审计局组织学习。

4月　姜殿国任高密市审计局局长、党组书记。

5月30日　潍坊市审计局制定印发《关于进一步加强基层组织和党员队伍建设的意见》，高密市审计局组织学习。

是年　潍坊市政府出台《潍坊市审计结论落实工作暂行规定》，对监察、公安、审计、财政、税务、组织、人事等部门如何落实审计结论、充分运用经济责任审计结果做出了明确规定。高密市审计局组织学习贯彻。

是年　市审计局共完成38个审计项目。其中，经济责任审计项目22个，预算执行审计项目15个，专项资金审计项目1个。

## 2006年

2月28日　第十届全国人大常委会第二十次会议通过修正后的《中华人民共和国审计法》，市审计局组织学习贯彻。

3月15日　潍坊市审计局印发《潍坊市审计局关于行政事业单位法定代表人经济责任审计实施意见》，对审计目标、审计范围、审计内容及重点、审计评价、责任界定、审计组织与分工和工作要求等进行规范。高密市审计局组织学习贯彻。

5月19日　潍坊市审计局印发《全市审计机关2006年反腐倡廉工作意见》，高密市审计局组织学习贯彻。

是年　高密市审计局被潍坊市人事局、潍坊市审计局授予全市审计机关先进集体荣誉称号。

是年　市审计局共完成57个审计项目。其中，经济责任审计项目26个，预算执行审计项目22个，固定资产投资审计项目7个，专项资金审计项目2个。

## 2007年

3月　戴学仁任高密市审计局局长、党组书记。

3月18日　潍坊市审计局印发《全市审计机关2007年反腐倡廉工作意见》，高密市审计局组织学习贯彻。

5月15日　省审计厅党组副书记、副厅长王谦华一行到高密市调研审计工作，潍坊市审计局副局长高敬禄，高密市领导顾建华、李葆东陪同调研。

是年　市审计局实施的2006年度城市建设资金财务收支及工程决算审计项目在山东省审计厅组织的全省优秀审计项目评选活动中获优秀审计项目。

是年　潍坊市委、市政府联合印发《潍坊市乡镇（街道）党政领导干部经济责任审计工作指导意见》，增强各级党委政府对乡镇党政领导干部经济责任审计工作重要性、必要性的认识，提高全市乡镇党政领导干部经济责任审计工作的质量和水平。高密市审计局组织学习贯彻。

是年　市审计局共完成92个审计项目。其中，经济责任审计项目41个，预算执行审计项目27个，固定资产投资审计项目18个，专项资金审计项目5个，资产负债审计项目1个。

## 2008年

2月　高密市审计局被中共潍坊市委、潍坊市人民政府授予全市文明机关称号。

3月4日　潍坊市审计局印发《全市审计机关2008年反腐倡廉工作意见》，高密市审计局组织学习贯彻。

4月6日　潍坊市审计局制定印发《关于在全局党员干部中开展“做勤廉表率、促科学发展”教育活动的实施意见》，高密市审计局组织学习贯彻。

8月　市审计局局长、党组书记戴学仁参加审计署举行的市县审计局局长培训班，并受到审计署党组书记、审计长刘家义的接见。

是年　潍坊市审计局制定《潍坊市党政领导干部任期经济责任审计评价暂行办法》，对审计结果评价和综合评价做出明确规定，高密市审计局组织学习贯彻。

是年　市审计局共完成70个审计项目。其中，经济责任审计项目37个，预算执行审计项目15个，固定资产投资审计项目9个，专项资金审计项目2个，资产负债审计项目7个。

## 2009年

2月19日　潍坊市审计局制定印发《全市审计机关2009年纪检监察工作意见和党风廉政建设责任书》，高密市审计局组织学习贯彻。

3月4日　潍坊市审计局重新修订印发《审计回访制度》，高密市审计局组织学习贯彻。

4月2日　潍坊市审计局印发《关于重申审计纪律的通知》，要求审计人员做到不准隐瞒审计查出的问题、不得自行决定和处理被审计单位的违规违纪问题、不准泄露被审计单位商业秘密和内部信息等“十不准”。高密市审计局组织学习贯彻。

10月　市经济责任审计办公室调整为正科级单位。

是年　市审计局共完成93个审计项目。其中，经济责任审计项目39个，预算执行审计项目17个，固定资产投资审计项目17个，专项资金审计项目17个，资产负债审计项目3个。

## 2010年

1月2日　市审计局成立审计工作督查机构，负责对全局各项审计工作进行全面督导检查。

1月　市审计局被山东省人社厅、山东省审计厅授予全省审计机关先进集体称号。

2月　高密市审计局被中共潍坊市委、潍坊市人民政府授予文明和谐机关称号。

2月10日　山东省人民政府印发《山东省内部审计工作规定》，市审计局组织学习贯彻。

6月23日　市审计局审计工作科学转型领导小组成立。

7月8日　市审计局审计信息化工作领导小组成立。

10月　市审计局被山东省内部审计师协会评为2009年度山东省内审宣传工作先进单位。

同月　中共中央办公厅、国务院办公厅印发《党政主要领导干部和国有企业领导人员经济责任审计规定》，市审计局组织学习贯彻。

12月29日　高密市内部审计协会成立，法定代表人为李刚（市审计局党组成员、副局长）。2018年9月19日，高密市内部审计协会申请注销登记。

12月　市审计局被山东省精神文明建设委员会授予省级文明单位称号，并入编《山东省年鉴大全（2011）》。

是年　市审计局首次在《潍坊日报》将2009年公路建设工程结算审计结果进行公告，引起社会广泛关注。

是年　市审计局共完成93个审计项目。其中，经济责任审计项目59个，预算执行审计项目14个，乡镇预算、决算审计项目3个，固定资产投资审计项目10个，专项资金审计项目7个。

## 2011年

2月　高密市内部审计协会选举产生第一届理事会会长、副会长、秘书长、副秘书长、常务理事。

3月26日　全市财税金融审计工作会议召开。会议主题是贯彻上级会议精神，按照市委的任务目标和思路举措，部署全年财税、金融和审计工作任务。

5月　中共高密市委书记吴建民作序，市审计局编纂的《审计文化手册》印制完成，分发全体审计人员进行自我学习、自我警醒、自我勉励教育。

9月6日　潍坊市审计局制定印发《建设高层次审计人才队伍的实施意见》，进一步明确全市高层次审计人才队伍建设目标、培养措施、评选程序及组织保障，对重点培养的专家型人才、复合型人才、专业化人才和青年骨干人才做出明确要求。高密市审计局组织学习贯彻。

10月　市审计局被山东省内部审计师协会评为2011年度山东省内审宣传工作先进单位。

11月11日　李宗福任高密市审计局局长、党组副书记。

是年　市审计局实施的高密市供暖期运营情况绩效审计项目在山东省审计厅组织的全省优秀审计项目评选活动中获优秀审计项目。

是年　市审计局共完成78个审计项目。其中，经济责任审计项目33个，预算执行审计项目18个，固定资产投资审计项目13个，专项资金审计项目11个，资产负债审计项目3个。

## 2012年

4月　市审计局被潍坊市建设学习型党组织工作协调小组授予潍坊市学习型党组织称号。

5月7日　潍坊市审计局印发《潍坊市审计局2012年度行政事业部门单位主要领导干部经济责任审计工作方案》，对审计目标、审计对象和范围、审计内容及重点、审计工作组织与安排提出统一要求。高密市审计局组织学习贯彻。

9月　市审计局被中国审计报社评为2012年度审计宣传工作先进单位。

是年　市审计局实施的高密市城市管理局城区集中供热综合改造工程绩效审计项目在山东审计厅组织的全省优秀审计项目评选活动中获优秀审计项目。

是年　市审计局设立审计执行科和计划统计科。

是年　市审计局共完成101个审计项目。其中，经济责任审计项目52个，预算执行审计项目16个，乡镇预算、决算审计项目2个，固定资产投资审计项目18个，专项资金审计项目10个，资产负债审计项目3个。

## 2013年

3月3日　邓涛任高密市审计局党组书记。

8月5日　市审计局印发《关于进一步加强县市区审计机关主要负责人经济责任履行工作的通知》，进一步规范审计机关内部管理。

9月　市审计局被中国审计报社评为2013年度审计宣传工作先进单位。

同月　市审计局被中国时代经济出版社《中国审计》编辑部评为2013年度审计宣传工作先进单位。同月，市审计局被山东省内部审计师协会评为山东省内审宣传工作先进单位。

10月21日　潍坊市审计局印发《市直党政部门主要领导干部任期经济责任审计工作方案》，对审计目标、审计对象和范围、审计重点内容、审计方法和要求重新进行明确规范。对如何审查被审计领导干部贯彻执行党和国家有关经济工作的方针政策等进行细化，将各部门（单位）落实中央八项规定相关要求作为每个经济责任审计项目的必审内容。高密市审计局组织学习贯彻。

是年　市审计局共完成62个审计项目。其中，经济责任审计项目23个，预算执行审计项目16个，固定资产投资审计项目16个，专项资金审计项目3个，资产负债审计项目4个。

## 2014年

1月　高密市内部审计协会被山东省内部审计师协会授予2013年度山东省优秀内审协会称号。

7月4日　潍坊市审计局制定印发《关于执行年休假制度的暂

行规定》，对机关工作人员的请假、休假进行详细规范。高密市审计局组织学习贯彻。

8月 市审计局被中国审计报社评为2014年度全国审计宣传工作先进单位。

9月 市审计局被中国时代经济出版社《中国审计》编辑部评为2014年度审计宣传工作优秀单位。

10月 潍坊市审计局与潍坊市委编办联合转发省审计厅、省委编办《关于开展机构编制管理和执行情况审计工作的意见》，高密市审计局组织学习贯彻。

是年 市审计局设立计算机科。

是年 市审计局共完成55个审计项目。其中，经济责任审计项目22个，预算执行审计项目12个，固定资产投资审计项目10个，专项资金审计项目9个，资产负债审计项目2个。

## 2015年

1月 市审计局被省委审计委员会办公室、省人社厅、省审计厅联合授予全省审计系统先进集体。

4月 市审计局选派“第一书记”陈福良到注沟现代农业发展区新华村开展驻村帮扶工作。

同月 全市经济责任审计工作联席会议2015年度第一次会议召开。

9月 高密市审计局工会委员会成立。

11月27日 市审计局印发《关于高密市部门单位主要领导干部任期经济责任审计工作的方案》。

是年 市审计局共完成67个审计项目。其中，经济责任审计项目34个，预算执行审计项目11个，固定资产投资审计项目11个，专项资金审计项目5个，资产负债审计项目2个，政策跟踪审计项目4个。

## 2016年

1月 张宗春任高密市审计局党组书记、局长。

3月 市审计局开展2016年省市县“三级联动”财政数字化

审计工作。

同月 《学习与交流》创刊。

4月 高密市政府印发《关于加强审计工作的实施意见》，对强化审计监督、完善审计工作机制、深化审计成果利用、夯实组织保障等方面进行规范并提出要求。

5月 高密市经济责任审计办公室为公益一类事业单位，正科级，隶属高密市审计局。

9月 市审计局制定《审计简易程序操作办法（试行）》。全市经济责任审计工作联席会议召开。

是年 市审计局共完成63个审计项目。其中，经济责任审计项目39个，预算执行审计项目13个，固定资产投资审计项目8个，专项资金审计项目3个。

## 2017年

2月 市审计局制定印发《领导干部离任经济责任事项交接办法（试行）》。

同月 市审计局行政事业审计科、经贸审计科合并为行政事业经贸科，计划统计科、法制科合并为计划法制科。

3月 市审计局党组决定在执行大型审计项目的审计组成立临时党小组，并印发正式文件确定成立临时党小组的条件、临时党小组的职责和工作制度。

同月 市审计局开始搬迁，从立新街审计局大楼搬至康成大街2999号市民之家2号楼办公。至6月25日，搬迁顺利完成。

5月26日 根据高密市开展“作风建设年”活动领导小组《关于印发〈实施寻标对标提标行动工作方案〉的通知》的精神要求，市审计局党组决定在全局开展比学赶超活动，并制订具体工作方案。

5月 市审计局选派“第一书记”郝明军到阚家镇东桥子村开展驻村帮扶工作。

6月9日 按照《全省审计机关实施“强基层、铸铁军”工程方案》及《潍坊市审计机关实施“强基层、铸铁军”工程方案》的统一部署要求，高密市审计局党组成立高密市审计局“强基层、铸铁军”工程领导小组，并制订工程实施方案。

6月上旬　省审计厅副厅长栾心勇到高密市调研，召开由市水利局、市发展和改革局等部门参加的水利工程审计项目座谈会。

7月18日　省审计厅副厅长许庆豪到市审计局调研实施“强基层、铸铁军”工程开展推进情况，对市审计局活动开展情况予以肯定。

8月31日　省审计厅副厅长杨统海到市审计局检查指导工作，对市审计局实施“强基层、铸铁军”工程的做法给予肯定，并就下步工作提出意见。

10月16日　省审计厅经济责任审计办公室主任孙明禄，潍坊市审计局党组书记、局长宫智，党组成员、副局长王天玉到高密市审计局进行调研，对高密市审计局“强基层、铸铁军”工程和经济责任审计工作给予充分肯定。

12月25日　潍坊市审计局通报2016年度审计质量检查等次评定结果，高密市审计局在13个县市区审计局中位列前三，获优秀等次。

是年　市审计局共完成65个审计项目。其中，经济责任审计项目38个，预算执行审计项目11个，固定资产投资审计项目9个，专项资金审计项目3个，资产负债审计项目2个，政策跟踪审计项目2个。

## 2018年

2月　高密市审计局在潍坊市2017年度审计质量检查中获优秀等次。

同月　高密市审计局在高密市事业单位绩效考评中被高密市事业单位绩效考评委员会办公室评为2017年度事业单位绩效考评A级单位。

2月9日《潍坊审计信息》2018年第1期上刊发文章《高密市审计局聚焦“四个建设”锻造审计铁军》，潍坊市审计局总结高密市审计局“强基层、铸铁军”工程的做法和成效，并加注编者按。

3月　高密市审计局被潍坊市妇女“双学双比”“巾帼建功”活动领导小组、潍坊市妇女联合会评为潍坊市巾帼建功先进集体。

3月19日　市审计局“大学习、大调研、大改进”启动会议召开，对具体工作进行部署。

7月30日　高密市审计局实施的“高密市2016年度预算执行和其他财政审计收支情况审计”被评为潍坊市2018年优秀审计项目。

8月22日　高密市审计局在潍坊市2018年县级审计机关审计质量检查中获优秀等次。

11月1日—2日　市审计局组织全市政府会计制度培训班，邀请山东财经大学教授王敏授课。

11月28日　市审计局完善审计书屋，共增添各类图书2000余本，为所有科室建设图书角，为全局营造良好读书环境。

12月1日　市审计局被评为2018年度省级文明单位，连续8年获此殊荣。

12月27日　高密市审计局在潍坊市审计机关首届大数据审计实战大比武中获团体三等奖。

是年　市审计局共完成60个审计项目。其中，经济责任审计项目33个，预算执行审计项目15个，固定资产投资审计项目6个，专项资金审计项目6个。

## 2019年

1月15日　中共高密市委副书记、市长王文琦就市审计局工作专门做出批示：2018年以来，审计部门按照“走在前列”的目标要求，立足本职、担当作为，在理论武装、体制改革、队伍建设等方面用心用力，较好履行了工作职责，铸造起全面过硬的“审计铁军”。

3月　中共高密市委审计委员会设立，办公室设在市审计局，张宗春任办公室主任。

同月　高密市进行机构改革，原高密市经济责任审计办公室更名为高密市经济责任审计服务中心，为局属副科级事业单位。

同月　市审计局增设电子数据审计科，负责拟订全市审计业务电子数据总体规划。

4月　市审计局开展部门联村包户，助力脱贫攻坚工作。

4月21日　市审计局党员大会召开，进一步调整理顺了组织关系，成立中共高密市审计局总支部委员会，完成机关支部委员会换届选举工作。

4 月 28 日　中共高密市委审计委员会第一次全体会议召开，市委书记卞汉林主持会议并讲话，市委审计委员会组成人员参加会议。

6 月　高密市审计局在潍坊市 2019 年县级审计机关审计质量检查中总分第二。

8 月 17 日　市审计局与珠海欧比特人工智能研究院签订《高密欧比特人工智能研究院有限公司战略合作协议》。

8 月 30 日　中共高密市委审计委员会第二次全体会议召开，中共高密市委书记、市委审计委员会主任卞汉林主持会议并讲话，市委审计委员会组成人员参加会议。

9 月　高密市审计局开展的全市国有企业发展质量状况专项审计调查工作受到潍坊市审计局通报表扬。

11 月 18 日　市审计局搬迁至市民之家 7 号楼 5 楼办公。

12 月 9 日　市审计局印发《关于建立审计容错免责机制的实施办法》，在审计监督中正确运用“三个区分开来”，进一步支持改革、鼓励创新、宽容失误。

12 月 12 日　市审计局印发《高密市领导干部离任经济责任事项交接办法》，进一步提高经济责任审计的效率和覆盖面，增强领导干部的经济责任意识和自律意识，规范领导干部的经济责任行为。

是年　市审计局共完成 39 个审计项目。其中，经济责任审计项目 25 个，预算执行审计项目 4 个，固定资产投资审计项目 3 个，自然资源资产审计项目 1 个，政策跟踪审计项目 6 个。

## 2020 年

1 月　市审计局被省委审计委员会办公室、省人社厅、省审计厅联合授予山东省审计系统先进集体。

3 月 10 日　市审计局提报《关于 2019 年度审计发现问题的情况汇报》，市委书记卞汉林高度重视，并做出批示。随后，市委常委会第 104 次会议针对问题整改和进一步加强审计工作，研究制定下步工作意见。市政府于 4 月 30 日召开全市审计发现问题整改落实专题会议。市委副书记、市长王文琦对审计发现问题整改落实情况进行部署，对下步工作提出要求。

3月12日　中共高密市委审计委员会办公室印发《关于进一步加强内部审计工作的意见》，要求建立健全内部审计制度，提升内部审计工作质量，充分发挥内部审计作用。

同月　市审计局积极参与仁和化工园拆迁调地工作，顺利完成市委、市政府安排的工作任务。

6月9日　市审计局印发《高密市审计局关于贯彻落实过“紧日子”要求的实施意见》，坚持厉行节约，牢固树立过“紧日子”思想，树立审计机关模范执行、勤俭干事的良好形象。

6月18日　潍坊市审计学会批复高密市审计局设立潍坊市审计学会高密办事处。

8月22日　中共高密市委审计委员会第三次全体会议召开，中共高密市委书记、市委审计委员会主任卞汉林主持会议并讲话，市委审计委员会组成人员参加会议。

9月16日　高密市审计局与阳谷县审计局签订《扶贫协作协议》，双方建立工作互通机制，派张建华赴阳谷县审计局就扶贫政策落实、扶贫审计及业务工作等情况进行协作交流。

9月24日　高密市审计局在2020年潍坊审计系统“抗疫杯”乒乓球团体比赛中获优秀组织奖。

9月29日　市审计局印发《高密市审计局思想作风整顿暨“百日攻坚”会战工作方案》，引导全体干部职工奋力攻坚、狠抓落实，坚决实现全年任务目标。

11月27日　高密市审计局主要负责人带队一行10人赴胶州市审计局开展“集中对接胶州，加快高质量发展”活动，学习胶州市审计局在自然资源资产、投资审计等方面的经验做法。

11月　潍坊市审计学会高密办事处更名为潍坊市内部审计协会高密办事处，办事处主任为王艳丽（市审计局党组成员、经济责任审计服务中心副主任）。

12月24日　市审计局印发《高密市审计局贯彻全市审计系统模范机关建设推进会议精神实施方案》，深入开展思想作风整顿，将上级会议部署要求落到实处。

是年　市审计局共完成42个审计项目。其中，经济责任审计项目30个，预算执行审计项目4个，固定资产投资审计项目2个，自然资源资产审计项目1个，政策跟踪审计项目5个。

## 2021 年

1 月 5 日　市审计局事业单位改革试点工作大会召开，通报了《高密市审计局深化事业单位改革试点组织实施工作方案》。会后成立市审计局深化事业单位改革试点工作小组，带领干部职工支持改革、拥护改革、服从改革，确保改革工作平稳有序推进。

1 月 26 日　市审计局事业单位机构改革会议召开，通报市经济责任审计服务中心为副科级事业单位。

4 月 20 日　中共高密市委审计委员会第四次全体会议召开，中共高密市委书记、市委审计委员会主任主持会议并讲话，市委审计委员会组成人员参加会议。

4 月 30 日　市审计局印发《高密市审计局审计项目进度管理办法（试行）》，加强审计项目进度管控，提高工作效率，增强审计成果的时效性。

4 月 30 日　市审计局印发《关于举办“审计微讲堂”活动的实施方案》，为全体审计人员打造学习交流平台；截至年底，“审计微讲堂”共开办 10 期，全局参与宣讲 18 人次。印发《关于召开 2021 年度审计项目点评会的通知》，对审计项目逐个点评，审深、审细、审透，力求争一流、出精品。

7 月 7 日　山东省审计厅政策法规处处长刘增胜，潍坊市审计局党组书记、局长张祖钊和潍坊市审计局副局长张润霞到高密市审计局调研审计质量工作情况。

8 月 9 日　市审计局印发《节约型机关创建行动实施方案》，推动机关厉行勤俭节约，反对铺张浪费，提高能源资源利用效率，降低机关运行成本，引导干部职工养成简约适度、绿色低碳的工作和生活方式，以实际行动促进节约型机关建设。

8 月 10 日　市审计局印发《正向激励实施办法（试行）》，树立重实干、重实绩的用人导向，发挥考核评价的激励鞭策作用，大力教育引导干部担当作为、干事创业。

8 月 27 日　中共高密市委审计委员会第五次全体会议召开，中共高密市委书记、市委审计委员会主任讲话，市委副书记、市长、市委审计委员会副主任王文琦主持会议，市委审计委员会组成人员参加会议。

9月2日　高密市审计局在潍坊市审计局组织的全市审计系统“担当杯”羽毛球团体比赛中获团体第三名。

10月　市审计局拓展党建阵地新领域，在局机关打造党建文化长廊，展示历年来局机关集体荣誉、党建工作新亮点；丰富学习园地，完善审计书屋，在每个科室新设“微型书屋”，深受机关干部的欢迎和喜爱。

10月11日　市审计局为深入推进“解放思想提高标准推动高质量发展大讨论”活动，贯彻落实市委提出的“远学昆山，近学豪迈”要求，组织全体干部职工赴豪迈集团参观培训。

10月27日　市审计局组织退休老干部召开座谈会，听取退休老干部的所感所想，表达党组织的关心和感谢。会后，组织全员参观东北乡红高粱影视基地。

12月30日　中共潍坊市委审计委员会办公室、潍坊市审计局对高密市审计局通报表扬，充分肯定高密市审计局在严控审计质量、规范审计作业、提高审计质效等工作中取得的成绩，高度赞扬了高密市审计局改革创新、担当作为、争先树优的审计精神。

是年　市审计局共完成31个审计项目。其中，经济责任审计项目18个，预算执行审计项目2个，固定资产投资审计项目2个，自然资源资产审计项目1个，重大政策措施落实跟踪审计项目8个。

## 2022年

1月　王丽萍任中共高密市委审计委员会办公室主任，高密市审计局党组书记、局长。

2月　高密市审计局被潍坊市审计局评为2021年度全市审计信息工作先进单位。

4月2日　市审计局举行“师带徒”启动仪式，局党组书记、局长王丽萍主持仪式并作培训讲话，印发《“师带徒”结对活动实施方案》，深入推进人才强审行动。

4月12日　市审计局召开审计进点动员暨廉政谈话工作会议，局党组书记、局长王丽萍主持会议并讲话，机关全体人员出席会议并集体学习《审计“四严禁”工作要求》和《审计“八不准”工作纪律》。

5 月 11 日　山东省审计厅党组成员、副厅长许庆豪在潍坊市审计局党组书记、局长张祖钊，高密市委书记王文琦，高密市委常委、副市长付联宝，高密市委常委、办公室主任陈丽波陪同下，到市审计局调研指导工作。

6 月　高密市审计局被潍坊市审计局确立为全省审计机关模范机关建设省市县“三级联动”试点单位。

6 月 18 日　十四届中共高密市委审计委员会第一次会议召开，市委书记、市委审计委员会主任王文琦主持并讲话，市委审计委员会委员出席。会议审议通过《市委审计委员会组成人员变更建议名单》《2020 年度本级预算执行和其他财政收支审计查出问题整改情况的报告》《2022 年度审计项目计划》《关于加强审计整改工作的实施意见》《高密市审计整改约谈办法（试行）》，并就下一步审计工作进行部署。

6 月 22 日　市审计局党组书记、局长王丽萍列席高密市第十九届人大常委会第五次会议，并受市政府委托作“关于 2020 年度本级预算执行和其他财政收支审计查出问题整改情况的报告”。

7 月 1 日　市审计局举办“审计心向党，奋进新征程”庆祝中国共产党成立 101 周年主题活动。局党组书记、局长王丽萍带领全体党员重温入党誓词，并开展走访慰问老党员、文艺汇演等活动。

8 月 4 日　市审计局邀请南京审计大学信息技术部主任张鹏作“审计信息化探析交流”业务指导。

8 月 27 日　十四届中共高密市委审计委员会第二次会议召开，市委书记、市委审计委员会主任王文琦主持并讲话，市委审计委员会委员出席。会议深入学习贯彻习近平总书记关于审计工作的重要指示批示精神，传达学习十二届省委审计委员会第一次会议和十三届潍坊市委审计委员会第二次会议精神，审议通过《2021 年度本级预算执行和其他财政收支情况的审计工作报告》，并就下一步审计工作进行部署。

8 月 30 日　市审计局党组书记、局长王丽萍列席高密市第十九届人大常委会第六次会议，并受市政府委托作“关于高密市 2021 年度市级预算执行和其他财政收支的审计工作报告”。

10 月 15 日　喜迎党的二十大，高密市审计局录制 MV《万疆》，4 名工作人员以审计工作现场为背景倾情演唱，通过公众号对外展播，被山东省审计厅和潍坊市审计局转发，播放量达1万多次。

10月25日　高密市审计局“加强年轻审计干部培养，锻造一流过硬审计铁军”的经验做法，获省审计厅王金城厅长和潍坊市审计局张祖钊局长批示，并转发省和潍坊市审计系统学习推广。

10月26日　高密市审计局在2022年前三季度潍坊市审计信息宣传通报中位列第一。

11月22日　市审计局在省审计厅举办的全省财政大数据审计技能竞赛中荣获三等奖。

同月　高密市审计局在潍坊市审计机关审理业务技能竞赛中荣获一等奖。

12月8日　全省审计机关模范机关建设省市县“三级联动”试点工作视频推进会议召开，高密市审计局作为全省8个单位之一，也是潍坊市唯一单位在会上作了题为“聚焦‘四个建设’锻造模范机关”的典型经验发言。

12月30日　市审计局党组书记、局长王丽萍的理论文章《深入学习贯彻党的二十大精神，积极探索经济责任审计新模式》在省审计厅举办的“学习宣传贯彻党的二十大精神”主题征文活动中获优秀奖，是潍坊市唯一获奖的县市区局。

是年　市审计局提报的6篇审计要情、2篇审计专报，均获市委、市政府主要领导批示。

是年　市审计局帮助包靠的醴泉街道刘新村硬化村内道路400米，走访慰问困难群众30余户。

是年　市审计局共完成30个审计项目。其中，经济责任审计项目17个，预算执行审计项目7个，固定资产投资审计项目3个，自然资源资产离任审计项目1个，重大政策措施跟踪审计项目2个。

## 2023年

1月　市审计局在2022年度全省审计机关省级审计资金管理使用情况综合评估中被评为政府采购完成较好单位。

1月29日　市审计局被中共高密市委、高密市人民政府授予2022年度高密市平安建设暨维稳安保工作先锋单位、2022年度高密市作风建设年工作先锋单位荣誉称号；被中共高密市委组织部授予2022年度高密市五星级党支部荣誉称号。

2月6日　市审计局召开2023年审计工作会议，局党组书记、局长王丽萍主持会议，高密市委常委、副市长付联宝出席会议并讲话。会议表彰了2022年度先进个人和优秀审计项目。

2月6日　市审计局召开2022年度中层干部述职评议会议，9名科室负责人述职，分管领导现场评议。党组书记、局长王丽萍进行综合点评，并就扎实做好2023年工作提出要求。

2月14日　市审计局被潍坊市审计局授予2022年度全市审计信息工作先进单位、2022年度全市审计宣传工作先进单位荣誉称号。

2月28日　市审计局被中共高密市委组织部授予高密市过硬党支部荣誉称号。

4月13日　省国企债务风险化解督导组副组长、省经济责任审计工作联席会议办公室主任、省审计厅党组成员、副厅长孙焕军，在高密市委副书记、市长王大伟的陪同下，到市审计局调研指导工作。

4月15日　十四届中共高密市委审计委员会第三次会议召开，市委书记、市委审计委员会主任王文琦主持会议并讲话，市委副书记、市长王大伟等市委审计委员会组成人员参加会议。会议传达学习山东省及潍坊市有关会议精神，审议通过《关于2021年度市级预算执行和其他财政收支审计查出问题整改情况的报告》《高密市2023年审计项目计划》，并就下一步审计工作进行部署。

4月25日　市审计局党组书记、局长王丽萍列席高密市第十九届人大常委会第十三次会议，并受市政府委托作“关于高密市2021年度市级预算执行和其他财政收支审计查出问题整改情况的报告”。

5月17日　市审计局在2022年度市直部门（单位）和国有企业综合绩效考核中获优秀等次。

6月16日　市审计局承办全市2023年第三期“凤城大讲堂”，邀请省审计厅党组成员、副厅长孙焕军就“新时代经济责任审计工作的目标和任务”作专题辅导，市级领导班子成员、各镇街区党委书记、各部门单位和国企主要负责人、市审计局中层以上干部参加。

7月17日　市审计局召开《高密市审计志》编纂启动仪式，党组书记、局长王丽萍出席会议并讲话。会议邀请市人大社会建设委副主任委员王有志，市委党史研究中心党支部委员、副主任仪敏，市档案馆党支部委员、副馆长迟莹到会指导，市审计局全体人员、退休干部代表和编纂团队的负责同志参加会议。

8月25日　十四届中共高密市委审计委员会第四次会议召开，市委书记、市委审计委员会主任王文琦主持并讲话，市委审计委员会委员出席。会议传达学习中央、省有关会议精神，审议通过《关于高密市2022年度市级预算执行和其他财政收支的审计情况报告》《关于调整高密市2023年度审计项目计划的建议》。

8月28日　市审计局党组书记、局长王丽萍列席高密市第十九届人大常委会第十六次会议，并受市政府委托作"关于高密市2022年度市级预算执行和其他财政收支的审计工作报告"。

10月1日　高密市审计局自编自演的《四十载薪火相传——高密市审计局喜迎国庆，献礼国家审计机关成立40周年》快板作品被省审计厅和潍坊市审计局视频号重点推介、展播，获广泛好评。

10月13日　市审计局召开学习贯彻习近平新时代中国特色社会主义思想主题教育读书班。局党组书记、局长王丽萍讲授专题党课。

11月21日　高密市审计局实施的高密市2021年度市级预算执行和其他财政收支等情况审计项目获评潍坊市审计机关优秀审计项目一等奖。

12月6日　市审计局实施的高密市2021年度市级预算执行和其他财政收支等情况审计项目获评全省审计机关优秀审计项目三等奖。

12月9日　省审计厅农业农村处处长狄元孝、固定资产投资处处长祝厚明到高密市柴沟镇前鹿家庄村走访调研。

是年　市审计局提报的9篇审计要情、3篇审计专报，均获市委、市政府主要领导批示。

是年　市审计局为包靠的柴沟镇前鹿家庄村安装太阳能路灯，亮化村内道路800米，走访慰问困难群众30余户。

是年　市审计局共完成30个审计项目。其中，经济责任审计项目16个，预算执行审计项目6个，固定资产投资审计项目2个，自然资源资产审计项目1个，重大政策措施跟踪审计项目4个，国有企业资产负债及其他财务收支审计项目1个。

## 2024年

1月6日　市审计局召开2023年度中层干部述职评议会议，党组书记、局长王丽萍出席会议并讲话，9名中层干部现场述职，分管领导逐一点评。

1月24日　高密市审计局在2023年度全省审计机关省级审计资金管理使用情况综合评估中被评为政府采购完成较好单位。

1月29日　市审计局认真贯彻落实市委、市政府部署要求，聚焦经济监督主责主业，依法全面履行审计监督职责，为全市经济社会高质量发展提供了有力的审计保障，受到市委、市政府通报表扬。

2月19日　市委、市政府表扬2023年度先锋单位和个人标兵，授予市审计局2023年度高密市绿色低碳高质量发展工作先锋单位、2023年度高密市深化作风建设年工作先锋单位荣誉称号。

2月23日　市审计局召开贯彻落实全市工作动员大会精神暨2024年审计工作会议，局党组书记、局长王丽萍主持会议并讲话。会议学习贯彻全市工作动员大会精神，表彰2023年度审计能手、工作标兵和优秀审计项目，并对2024年工作进行部署。

3月5日　市审计局在2023年度市直部门、单位和市属国有企业综合绩效考核中获优秀等次。

3月9日　市审计局在高密市政府廉政工作会议上发言，通报审计发现问题。

3月20日　高密市审计局探索“基层财政预算执行审计一体化新模式赋能县域经济高质量发展”的做法，被中共潍坊市委审计委员会办公室、潍坊市审计局评为2023年度全市审计机关优秀改革创新案例。

3月25日　市审计局直属事业单位高密市经济责任审计服务中心在2023年度事业单位绩效考核中被高密市事业单位考核委员会评为优秀等次。

3月29日　市审计局被中共高密市委宣传部授予2023年度精神文明建设先锋单位。

3月30日　十四届中共高密市委审计委员会第五次会议召开，会议传达学习全国审计工作会议、十二届省委审计委员会第四次会议、全省审计工作会议以及十三届潍坊市委审计委员会第五次会议精神，审议通过《关于2022年度市级预算执行和其他财政收支审计查出问题整改情况的报告》和《高密市 2024 年审计项目计划》，并就下一步审计工作进行部署。

4 月 24 日　市审计局“审计聚力建好用好政府公物仓，助推国有资产规范管理”项目被中共高密市委市直机关工委评为 2024 年度市直机关批准立项党组织书记抓基层党建工作突破项目，加强民生资金审计促进民生政策落实项目被评为 2024 年度市直机关批准立项服务项目。

4 月 26 日　市审计局被中共高密市委组织部评为 2023 年度高密市五星级党支部。

4 月 29 日　市审计局党组书记、局长王丽萍列席高密市第十九届人大常委会第二十五次会议，并受市政府委托作“关于高密市 2022 年度市级预算执行和其他财政收支审计查出问题整改情况的报告”。

7 月 31 日　潍坊市审计局党组书记、局长、二级巡视员王浩带队到青岛市审计局考察学习。青岛市审计局党组书记、局长管卫东陪同活动并介绍有关情况。作为潍坊两个县市区之一，高密市审计局党组书记、局长王丽萍参加活动。

8 月 21 日　市审计局接到中共高密市委机构编制委员会办公室关于《中共高密市审计局党组关于增设办事机构和人员编制的申请的批复》，同意市审计局设立中共高密市委审计委员会办公室秘书科，为市审计局内设机构，并配备科长 1 人，主要负责处理市委审计委员会办公室日常事务。

9 月 5 日，市审计局作为全省 3 个介绍财务工作经验的县级审计机关之一，在省审计机关办公室工作视频培训班上做经验交流。

9 月 10 日　山东省审计厅党组成员、总审计师李劲松在潍坊市审计局副局长张润霞的陪同下到高密市检查指导审计工作，现场听取国有资产管理情况审计汇报并提出下步要求。

9 月 14 日　十四届中共高密市委审计委员会第六次会议召开，市委书记、市委审计委员会主任董广明主持会议并讲话，市委审计委员会委员出席会议。会议深入学习贯彻习近平总书记关于审计工作的重要指示批示精神，传达学习二十届中央审计委员会第二次会议、十二届省委审计委员会第五次会议和十三届潍坊市委审计委员会第六次会议精神，审议通过了《关于高密市 2023 年度市级预算执行和其他财政收支的审计情况报告》《关于调整高密市 2024 年度审计项目计划的建议》。

10 月 17 日　高密市召开“百名科长破百题”行动推进会议，市委常委、组织部部长王楷出席会议并讲话。会上，市审计局党组成员、经济责任审计一科科长张海波作为 3 名首席负责人代表之一发言。

10 月 25 日　市审计局党组书记、局长王丽萍列席高密市第十九届人大常委会第二十九次会议，并受市政府委托作“关于高密市 2023 年度市级预算执行和其他财政收支的审计工作报告”。

11 月 8 日　潍坊市审计局党组成员、副局长欧永生，潍坊市委审计办秘书科科长张同波，寿光市审计局党组书记、局长陶永军，安丘市审计局党组书记、局长张志东，安丘市审计局党组成员、副局长王青龙一行到高密调研审计工作，市审计局党组书记、局长王丽萍陪同活动。

12 月 4 日　潍坊市审计局党组成员、三级调研员潘杰带队到高密市审计局进行数据分析室验收，并召开审计信息化工作座谈会。

12 月 13 日　高密市审计局实施的高密市基层医疗机构运营及政策落实情况专项审计调查项目获 2024 年潍坊市审计机关优秀审计项目一等奖，高密市 2022 年度本级预算执行和其他财政收支等情况审计项目获三等奖。

是年　市审计局党组书记、局长王丽萍主持廉政谈话会议，市纪委副书记、市监委副主任张磊到会和全体审计人员和第三方进行廉政谈话 3 次。

是年　在山东省审计厅组织的全省优秀审计项目评选活动中，高密市审计局的“全市基层医疗机构运营及政策落实情况专项审计调查”项目获省优二等奖。

是年　市审计局提报的 4 篇审计要情、1 篇审计专报均获市委、市政府主要领导批示。

是年　市审计局帮助包靠的柴沟镇前鹿家庄村修建出村道路，走访慰问困难群众 30 余户。

是年　市审计局共完成 24 个审计项目。其中，经济责任审计项目 14 个，预算执行审计项目 4 个，固定资产投资审计项目 2 个，自然资源资产审计项目 1 个，专项审计调查项目 3 个。11 月 29 日，经市委审计委员会批准，调增全市殡葬领域专项审计调查项目 1 个。

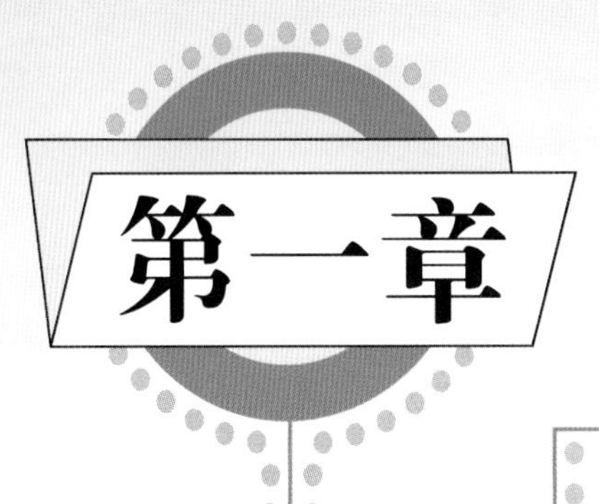

# 第一章

ZUZHI JIGOU

# 组织机构

1983年9月，中华人民共和国审计署正式成立。12月7日，山东省审计局成立。1984年4月，高密县审计局成立。同时设立中共高密县审计局支部。1992年12月3日，中共高密县审计局党组建立。1994年5月，高密撤县设市，原高密县审计局改称高密市审计局。2019年3月，中共高密市委审计委员会成立，市委书记兼任市委审计委员会主任，市委审计委员会下设办公室，办公室设在市审计局，市审计局党组书记、局长兼任市委审计委员会办公室主任。2019年4月，中共高密市审计局总支部委员会建立。

高密市审计局党组织发挥领导核心作用，带领全局干部职工，围绕中心，服务大局，推进审计工作不断发展。市审计局工会、青工委、妇联是党联系群众的桥梁和纽带，同样发挥重要作用。

## 第一节　中共高密市委审计委员会

### 组织建设

2019年3月，根据中共高密市委办公室、高密市人民政府办公室《关于印发〈高密市审计局职能配置、内设机构和人员编制规定〉的通知》，设立中共高密市委审计委员会，下设中共高密市委审计委员会办公室（以下简称“市委审计办”），办公室设在高密市审计局。

2024年8月，经中共高密市委机构编制委员会办公室同意，设立市委审计委员会办公室秘书科。为市审计局内设机构，设科长1人，主要负责处理市委审计委员会办公室的日常事务。

2019年3月，卞汉林任中共高密市委审计委员会主任，设副主任及委员13人；2021年4月，设中共高密市委审计委员会主任1人，副主任及委员13人；2022年6月，王文琦任中共高密市委审计委员会主任，设副主任及委员13人；2024年7月，董广明任中共高密市委审计委员会主任，设副主任及委员13人。2019年—2024年中共高密市委审计委员会历任领导成员见表1-1。

表 1-1　2019 年—2024 年中共高密市委审计委员会历任领导成员一览表

| 职务 | 姓名 | 任职时间 |
| --- | --- | --- |
| 主　任 | 卞汉林 | 2019 年 3 月—2021 年 4 月 |
| | 王文琦 | 2022 年 6 月—2024 年 7 月 |
| | 董广明 | 2024 年 7 月— |
| 副主任 | 王文琦 | 2019 年 4 月—2022 年 6 月 |
| | 孔晓明 | 2019 年 4 月—2020 年 8 月 |
| | 陈连军 | 2020 年 8 月—2022 年 6 月 |
| | 王大伟 | 2022 年 6 月— |
| | 张维兵 | 2022 年 6 月—2024 年 11 月 |
| | 张新明 | 2024 年 11 月— |
| 委　员 | 韩文宏 | 2019 年 4 月—2020 年 8 月 |
| | 邱纯洁 | 2019 年 4 月—2020 年 8 月 |
| | 毛心君 | 2019 年 4 月—2020 年 8 月 |
| | 王　琨 | 2019 年 4 月—2020 年 8 月 |
| | 李卫东 | 2019 年 4 月—2020 年 8 月 |
| | 马拥军 | 2019 年 4 月—2021 年 8 月 |
| | 王永亮 | 2019 年 4 月—2022 年 6 月 |
| | 宫德胜 | 2019 年 4 月—2022 年 6 月 |
| | 张宗春 | 2019 年 4 月—2022 年 1 月 |
| | 张　伟 | 2019 年 4 月— |
| | 陈珊珊（女） | 2020 年 8 月—2022 年 6 月 |
| | 李　彬 | 2020 年 8 月—2023 年 4 月 |
| | 聂　波 | 2020 年 8 月—2024 年 3 月 |
| | 王　赓 | 2020 年 8 月— |
| | 高兴才 | 2020 年 8 月— |
| | 滕坤星 | 2021 年 8 月— |
| | 邱天高 | 2022 年 6 月—2023 年 4 月 |
| | 付联宝 | 2022 年 6 月—2023 年 8 月 |
| | 陈丽波 | 2022 年 6 月— |
| | 杜启强 | 2022 年 6 月— |

续表

| 职务 | 姓名 | 任职时间 |
| --- | --- | --- |
| 委　员 | 王晓栋 | 2022 年 6 月—2024 年 7 月 |
| | 王丽萍（女） | 2022 年 1 月— |
| | 刘晓阳 | 2023 年 4 月—2024 年 7 月 |
| | 毕经伟 | 2023 年 8 月—2024 年 3 月 |
| | 王建书 | 2024 年 3 月—2024 年 11 月 |
| | 马伟莲（女） | 2024 年 7 月— |
| | 高　飞 | 2024 年 7 月— |
| | 王　晓 | 2024 年 7 月— |
| 办公室主任 | 张宗春 | 2019 年 4 月—2022 年 1 月 |
| | 王丽萍（女） | 2022 年 1 月— |

## 工作职责

市委审计委员会负责全市审计领域重大工作的总体设计、统筹协调、整体推进、督促落实。实行集体讨论重大问题制度，每年至少召开 1 次全体会议。可以根据工作需要不定期召开专题会议。市委审计委员会办公室设在市审计局，接受市委审计委员会的直接领导，承担市委审计委员会具体工作，研究提出在全市审计领域坚持党的领导、加强党的建设的政策建议措施，组织研究全市审计工作规划、重大政策和改革方案，协调推进和督促落实市委决策部署和市委审计委员会工作要求，研究提出年度审计项目计划等。

## 历次会议

2019 年 4 月 28 日，市委审计委员会第一次全体会议召开，市委书记、市委审计委员会主任卞汉林主持会议并讲话，市委审计委员会组成人员参加会议。

会议深入学习贯彻中央、省委、潍坊市委审计委员会有关会议精神，审议通过《中共高密市委审计委员会工作规则》《中共高密市委审计委员会办公室工作细则》和《高密市 2019 年度审计项目计划》，研究部署重点工作。

会议一致认为，要提高政治站位，深刻认识审计工作面临的新形势、新任务、新要求，切实加强党对审计工作的领导。要坚决把“四个意识”和“两个维护”贯穿于审计工作的全过程、各环节，切实扛起新时代审计工作的政治责任。要准确把握新形势下审计工作的深刻变化，不断提升审计工作的制度化、规范化水平。要在推动重大政策落实、规范权力运行、维护和保障民生问题、关注财政资金绩效管理、推进反腐倡廉五个方面持续加力，切实提高审计监督成效。市委审计委员会要发挥牵头抓总作用，切实加强对

2019 年 4 月 28 日，市委审计委员会第一次全体会议。

全市审计工作的领导。市委审计委员会办公室要认真履行职责，充分发挥职能作用，推动重点工作落实。审计机关要依法独立行使监督权。各成员单位要按照工作职责，履职担当、协同配合，形成推动审计工作的强大合力。

2019 年 8 月 30 日，中共高密市委审计委员会第二次全体会议召开，市委书记、市委审计委员会主任卞汉林主持会议并讲话，市委审计委员会组成人员参加会议。

会议坚持以习近平新时代中国特色社会主义思想为指导，深入学习贯彻习近平总书记对审计工作的重要指示精神，以及中央和省委、潍坊市委审计委员会第二次会议精神，中共中央办公厅、国务院办公厅和中央审计委员会办公室文件精神，审议通过《2018 年度本级预算执行和其他财政收支的审计工作报告》《2017 年度本级预算执行和其他财政收支审计查出问题整改情况的报告》，研究部署近期重点工作。

会议一致认为，审计是党和国家监督体系的重要组成部分，在推进国家治理体系和治理能力现代化进程中具有十分重要的作用。审计机关和广大审计干部要强化审计机关首先是政治机关的意识，落实政治责任，强化政治担当，树牢“四个意识”，坚定“四个自信”，做到“两个维护”，以审计工作的实际成效体现党中央审计管理体制改革的力度和效力。要在审计工作上旗帜鲜明地讲政治，着力加强财政预算管理，加大审计发现问题整改落实力度，积极推进审计监督全覆盖。

市委审计委员会要做好全市审计领域重大工作的总体设计、统筹协调、整体推进和督促落实。健全完善审计工作联席会议制度，深化提升“巡审联动”工作机制，加强与纪检部门的联动，努力实现全过程监督。充分发挥审计部门的参谋助手作用，通过审计监督，发现制度、工作、作风等方面的问题，及时向市委、市政府提出切实可行的意见建议，推动进一步完善体制机制。加强审计队伍职业化、专业化建设，扎实开展“不忘初心、牢记使命”主题教育，努力培养忠诚、干净、有担当的高素质审计干部，打造信念坚定、业务精通、作风务实、清正廉洁的审计队伍。

2020 年 8 月 22 日，中共高密市委审计委员会第三次全体会议召开，市委书记、市委审计委员会主任卞汉林主持会议并讲话，市委审计委员会组成人员参加会议。

会议传达学习中央审计委员会第三次会议精神、省委审计委员会第四次会议精神及潍坊市委审计委员会第三次会议精神。审议通过《2019 年度本级预算执行和其他财政收支的审计工作报告》《2018 年度本级预算执行和其他财政收支审计查出问题整改情况的报告》和《2020 年度审计项目计划调整建议》，研究部署重点工作。

2021 年 4 月 20 日，中共高密市委审计委员会第四次全体会议召开，市委书记、市委审计委员会主任主持会议并讲话，市委审计委员会组成人员参加会议。

会议传达学习中央、省及潍坊市有关会议精神，审议《2019 年度本级预算执行和其他财政收支审计查出问题整改情况的报告（审议稿）》《2021 年度审计项目计划（审议稿）》《市委审计委员会组成人员变更建议名单》，研究部署近期重点工作。

2021 年 8 月 27 日，中共高密市委审计委员会第五次全体会议召开，市委书记、市委审计委员会主任讲话，市委副书记、市长、市委审计委员会副主任王文琦主持会议，市委审计委员会组成人员参加会议。

会议传达学习省委审计委员会第七次会议精神，审议通过《关于 2020 年度本级预算执行和其他财政收支的审计情况报告》《关于 2019 年度本级预算执行和其他财政收支审计查出问题整改情况的报告》《关于 2021 年度审计项目计划调整建议》，并对下步审计工作进行部署。

2022 年 6 月 18 日，十四届中共高密市委审计委员会第一次全体会议召开，市委书记、市委审计委员会主任王文琦主持并讲话，市委审计委员会组成人员参加会议。

会议传达学习中央、省及潍坊有关会议精神，审议通过《市委审计委员会组成人员变更建议名单》《2020 年度本级预算执行和其他财政收支审计查出问题整改情况的报告（审议稿）》《2022 年度审计项目计划（审议稿）》《关于加强审计整改工作的实施意见（审议稿）》《高密市审计整改约谈办法（试行）（审议稿）》，并对下步审计工作进行部署。

2022 年 8 月 27 日，十四届中共高密市委审计委员会第二次会议召开，市委书记、市委审计委员会主任王文琦主持会议并讲话，市委副书记、市长王大伟等市委审计委员会组成人员参加会议。

会议深入学习贯彻习近平总书记关于审计工作的重要指示批示精神，传达学习十二届省委审计委员会第一次会议和十三届潍坊市委审计委员会第二次会议精神，审议通过《2021 年度本级预算执行和其他财政收支情况的审计工作报告（审议稿）》，研究部署下步工作。

2023 年 4 月 15 日，十四届中共高密市委审计委员会第三次会议召开，市委书记、市委审计委员会主任王文琦主持会议并讲话，市委副书记、市长王大伟等市委审计委员会组成人员参加会议。

会议深入学习贯彻党的二十大、全国两会精神和习近平总书记关于审计工作的重要指示批示要求，传达学习省和潍坊市有关会议精神，审议有关事项，研究部署下步工作。

2023年8月26日，十四届中共高密市委审计委员会第四次会议召开，市委书记、市委审计委员会主任王文琦主持会议并讲话，市委副书记、市长王大伟等市委审计委员会组成人员参加会议。

会议深入学习贯彻党的二十大和习近平总书记关于审计工作的重要指示批示精神，传达学习中央、省有关会议精神，审议相关事项，研究部署下步工作。

2024年3月30日，十四届中共高密市委审计委员会第五次会议召开，市委书记、市委审计委员会主任王文琦主持会议并讲话，市委副书记、市长王大伟等市委审计委员会组成人员参加会议。

会议深入学习贯彻习近平总书记关于审计工作的重要指示批示精神，传达学习全国审计工作会议、十二届省委审计委员会第四次会议、全省审计工作会议以及十三届潍坊市委审计委员会第五次会议精神，审议相关事项，研究部署下步工作。

会议一致认为，强化政治意识，全面加强党对审计工作的领导，准确把握审计工作在新征程上担负的重要使命，切实增强履职尽责的政治自觉、思想自觉、行动自觉，以实际行动坚定拥护“两个确立”、坚决做到“两个维护”。围绕中心大局，聚力财政资金提质增效、推动重点工作落实、防范化解风险、保障和改善民生、规范权力运行等方面的审计监督，以高质量审计服务高质量发展。狠抓整改落实，增强刚性约束，健全工作机制，加强成果运用，全面做好审计“下半篇文章”。加强队伍建设，提升能力本领，发扬斗争精神，锤炼过硬作风，着力打造一流过硬审计铁军。

2024年9月14日，十四届高密市委审计委员会第六次会议召开，市委书记、市委审计委员会主任董广明主持会议并讲话，市委审计委员会组成人员参加会议。

会议深入学习贯彻习近平总书记关于审计工作的重要指示批示精神，传达学习二十届中央审计委员会第二次会议精神、十二届省委审计委员会第五次会议和十三届潍坊市委审计委员会第六次会议精神，审议相关事项，研究部署下步工作。

会议一致认为，要强化政治意识，深刻把握习近平总书记重要指示批示和重要讲话精神实质，不断健全完善党领导审计工作运行机制，更好地发挥审计在推进党的自我革命中的重要作用，确保党中央和省、潍坊市委决策部署在高密落地生根、开花结果。要聚焦主责主业，聚力高质量发展、财政资金提质增效、保障和改善民生、防范化解风险等方面的审计监督，更好地发挥审计服务经济社会发展的重要作用。要狠抓整改落实，强化问题导向，夯实制度保障，加强协作配合，深化成果运用，切实做好审计“下半篇文章”。要加强队伍建设，提升能力本领，发扬斗争精神，锤炼过硬作风，着力打造审计“铁军”，全面提升审计工作质量和水平，为高密爬坡过坎、率先崛起提供坚强有力的审计保障。

2024 年 9 月 14 日，十四届高密市委审计委员会第六次会议召开。

## 第二节　中共高密市审计局组织

高密市审计局党组织自 1984 年成立以来，发挥领导核心作用，围绕中心、服务大局，落实党中央和国务院关于审计工作的方针政策和决策部署，按照山东省委、潍坊市委工作要求和高密市委工作安排，在履行职责过程中坚持和加强党对审计工作的集中统一领导，不断提升审计干部职工的整体素质，与时俱进、开拓进取、不断创新，为加强审计监督、推进各项工作取得新突破、构建和谐社会发挥积极作用。按照《中华人民共和国宪法》和《中华人民共和国审计法》的规定，高密市审计局在高密市委、市政府和潍坊市审计局的领导下，负责本市行政区域内的审计工作，并接受市人大常委会的监督。

### 组织建设

1984 年 4 月，中共高密县审计局支部（隶属于机关党工委）成立，王积田任党支部书记。

1992 年 12 月 3 日，中共高密县审计局党组建立。郝恩贵任县审计局党组书记。

1994 年 5 月，随着高密撤县设市，中共高密县审计局党组改称中共高密市审计局党组。

2019 年 4 月 21 日，市审计局党员大会召开，成立中国共产党高密市审计局总支部委员会，选举张宗春为党总支书记。

2022 年 1 月，王丽萍任市审计局党组书记。4月15日，党员大会召开，选举王丽萍为党总支书记。

至2024年8月，高密市审计局党总支下设机关党支部和离退休党支部2个党支部，共有党员54人。1984年—2024年高密市审计局历任党组织领导成员见表1-2。

### 党员教育

自1984年4月始，县审计局党组织带领全局人员，始终围绕党的中心工作，落实各级党组织的决议，充分发挥党组织的战斗堡垒作用和党员的先锋模范作用，团结组织干部职工，努力完成各项工作任务。做好经常性的发展党员工作，重视在工作第一线和青年中发展党员，并监督党员干部和其他审计工作人员严格遵守党纪国法，教育党员和广大审计工作人员廉洁自律，自觉抵制社会不良风气，坚决同各种违法犯罪行为做斗争，维护社会的公平正义。

1985年—1992年，县审计局党支部结合全县整党工作的开展，规定审计人员每周学习时间不少于10小时。其中，6小时的工作时间进行集体学习，4小时的业余时间进行自学。以学习马克思主义理论和党的路线、方针、政策为主，同时学习审计业务知识。通过学习，党员干部把思想统一到为经济体制改革和“四化”建设服务，为提高经济效益、实现“富民兴高”、努力开创审计

2024年5月，市审计局党组成员（左起：张海波、王艳丽、侯文奇、王丽萍、李欣、王静、付希娟）。

表 1-2　1984 年—2024 年高密市审计局历任党组织领导成员一览表

| 职　务 | 姓　名 | 任职时间 |
| --- | --- | --- |
| 党支部书记 | 王积田 | 1984 年 4 月—1992 年 12 月 |
| 党组书记 | 郝恩贵 | 1992 年 12 月—1995 年 12 月 |
| | 王福兴 | 1995 年 12 月—2005 年 3 月 |
| | 姜殿国 | 2005 年 3 月—2007 年 3 月 |
| | 戴学仁 | 2007 年 3 月—2011 年 12 月 |
| | 邓　涛 | 2013 年 3 月—2014 年 8 月 |
| | 张宗春 | 2016 年 1 月—2022 年 1 月 |
| | 王丽萍（女） | 2022 年 1 月— |
| 党总支部书记 | 张宗春 | 2019 年 4 月—2022 年 4 月 |
| | 王丽萍（女） | 2022 年 4 月— |
| 党组副书记 | 王积田 | 1992 年 12 月—1996 年 12 月 |
| | 姜殿国 | 1997 年—2005 年 3 月 |
| | 李宗福 | 2011 年 11 月—2016 年 1 月 |
| | 邓　涛 | 2014 年 8 月—2016 年 1 月 |
| 成　员 | 陈继伟 | 1989 年 1 月—199 年 3 月 |
| | 王心福 | 1992 年—2003 年 |
| | 赵立刚 | 1992 年 12 月—2019 年 |
| | 范季红（女） | 1997 年—2016 年 |
| | 王　伟（女） | 1997 年—2013 年 |
| | 王玉树 | 2000 年 9 月—2005 年 11 月 |
| | 戴　晶（女） | 2006 年 5 月—2014 年 |
| | 陈鹏程 | 2006 年 8 月—2021 年 3 月 |
| | 张崇凯 | 2008 年 5 月—2011 年 3 月 |
| | 李　刚 | 2009 年 2 月—2022 年 5 月 |
| | 王传勇 | 2011 年 5 月—2016 年 6 月 |
| | 侯文奇 | 2014 年 8 月— |
| | 王玉凤（女） | 2015 年 3 月—2019 年 8 月 |
| | 王　静（女） | 2020 年 5 月— |
| | 王艳丽（女） | 2021 年 4 月— |
| | 李　欣 | 2022 年 5 月— |
| | 付希娟（女） | 2022 年 12 月— |
| | 张海波 | 2022 年 12 月— |

监督工作新局面上来。其间，通过持续不断的党员学习教育，人人努力成为懂马克思主义、毛泽东思想、邓小平理论，坚持社会主义道路的有一定文化水平和必备专业知识的合格审计工作人员。

1993年，县审计局党组根据潍坊市审计局的通知要求对纠风工作提出工作意见，制订具体的规划措施，并认真贯彻执行。坚决纠正利用职权谋取私利的部门和行业不正之风，加强党风和廉政建设，保证改革开放和社会主义现代化建设顺利进行。

1994年—1995年，市审计局党组结合在全党开展的建设有中国特色社会主义理论和党章的学习活动，重点抓以领导干部廉洁自律、审计人员廉洁勤政为主要内容的廉政建设。党组每个成员深刻地认识到，搞好廉政建设领导是关键，自觉以中央、省、市廉洁自律的有关规定约束规范自己；认真学习市委、市政府印发的《领导干部廉洁自律定期民主评议制度》通知，并结合审计特点，制定《高密市审计局关于严禁公款吃喝玩乐的规定》，警钟长鸣，把经常性教育贯彻于审计工作始终，认真落实执法责任制，以严格的规章制度和铁的纪律，防止各种违纪现象的发生。

1996年，市审计局党组持续加强党风廉政建设，规范职业道德，树立良好形象。一是利用每周学习日，组织全体人员学习廉政建设方面的文件，加强职业道德和勤政教育，不断强化审计人员的廉政意识，弘扬正气，抵御拜金主义、个人主义和腐朽生活方式的侵蚀。二是建章立制，规范廉政行为，先后制定实施《廉洁从审十不准》《廉洁自律督导监察制度》等，并成立廉政建设督导监察小组，对审计工作进行经常性督导监察，发现苗头，及时整改。三是实施“禁酒令”和“廉政建设监督卡”登记公布制度，严禁在被审单位接受宴请，杜绝在被审单位吃、拿、卡、要等不廉洁现象。四是自觉接受社会各界的监督，并以科室为单位每月一次向党组报告廉洁从审情况，加强相互监督。全年未发生违纪问题，全部审计项目无一例申请复议，树立了审计队伍的良好形象。

1997年，市审计局党组以反腐倡廉为工作主线打造阳光审计品牌。在审计工作中，坚持在布置审计工作时强调廉政，在检查审计工作中检查廉政。特别是对一些重大审计项目，关口前移，审计开始前对审计组成员谈话，敲响廉政警钟。改过去一级管一级方式为一级考一级方式，即将廉政建设内容分解细化，纳入岗位目标责任制管理，党组成员考核分管科室，科室负责人考核科室成员，实行廉政一票否决制度，廉政考核成绩低于标准分数时分管领导、科室负责人和审计人员均不得评选先进，不得受奖晋级，不得提拔重用，大大强化了各级的廉政责任。

1998年—1999年，市审计局党组扎实开展以“讲学习，讲政治，讲正气”为主要内容的党性党风教育，结合“三讲”教育主要做了三项工作：一是抓党性教育和思想上的统一。定期召开党组会议，认真学习邓小平建设有中国特色社会主义理论，进行党的组织建设、作风建设和思想建设教育，使党组成员坚定党的信念，牢记党的宗旨，时刻不忘做合格的党的领导干部。二是抓班子带队伍。坚持民主集中制原则，不搞一言堂，严格分工负责，大事集体研究，努力在班子内部形成“讲团结、讲民主、讲原则、讲大局”的良好氛围，增强了领导班子的凝聚力和向心力，使党组成为审计工作的坚强领导核心。三是实现依法行政和廉洁勤政、廉洁从审的有机结合。成立党风廉政建设责任制领导小组，印发《高密市审计局领导班子成员党风廉政建设岗位责任制》《高密市审计局党风廉政建设责任制报告、考核、惩戒与追究、奖励制度》《干部个人生活重大事项报告制度》等12项廉政制度，签订《高密市审计局党风廉政建设目标责任书》，为进一步加强全局的党风廉政建设提供了制度保障。审计人员自觉遵守廉政建设规章制度，在审计工作中，不以审谋私，不搞特殊，不徇私情，廉洁从审，有效地杜绝了“人情审、关系审”，全局无违规违纪问题发生，在社会上树立了廉洁、文明、高效的审计形象。

2000年—2002年，市审计局党组认真学习中共中央办公厅印发的《关于在农村开展“三个代表”重要思想学习教育活动的意见》，使全局党员干部普遍接受了一次马克思主义理论的洗礼。同时，继续坚持以廉洁勤政树形象、立权威，从领导班子抓起，严格落实中央、省、市各级关于加强作风建设的一系列指示精神，同时，通过学习上级文件、观看影片《生死抉择》等活动，增强全局党员干部的党性意识、宗旨意识、廉洁从政意识，赢得了被审单位和群众的一致好评。

2003年—2004年，市审计局党组深入学习党中央下发的《关于在全党开展以实践“三个代表”重要思想为主要内容的保持共产党员先进性教育活动的意见》，以优化全市的经济发展环境，规范财经行为，力促全市经济健康运行和社会各项事业发展为重点，开展了卓有成效的工作。在市人大常委会组织的全市“优化环境，执法为民”情况大检查中，在被检查的57个部门单位中居第六位。市审计局的工作受到社会各界广泛好评。

2005年—2007年，市审计局党组认真开展以“增强党员素质，加强基层组织，服务人民群众，促进各项工作”为目标的保持共产党员先进性教育活动。2005年1月，成立开展保持共产党员先进性教育活动领导小组。2月，成立开展保持共产党员先进性教育活动督察小组。在活动中，始终把作风建设作为主线，着力加大作风建设力度，审计作风建设呈现崭新面貌。突出抓好与基层单位和群众关系密切、直接体现审计作风等方面问题的改进。自行克服审计用车不足的困难，外出审计不再使用被审计单位的车辆接送，减轻被审计单位负担，受到被审计单位的好评。坚持从思想教育入手，针对保持共产党员先进性教育活动中查找出来的思想、作风等方面存在的问题，全面加强审计干部的廉政思想教育和德行操守教育，通过认真学习、宣传、执行“八不准”等廉洁从审准则和《公民道德建设实施纲要》等道德法制方面的文件，强化审计人员的学法守法、遵章守纪和清正廉洁意识。市审计局在市先进性教育活动办公室对第一批次参学单位的综合评比中位居前列。2007年，市

2005年，市审计局党组开展保持共产党员先进性教育活动现场。

审计局党组扎实开展“回头看”活动，彻改查提出的问题，以全力服务全市软环境建设、推进经济社会又好又快发展为重点开展工作。因审计工作成绩优秀，高密市审计局被市委、市政府评为2007年度市直机关优秀单位。

2008年—2009年，市审计局党组紧紧围绕“党员干部受教育、科学发展上水平、人民群众得实惠”的总要求，扎实开展深入学习实践科学发展观活动，全体广大党员、干部把参加学习实践活动作为增强党性修养、提高综合素质的难得机遇，积极投身学习实践活动，取得明显成效。按照市委的安排，高密市审计局党的十七届三中全会精神宣讲组到包靠村柏城镇褚家王吴村向全村党员干部和群众宣讲党的十七届三中全会精神。

2010年—2012年，市审计局党组扎实开展创建先进基层党组织、争做优秀共产党员为主题的“创先争优”活动，在进一步健全完善各项制度、认真开展活动的同时，还针对审计工作面向基层、点多面广、贴近群众的特点，将党建阵地延伸到每一个审计组。规定每一个审计组都要在工作中建立临时党建小组，根据上级有关要求或工作需要召开临时党建小组会，在座谈、走访等活动中向被审计单位宣传党的政策，与被审计单位的党员结对交流。同时，临时党建小组还担负着在工作中影响、带动工作人员，并注意发现、培养和推荐入党积极分子的任务。审计临时党建小组较好地发挥了党建工作“一线堡垒、一线示范”的作用，有力地促进了各项工作开展，高密市审计局连年被市委、市政府授予先进基层党组织。

2013年—2014年，市审计局党组扎实开展以“照镜子、正衣冠、洗洗澡、治治病”为总要求，以“为民、务实、清廉”为主要内容的党的群众路线教育实践活动，按照市委党的群众路线教育实践活动领导小组办公室的安排和要求，经过充分酝酿和精心准备，召开党的群众路线教育实践活动领导班子专题民主生活会，进行了一次全面深入

2012 年，市审计局召开庆七一民主生活会。

的“政治体检”。2014 年 3 月，市审计局党的群众路线教育实践活动领导小组成立，加强对党的群众路线教育实践活动的领导和指导。通过学习，全局广大党员、干部受到马克思主义群众观点的深刻教育，贯彻党的群众路线的自觉性和坚定性明显增强，形式主义、官僚主义、享乐主义和奢靡之风得到有力整治，群众反映强烈的突出问题得到有效解决。

2015 年，市审计局党组扎实开展以“严以修身、严以用权、严以律己；谋事要实、创业要实、做人要实”为主要内容的“三严三实”专题教育，要求全局党员干部对照“三严三实”要求，聚焦对党忠诚、个人干净、敢于担当，着力解决“不严不实”问题，努力在深化“四风”整治、巩固和拓展党的群众路线教育实践活动成果上见实效，在守纪律、讲规矩、营造良好政治生态上见实效，在真抓实干、推动改革发展稳定上见实效。这次专题教育突出问题导向，对全局党员干部在思想、作风、党性上进行了一次集中“补钙”和“加油”。

2016 年，市审计局党组扎实开展“学党章党规、学系列讲话，做合格党员”为主要内容的“两学一做”学习教育，教育引导全体党员尊崇党章、遵守党规，着力解决党员队伍在思想、组织、作风、纪律等方面存在的问题，努力使广大党员进一步增强政治意识、大局意识、核心意识、看齐意识，坚定理想信念，保持对党忠诚，树立清风正气，勇于担当作为，充分发挥先锋模范作用。同时创建学习型班子，建设学习型党组织，制订《高密市审计局关于推进学习型党组织建设的实施方案》，采用自学、集中学习、参加培训、研讨交流、参观考察等多种方式。提高全局党员干部的政治理论水平和业务素质，努力做好全局的各项工作。

2017 年—2018 年，市审计局党组围绕喜庆党的十九大召开，开展系列活动。成立党建工作领导小组，形成党组统一领导，党组书记总负责，班子成员“一岗双责”，支部具体落实，各科室协调配合、齐抓共管、

2016年，市审计局组织开展“学党章党规、学系列讲话、做合格党员”活动。

共同推进的党建工作格局。2017年5月26日，根据全市开展“作风建设年”活动领导小组《关于印发〈实施寻标对标提标行动工作方案〉的通知》的精神要求，市审计局党组在全局开展比学赶超活动，对内赶超寿光市审计局，对外学习枣庄市滕州市审计局、江苏省建湖县审计局。6月9日，按照山东省审计厅、潍坊市审计局实施“强基层、铸铁军”工程统一部署要求，成立高密市审计局“强基层、铸铁军”工程领导小组，并制订工程方案，扎实推进。10月20日，市审计局组织“喜庆党的十九大，说说心里话”主题征文活动。12月8日，市审计局召开机关会议，市党的十九大宣讲团成员、市审计局局长张宗春作宣讲报告。

2019年—2020年，市审计局党组扎实开展以“守初心、担使命，找差距、抓落实”为总要求的“不忘初心、牢记使命”主题教育，严格落实全面从严治党主体责任和党风廉政建设责任制，切实加强基层党组织建设和干部队伍建设，针对国家巡视山东省、山东省巡视潍坊及高密反馈问题进行认真整改落实。推动加强班子自身建设，营造风清气正的政治生态，增强党组织的吸引力、凝聚力、号召力。9月27日，印发《2019年度意识形态工作方案》，加强党的政治建设和思想建设。9月30日，组织全体机关干部参观初心学堂，听党史、学党章，进一步教育和引导党员干部感悟初心、思齐笃行。因工作效果突出，高密市审计局被市主题教育领导小组办公室确立为全市主题教育示范点。2020年5月15日，市审计局党组召开机关支部党风廉政建设工作专题组织生活会。全体审计干部严格落实审计“八不准”“四严禁”要求，廉洁从审，倡树正气，进一步强化自身建设，树立审计机关和审计人员忠诚、干净、担当的良好形象。9月29日，印发《高密市审计局思想作风整顿暨“百日攻坚”会战工作方案》，引导全体干部职工奋力攻坚、狠抓落实，坚决实现全年任务目标。

2021年，市审计局党组扎实开展党史学习教育。组织全体人员学党史、悟思想、办实事、开新局，引导党员干部做到学史明理、学史增信、学史崇德、学史力行，以实际行动和优异成绩庆祝中国共产党成立100

周年。9 月 28 日，市审计局党组召开巡察整改专题民主生活会，与会成员逐一对照巡察整改反馈意见，主动认领问题，进行对照检查，提出整改措施，扎实开展批评与自我批评。深入贯彻落实习近平总书记关于审计工作的重要指示批示精神，牢固树立审计质量“生命线”意识，持续强化业务立审、质量兴审。

2022 年，市审计局党组多措并举，强化思想引领。召开党风廉政建设专题组织生活会，党员结合个人思想和工作情况谈体会、查不足、促整改，锤炼党性修养。抓组织建设，不断提高党支部的凝聚力和战斗力。组织党员志愿服务队开展走访慰问、帮扶助困、创卫清扫和助力复学等活动 85 次。创新党建形式，深入推进临时党小组工作法，将临时党小组打造成在外审计人员的“党员之家”，增强队伍的凝聚力、向心力。在审计业务开展过程中，依托审计组实行嵌入式教育，组织学习习近平新时代中国特色社会主义思想和党章、党规、党史纪律，切实增强干部的政治自觉、思想自觉和廉政自觉。推行党组理论学习中心组“一线六步学习法”，即在一线获取新知、在一线武装思想、在一线实践理论、在一线解决问题；看现场、听讲解、学思想、集中议、作决策、亮成果。强化目标导向、问题导向、结果导向，通过“一线六步学习法”不断增强在发现问题、破解难题中运用科学理论、科学方法处理复杂问题的能力，打通从理论到实践、从调查到决策的“最后一公里”。

2023 年，市审计局党组扎实开展以“学思想、强党性、重实践、建新功”为主要内容的学习贯彻习近平新时代中国特色社会主义思想主题教育，教育引导全体党员干部，着力解决理论学习、政治素质、能力本领、担当作为、工作作风、廉洁自律等 6 个方面的问题。市审计局“‘党建引领，质量强审’党组织书记抓基层党建工作突破”项目被高密市委市直机关工委评为 2022 年度市

2023 年 10 月，市审计局组织干部职工到高密市廉政教育基地接受党风廉政教育。

直机关优秀党组织书记抓基层党建工作突破项目。狠抓投资审计质量更好服务民生项目建设服务项目被高密市委市直机关工委评为2022年度市直机关优质服务项目。

2024年，市审计局党组坚持把学纪、知纪、明纪、守纪作为主线，扎实开展党纪学习教育，组织中心组研讨、专题党课、主题党日活动6次，党纪谈话提醒39人次，赴市廉政展馆、晏子纪念馆开展警示教育2次，举办“学党纪、明规矩、强党性”演讲比赛，推动《中国共产党纪律处分条例》学习入脑入心。

市审计局机关支部“忠诚担当·执审为民”党建品牌入选《全省审计系统优秀党建品牌汇编》，被中共高密市委组织部评为高密市五星级党支部，“赓续红色血脉，传承红高粱精神”“学党纪、明规矩、强党性”2个主题党日案例获评市直机关优秀案例。

### 党员活动

1995年，市审计局组织全体人员开展向孔繁森学习活动，落实“学、抓、创、做”工作措施。经过全局上下共同努力，形成廉洁、公正、严格、奉献的行业作风，赢得了良好的社会声誉。

1998年，市审计局党组针对审计工作任务新、时间紧、质量高的局面，提出“围绕一个中心，实现三个确保”的思路。“围绕一个中心”即围绕市委提出的“全党抓经济，重点抓工业，各业齐发展，整体上水平”这个中心。“三个确保”即确保完成市委、市政府交办的各项工作任务，确保完成上级审计机关安排的工作计划，确保各项工作的质量上水平。全体审计人员积极响应号召，齐心协力，开拓创新，尽职尽责，努力拼搏，全面完成工作任务。市审计局党组在对原有的涉及作风、纪律、廉政等方面的规章制度进行修订基础上，广泛征求意见，印发《高密市审计局关于严肃工作纪律，转变工作作风的规定》，提出了具体要求，制定了严格的处分处罚标准，从严约束全体审计人员，收到良好效果。

2000年，市审计局结合市委组织部开展的全市窗口单位作风整顿活动“双思”教育活动以及“三个代表”重要思想学习教育活动，坚持不懈地加强领导班子建设、党组织建设、党员干部队伍建设，充分发挥领导班子的表率作用、党组织的中坚作用和党员干部的模范带头作用，保持领导班子和党组织的凝聚力和向心力，发挥审计队伍的战斗力，保障了审计事业的健康发展。

2008年，市审计局党组推出廉政建设“一票否决”制度。对违反廉政制度规定，接受被审计单位的宴请、钱物、购物券，或参与被审计单位提供的各种消费娱乐活动的审计人员，一经查实一律严肃处理，并实行“一票否决”，年内不得评为先进，不得晋职，并将责任人违反廉政纪律的情况记入个人廉政档案，作为考评和选拔任用审计人员的参考依据。

2009年，市审计局先后接到三个被审计单位的表扬信，对审计人员在工作过程中现场加强党建工作，充分发挥党员先锋模范作用，认真履行审计职责的表现给予了肯定和表扬。

2012 年 9 月，市审计局召开创先争优总结暨机关支部换届选举大会。

2012 年，市审计局在全体审计干部中开展“机关作风建设”活动，以此推动依法审计、为民审计工作的有效落实。7 月，市审计局开展中国共产党成立 91 周年纪念活动。认真组织学习党史，上好一堂以党的历史为主要内容的党课。集中慰问老党员、老干部、困难党员、做出突出贡献的优秀党员。结合领导点评、群众评议活动，组织党内民主生活会。重温入党誓词，组织开展警示教育，观看爱国主义革命传统教育影片。开展以“创先争优我先行”“我自豪，我是一名共产党员”等为主题的征文比赛。从 11 月 16 日开始，利用两个月的时间，在全局党员干部职工中集中开展以学习贯彻党的十八大精神为主题的学习活动。

2016 年，市审计局在机关党员中开展“九个一”学习活动，即周学一文，每周至少阅读一篇好文章；月听一课，每月听一堂专题党课；季读一书，每季阅读一本好书；年撰一稿，每年至少撰写一篇学习心得或理论文章；每年提一条合理化建议，为全市发展献计献策；接受一次学习培训；举行一次爱国主义教育主题实践活动；开展一次党的基本知识竞赛；开展一次警示教育，筑牢拒腐防变防线。在全局党员干部中带头学政治，争做时代先锋；带头学本领，争做发展带头人；带头学科技，争做科技领路人；带头执行政策，争做遵纪守法模范。在“两新”党组织党员中开展“双比双争”活动，即党组织比作用，争做“五好党组织”；党员比形象，争做优秀共产党员。

2017 年，市审计局印发《关于开展在职党员到社区报到为群众服务活动的实施方案》《关于深入开展党员奉献积分制活动的实施方案》《“两亮一创三评”主题实践活动方案》等文件，制定《高密市审计局机关支部共性承诺》并组织全体党员签订《党员承诺书》。为认真贯彻市委“作风建设年”活动要求，深入推进“两学一做”学习教育常态化制度化，市审计局开展以“主动作为、主动担当、依法作为”为主题的“作风建设年”活动，制订具体实施方案，进一步加强和改进审计干部队伍作风建设，不断提高工作效能和审计监督水平。

2018年3月19日，市审计局召开“大学习、大调研、大改进”启动会议，会议由张宗春主持并就具体工作进行部署。3月22日，市审计局开展以“大学习、大调研、大改进”为主题的系列活动。市审计局实施“强基层、铸铁军”工程的经验做法和成效，被潍坊市审计局专题印发予以介绍推广，市委、市政府主要领导做出批示并责成印发各镇街区、各部门单位学习。学习贯彻党的十九大精神情况，被《中国审计》杂志长篇报道。

2021年5月27日至6月1日，市审计局组织全体干部职工分两批赴临沂、枣庄开展中共党史学习教育现场教学活动，参观台儿庄大战纪念馆、孟良崮战役纪念馆、红嫂纪念馆等，通过听取讲解、现场教学等形式重温入党誓词，强化全员党性观念，建设清正廉洁的审计队伍。6月28日，市审计局主要负责人带队走访慰问局退休老干部，为4名党员发放“光荣在党50年”奖章，送去党组织的关怀和温暖。7月11日，市审计局组织党员干部赴南湖社区开展雷锋益站新时代文明实践活动，激发全员学习雷锋精神的热情，在全局形成无私奉献、爱岗敬业、乐于助人的良好风尚。9月6日，印发《开展庆祝建党100周年主题活动的实施方案》，开展重温党章、集中宣誓、红色研学、走访慰问老党员等活动，激励广大党员干部传承红色基因、赓续精神血脉、坚定理想信念。

2022年，市审计局党组以政治建设为统领，强化党建“第一责任人”职责和班子成员“一岗双责”，凝聚奋进力量。带领全体党员积极响应、逆行而上、冲锋在前，用最美“党员红”筑牢“红色堡垒”。坚持每月开展党组理论学习，把学习课堂搬到审计一线，学思想、看现场、听讲解、集中议、做决策、亮成果，在一线学习理论、实践理论、解决问题。擦亮“忠诚担当·执审为民”

2021年5月，市审计局组织全体干部职工参观台儿庄大战纪念馆。

2021年6月，市审计局组织全体干部职工参观大青山革命纪念馆。

2021 年 7 月，市审计局组织干部职工观看中国共产党成立 100 周年庆祝大会直播。

2022 年，市审计局组织干部职工观看中国共产党第二十次全国代表大会开幕会。

党建品牌，以模范党组织建设为抓手，将党小组建在项目上，激活“1+2+4+N”红色引擎，推动党建与业务深度融合，增强党员干部的创先争优意识。全体党员在疾病防控、包村联户、创建国家文明城市等重点任务面前冲锋在前，全年共开展各类志愿服务 76 次、参加 1200 余人次，“推进文明城市创建”的做法获市委主要领导肯定，并在全市推广。5 月 11 日，山东省审计厅党组成员、副厅长许庆豪在潍坊市审计局党组书记、局长张

2022 年 5 月，山东省审计厅党组成员、副厅长许庆豪（右一）到高密市审计局调研指导工作。

祖钊，高密市委书记王文琦陪同下，到高密市审计局调研指导工作，参观办公场所、审计文化长廊、党员活动室等，并召开座谈会，对高密市审计局取得的成绩，特别是深入推进党的建设、队伍建设、业务建设、审计文化建设取得的丰硕成果给予充分肯定。

2023年4月7日，市审计局联合市委市直机关工委、市工信局开展“践行二十大，全力拼经济”党建主题活动，先后参观学习山东泽普医疗科技有限公司、孚日宣威新材料科技有限公司、乐聚（山东）机器人科技有限公司和安防产业链党建共同体，详细了解企业在转型升级、创新经营模式、创建先进文化等方面的经验做法。2023年4月13日，山东省审计厅党组成员、副厅长孙焕军在高密市委副书记、市长王大伟等陪同下，到高密市审计局调研指导工作。6月30日，市审计局组织赴注沟社区清爱文化园、高密市名人家风馆等地开展重温入党誓词、唱红歌、观摩学习和走访慰问老党员等活动，引导广大审计党员干部以更加饱满的热情、更加昂扬的斗志、更加务实的作风，为加快建设富强、和谐、充满活力的现代化临港新城贡献力量。10月20日，市审计局开展廉政教育主题党日活动，组织全体干部职工赴高密市廉政教育展馆参观学习。

2024年10月12日，市审计局党组书记、局长王丽萍带队，组织全体机关干部到开发区和夏庄镇等地参观学习全市重点项目，主要参观了星宇安防科技集团展厅、信悦精密件和丰东金属热处理等项目，充分了解高密经济的主要发展方向，感受高密经济发展的磅礴力量。

2023年4月，山东省审计厅党组成员、副厅长孙焕军（左一）到高密市审计局调研指导工作。

2023 年 6 月，市审计局组织全体干部职工赴注沟社区清爱文化园学习。

2024 年 10 月，市审计局全体机关干部参观星宇安防科技集团展厅。

# 第三节 行政机构

## 机构沿革

1984 年 2 月，高密县审计局开始筹建，具体由县财政局副局长范克智、县财经办公室王镇一、军队转业干部王积田、县锻压机床厂刘征、县人民医院陈继伟、县五金公司徐胜利、县建设银行张耀勋等筹建。4 月，高密县审计局正式成立。有工作人员 7 人，王镇一任县审计局局长。有技术职称人员 5 人，其中助理会计师 2 人、会计员 3 人。办公地址在县政府办公大楼 4 楼。

1985 年 7 月，县审计局工作人员增至 11 人，郝恩贵任县审计局局长。1992 年 6 月，县审计局办公地址迁往立新街审计局办公大楼。1995 年 12 月，王福兴任市审计局局长。2005 年 4 月，姜殿国任市审计局局长。2007 年 3 月，戴学仁任市审计局局长。2011 年 12 月，李宗福任市审计局局长。2016 年 1 月，张宗春任市审计局局长。2022 年 1 月，王丽萍任市审计局局长。1984 年—2024 年高密市审计局历任局长、副局长见表 1–3。

## 单位编制

1987 年 2 月，高密县审计局内设办公室、工基交审计股、商粮贸审计股、行政事业审计股三股一室。

1988 年 7 月，县审计局设立财政金融审计股，股长张耀勋。

1990 年 6 月，高密县审计事务所成立，有从业人员 12 人，为县审计局直属股级事业单位，定编 5 人，人员从其他事业编制中调剂使用。

1991 年 9 月，高密县审计局调整中层机构设置，保留办公室、工交审计科、商粮贸审计科、行政事业科，撤销财政金融审计股，增加综合科、基本建设审计科，共“五

表 1-3 1984 年—2024 年高密市审计局历任局长、副局长一览表

| 职　务 | 姓　名 | 任职时间 |
| --- | --- | --- |
| 局　长 | 王镇一 | 1984 年 2 月—1985 年 3 月 |
| 副局长 | 王积田 | 1984 年 4 月—1985 年 7 月 |
| 局　长 | 郝恩贵 | 1985 年 7 月—1995 年 11 月 |
| 副局长 | 王积田 | 1985 年 7 月—1995 年 11 月 |
| | 陈继伟 | 1989 年 1 月—1991 年 3 月 |
| | 姜殿国 | 1991 年 3 月—1995 年 11 月 |
| | 王心福 | 1992 年 11 月—1995 年 11 月 |
| 局　长 | 王福兴 | 1995 年 12 月—2005 年 4 月 |
| 副局长 | 王积田 | 1995 年 12 月—2003 年 10 月 |
| | 姜殿国 | 1995 年 12 月—2005 年 3 月 |
| | 王心福 | 1995 年 12 月—2003 年 10 月 |
| | 赵立刚 | 1997 年 1 月—2005 年 4 月 |
| | 范季红（女） | 1997 年 12 月—2005 年 4 月 |
| | 王　伟（女） | 2004 年 2 月—2005 年 4 月 |
| 局　长 | 姜殿国 | 2005 年 4 月—2007 年 3 月 |
| 副局长 | 赵立刚 | 2005 年 4 月—2009 年 2 月 |
| | 范季红（女） | 2005 年 4 月—2007 年 3 月 |
| | 王　伟（女） | 2005 年 4 月—2007 年 3 月 |
| 局　长 | 戴学仁 | 2007 年 3 月—2011 年 12 月 |
| 副局长 | 范季红（女） | 2007 年 3 月—2007 年 12 月 |
| | 赵立刚 | 2007 年 3 月—2009 年 2 月 |
| | 王　伟（女） | 2007 年 3 月—2010 年 1 月 |
| | 张崇凯 | 2008 年 5 月—2011 年 3 月 |
| | 戴　晶（女） | 2008 年 12 月—2010 年 2 月 |
| | 李　刚 | 2009 年 2 月—2011 年 12 月 |
| | 陈鹏程 | 2010 年 2 月—2011 年 12 月 |

续表

| 职　务 | 姓　名 | 任职时间 |
| --- | --- | --- |
| 局　长 | 李宗福 | 2011 年 12 月—2016 年 1 月 |
| 副局长 | 李　刚 | 2011 年 12 月—2016 年 1 月 |
| | 陈鹏程 | 2011 年 12 月—2015 年 1 月 |
| | 王玉凤（女） | 2015 年 3 月—2016 年 1 月 |
| 局　长 | 张宗春 | 2016 年 1 月—2022 年 1 月 |
| 副局长 | 李　刚 | 2016 年 1 月—2022 年 1 月 |
| | 王玉凤（女） | 2016 年 1 月—2019 年 8 月 |
| | 王　静（女） | 2020 年 5 月—2022 年 1 月 |
| 局　长 | 王丽萍（女） | 2022 年 1 月— |
| 副局长 | 李　刚 | 2022 年 1 月—2022 年 5 月 |
| | 王　静（女） | 2022 年 1 月— |
| | 李　欣 | 2022 年 5 月— |

2024 年，市审计局领导班子（左起：陈鹏程、张海波、王艳丽、侯文奇、王丽萍、李欣、王静、付希娟、徐正伟、程元友）。

科一室”。

1993年12月，高密县审计局进行机构改革，调整内部科室，设立行政事业财政金融审计科，形成行政事业财政金融审计科、工交审计科、商粮贸审计科、基本建设审计科、办公室“四科一室”。县审计局定编38人，其中行政编23人、事业编15人。

1994年5月，高密撤县设市后，改高密县审计局为高密市审计局、高密县审计事务所为高密市审计师事务所。

1997年1月，根据《关于下达市直党政群机关人员编制的通知》，市审计局行政编制23人。

1999年3月，增设审计管理科，为机关中层机构，所需人员从机关内部调剂解决。撤销工交审计科、商贸审计科，成立企业审计科；撤销行政事业财政金融审计科，成立行政事业审计科、财政金融审计科。12月，高密市审计师事务所与审计机关脱钩。

2001年6月，高密市经济责任审计办公室成立，隶属市审计局，为副科级全额拨款事业单位。12月，根据《中共高密市委高密市人民政府关于市政府机构改革的实施意见》，市审计局行政编制21人，实有行政编制19人、工勤编制2人。

2002年4月，根据《高密市人民政府办公室关于印发高密市审计局职能配置、内部机构和人员编制规定的通知》，市审计局行政编制21人，实有行政编制19人、工勤编制2人。设局长1人、副局长3人。

2008年2月，撤销审计管理科、企业审计科，成立法制科、经济贸易审计科、农业与资源环保审计科，为高密市审计局内设科室。

2010年5月，有机关行政编制18人。其中，局长1人、副局长3人(其中1人享受正科级待遇)；主任科员2人、副主任科员2人，另有1人享受副科级待遇。设6个内部机构：办公室、法制科、财政金融审计科、行政事业审计科、农业与资源环保审计科、固定资产投资审计科。实有行政人员20人。

2011年10月，根据《高密市人民政府办公室关于印发高密市审计局主要职责内部机构和人员编制规定的通知》，市审计局行政编制18人。设局长1人、副局长2人；内设5个科室。

2012年1月，高密市审计局内设机构改革，打破原来由同一个审计业务部门包揽审计计划制订、现场实施审计、审计处理处罚直至审计意见决定落实等所有业务处理的模式，将审计职权划分为计划、实施、审理、执行4种权能。成立计划统计科，专门负责审计项目计划的制订、下达、调度和完成情况的统计与分析等。设置财政金融审计科、行政事业审计科、经贸审计科、农业和资源环保审计科、经济责任审计办公室审计科、投资审计科等6个科室，负责审计项目计划的具体实施。设立法制审理科，除履行法制科应有职能外，负责审计事项的审理工作和年度考核工作。设立审计执行科，专门负责审计结论性文书的送达、执行，审计移送处理事项的跟踪落实，督促被审计单位自行纠正事项、审计建议的落实，办理申请法院强制执行事项，公告审计结果，报告审计结果执行情况等工作。保留办公室，承接办公室的原有行政事务管理职能。内审协会按规定设置并行使有关职能。对市经济责任审计办公室的工作职能予以调整，负责市经济责任审计联席会议办公室的日常工作和经济责任审计工作政策研究、综合分析、经验总结、情况交流。

2013 年 12 月，根据《关于为部分行政事业单位增核编制的通知》，市审计局行政编制 21 人。

2014 年 4 月，根据《关于调整有关机构编制的通知》，市审计局行政编制 20 人。共设办公室、财政金融审计科、行政事业审计科、经贸审计科、固定资产投资审计科、农业与资源环保审计科、法制科、计划统计科、计算机科、审计执行科等“九科一室”。设全额拨款事业单位——高密市经济责任审计办公室（为公益一类事业单位），为正科级全额拨款事业单位，编制 20 人，实有 26 人，设经济责任审计科、计算机科 2 个内部机构，核定领导职数 1 正 2 副，实配副主任 2 人、科长 2 人。审计机关编制 40 人，实有 48 人。其中，行政编制 20 人，实有 22 人；事业编制 20 人，实有 26 人。

2016 年 11 月，根据《高密市人民政府办公室关于印发〈高密市审计局主要职责内设机构和人员编制规定〉的通知》，市审计局核定行政编制 20 人，配备局长 1 人、副局长 2 人、科长（主任）5 人。内设办公室、法制科、财政金融审计科、固定资产投资审计科、执行科 5 个科室，实有行政编制 19 人。根据《关于明确市经济责任审计办公室有关机构编制事项的通知》，高密市经济责任审计办公室为公益一类事业单位，正科级规格，隶属高密市审计局，核定编制 23 人，配备主任 1 人、副主任 3 人；内设农业与资源环保审计科、行政事业审计科、经贸审计科、经济责任审计科 4 个职能科室，各配备科长 1 人；实有事业编制 26 人。

2019 年 3 月，根据《中共高密市委办公室 高密市人民政府办公室关于印发〈高密市审计局职能配置、内设机构和人员编制规定〉的通知》，中共高密市委审计委员会办公室设在市审计局，市审计局核定机关行政编制 20 人。设局长 1 人，副局长 2 人，市经济责任审计工作联席会议办公室主任 1 人（副科级），科长（主任）8 人。内设办公室（挂党建工作科牌子）、计划法制科、财政金融审计科、固定资产投资审计科、电子数据审计科、经济责任审计科、农业与资源环保科、行政事业与经济贸易审计科 8 个科室，实有行政编制 19 人。

## 内设机构

**办公室（挂党建工作科牌子）** 1986 年，张聿俭负责高密县审计局办公室工作。1987 年 2 月，正式设立办公室，先后由徐胜利、张志伟（副主任主持工作）、王伟、仪秀梅、王传勇、王峰任办公室主任。2024 年，有工作人员 6 人。

主要职责：组织协调局机关日常工作；负责局机关文电、会务、财务、机要、档案、保卫等工作；管理监督机关国有资产；负责对外协调等工作；负责局机关及所属单位的安全生产监督和维护稳定工作。

**计划法制科** 1991 年 9 月 24 日，高密县审计局设立综合科（职能范围：考核、统计、内审），荆汝光任综合科科长，有工作人员3人。1999年3月8日，设立审计管理科（职能范围：考核、统计、内审），荆汝光任审计管理科科长；2008年2月28日，撤销审计管理科，设立法制科，荆汝光任法制科科长；2010年7月2日，付希娟任法制科科长；2010年12月23日，王艳丽任法制科科长；2012年1月，成立计划统计科；2017年2月15日，原计划统计科、法制科合并为计划法制科，王艳丽任计划法制科科长；2019年3月20日起，魏强任计划法制科科长。2024年，有工作人员3人，其中，有中级技术职称人员1人。

主要职责：安排年度审计项目计划、统计等工作；负责起草审计规范性文件；负责审理审核有关审计业务事项；承担局机关规范性文件的合法性审查工作；组织对局机关审计业务质量的监督检查和优秀审计项目评选工作；参与行政复议、行政应诉等有关工作；组织协调对社会审计机构出具的相关审计报告的核查工作；推动建立健全内部审计制度，指导和监督内部审计工作；负责推进本系统职能转变和行政审批制度改革工作；组织编制系统内权责清单，深化简政放权，加强事中事后监管，优化权力运行流程，推进政务服务标准化。

**财政金融审计科** 1991年9月，行政事业审计股改为行政事业科；1993年12月，改为行政事业财政金融审计科，戴晶任科长，有工作人员3人。1999年3月，撤销行政事业财政金融审计科，设立财政金融审计科，戴晶任科长；2001年6月，张崇凯任科长；2008年2月，王传勇任科长；2010年12月，付希娟任科长。2024年，有工作人员4人，其中，有中级技术职称人员2人。

主要职责：组织审计国家有关重大政策措施和各级有关重要工作部署贯彻落实情况；审计市级预算执行情况和其他财政收支，市级决算草案，镇（街、区）政府（办事处、管委会）决算和其他财政财务收支，市级财政转移支付资金；起草年度市级预算执行和其他财政收支情况的审计结果报告、审计工作报告；审计市属国有和国有资本占控股或者主导地位的金融机构的资产、负债和损益情况；按规定组织开展税收征管等审计；督促被审计单位和其他有关单位根据审计结果进行整改，落实审计结论，执行审计决定；办理审计移送和申请法院强制执行事项。

**固定资产投资审计科** 1984年高密县审计局成立后，固定资产投资审计职能放在行政事业科，有工作人员2人。1991年8月，成立基本建设审计科，李玉德任副科长主持工作；1994年，李玉德任科长，张志伟任副科长。2000年，科室名称变更为固定资产投资审计科；2001年，张尔京任科长；2009年，张建华任科长；2012年，徐正伟任科长；2019年起，李玉德任科长。2024年，有工作人员5人，其中，有中高级技术职称人员2人。

主要职责：审计市投资和市投资为主的建设项目以及其他关系国家利益和公共利益的重大公共工程项目；负责重大项目的稽查工作。

**电子数据审计科** 2019年3月，建立电子数据审计科，王春晓任科长。2024年，有工作人员3人，其中，有高级技术职称人员 1 人。

主要职责：拟订全市审计业务电子数据的总体规划；组织审计业务电子数据的采集、验收、整理和综合分析利用；组织对有关部门和国有企事业单位网络安全、电子政务工程和信息化项目以及信息系统的审计等工作。

**经济责任审计科**　2019 年 3 月设立，宋世忠任科长，有工作人员 3 人；2021 年 12 月，魏凤磊任科长。2024 年，有工作人员 4 人，其中，有中高级技术职称人员 3 人。

主要职责：组织对市管干部以及依法属于市审计局审计监督对象的其他单位主要负责人进行经济责任审计；承担市经济责任审计工作联席会议的日常工作。

**农业与资源环保审计科**　2008 年 2 月，农业与资源环保审计科成立，楚化军任科长，有工作人员 3 人；2011 年 12 月，张海波任科长；2019 年 3 月，冯梅任科长。2024 年，有工作人员 4 人，其中，有中高级技术职称人员 2 人。

主要职责：组织审计市农业农村、扶贫开发以及其他相关公共资金和建设项目；组织开展领导干部自然资源离任审计以及自然资源管理、污染防治和生态保护与修复情况审计。

**行政事业与经济贸易审计科**　1984 年 3 月，设立商粮贸审计股，张聿俭任股长，有工作人员 3 人。1991 年 11 月，更名为商粮贸审计科，张尔京任副科长（主持工作）；1995 年 12 月，张尔京任科长；1997 年 12 月，戴晶任科长。1999 年 3 月，工交审计科和商贸审计科合并为企业审计科，张尔京任科长；2002 年 4 月，王传勇任科长。2007 年 2 月，企业审计科更名为经济贸易审计科，张志伟任科长。有工作人员 3 人，其中，有高级技术职称人员 2 人。1999 年 3 月，设立行政事业审计科，戴晶任科长，有工作人员 2 人；2002 年 4 月，张志伟任科长；2010 年 12 月，仪秀梅任科长；2012 年 2 月，张建华任科长。2017 年 2 月，行政事业审计科、经贸审计科合并为行政事业与经济贸易审计科，魏强任科长；2019 年 3 月，张海波任科长。2024 年，有工作人员 4 人，其中，有中高级技术职称人员 2 人。

主要职责：审计市直有关部门单位、群团组织及下属单位财务收支和相关专项资金；审计市政府相关部门、镇（街、区）政府（办事处、管委会）管理和其他单位受市政府及其部门委托管理的社会保障资金、社会捐赠资金以及其他有关基金、资金的财务收支；审计市属国有和国有资本占控股或者主导地位的企业资产、负债和损益以及财务收支；审计市属国有和国有资本占控股或者主导地位的企业、金融机构的境外国有资产投资、运营和管理情况；审计市政府驻境外非经营性机构的财务收支以及国际组织和外国政府援助、贷款项目。

# 第四节　直属事业单位

## 高密市经济责任审计服务中心

2001年6月，高密市经济责任审计办公室成立，为副科级行政延伸性事业单位，隶属市审计局，实行全额预算管理，不增加人员编制，所需人员从市审计局内部调剂解决。

2002年1月，戴晶任市经济责任审计办公室主任，有工作人员5人；3月，程元友任市经济责任审计办公室副主任。

2006年2月，程元友任市经济责任审计办公室主任。

2008年2月，王艳丽任市经济责任审计办公室副主任。

2009年2月，宋世忠任市经济责任审计办公室副主任；7月，王静任市经济责任审计办公室副主任（保留副科级）；10月，高密市经济责任审计办公室更改为正科级单位。

2010年3月，戴晶任市经济责任审计办公室主任，程元友任市经济责任审计办公室副主任；12月，市经济责任审计办公室成立经济责任审计科，宋世忠任科长。

2011年5月，范季红任市经济责任审计办公室主任。

2015年1月，陈鹏程任市经济责任审计办公室主任。

2016年5月，王艳丽任市经济责任审计办公室副主任。11月，根据《关于明确市经济责任审计办公室有关机构编制事项的通知》，高密市经济责任审计办公室为公益一类事业单位，正科级规格，隶属高密市审

2001年6月，高密市经济责任审计办公室成立并挂牌。

计局，核定编制 23 人，配备主任 1 人、副主任 3 人。

2019 年 3 月，根据《关于调整部分科级事业单位机构编制事项的通知》，将市经济责任审计办公室行政职能划入市审计局，并将高密市经济责任审计办公室更名为高密市经济责任审计服务中心，作为市审计局所属副科级事业单位。根据《关于明确高密市经济责任审计服务中心有关机构编制事项的通知》，高密市经济责任审计服务中心为市审计局所属副科级事业单位，核定编制 25 人，陈鹏程任主任，王静、王艳丽、程元友任副主任。

2021 年 3 月，核定事业编制 25 人，其中管理人员编制 5 人、专业技术人员编制 18 人、工勤技能人员编制 2 人。设主任 1 人、副主任 2 人，科长 2 人。王艳丽任主任，宋世忠、程元友任副主任。12 月，高密市经济责任审计服务中心设经济责任审计一科、经济责任审计二科，魏凤磊任一科科长、朱慧任二科科长。

2024 年末，实有事业编人员 23 人。其中，高级审计师 6 人、审计师 7 人。

### 内设机构

**经济责任审计一科**　参与经济责任审计年度项目计划编报和数据统计上报工作。参与起草全市经济责任审计的有关制度文件。负责联络经济责任审计联席会议成员单位。负责事业单位绩效考核工作。负责本单位安全生产、维护稳定、环境保护等相关工作。

**经济责任审计二科**　参与对市直部门、单位主要负责人，镇街党政主要领导干部的任期经济责任履行情况的审计。参与对市属国有企业、国有控股企业主要领导人员任期经济责任进行审计。结合经济责任审计参与对市直有关部门主要负责人、镇街党政主要领导干部实施自然资源资产离任审计。参与起草年度经济责任审计工作报告。

## 第五节　群团工作

### 工会

**组织建设**　1997 年 12 月，王伟任市审计局工会主席、党组成员。2006 年 8 月，陈鹏程任市审计局工会主席。2011 年 5 月，王传勇任市审计局工会主席。2015 年 9 月，市审计局召开高密市审计局工会成立暨第一届会员（职工）代表大会，选举产生工会委员会，王传勇当选为工会主席。2016 年 5 月，市审计局一届三次职工代表暨工会主席选举大会召开，王静当选为工会主席。2020 年 12 月，市审计局工会会员大会召开，选举产生第二届工会委员会，王静当选为工会主席。至 2023 年 12 月，市审计局工会设主席 1 人，有工会会员 50 人。1997 年—2024 年市审计局历任工会主席见表 1-4，2015 年—2024 年市审计局工会历年会员数见表 1-5。

表 1-4 1997 年—2024 年市审计局历任工会主席一览表

| 姓　名 | 性　别 | 任职时间 |
|---|---|---|
| 王　伟 | 女 | 1997 年 12 月—2006 年 8 月 |
| 陈鹏程 | 男 | 2006 年 8 月—2011 年 5 月 |
| 王传勇 | 男 | 2011 年 5 月—2016 年 5 月 |
| 王　静 | 女 | 2016 年 5 月— |

表 1-5 2015 年—2024 年市审计局工会历年会员人数统计表

| 年　份 | 人　数 | 年　份 | 人　数 |
|---|---|---|---|
| 2015 | 49 | 2020 | 49 |
| 2016 | 47 | 2021 | 50 |
| 2017 | 50 | 2022 | 50 |
| 2018 | 48 | 2023 | 50 |
| 2019 | 46 | 2024 | 50 |

**工会活动**　2015 年 9 月，随着工会组织的健全完善，工会各项工作逐步走向正规。工会将解决职工查体、老干部工作及职工培训作为重点工作，并采取以下措施：每年组织干部职工进行一次全面健康查体；定期走访慰问离退休老干部，解决他们遇到的现实困难，赠送生日蛋糕；对干部职工定期培训，全面提高干部职工的综合素质，提高审计质量和执法水平。

2016 年，市审计局工会组织对特殊情况职工进行帮扶。制定扶贫帮困工作制度，深入调研，对全局困难职工子女入学情况、子女待业情况、致困原因等进行了深入细致的摸底调查，并建立电子档案。采取“一对一”和一次性救助的方式进行帮扶。3 月中旬，市审计局工会组织开展趣味运动会，职工积极参与，增强了身体素质，丰富了业余生活，提高了工作效率，展现出新时代审计人的风采。

2017 年 2 月 28 日，市审计局工会组织开展以“我的审计故事”为主题的征文活动，着力讲好审计故事，讴歌审计风采，展现审计面貌，探讨审计发展，发出审计“好声音”。

2019 年 5 月，市审计局工会组织举行“共享书香，品味生活”诵读比赛活动，鼓励干部职工多读书、读好书。

2021 年 9 月 30 日，市审计局组织开展趣味运动会，全体干部职工积极参与，不仅丰富了职工的业余文化生活，还增进了同事

2012 年 10 月，市审计局干部职工参加市直机关扑克大赛。

2016 年 3 月，市审计局工会组织开展趣味运动会。

2021 年，市审计局工会组织开展趣味运动会。

2023 年 4 月，市审计局干部职工参加“强党性 增活力 争一流 建新功”市直机关趣味运动会。

2024 年 9 月，市审计局组织开展"审计暖童心 筑梦向未来"亲子运动会。

2024 年 9 月，市审计局参加高密市第九届运动会暨第十四届全民健身运动会开幕式入场活动。

感情，促进了单位团结和谐。

2023 年 4 月 28 日，市审计局全体干部职工参加由市委组织部、市政府办公室和各部门单位联合举办的"强党性，增活力，争一流，建新功"市直机关趣味运动会，并踊跃参加篮球、射箭、托球跑、抢凳子、脚下保龄球等项目的比拼。9 月 27 日，市审计局举办"喜迎国庆，红心向党，勇当先锋"拔河比赛。

2024 年 9 月 28 日上午，市审计局 18 人组成方队参加在市文体公园豪迈体育场举办的高密市第九届运动会暨第十四届全民健身运动会开幕式。下午，市审计局组织开展"审计暖童心，筑梦向未来"亲子运动会，30 余名干部携家属参赛，运动会设置 6 个项目，18 个奖项。

2018 年—2024 年，高密市审计局工会每年组织庆元旦、迎新春文艺汇演活动。

## 青年工作委员会

**组织建设**　高密市审计局青年工作委员会成立于 2023 年 6 月，党组成员、副局长李欣任主任，张婷、王宇任副主任，刘勇震、张欣悦、宋新茹、李小亮为成员。

## 妇女组织

2017 年 2 月 20 日，市审计局妇委会召开妇女大会，选举产生新一届妇委会委员。王静当选为妇委会主任，张婷、张倩当选为妇委会委员。

1998 年，市审计局妇委会响应《中共高密市委关于实施"民心工程"的意见》和机关党工委《关于贯彻〈中共高密市委关于实施"民心工程"的意见〉的意见》中提出的"扎扎实实为群众办实事、办好事"的要求，主动与市东关小学联系，选择两名贫困女童结为救助对象，向她们捐助学费和学习、生活用品，关心她们的学习和成长。

2000 年，市审计局妇委会继续热心扶助市东关小学贫困女童，承担她们全年的学杂费，提供学习、生活用品。

2020 年 7 月 16 日，市审计局妇委会组织女职工观看《保护儿童安全·携手共同成长》节目，并组织职工子女开展自护知识手抄报活动，内容涵盖交通安全、消防安全、预防溺水、食品卫生、防疫安全等方面的知识，引导广大青少年进一步增强安全自护意识，切实提高避险防灾和自救能力。

2021 年 3 月 8 日，市审计局开展“三八”国际妇女节活动，组织全局女职工赴醴泉康庄未来智慧农业孵化园踏青采摘，在亲近大自然的同时，体会劳动收获的快乐，锻炼身体，愉悦精神，增进友谊。

2022 年 3 月 8 日，市审计局开展“三八”国际妇女节活动，组织全局女职工赴晏子纪念馆、胶河社区张家庄参观学习。

2023 年 3 月 8 日，市审计局开展“三八”国际妇女节活动，组织全局女职工赴红高粱影视城参观学习。

2024 年 3 月 8 日，市审计局组织全体女职工开展庆祝“三八”国际妇女节主题观影活动。

2016 年

2017 年

市审计局“三八”国际妇女节活动掠影

2019 年

2021 年

2022 年

2023 年

2024 年

市审计局“三八”国际妇女节活动掠影

# 第二章

GUOJIA SHENJI

# 国家审计

高密市审计局自 1984 年 4 月成立以来，认真履行《中华人民共和国宪法》和《中华人民共和国审计法》赋予的神圣使命，围绕经济社会发展大局，积极开展各项审计工作，在维护经济秩序、服务政府宏观决策、促进和保障经济健康发展等方面发挥了重要作用。

# 第一节　预算执行和决算审计

1994 年《中华人民共和国审计法》公布，财政审计由原来的“上审下”变为“同级审”与“上审下”相结合。1996 年，高密市审计局开始对市级财政预算执行情况进行“同级审”并形成制度，每年本级预算执行情况的审计报告均向市人大常委会汇报并接受市人大的监督。自 2018 年起，每年向市人大常委会专题汇报上年预算执行审计整改情况，并依法向社会公开。

全市审计工作从“积极发展、逐步提高”向“全面审计、突出重点”方向转变，从最初的关注真实性、合法性向关注绩效性转变；预算执行审计逐步深化，审计理念、审计内容、审计方式不断创新，发挥的作用也越来越大。至此，市审计局将全市所有预算单位纳入预算执行审计范围，实现审计监督的全覆盖。市审计局贯彻“全面审计、突出重点”的原则，对市、镇（街、区）两级政府及所属行政事业单位的财政预算执行、财政决算及财政财务收支的真实性、合法性和效益性实施审计监督，查处违法违规行为，对存在的问题依法进行处理，并提出审计建议，全市财政财务管理得以正常运行，保障了地方经济社会又好又快地发展。

## 本级财政预算执行审计

根据潍坊市审计局及高密市政府的安排，高密市审计局自 1996 年始，每年对本级财政局、地税局、地方金库组织年度预算和部门预算执行及其他财政收支情况进行重点审计，并适当延伸审计一、二、三级预算单位年度预算执行情况。审计组在审前拟订工作方案，进行分工，针对预算安排和实际收支情况，采用账户入手的方法，核实财政、财务收支，力求摸清财政家底，在对财政的内部控制制度进行测试的基础上，选择薄弱环节进行详细审计。

1996年，市审计局对1995年度本级预算执行和其他财政收支情况进行审计。审计建议，行政经费与事业费划分清楚，未入库收入及时入库，欠拨经费予以拨付等。对高密市地方税务局1995年预算执行情况进行审计，提出应按实际征收税种入库、免征所得税及时批复到免税企业等审计建议。

1997年，市审计局对1996年度本级预算执行和其他财政收支情况进行审计。审计建议，调度资金应予以拨付，不得占用预算资金，及时拨付经费和上级专款，应计入农发基金收入的计入农发基金调增收入，积极推行住房公积金制度，以推动全市的房改工作等。对高密市地方税务局1996年预算执行情况进行审计。提出应强化预算执行意识，控制经费支出，防止经费超支，借用尚未偿还的社会治安费和水利基金及时调整账务，积极组织税收收入，做到入库及时、准确等审计建议。

1998年，市审计局对1997年度本级预算执行和其他财政收支情况进行审计。审计建议，在预算内资金管理应入库的收入及时、足额入库，不得擅自动用国库库款；应按预算进度及时足额拨付资金，预算收支要真实、合法；应根据财政部的有关规定，保证预算收支的完整；不得擅自改变财政资金的使用方式，将财政部门无偿拨付的资金有偿使用等；对高密市地方税务局1997年预算执行情况进行审计，提出办理一切业务不得设立税收过渡户、加大清欠查补力度、促进欠缴税款入库等审计建议。

1999年，市审计局对1998年度本级预算执行和其他财政收支情况进行审计。审计建议，加强预算管理，将应入库收入及时足额缴纳入库，加强对国库库款的管理，及时拨付预算资金，不得虚收虚支，以保证预算收支的真实、合法；要加强对专项资金的管理，遵守国家有关专项资金的管理制度，坚持专款专用的原则，不得随意截留和挪用，保证资金的安全与完整等。对高密市地方税务局1998年度预算执行和其他财政收支情况进行审计，并延伸审计市地税局征收中心。提出将征收的税款按税种准确入库、加强对代扣代收税款的检查、按规定及时返还代扣代收手续费等审计建议。

2000年，市审计局对1999年度本级预算执行和其他财政收支情况进行审计。审计建议，加强预算管理，严格执行有关财经法规，应将农业税减免款及时足额拨付，加强对国库库款的管理，及时拨付预算资金，不得调整支出，以保证预算收支的真实、合法。对高密市地方税务局1999年度预算执行和其他财政收支情况进行审计。提出加强税收征管工作、严格免缓税程序、严禁混税种入库、加强对代征（代扣）单位及税款的管理、按规定提取并及时返还代征（代扣）手续费等审计建议。市审计局撰写的论文《探索本级预算执行审计新思路》被《山东审计》采用。

2001年，市审计局对2000年度本级预算执行和其他财政收支情况进行审计。审计建议，严格执行有关财经法规，以保证预算收支的真实、合法；遵守国家有关专项资金的管理制度，坚持专款专用的原则，不得随意截留和挪用，保证资金的安全与完整。对高密市地方税务局2000年度预算执行和其他财政收支情况进行审计。提出严格按程序、按税种足额及时入库，加强对税务人员的法律、法规、业务培训，不断提高业务素质和能力，认真履行职责等审计建议。

2002年，市审计局对2001年度本级预算执行和其他财政收支情况进行审计。审计建议，严格执行有关财经法规，确保预算收支的真实、合法；加强对预算外资金的管理，使收入、支出和管理更加规范。对高密市地方税务局2001年度预算执行和其他财政收支情况进行审计。提出严格执行财经法规、加强税收征管工作等审计建议。

2003年，市审计局对2002年度本级预算执行和其他财政收支情况进行审计。审计建议，按规定设立银行账户，避免存款账户过多、过滥；在预算执行中应积极筹措资金，及时拨付，避免拖欠；对预算外资金进行管理，使收入、支出和管理更加规范。对高密市地方税务局2002年度预算执行和其他财政收支情况进行审计。提出加强与职能部门的联系、摸清税源家底、杜绝漏征漏管，对所属单位购置的固定资产尽快清理入账，保证资产安全、完整等审计建议。

2004年，市审计局对2003年度本级预算执行和其他财政收支情况进行审计。审计建议，未拨付资金按规定尽快拨付到位，预算外土地出让金及时上缴国库，借的款项尽快收回，专户储存，专款专用；尽快催收各单位已到期的财政资金借款，以保证财政资金安全、完整。对高密市地方税务局2003年度预算执行和其他财政收支情况进行审计。提出在税收征管方面确保及时进行税务登记、申报，征管台账记录正确、登记及时等审计建议。

2005年，市审计局对2004年度本级预算执行和其他财政收支情况进行审计。审计建议，加强预算支出的核算和管理，细化支出项目，确保各支出细项都认真执行预算；尽快催收各单位已到期的财政资金借款，以保证财政资金安全、完整。对高密市地方税务局2004年度预算执行和其他财政收支情况进行审计，并重点延伸审计山东高密大昌纺织有限公司等10家企业2004年度税款申报、缴纳情况等。提出正确核算税收会计业务，真实、完整地反映税收征管情况，加大对以前年度欠交税金的征收力度，堵塞税收漏洞，按时、足额地将应征税款入库等审计建议。

2006年，市审计局对2005年度本级预算执行和其他财政收支情况进行审计。审计建议，加强预算支出的核算、管理和政府债务监管。对高密市地方税务局2005年度税收征管和财政财务收支情况进行审计，并重点延伸审计了高密市城建建筑有限责任公司等15家企业2004年和2005年度申报缴纳税款情况等。提出应严管重罚、严格按照《中华人民共和国税收征收管理法》征收税款、认真履行代开发票职责的审计建议。另对中国人民银行高密市支行2005年度经理地方金库情况进行了审计。

2007年，市审计局对2006年度本级预算执行和其他财政收支情况进行审计。审计建议，加强预算管理，加强预算支出的核算和管理，加强政府债务监管等。对高密市地方税务局2006年度税收征管和财政财务收支情况进行审计，并重点延伸审计了高密菲达电力电缆有限公司等12家企业2005年和2006年度申报缴纳税款情况。提出应及时足额拨付代征代扣手续费、强化税源管理等审计建议。另对中国人民银行高密市支行2006年度经理地方金库情况进行了审计。

2008年，市审计局对2007年度本级预算执行和其他财政收支情况进行审计。审计建议，进一步规范预算管理行为，合理组织收入，加强政府债务监管，加强对专项资金的管理等。对高密市地方税务局2007年度税收征管和财政财务收支情况进行审计。提出应进一步加强税收征管、继续加大宣传力度、把税收征管与培植税源紧密结合等审计建议。另对中国人民银行高密市支行2007年度经理地方金库情况进行了审计。

2009年，市审计局对2008年度本级预算执行和其他财政收支情况进行审计。审计建议，加强财政预算的编报工作，加强对预算拨款的管理，加强政府非税收入管理，加强政府债务监管等。对高密市地方税务局2008年度税收征管和财政财务收支情况进行审计，提出应加强税收征管、继续加大宣传力度、把税收征管与培植税源紧密结合、严格按照政策规定办理税款退库等审计建议。另对中国人民银行高密市支行2008年度经理地方金库情况进行了审计。

2010年，市审计局对2009年度本级预算执行和其他财政收支情况进行审计。审计建议，尽快实行国库集中支付制度；改变现行预算编制办法，实行部门预算，将部门各项收支综合涵盖在内；及时清理往来款项；加强政府债务监管。对高密市地方税务局2009年度税收征管和财政财务收支情况进行审计。提出各级财政部门应理顺地税部门的经费来源渠道等审计建议。另对中国人民银行高密市支行2009年度经理地方金库情况进行了审计。

2011年，市审计局对2010年度本级预算执行和其他财政收支情况进行审计，对高密市地方税务局2010年度税收征管和财政

2010年，审计人员审计预算执行情况工作现场。

财务收支情况进行审计，对重要事项进行了必要的延伸和追溯。本次延伸审计了山东凯加食品股份有限公司、高密思美尔服饰有限公司、山东三德暖通空调设备有限公司、高密盛源食品有限公司和山东广都置业有限公司5家企业。审计建议，加强对纳税业户的税收政策法规宣传，增强依法纳税意识，形成良好的财务观念；加强对纳税企业财务核算的指导与监督，对财务管理制度不健全的企业要强化监督效果，力争以优质的服务促进税收收入的增长等。另对中国人民银行高密市支行2010年度经理地方金库情况进行了审计。

2012年，市审计局对2011年度本级预算执行和其他财政收支情况进行审计。审计建议，增强财政监督职能；完善部门预算，增强预算编制的刚性约束；清理规范现行各项优惠政策。对高密市地方税务局2011年度税收征管和财政财务收支情况进行审计。提出加强税收征管,税务稽查部门要按照《税务稽查工作规程》的规定认真开展日常稽查、专项稽查和专案稽查工作等审计建议。另对中国人民银行高密市支行2011年度经理地方金库情况进行了审计。

2013年，市审计局对2012年度本级预算执行和其他财政收支情况进行审计，并延伸审计了市国有资产经营投资有限公司等3家公司。审计建议，逐步完善预算编制工作，继续加强专项资金管理，深化公务卡制度改革，切实加强全市政府融资平台管理工作，推进住房公积金管理工作，继续清理规范现行各项优惠政策。对高密市地方税务局2012年度税收征管和财政财务收支情况进行审计。提出直属分局、各中心税务所应进一步加强对所属纳税单位的税收征管工作，税务稽查部门要按照《税务稽查工作规程》的规定多渠道获取案源信息等审计建议。另对中国人民银行高密市支行2012年度经理地方金库情况进行了审计。

2014年，市审计局对2013年度本级预算执行和其他财政收支情况进行审计。审计建议，提高财政管理精细化水平；激活财政存量资金，提高财政资金绩效；切实加强全市政府融资平台管理工作，防范政府债务风险；清理规范现行各项优惠政策。对高密市地方税务局2013年度税收征管和财政财务收支情况进行审计，并延伸审计了10家纳税企业2012年度、2013年度的税款申报缴纳情况。提出直属分局、各中心税务所应加强对所属纳税单位的税收征管工作，税务稽查部门要按照《税务稽查工作规程》的规定多渠道获取案源信息的审计建议。

2015年，市审计局对2014年度本级预算执行和其他财政收支情况进行审计。审计建议，推进全口径预算管理，提升财政资金绩效；严格规范国库资金、财政专户资金和债务资金管理，确保财政资金支出绩效；抓紧清理回收不符合规定的财政出借资金，建立健全财政对外借款审批程序、管理制度；建立企业过桥资金周转金制度。对高密市地方税务局2014年度税收征管和财政财务收支情况进行审计。提出直属分局、各中心税务所应加强对所属纳税单位的税收征管工作，加强工商、税务登记信息的互通共享的审计建议。另对中国人民银行高密市支行2014年度经理地方金库情况进行了审计。

2016 年，市审计局对 2015 年度本级预算执行和其他财政收支情况进行审计。审计建议，认真贯彻执行新预算法；依法调整预算，增强预算调整的严肃性；深化财政体制改革，提高非税收入征管水平。对高密市地方税务局 2015 年度税收征管和财政财务收支情况进行审计。提出推动税务领域信用建设、建立税收违法黑名单制度的审计建议。另对中国人民银行高密市支行 2015 年度经理地方金库情况进行了审计。

2017 年，市审计局对 2016 年度本级预算执行和其他财政收支情况进行审计。审计建议，认真贯彻执行新预算法；完善财政预决算信息公开制度；加强对融资平台公司和国有企业的监督；加强民生制度建设，提高民生资金使用效益。对高密市地方税务局 2016 年度税收征管和财政财务收支情况进行审计。提出依法及时足额征税、税务稽查部门要按照《税务稽查工作规程》的规定多渠道获取案源信息等审计建议。另对中国人民银行高密市支行 2016 年度经理地方金库情况进行了审计。

2018 年，市审计局对 2017 年度本级预算执行和其他财政收支情况进行审计。审计建议，提升财政管理改革成效；全面实施预算绩效管理；加强对政府采购部门的监管力度，规范政府采购行为。对高密市地方税务局 2017 年度税收征管和财政财务收支情况进行审计。提出着力缓解税负较重问题、强化检查监督、建立长效机制的审计建议。另对中国人民银行高密市支行 2017 年度经理地方金库情况进行了审计。

2019 年，市审计局对 2018 年度本级预算执行和其他财政收支情况进行审计。审计建议，加大对预算执行管理制度的推进力度；推进政府购买服务改革；提高非税收入征管水平；严格规范国库资金、财政专户资金和债务资金管理，确保财政资金支出绩效。审计中对高密市散煤清洁化治理和煤炭清洁高效利用专项资金管理使用情况、高密市财政局相关资金拨付情况、高密市工业和信息化

2019 年，审计人员审计预算执行情况工作现场。

2023 年 6 月，审计人员预算执行审计现场审中调度。

局奖补资金下拨情况、清洁型煤和节能炉具推广任务完成情况进行了审计调查，并延伸调查了 3 个镇街 8 个村居清洁型煤奖补资金到位情况和清洁型煤及炉具的推广情况，形成审计专报呈领导审阅。

2020 年，市审计局对 2019 年度本级预算执行和其他财政收支情况进行审计。审计建议，强化财政预算编制质量，提高预算约束力；规范绩效目标设置，提升绩效管理水平；推进政府购买服务改革；加强非税收入征缴管理。

2021 年，市审计局对 2020 年度本级预算执行和其他财政收支情况进行审计，对存在的问题提出了相应的审计建议。

2022 年，市审计局对 2021 年度本级预算执行和其他财政收支情况进行审计。审计建议，加强预决算管理，提高财政统筹水平；切实落实过紧日子要求，强化预算支出管理；加强财政专项资金监管，提升绩效管理水平；加强重点领域监管，保障重大政策落地。提报的审计要情获市委、市政府主要领导批示。

2023 年，市审计局对 2022 年度本级预算执行和其他财政收支情况进行审计。审计建议，加强预算全流程管理，严肃财经纪律；加强重点领域监管，推动重大政策落地；持续推进和实施全面预算绩效管理，提升财政资金使用绩效；加强资源资产管理，促进安全完整增效。提报审计专报、审计要情获市委、市政府主要领导批示。

2024 年，市审计局对 2023 年度市级预算执行和其他财政收支等情况进行审计。审计建议，加强财政资源统筹，增强财政保障能力；深化预算管理改革，实现财政管理提质增效；强化财政基础管理，规范财政资金支出；加强重点领域监管，推动重大政策落地。提报审计要情获市委、市政府主要领导批示。并根据审计要情，市政府主要领导连续两次召开审计发现问题整改调度会议等，开展整改工作。

## 部门预算执行审计

1996年,市审计局对高密市教育委员会、高密市工商行政管理局、高密市公安局、高密市规划国土矿产局、高密市交通局、高密市科学技术委员会、高密市农业服务中心、高密市人民法院、高密市人民检察院、高密市水利水产局、高密市卫生局、高密市民政局1995年度部门预算执行情况进行审计。审计建议，加强对预算外资金的管理，严格执行上级及高密市预算外资金管理的有关规定；强化预算执行意识，防止经费超支；坚持专款专用的原则，不得挤占借用专项基金；及时向财政缴纳罚没收入。

1997年，市审计局对高密市城乡建设委员会、高密市教育委员会、高密市环境保护局、高密市机关后勤服务处、高密市技术监督局、高密市农业机械管理局、高密市文化局、高密市工商行政管理局1996年度部门预算执行情况进行审计。审计建议，对隐匿的预算外收入全额没收，压缩机关经费开支以免突破预算，及时解缴应上缴款项，严格控制经费支出防止经费超支。

1998年，市审计局对高密市工商行政管理局、高密市教育委员会、高密市公安局、高密市建设委员会、高密市交通委员会、高密市农村经济管理局、高密市实验幼儿园、高密市市级机关后勤服务处、高密市司法局、高密市卫生局1997年度部门预算执行情况进行审计。审计建议，加强对专控商品的管理，熟悉了解有关专控商品的文件规定，防止违纪违规问题的发生。

1999年，市审计局对高密市畜牧局、高密师范学校、高密市教育委员会、高密规划国土局、高密市科学技术委员会、中共高密市委老干部局、高密市林业局、高密市民政局、高密市农业局、高密市人民法院、高密市人民检察院、中共高密市委党校、高密市体育委员会、高密市物价局1998年度部门预算执行和财务收支情况进行审计。审计建议，规范预算行为，严禁超支，按时缴纳应上缴的收入，购置专控商品要及时审批，及时足额缴纳国家税费。

2000年，市审计局对高密市计划委员会、高密市教育委员会、高密市科学技术委员会、高密市劳动和社会保障局、高密市卫生局1999年度部门预算执行和财务收支情况进行审计。审计建议，不得虚拨资金，漏交的税金上缴市财政，对各项收费要及时入账，及时上缴财政专户，不得隐瞒、截留。

2001年，市审计局对高密市乡镇企业局、高密市教育委员会、高密市科学技术委员会、高密市计划生育委员会、高密市技工学校、高密市农业机械管理局、高密市水利局、高密市文化局2000年度部门预算执行和财务收支情况进行审计。审计建议，加强经费支出的管理，收缩开支，杜绝经费超支现象；尽快建立资产登记管理及清查制度，建立固定资产明细账并按其价值登记入账。

2002年，市审计局对高密市公安局、

高密市建设局、高密市教育局、高密市农村经济管理局、高密市司法局、高密市总工会、高密市实验幼儿园、市级机关后勤服务处2001年度部门预算执行和财务收支情况进行审计。审计建议，及时缴纳应上缴的税费；严格执行收费标准，杜绝超收问题的发生；加强对预算外资金的管理，使预算外资金及时、足额上缴财政专户。

2003年，市审计局对高密市卫生防疫站、高密高源企业集团公司、高密市科学技术局、高密人民法院、高密市环保局、高密市农业局、高密市水利局2002年度部门预算执行和财务收支情况进行审计。审计建议，违规给职工购买的安康险应及时退回；认真核算成本费用，准确反映企业财务成果；及时上缴税费；对欠拨的三项经费，应积极组织资金予以拨付，不得列支白条。

2004年，市审计局对高密市招生办公室、高密建筑勘察设计院、高密教育科学研究院、高密市林业局、高密市民政局、高密市卫生防疫站、高密市卫生学校2003年度部门预算执行和财务收支情况进行审计。审计建议，漏缴税费限期上缴地方税务局，虚列支出冲转有关账目坚决杜绝白条入账。

2005年，市审计局对高密市地震局、高密市公安局、高密市规划局、高密市环保局、高密市人口和计划生育局2004年度部门预算执行和财务收支情况进行审计。审计建议，严格执行《现金管理条例》的规定，杜绝超限额保存库存现金问题；认真落实票款分离的规定，坚决杜绝不合法票据入账现象发生。

2006年，市审计局对高密市国土资源局、高密市城市管理行政执法局、高密市房管局、高密市畜牧局、高密市林业局、高密市对外贸易经济合作局、高密市物价局、高密市民政局、高密市人民法院2005年度部门预算执行情况进行审计。审计建议，实行执行预算外收入“收支两条线”管理，严格业务招待费支出标准，加强税收纳税意识，完善单位内部资产管理制度。

2007年，市审计局对高密市人民检察院、高密市建设局、高密市科学技术局、高密市城北水库管理局、高密市劳动和社会保障局、高密市王吴水库管理局、高密市卫生局、高密市发展和改革局、高密市经济贸易局、高密市残疾人联合会、高密市交通局2006年度部门预算执行和其他财务收支情况进行审计。审计建议，按规定参加政府采购，按规定核算固定资产，按预算及时拨付下属单位经费，强化财经法纪观念，加强对项目单位的跟踪监督，财会人员应加强对财会知识的学习，增强依法纳税意识，加强财务管理和会计核算，严格预算管理，加强对专项经费的管理，按有关规定合理组织收入，加强往来账款的及时清理工作等。

2008年，市审计局对高密市教育局、高密市规划局、高密市民政局、中共高密市委农村工作领导小组办公室、高密市畜牧局、高密市机关后勤服务处、高密市公安局、高密市粮食局、高密市体育局、高密市技工学校、高密市机关幼儿园、高密市农村经济管理局2007年度部门预算执行和其他财务收支情况进行审计。审计建议，加强对财政资金收纳和拨付情况的管理和核算，依照预算或者用款计划及时核拨财政资金，切实履行代扣代缴税款义务，定期清理往来账款，及时调整有关科目；严格经费使用范围做到专款专用，加强对所属单位的监督检查，严格按照规定使用合规票据入账；报废国有资产应报经国有资产管理部门批准；应按照《山东省预算外资金管理实施办法》及时足额上缴预算外资金等。

2009 年，市审计局对高密市总工会、高密市安全生产监督管理局、高密市信访局、高密市广播电视局、高密市房地产开发管理办公室、中共高密市委党校、高密市第三产业规划管理委员会办公室、高密市康成中学、高密市贸易局、高密市机关事业单位社会保险事业处、高密市人民法院、高密市水利局、高密市妇幼保健院、高密市农业局、高密市物业管理办公室 2008 年度部门预算执行和其他财政财务收支情况进行审计。审计建议，严格执行国家有关预算外资金和非税收入管理规定，及时足额上缴非税收入；严格按照有关会计制度的规定进行会计核算，按税法规定及时足额缴纳税款，减少和杜绝收支赤字、杜绝无依据收费现象，对支出单据严格把关；上级主管部门按照预算及时足额拨付公用经费，严格执行政府定价及法定价格等。

2010 年，市审计局对高密市地震局、原高密市建设局、高密市疾病预防控制中心、高密市结核病防治所、原高密市房产管理局、原高密市中小企业局、高密市知识产权局、原高密市信息产业局、高密市公安局、高密市发展和改革局、高密市慈善总会 2009 年度部门预算执行和其他财政收支情况进行审计。审计建议，严格执行“收支两条线”的规定，加强往来账管理；正确及时核算收支，严格按照《高密市国家建设项目审计监督暂行规定》要求建立健全内部控制制度等。

2011 年，市审计局对高密市文化市场综合行政执法局、高密市教育局、高密市环境保护局、高密市农村经济管理局、高密市民政局、高密市国土资源局、高密市文化产业管理委员会、高密市人民检察院、高密市农业局、高密市行政服务中心、高密市人力资源和社会保障局、高密市水利局、高密市招商局、高密市人口和计划生育局、高密市土地经营开发管理办公室 2010 年度部门预算执行和其他财政收支情况进行审计。审计建议，严禁虚增财政收入或者财政支出，杜绝经费超支现象；财政资金到位后及时拨付给下属单位经费和专项资金，按照会计制度的规定规范开支和专项资金的拨付使用；加强税法学习，增强纳税意识；采取措施加强出让金及土地供应管理等。

2012 年，市审计局对中共高密市委市直机关工作委员会、高密市科学技术局、高密市教育科学研究院、青岛科技大学高密校区管理服务中心、高密市统计局、高密市住房和城乡建设局、高密市旅游局、高密市军队离休退休干部休养所、中共高密市委老干部局、高密市粮食局、高密市金融工作办公室、高密市人口和计划生育局、高密市供销合作社联合社、共青团高密市委、高密市体育局、高密市供销合作社联合社 2011 年度部门预算执行和其他财政收支情况进行审计。审计建议，及时足额划拨项目经费，严禁虚增财政补助收入，加强对固定资产等财产物资的监督管理；按照有关财经法规的要求处理会计业务，及时足额缴纳税款，杜绝借条抵顶库存现金和支出不入账的现象；对应缴财政专户的收入及时足额上缴，尽快采取措施对往来账款进行集中清理；按照有关专项资金的用途及时限等具体要求安排使用专项资金等。

2013年，市审计局对高密市王吴水库管理站、山东省潍坊市高密乳肉兼用牛良种繁育改良中心、高密市发展和改革局、高密市农业综合开发办公室、中共高密市委党校、高密市卫生局、高密市林业局、高密市第一实验小学、高密市公安局、高密市卫生局卫生监督大队、高密市市级机关后勤服务处、高密市水利局2012年度部门预算执行和其他财政收支情况进行审计。审计建议，严格执行国家有关预算外资金的管理规定，及时足额上缴预算外资金，对固定资产进行监督管理；严格对原始凭证的审核、单位内部财务管理，完善支出项目审批的内部管理，对往来账款采取有效措施进行及时清理；加强对税收及相关法律法规的学习，严格按照《中华人民共和国会计法》的有关规定填制原始凭证及登记会计账簿；严格按照《政府采购法》的有关规定对纳入政府采购目录内的采购项目执行政府采购，对结余款项按会计制度规定进行处理等。

2014年，市审计局对高密市第二实验小学、高密市农业机械管理局、高密市卫生学校、高密市规划局、高密市地震局、高密市特殊教育学校、高密市殡葬管理所、高密市公证处、高密市看守所、高密市广播电视中心2013年度部门预算执行和其他财政收支情况进行审计。审计建议，严格按照要求做好预算和决算的编制，严格按照《山东省教育系统政府非税收入管理暂行办法》的规定认真落实“收支两条线”制度，严格执行相关规定规范收费行为，强化内部管理控制，尽快执行新的《事业单位会计制度》，加强内部财务管理，加强对有关财经法规的学习，严格按会计制度规定核算财政补助支出结转结余等。

2015年，市审计局对高密市农业综合开发办公室、高密市人力资源和社会保障局、高密市原食品药品监督管理局、原高密市卫生局、原高密市人口和计划生育局、高密市规划局、高密市发展和改革局、高密市住房和城乡建设局2014年部门预算执行和其他财政收支情况进行审计。审计建议，积极推行公务卡结算制度，按照《中华人民共和国预算法》及实施条例的规定规范预算拨款；严格按照预算核定用途、安排预算支出，加大存量资金盘活力度，加强对预算支出的管理；认真落实“收支两条线”制度，对应缴财政专户的款项及时足额上缴；认真执行上级有关规定加强公务用车管理，完善财务管理，严格执行有关税收政策；购置资产应严格按照《中华人民共和国政府采购法》的规定进行政府采购；认真执行中央八项规定精神和厉行节约反对浪费的有关要求等。

2016年，市审计局对高密市民政局、高密市知识产权局、高密市总工会、高密市林业局、高密市司法局、高密市教育资产管理委员会、中共高密市委员会市直机关工作委员会、高密市市级机关后勤服务处、高密市经济和信息化局、高密市公安局2015年度部门预算执行和其他财政收支情况进行审计。审计建议，认真贯彻执行预算法和预算法实施条例等法律法规，加强对预算支出的管理；在公务接待方面按照《山东省实施〈厉行节约反对浪费条例〉办法》的各项规定从严要求；加强财会人员队伍建设和财务会计核算；对暂存暂付等往来款项加强管理并及时清理，对结余结转资金要按照有关规定及时上缴财政或者编入部门单位下年度部门预算抵减其下年度公用经费指标；对于财政拨付的专款资金应加快执行进度。

2017年，市审计局对高密市金融工作办公室、高密市残疾人联合会、中国共产党高密市委员会党校、高密市农业机械管理局、高密市粮食局、高密市统计局、高密市园林管理处、高密市住房和城乡建设局2016年度部门预算执行和其他财政收支情况进行审计。审计建议，根据依法履行职能和事业发展的需要以及存量资产情况完整合理地编制部门预算草案；加强对预算支出的管理，严格经费收支预算约束；尽快组织人员对往来款项进行清理清收；严格按照新的《行政单位会计制度》有关要求规范单位会计核算等。

2018年，市审计局对高密市第四中学、高密市广播电视中心、高密市科学技术协会、高密市地震局、高密市卫生和计划生育局、高密市环境保护局、高密乳肉兼用牛良种繁育改良中心、高密市体育局2017年度部门预算执行和其他财政财务收支情况进行审计。审计建议，严格执行有关税收政策，及时缴纳各项税费；严格执行《中华人民共和国预算法》有关规定加强对预算编制及预算支出的管理，加大公务卡结算力度，规范公务消费行为；尽快配备专业会计人员，严格按照会议费、培训费有关管理办法规范会计核算；严格按照新《行政单位会计制度》的有关要求规范单位会计核算；对国有资产出租出借等行为严格按照程序进行等。另对高密市机构编制委员会办公室、高密市市场监督管理局、高密市扶贫开发领导小组办公室、高密市人力资源和社会保障局开展2017年度部门预算执行和2016年—2017年预算绩效管理等情况审计。审计建议，严格执行公务卡结算制度，按照新预算法的要求进一步细化支出预算编制工作，加强对固定资产的出租管理，健全完善内部管理制度，规范项目资金明细核算，将绩效管理贯穿于项目预算编制执行监督的全过程等。

2019年，市审计局对高密市残疾人联合会、原高密市文化广电新闻出版局、原高密市人民防空办公室2018年度部门预算执行和其他财政收支等情况进行审计。审计建议，加强对预算决算编制的管理，严格经费收支预算约束，严格贯彻落实中央八项规定精神，健全部门预算绩效评价管理制度，贯彻落实网络安全政策，健全网络安全管理制度，定期开展网络安全教育培训，定期进行数据安全检查等。

2020年，市审计局对高密市财政局、高密乳肉兼用牛良种繁育改良中心、中共高密市委党校2019年度部门预算执行和其他财政收支情况进行审计。审计建议，加强预算管理，提升项目资金的使用效率，进一步强化对财政存量资金定期清理；强

2022 年 7 月，审计人员在水利局审计部门预算执行情况。

化网络安全意识，提高网络安全防范能力；进一步加强支出审核控制，不断提高部门决算编制水平，建立健全部门预算绩效评价管理办法等。

2021 年，市审计局对高密市发展和改革局 2020 年度部门预算执行和其他财政收支等情况进行审计。审计建议，不断提高部门决算编制水平，加强政府采购和资产管理工作等。

2022 年，市审计局对高密市综合行政执法局、高密市地方金融监督管理局、高密市残疾人联合会、高密市水利局、高密市自然资源和规划局、高密市医疗保障局 2021 年度部门预算执行和其他财政收支等情况进行审计。审计建议，提高部门预算编制规范化水平，严格预算执行管理，实施全过程预算绩效管理；整合盘活资产，合理编制政府采购预算，加强预算管理，健全完善财务物资辅助账及仓库物资出入库台账登记核算；严格按照规定做好单位决算编报工作，对纳入强制消费目录的项目使用公务卡结算，强化和规范项目资金管理等。

2023 年，市审计局对高密市卫生健康局、高密市工业和信息化局、高密市农业农村局、高密市交通运输局、高密市应急管理局 2022 年度部门预算执行和其他财政收支情况进行审计。审计建议，将单位全部收入及时足额上缴国库；强化预算执行管理，提高部门预决算编制水平；严格按照新《政府会计制度》及相关财经法规进行相关的会计核算；规范固定资产管理；积极推行公务卡结算，严格执行公务接待相关规定；加强对在建工程的管理和监督等。

2024 年，市审计局对高密市民政局、高密市市场监督管理局、高密市教育和体育局 2023 年度部门预算执行和其他财政收支情况进行审计。审计建议，提高预决算管理水平，科学、规范编制预决算，强化预算约束力；强化固定资产日常管理，盘活闲置资产；加强公务用车管理，落实公务用车定点维修制度；规范公务卡使用，落实公务接待清单制度等。

### 乡镇财政预算、决算审计

2002年，本级预算执行审计进一步深化，在促进财政体制改革、加强预算管理、提高财政资金使用效益和质量等方面开始发挥越来越重要的作用。市审计局对高密市柏城镇、姜庄镇2001年至2002年7月的财政决算、预算执行和预算外资金管理情况进行审计。审计建议，进一步加强预算管理，确保预算收支的真实、合法；加强对下属部门的监管，规范下属部门的账务处理，杜绝经费超支现象；不断强化措施，增收节支，回收债权，消化债务；完善对财政及有关部门预算外资金收入、支出的控管、提高资金使用效率；做好财政管理的基础工作，规范会计核算。另对朝阳街道2001年至2002年7月的财政决算、预算执行和预算外资金管理情况进行审计。审计建议，加强预算管理，确保预算收支的真实、合法；积极组织财会人员学习，使预算的编制更加合理，会计核算更加规范；尽快将原高密镇分家所得的资产、负债与朝阳街道的账务合并。

2003年，市审计局对高密市大牟家镇、醴泉街道2002年至2003年8月的财政决算、预算执行及预算外资金管理情况进行审计。审计建议，加强预算管理，确保预算收支的真实、合法；加强对国有资产的管理，按规定及时对资产进行清理；加强对财政支出的管理，严格控制非正规发票入账；积极组织财会人员学习，使预算的编制更加科学合理，会计核算更加规范；加强对所属单位的监管，严禁乱收费，保证票据使用规范。对高密市柴沟镇2002年至2003年7月的财政决算、预算执行及预算外资金管理情况进行审计。审计建议，加强预算管理；增强依法纳税观念，及时上缴国家税款；加强对财政支出的管理，严禁非正规发票入账，严格实行经办人签字制度。

2004年，市审计局对高密市仁和镇、呼家庄镇、井沟镇、阚家镇的财政决算进行审计。

2005年，市审计局对高密市大牟家镇、姚哥庄镇、夏庄镇的财政决算进行审计。

自2006年开始，由于乡镇领导干部调整频繁，市审计局将乡镇财政决算审计与经济责任审计同步进行，暂不安排专项财政决算审计。

2010年，市审计局对高密市柏城镇2008年度财政决算进行审计。审计建议，加强财源建设，优化财源结构，扩大财源规模，加大收入组织力度，提高税收征管质量，促进地方财政收入增加；严格按照《中华人民共和国预算法》的规定，制定预算、组织预算收入，安排预算支出，防止收支的随意性；购买商品和接受服务时，使用正规票据，加强内部财务管理，严把审核关，杜绝非正规票据入账；加强对往来款项的管理，深入分析债权、债务存在的原因和具体情况，对呆账、坏账按照规定程序报批后予以处理；对应收未收的欠款，组织人员及时清欠；对应转收支的按照会计制度规定予以调账，提高会计信息的真实性、合法性。市审计局对高密市阚家镇、朝阳街道2009年度财政决算进行审计。审计建议，加强财源建设，扩大财源规模；提高预算编制的科学性和可行性；正确处理投入与发展的关系；及时清理往来款项；强化对下属单位的管理，做好内部审计与监督；根据《财政总预算会计制度》和行政单位会计制度的规定，不断缩小债权债务规模；对历史原因形成的债权债务，查明原因；对呆账、坏账按照规定程序报批后予以处理；对应收未收的欠款，组织人员及时清欠；对应转收支的按照会计制度规定予以调账。

2012 年，市审计局对高密市柴沟镇、醴泉街道 2011 年度财政决算进行审计。审计建议，加强财政预决算管理工作，严格按照有关政策规定编制财政收支预算，积极组织各项收入，合理安排各项支出，财政决算做到真实、准确；及时清理往来款项；确保依法及时足额缴纳税费；规范政府性债务管理，防范债务风险，确保财政经济健康运行。

至 2014 年底，市审计局已对全市所有镇（街、区）的财政决算进行了审计，覆盖面达 100%。此后乡镇财政预算、决算审计转为以经济责任审计为主。

## 第二节　政策落实情况审计

自 2015 年以来，高密市审计局对贯彻落实上级及高密市委、市政府重大决策情况进行跟踪审计，对具有专门指定用途的各项资金或捐赠款物及依法批准设立的各种基金的真实、合法和效益情况实施跟踪审计监督，最大限度地促进全市经济社会全面发展。

### 政策跟踪审计

2015 年，市审计局对高密市以创新支撑引领经济结构优化升级政策措施落实情况进行审计。审计建议，市政府要贯彻落实好山东省人民政府办公厅转发省科技厅《关于加快推动创新型产业集群发展的意见的通知》文件精神，研究出台《关于认真落实中央、省和潍坊市有关政策规定支持企业转型发展的意见》政策文件，为以创新支撑引领经济结构优化升级政策措施落实等方面提供政策依据和制度保障；具体实施过程中，大力强化企业技术创新主体地位，积极鼓励和支持企业提高创新能力。

2015 年，市审计局对高密市促进对外贸易稳定增长和内贸流通健康发展政策措施落实情况进行审计。审计建议，市政府在印发《关于增创开放型经济新优势全面提升国际化水平的实施意见》基础上，研究印发《关于支持外贸进口企业发展的意见》《关于用好出口信用保险“信保易”政策支持小微外贸企业发展的通知》《关于加快现代物流业发展的意见》等政策文件，为促进对外贸易稳定增长和内贸流通健康发展政策措施落实等提供政策依据和制度保障。

2015 年，市审计局对高密市 2015 年度推进简政放权政策措施贯彻落实情况进行跟踪审计。审计建议，工商部门按照《山东省

2016 年，市审计局开展精准扶贫专项资金审计调查。

人民政府关于贯彻国发〔2014〕7 号文件推进工商注册制度便利化加强市场监管的实施意见》文件要求，实行工商注册“三证合一”，推行电子营业执照，实现全程电子化登记管理等。

2015 年，市审计局对高密市 2014 年城镇保障性安居工程跟踪审计。审计建议，完善城镇保障性安居工程住房保障政策，出台相关的政策法规；加强领导，形成政府领导、行政主管部门牵头、相关部门有效联动的良好工作机制；建立健全各类保障性住房政策体系，加强与公安、民政等部门的信息共享，不断提高保障水平，逐渐扩大保障范围，使中低收入阶层住房困难群众公平享有住房保障，促进住房保障基本公共服务均等化，促进社会和谐稳定；尽快研究实行廉租住房和公共租赁住房并轨运行的制度办法；严格执行基本建设程序，切实解决保障性安居工程项目未批先建、未办理项目前期基本建设批准手续情况下开工建设等违法问题。

2016 年，市审计局对 2015 年度扶贫政策措施落实情况进行审计。审计建议，相关部门对已完工的扶贫项目要及时组织验收，对建成的扶贫项目，明确管护主体，落实管护责任；加强对精准扶贫项目的审核把关，对重点贫困户要根据实际情况有针对性地制订脱贫方案，做到扶贫项目要“精”，扶贫对象要“准”；加大精准扶贫资金的扶持力度，及时拨付项目资金，充分发挥资金的效益；加强监督检查和问责力度。市扶贫主管部门要建立与相关部门的联动机制，定期对扶贫项目运作、资金拨付运用等情况进行监督检查，对精准扶贫工作不力或弄虚作假的要严肃问责，对滥用职权、徇私舞弊的党员干部要移交有关部门严肃处理。

2017 年，市审计局对全市 2016 年度精准扶贫政策落实及资金管理使用情况进行专项审计，重点审计了高密市扶贫开发领导小组办公室、高密市财政局等部门单位，延伸审计了 5 个镇（街）园区、5 个省定贫困村、5 个项目，调查走访 20 户贫困人员。审计建议，及时拨付专项扶贫资金，加快扶贫项目建设进度，项目建成后资产及时办理移交手续，完善部分扶贫开发项目协议条款，健全资金保全措施等。

2018 年，市审计局对 2017 年度高密市水环境保护和污染防治政策措施落实情况进行跟踪审计。审计建议，加快工业污染源整治、加快入河排污口整治，及时征收污水处理费等，为市委、市政府制定环境政策提供了可靠依据。

2019 年，市审计局对关于推进“一次办好”和减税降费政策措施落实情况进行审计。审计建议，尽快建设完善乡镇便民服务中心和网上服务站点，真正实现便民化。

2019 年，市审计局对高密市化工产业安全生产转型升级专项行动政策落实情况进行专项审计调查。重点延伸调查了高密市仁和化工产业园、高密市应急管理局、高密市交通运输局等 7 家单位（部门）及山东银鹰新材料科技有限公司、高密浩翰木塑材料科技有限公司、潍坊胜大运输有限公司等 4 家化工及危险品运输企业。审计建议，完善市化转办机构设置，健全工作协调机制，落实园区管理机构人员编制，合理配备化工专业监管人员。

2020 年，市审计局对 2020 年下半年推进“一次办好”和减税降费政策措施落实情况进行审计。

2020 年，市审计局对高密市 2019 年度清理拖欠民营中小企业账款进行审计调查。上报拖欠 6 家民营中小企业账款 4190.79 万元，已偿还 4190.79 万元，清偿比例为 100%。

2020 年，市审计局对高密市新旧动能转换重大工程政策落实和省市重点项目建设情况进行专项审计调查。审计建议，统筹安排预算，向“十大产业”倾斜，尽快设立新旧动能转换基金。

2020 年，市审计局对 2018 年 7 月—2019 年 12 月精准扶贫政策措施落实、扶贫资金使用管理、扶贫项目建设运营管护及资产管理情况等进行审计。

2021 年，市审计局对全市“一次办好”，减税降费和优化营商环境政策措施落实等情况进行跟踪审计调查。

2021 年，市审计局对高密市 2018 年—2020 年乡村振兴相关政策落实和资金管理使用情况进行审计。

### 专项资金审计

专项资金审计是国家审计机关依法对具有专门指定用途的各项资金或捐赠款物及依法批准设立的各种基金的真实、合法和效益情况实施的审计监督。合理、有效地使用农业、科技、教育、社会保障等专项资金和社会捐赠款物，是关系国计民生的大事。开展专项资金审计，主要在于发现违法违规问题，保证专项资金专款专用，最大限度发挥使用效益。

1984 年—2023 年，高密市审计局先后对教育经费、卫生防疫、林业专项资金、水利建设资金、计生服务经费、城建资金、农业综合开发资金、企业解困资金、民政救灾救济扶贫及福利彩票资金、电气化铁路改造拆迁补偿等专项资金、社保资金、环保资金、扶贫资金等进行经常性审计监督，对存在专项资金管理不规范、使用不当、挤占挪用等问题的单位，依法进行查处，涉及违法犯罪的依法追究刑事责任。

1984 年，县审计局对高密县 1984 年 1 月—9 月归还技措贷款的单位进行专项审计，对全县由银行借入的各种中短期设备贷款、专项设备贷款、小型技措贷款、小额设备贷款、信托贷款等进行审计。高密县 1984 年 1 月—9 月 7 个单位收回贷款 59.7 万元。

1985 年，县审计局对公路站 1984 年养路费进行审计。审计建议，严格执行征收养路费的规定，采取积极措施，解决人畜车养路费征收问题；遵照实事求是的原则，对个别超支的项目及时增补计划，未批准项目不准突破原计划等。对水利资金管理使用情况进行审计。对 1984 年县教育局教育经费情况进行审计。审计建议，不准挪用群众筹集的办学资金、完善开支手续、核定编制人员、合理安排教职工等。

1986 年，县审计局对县百货批发公司进行专项审计。审计建议，购买大额商品需经主管局批准，杜绝虚增利润，库存不实需改正等。对银行信托机构进行审计。审计建议，停办信托业务，加强金融系统的思想法制教育。对高密县地方病办公室 1985 年除氟改水专项经费进行审计。对 1985 年教育经费，1985 年自然灾害救济款，县法院 1985 年罚没收支，法院及其所属经济厅、刑一厅 1985 年罚没收支，公安局 1985 年罚没收支进行审计。

1987 年，县审计局对体育集资、县建行进行专项审计。

1988 年，县审计局对 1987 年至 1988 年第一季度水利补助费使用情况，防疫站、地病办、皮防站 1987 年至 1988 年第一季度防疫事业费情况，全县教育经费及教育费附加情况进行审计。

1989 年，县审计局对县林业局林业事业费及各项专款的管理、使用情况进行审计。

1990 年，县审计局对粮食行业康庄粮管所、土庄粮管所、柏城粮管所、河崖粮管所等 8 个独立核算单位进行经营情况审计。

1991 年，县审计局对县发展粮食生产专项资金使用情况，县农业局优质棉基地

1985 年，审计人员在氟改水施工现场。

1987 年，审计人员在体育场进行现场审计。

建设补助费分配使用情况，县水利水产局防汛、岁修费的管理和使用情况，县燃料公司1990年度煤炭开发基金，县公安局1990年度行政性事业性收费和罚没收支情况进行审计。

1992年，县审计局对县社会劳动保险事业处养老保险基金，科学技术委员会1991年度科研经费、事业收入进行审计。

1993年，县审计局对县工商行政管理局罚没等重点资金财务收支情况进行审计。

1994年，市审计局对市夏粮收购资金，市技术监督局1993年至1994年上半年行政性收费和罚没收入情况，市环保局1993年至1994年上半年行政收费和罚没收入情况，市工商行政管理局1993年至1994年上半年行政收费和罚没收入情况进行审计。

1996年，市审计局对全市棉花系统发放的棉花贴息贷款进行审计。

1995年，市审计局对市劳动服务公司1994年度失业保险基金，市农村养老保险事业管理处1994年度农村养老保险基金，机关事业单位保险事业处1994年度养老保险基金，市社会劳动保险事业处1994年度企业养老保险基金，市1994年城市维护建设资金进行审计。

1996年，市审计局对市劳动服务公司1995年度失业保险基金，市社会劳动保险

1995年，市审计局对城市维护建设资金进行审计，图为改造后的人民大街一段。

事业处 1995 年度养老保险基金，市人民武装部行政经费及基本建设经费收支情况进行审计。

1997 年，市审计局对市供销社棉花系统管理费的收取、使用及财务收支情况进行审计。对市经济贸易委员会 1996 年和 1997 年上半年管理费收取和使用情况，市乡镇企业管理局管理费收、管、用情况进行审计。

1998 年，市审计局对市水利局 1997 年度水利专项资金，市机关事业单位社会保险事业处养老保险基金收取、管理和使用情况，市劳动服务公司失业保险基金收取、管理和使用情况，市农村社会养老保险事业管理处养老保险基金收取和使用情况，市社会劳动保险事业处养老保险基金收取和使用情况，市总工会 1997 年及 1998 年上半年工会经费征集、管理、使用情况进行审计。

1999 年，市审计局对市邮电通信行业 1998 年至 1999 年 9 月财务收支情况进行审计。

2002 年，市审计局对市规划与国土资源局 2000 年—2001 年矿产资源补偿费及财务收支情况，2001 年企业职工基本养老保险基金，市民政局 2001 年至 2002 年上半年福利彩票资金、市体育局 2000 年—2001 年体育经费和体育彩票资金的收支和管理使用情况进行审计。

2003 年，市审计局对市民政局、市社会福利有奖募捐委员会 2002 年度福利彩票资金的筹集、管理、分配、使用和结余情况进行审计，并延伸审计了市财政局。对全市 2001 年至 2003 年 6 月国有土地使用权出让金的征管、使用情况，2002 年和 2003 年上半年失业保险基金筹集、管理、使用情况进行审计。

2004 年，市审计局对市民政局 2003 年至 2004 年 6 月城市居民最低生活保障资金的管理使用情况进行审计。

2005 年，市审计局对全市 2003 年至 2005 年 6 月水资源费的征收、上缴、分配和管理使用情况进行审计。

2006 年，市审计局对高密火车站电气化改造工程专项资金进行审计。

2006年，市审计局对市国土资源局胶济铁路电气化改造工程专项资金，市住房资金管理中心住房公积金进行审计调查。

2007年，市审计局对全市2006年至2007年10月计划生育专项资金情况，市第二中学教育收费及资金使用情况，市环境保护局、市财政局2005年—2006年环保专项资金，市农村社会养老保险事业管理处农村养老保险基金，市农村村村通自来水工程项目效益进行审计调查。

2008年，市审计局对市财政局、密水街道、柏城镇、柴沟镇、大牟家镇2006年—2007年镇级补助资金，市污水处理系统效益情况进行专项审计调查。

2009年，市审计局对市社会保险事业管理中心2008年度社会保险基金，市省扩大内需重点建设项目调控资金，市新增投资项目，2006年—2008年市农村户用沼气建设项目效益情况，市政府投资保障性住房，市宇瑞纺织有限公司、市耐拉纺织有限公司等68家纺织企业2008年1月—2009年7月的税收缴纳情况，市就业资金管理使用情况，市抗震救灾人工费及其他费用，市计划生育事业经费和社会抚养费，市科学技术局2006年—2008年应用技术研究开发经费效益，市康庄棉花原种繁育场马铃薯种质资源试验基地建设，市万仁热电有限公司、市交运热力有限公司2008年—2009年供暖期盈亏情况，市2009年抗旱救灾资金，市2009年汶川地震救灾捐赠资金物资，市食品药品监督管理局、市卫生局农村药品“两网”建设及运行情况进行审计调查。

2010年，市审计局对市人口与计划生育局、各镇（街、区）计划生育事业经费和社会抚养费，市农业机械管理局2008年—2009年农机购置补贴绩效，市农业局2008年农村户用沼气国债项目资金管理使用情况，市财政局2007年—2009年住房公积金归集管理使用情况，全市2007年1月—2010年6月的残疾人就业保障金征收管理使用绩效，市神泉山花生专业合作社1亿吨花生米加工扩建项目建设资金管理、使

2009年，审计人员对供热运营成本进行现场审计。

用情况，市环境卫生管理处垃圾处理场绩效，市慈善总会和市红十字会青海玉树地震救灾资金的来源和结存等情况，全市2010年下半年新增投资项目实际运行情况进行审计调查。

2011年，市审计局对市土地经营管理办公室土地复垦资金使用情况、市长陵古园有限公司2009年1月1日—2011年9月30日的运营情况进行专项审计调查，对重要事项进行了必要的延伸审计和追溯。对市社会保险事业管理中心2010年至2011年6月的养老保险基金，市城北水库管理站和市孚日自来水公司的北部六镇供水收支情况，市清理化解农村义务教育“普九”债务情况，市财政局2011年抗旱资金物资，市住房和城乡建设局各类建设项目收费情况，山东新永辉化工有限公司芳香烃项目用电建设费用等额返还情况，高密万仁热电有限公司，市交运热力有限公司2009年、2010年供暖期居民供热盈亏情况，市计划生育事业经费及计生专项经费，市胶济客运专线工程建设领导小组办公室胶济客运专线工程建设(高密段)补偿资金，市党政机关事业单位发票入账情况，高密盛源热力有限公司、山东银鹰化纤有限公司热电分公司2008年以来供热运行成本情况进行专项审计调查。

2012年，市审计局对市财政局、市体育局2009年1月—2012年8月体育彩票公益金，全市2012年1月—6月的慈善事业资金募捐及使用情况，市计划生育事业经费及计生专项经费，市公安局罚没收入上缴、返还及资金使用情况，市胶河治理资金使用情况进行审计。对市镇街卫生院实施国家基本药物制度以来发展状况进行专项审计调查，分别审计调查了朝阳街道卫生院、阚家镇卫生院、姜庄镇卫生院和柴沟卫生院。对高密万仁热电有限公司、山东银鹰化纤有限公司热电分公司2011年—2012年供暖期供热成本和亏损情况，市客流物流中心工程进度和投资建设情况进行专项调查。对潍坊金煦置业有限公司投资及财务情况进行了详细审查，并延伸调查了市财政局、市开发区、市土地经营管理办公室、市汽车站等有关单位及相关人员。

2013年，市审计局对全市2012年度慈善事业资金募捐及使用情况、全市2012年城镇保障性安居工程进行跟踪审计。审计了市建设(住房保障)、发展改革、财政、国土资源、规划、民政、农业等10个有关部门，对6个保障性安居工程项目的开工情况、3个项目的竣工情况、3个项目的工程建设和质量管理情况进行了审查，延伸审计了12个保障性安居工程项目融资、建设、勘察、设计、施工、监理、质量监督等相关单位和企业、3个街道、6个居(村)委会、40户家庭，对重要事项进行了必要的延伸审计和追溯。2013年5月20日—5月28日，市审计局会同财政、物价、城管等部门组成审计组对高密万仁热电有限公司和山东银鹰化纤有限公司热电分公司2012年—2013年采暖季供热成本和亏损情况进行专项审计调查。

2014年，市审计局对夏庄示范镇建设情况，高密万仁热电有限公司、山东银鹰化纤有限公司热电分公司2013年—2014年采暖季供热成本和亏损情况，市新型农村合作医疗办公室新型农村合作医疗基金收支情况，全市2013年保障性安居工程，全市2012年

2019 年，审计人员在企业进行现场调查。

度人口和计划生育事业费及计生专项资金，全市 2013 年度慈善事业资金募捐及使用情况，市人民医院、市中医院、市立医院信息系统管理及使用情况进行审计。

2015 年，市审计局对全市 2013 年度人口和计划生育事业经费落实情况及计划生育社会抚养费征收、管理、使用情况，高密万仁热电有限公司 2014 年—2015 年采暖季供热成本和亏损情况进行专项审计调查。

2016 年，市审计局对全市 2014 年度人口和计划生育事业费及计生专项资金进行审计，提出审计建议 2 条。受市慈善总会委托，对 2015 年度全市慈善事业资金募捐及使用情况进行审计。对全市 2014 年度城乡居民医疗保险基金运行情况进行审计，并延伸调查了市财政局、市卫生与计划生育局、市人民医院、市中医院等单位。

2018 年，市审计局开展 2017 年保障性安居工程跟踪审计项目。对扶贫等 4 个系统开展预算执行审计，同步实施 2016 年—2017 年预算绩效管理情况等专题审计调查。对市本级规范举债融资行为防控政府性债务风险情况开展审计调查。

2019 年，市审计局组织对清理拖欠民营企业中小企业账款情况进行审计调查。对全市 2016 年—2018 年城乡污水处理情况进行专项审计调查，审计对象包括市住建局、市环保局、夏庄镇等 30 余个单位。

2020 年，市审计局组织开展全市疫情防控资金和捐赠款物专项审计，审计对象包括市发改局、市工信局、市民政局、市卫健局、市税务局、市商务局、市财政局、市医保局等部门；市慈善总会等政府及其部门指定接受抗击疫情社会捐赠的单位或机构；中国人民银行高密支行、市地方金融监督管理局等有关金融机构和具体使用上述资金和物资的部门、单位和企业。对 2019 年度地方政府债务和隐性债务风险管控情况、政策支持企业复工复产情况等进行专项审计。

2022 年，市审计局对全市义务教育均衡发展情况进行专项审计调查，并延伸审计了高密市恒涛实验小学、柴沟镇中心学校等

2021 年，审计人员入户调查涉农资金管理使用情况。

2022 年，审计人员在乡镇中小学现场查看校舍资产管理使用情况。

11 所学校。对全市 2021 年以来地方政府新增专项债券资金管理使用情况、政府隐性债务化解情况、地方国有平台风险防控及市场化转型推进情况、中央一次性转移支付资金管理使用情况、基层“三保”运行支出保障情况进行专项审计调查。对 2021 年度智慧养老服务体系建设运营情况进行审计调查，审计融合统筹省市县“三级联动”项目，重点调查了市财政局、市民政局及相关养老体系运营单位。

2023 年，市审计局对全市基层医疗卫生机构运营及政策落实情况进行专项审计调查，涉及卫生健康、医保、财政等相关部门，并在全市选取 5 家乡镇卫生院进行重点延伸审计，走访调查 30 余家村卫生室。针对审计调查中发现的基层医疗卫生机构在专家会诊、信息化建设、融资举债等问题，向市委审计委员会提报 5 篇审计要情，均得到市委、

2023 年，审计组成员讨论基层医疗卫生机构审计事项。

2023 年，审计人员延伸调查村卫生室。

2023 年，审计人员在密水丽苑小区了解物业维修资金使用情况。

市政府主要领导批示。移交市纪委监委案件线索 2 起，移送相关部门问题线索 11 起。3 月—4 月，对 2018 年—2022 年住宅专项维修资金管理和物业政策落实情况进行审计调查，重点审计调查了市住房和城乡建设局、市财政局等单位，延伸审计调查了部分住宅小区业主委员会、物业服务企业。针对发现的售后公有住房维修资金未划转至物业主管部门统一管理、部分维修资金存在使用周期长、造价不合理等问题提出了审计建议。6 月，对高密市 2022 年部分使用债券项目、2023 年全部使用债券项目的资金管理使用等情况进行专项审计。审计抽查 2022 年临港经济区污水处理厂及配套管网工程、城乡医疗一体化提升改造建设项目和高标准蔬菜种苗繁育基地建设项目 3 个债券项目，全面审计了 2023 年 5 个债券项目，共涉及债券资金 20.77 亿元。提出规范推进债券项目、加强资金使用监管、按照预算法的相关要求及时进行预算调整等审计建议。

2024 年 1 月—6 月，对部门组建的 11 家国有企业运营及财务状况开展专项审计调查，出具审计报告 10 份，针对国有资产管理、对外投资和监管部门的监管责任撰写审计要情 3 篇，向市纪委整体移交线索 1 件、分项问题线索 2 件。市委书记董广明针对国有企业基本情况汇报上做了批示，市委副书记、市长王大伟召集召开全市国有资产有关工作调度会议，对国有企业审计调查发现的问题进行了通报。

2024 年，市审计局对高密市农业保险保险费补贴资金管理使用及政策落实情况进行专项审计。审计建议，加强政策性农业保险监管，维护财政资金安全；夯实部门职责，增强协同配合；规范保险业务经营，提升承保理赔服务质效。11 月 29 日，经市委审计委员会批准，调增高密市殡葬管理服务情况专项审计调查项目 1 个，项目涉及市发展与改革局、市民政局、市财政局、市卫生健康局、市市场监督管理局等相关单位，重点审计调查殡葬改革政策制度落实、市殡仪馆运营管理收费、公墓建设审批运营管理等内容，深刻揭示殡葬领域突出问题和风险隐患，促进规范和加强殡葬管理，保障人民群众利益。

# 第三节　经济责任审计

高密市领导干部经济责任审计起步较早，初期主要是对企业厂长（经理）进行离任审计。随着经济发展和加强干部监督管理的需要，高密市经济责任审计的范围和内容逐步扩大，力度加大，并走上法治化、规范化轨道。

## 组织建设

2001年4月7日，中共高密市委下发《关于建立经济责任审计联席会议制度的通知》，建立经济责任审计联席会议，市委常委、市委组织部部长魏志强任组长，成员有市监察局局长、市人事局局长、市委组织部副部长、市审计局局长。联席会议下设办公室，办公室设在市审计局，王福兴兼任办公室主任，戴晶兼任办公室副主任。联席会议的主要职责是：讨论拟订市直机关、镇（街道）、事业单位及国有和国有控股企业法定代表人经济责任审计计划；交流、通报工作开展情况；研究解决工作中出现的重要情况和问题；组织召开全市有关会议等。各成员单位的主要职责是：市纪委、市监察局负责对干部廉政、勤政情况进行监督，对任期经济责任审计中发现的违法违纪案件立案查处，对应当给予党纪、政纪处分的依法依纪做出处理；市委组织部、市人事局负责提出市直机关、镇（街道）、事业单位和市管国有企业法定代表人经济责任审计计划，并依据审计结果对法定代表人提出职务任免、升降和奖惩建议；市审计局根据联席会议拟订的经济责任审计计划依法独立实施审计，并向联席会议成员单位提交审计结果报告或审计意见书、审计决定，对承办经济责任审计的社会审计、内部审计机构的业务质量进行监督。

2001年6月，高密市经济责任审计办公室成立，为副科级行政延伸性事业单位，隶属市审计局，实行全额预算管理，不增加人员编制，所需人员从市审计局内部调剂解决。

2003年3月，市经济责任审计联席会议组长由市委常委、组织部部长顾建华担任。2007年5月，市经济责任审计联席会议组长由市委常委、组织部部长李连成担任，戴学仁兼任办公室主任。

2007年5月，市委常委、副市长杜洪君组织召开全市经济责任审计工作联席会议，市委常委、组织部部长李连成主持会议。会议传达省、潍坊市经济责任审计工作座谈会议精神，听取市经济责任审计办公室关于2006年工作开展情况及2007年工作打算的汇报，并就加强和深化全市的经济责任审计工作进行研究和部署。

2011年，召开全市经济责任审计工作联席会议，市委常委、组织部部长马常春主持会议。

2015年4月，召开全市经济责任审计工作联席会议，市委常委、组织部部长孙业宗主持会议。

2013 年，召开高密市经济责任联席会议。

2016 年 5 月，高密市经济责任审计办公室为公益一类事业单位，正科级，隶属高密市审计局。9 月，召开全市经济责任审计工作联席会议。12 月，高密市村级审计督查工作领导小组成立，市委副书记孙淑芳任组长，领导小组下设办公室，与市委党建办合署办公，冯玉庆兼任办公室主任。

2019 年 3 月，将市经济责任审计办公室行政职能划入市审计局，并更名为高密市经济责任审计服务中心，作为市审计局所属副科级事业单位。

2021 年 4 月，徐正伟任市经济责任审计工作联席会议办公室主任。

## 制度建设

1993年，县审计局对部分企业的厂长（经理）进行离任审计，并逐步探索党政机关、事业单位及乡镇政府等部门领导的任期和离任经济责任审计。

1995 年 9 月 19 日，高密市审计局、高密市体改委、高密市监察局联合转发《关于对党政机关所办经济实体进行审计的通知》，要求自 9 月 21 日起开始自查，并将自查结果于 26 日前报送市审计局行政事业审计科，市审计局将根据各部门自查情况重点抽查审计。

1999 年，市审计局派出由党组书记、局长王福兴带队的离任审计考察组，到离任审计工作先进的菏泽地区调研、学习经验。市审计局与市纪委、市委组织部、市人事局、市监察局 5 部门联合印发《高密市关于加强机关事业单位主要负责人任期和离任经济责任审计的意见》，规定对市副科级以上的机关事业单位主要负责人，每 2~3 年安排一次任中审计，离任时进行离任审计，使这项工作有了组织和制度保障。

2001 年，由市纪委、市委组织部、市人事局、市监察局、市审计局 5 个部门组成的经济责任审计联席会议成立。6 月，高密市机构编制委员会成立高密市经济责任审计办公室，为副科级行政延伸性事业单位，隶属市审计局，实行全额预算管理，定编 5 人，实有工作人员 3 人。

2003年，市审计局印发《经济责任审计追究制度》《经济责任审计质量管理意见》《审计公示制度》及镇、行政事业单位、企业审计公告样本，以及《经济责任审计举报制度》及举报登记卡。加强与经济责任审计联席会议其他成员单位的密切协作，特别是拓宽与组织部门的沟通渠道，及时了解干部监督、管理和使用情况，掌握审计监督的主动权。制定领导干部经济责任审计公示制度，增强对审计对象和审计人员的双向监督。对20个镇（街）、41个行政单位、86个事业单位、12个企业单位等共178个单位的全部资料进行摸底调查，建立完善《经济责任审计对象档案》《经济责任审计项目档案》等经济责任审计数据库，对经济责任审计对象、审计项目、政策法规等相关信息实行数据库管理，便于全面、及时掌握经济责任审计对象情况，合理安排审计计划，提高审计效率，使经济责任审计的深度和广度进一步拓展。在潍坊市经济责任审计座谈会上，高密市审计局的经验做法受到好评。

2005年，《高密市领导干部经济责任审计结果通报办法》印发，加大经济责任审计结果运用力度，促进领导干部执政能力和党风廉政建设。

2006年，市委办公室、市政府办公室发布《高密市领导干部离任交接制度》等规范性文件，进一步完善经济责任审计制度，增强审计监督的透明度和威慑力。这一经验做法被上级审计机关推广。

2007年起，市审计局提议并具体组织召开经济责任审计联席会议，决定建立经济责任审计结果评讲制度，审计成果利用进一步深化。

2010年，市经济责任审计联席会议研究通过并由中共高密市委办公室、高密市人民政府办公室联合转发《高密市领导干部任期经济责任审计评价办法（试行）》《高密市领导干部任期经济责任审计项目计划分类管理办法》《高密市领导干部经济责任履行问题责任追究办法》《高密市领导干部经济责任审计审前公示和审前调查征询制度》《高密市股级单位负责人任期经济责任审计办法》等5个规范性文件，为领导干部任期经济责任审计提供了有力的制度支撑。

2012年，市审计局探索开展镇（街）书记、镇长（主任）同步经济责任审计，分别从贯彻落实上级宏观经济政策、重大经济决策、财政管理、民生资金管理使用等方面进行深层次分析，并针对审计发现的问题客观区分党政领导干部的直接责任、主管责任和领导责任，取得较好的审计成效。

2014年，市审计局按照党的十八大和十八届三中、四中全会精神与国务院《关于加强审计工作的意见》要求，努力推进审计全覆盖。同时，深化审计结果利用，更加科学地评价领导干部的经济责任，为干部监督管理、考核、使用提供重要参考依据。

2015年，市审计局印发《关于高密市部门单位主要领导干部任期经济责任审计工作方案》《市直部门领导干部任期经济责任审计工作方案》《高密市经济责任审计办公室关于全市镇街教管办收取在编不在岗人员工资的处理意见》，制度进一步完善。

2016年，市审计局印发《高密市审计局审计简易程序操作办法（试行）》。高密市经济责任审计工作联席会议召开，讨论通过35名被审计对象的经济责任评价意见，对经济责任审计工作进行研究安排。

2017年，市经济责任工作审计联席会议召开，研究开展领导干部自然资源资产离任审计试点工作，取得初步成效。

2018年，市审计局印发《高密市领导干部离任经济责任事项交接办法（试行）》。

2019年，市审计局印发《高密市领导干部离任经济责任事项交接办法》和《部门单位主要领导干部任期经济责任审计工作方案》。

2022年，市审计局联合市委组织部和市委审计委员会印发《高密市市管党政主要领导干部和国有企事业单位主要领导人员任前经济责任以及自然资源资产管理和生态环境保护责任告知办法》，与镇（街）区、国企、市直部门等105个单位118名领导干部签订了告知书。

2023年6月16日，市审计局承办2023年第三期“凤城大讲堂”，邀请省审计厅党组成员、副厅长孙焕军围绕“新时代经济责任审计工作的目标和任务”作专题辅导，进一步提高各级领导干部的经济责任意识。

2024年，市审计局联合中共高密市委组织部共同编制《高密市党政主要领导干部和国有企事业单位主要领导人员履行经济责任风险防范提示清单》，全面梳理提炼领导干部履行经济责任过程中存在的典型性、普遍性、倾向性和多发性问题，突出领导干部权力运行的重点领域和关键环节，按照各类型领导干部及其履职尽责内容，梳理出镇（街、区）党政主要领导干部、市直部门单位主要领导干部、市属国有企业主要领导干部履行经济责任重点领域的风险点及表现形式，提出防范措施，从告知和提示的角度督促领导干部履职尽责、担当作为，促进领导干部依法规范行使权力。

## 审计成效

1986年，县审计局对部分厂长、经理试行离任审计，加强企业管理，深化经济体

2023年6月16日，省审计厅党组成员、副厅长孙焕军作专题辅导。

制改革。

1987 年，县审计局配合厂长（经理）负责制的贯彻执行，积极开展厂长（经理）经济责任制审计。对高密县化肥厂、高密县农药厂、高密县皮鞋厂、胶河农场 4 个单位进行领导干部离任审计，提出各项责任制落实到位、提高各项技术管理等审计建议。实践证明，实行厂长（经理）离任审计制，可以增强厂长（经理）的事业心和责任感,解决“干好干坏一个样”的弊病，有利于把干部管理引入竞争机制，促进政治体制改革的深入。

1988 年，县审计局对高密县经委供销公司和高密县橡胶厂主要负责人进行离任审计。提出加强管理、健全管理制度等审计建议。实践证明，经济责任审计必须与经济效益结合起来，坚持审、帮、促同步进行，才能收到好的效果。

1989 年，县审计局对高密县棉织厂厂长进行离任审计。审计中将财产损失、经营亏损、债权债务和财务财产管理等方面作为重点，提出建立内部牵制和财产管理制度，组织专人查对往来账务、催收欠款、澄清债务、限期处理等审计建议。

1990 年，县审计局对高密县造纸厂、县农机公司、县运输公司、县水产蔬菜公司 4 个单位进行主要负责人离任审计。提出完善核算程序、处理积压库存、健全制度、加强经济核算、降低费用开支等审计建议。

1991 年，县审计局对高密县电影公司、县金属材料公司、县首饰晶体厂、高密糖厂、县物资服务公司、县物资建材公司、县机电设备公司、县物资贸易中心、县农药厂、县气门嘴厂、县建筑公司、高密锻压机床厂、县汽修厂、县机油泵厂 14 个单位主要负责人进行离任经济责任审计。提出加强企业财务管理、真实核算企业经济效益、及时清理库存、补缴税款等审计建议。

1992 年，县审计局对高密县城镇粮油食品供应公司、县布鞋厂、县再生资源开发公司、县副食品公司、县商业宾馆、县饮食服务公司、县土产杂品公司、县副食品加工厂、县东风商场、县内燃机配件厂、县水泥制品厂、县五金厂 12 个单位进行主要负责人离任经济责任审计。提出健全企业管理制度、及时清理库存、补缴税款等审计建议。

1993 年，县审计局对高密县供销合作社贸易公司、县铸钢厂、县肉制品厂、县物资贸易中心、县水产蔬菜公司、县物资服务公司、县粮油加工厂、潍坊益康食品厂、县土产杂品公司、县百货公司、县金属回收公司、县农业生产资料公司、县燃料公司、县晶体材料厂、县新兴宾馆、县粮油议价公司、县化轻建材公司 17 个单位主要负责人进行离任审计，并逐步探索党政机关、事业单位及乡镇政府等部门领导人的任期和离任经济责任审计。提出加强财务管理、严格按照会计制度进行核算、健全企业管理制度、及时清理库存、补缴税款、力促企业扭亏为盈等审计建议。在对以上 17 个企业的审计中,共提出审计建议 32 条,被企业全部采纳，为县委、县政府掌握企业经营状况，宏观决策提供了可靠的依据。

1994 年，市审计局受市委组织部委托对高密农机总厂、市肉联厂（食品公司）、高密糖厂、市木器厂和高密合成纤维总厂两任负责人共5个单位6个负责人进行离任审计。提出加强管理，建立健全内部控制制度；完善约束机制，使企业管理逐步走向正规化、制度化；严格执行财务会计制度，如实反映企业状况和经营成果；加强设备的管理和维护，加强职工的技术培训，提高操作维修水平，确保设备正常运转，提高设备利用率等审计建议。通过离任审计，加强事前事后监督，公正评价工作实绩，为领导决策提供依据。

1995年，市审计局对高密高源企业集团公司、市农药厂、市级机关汽车修理部、市汽车修理厂4个单位主要负责人进行离任审计。提出加强管理，建立健全内部控制制度，加强对财会人员、二级核算人员及物资管理人员的政治思想教育，严格执行财务会计制度，如实反映企业状况和经营成果，及时补缴税款等11条审计建议。

1996年，市审计局对高密市百货总公司、市第二棉油加工厂、高天实业股份有限公司、华联商厦、市建筑工程公司、精密铸造厂、美神服装股份有限公司、高密汽车站、市水泥厂、五金交电化工股份有限公司、再生胶股份有限公司11个单位主要负责人进行离任审计。提出切实加强公司的财务基础工作建设和对下属单位的财务管理工作、认真执行和完善各项财务管理制度、正确核算和反映企业盈亏等审计建议。

1997年，市审计局对高密市第三棉油加工厂、第五棉油厂、高密工艺美术集团股份有限公司、市胶河农场、市金桥宾馆、市良棉保种厂、市燃料股份有限公司、市印刷厂、市制革厂9个单位主要负责人进行离任审计。审计中，突出抓好“三个重点”，即重点审查企业财产物资的完整性，重点审查经济效益的真实性，重点审查资金账务、财务管理的合规合法性。并注重搞好“三个结合”，即把离任审计与内审工作相结合，与调查研究相结合，与帮促工作相结合。提出企业应建立健全内部控制制度，注重发挥内审机构作用，加强对承包体的监督控制，正确核算并如实反映企业盈亏，积极拓宽经营

1995年，审计人员在企业进行离任审计。

渠道，一业为主、多种经营等审计建议。

1998 年，市审计局对高密市供销储运股份有限公司、市供销大厦股份有限公司、市农业机械公司、市食品总公司、高密通发机械股份有限公司、市外贸总公司（两任负责人）、市物资机电供应有限公司、市印刷厂、市造纸厂 9 个单位的 10 位主要负责人进行离任审计。提出切实加强公司的财务基础工作建设、加强对下属单位的财务监管工作、认真执行和完善各项财务管理制度等审计建议。

1999 年，市审计局对高密市财政局、市供销综合公司、河崖镇、市金桥宾馆 4 个部门单位主要负责人进行离任审计。提出各单位认真执行国家方针政策、依法纳税、落实内部经营责任制、提高服务质量等审计建议。

2000 年，市审计局对蔡家站镇、李家营镇、呼家庄镇等 8 个乡镇和高密市成人中等专业学校、市城市管理局（原城管办）、市畜牧局、市第二中学、市广播电视局、市规划国土局和地质矿产局、市民政局、市统计局、市第一职业中学等 17 个部门单位的主要负责人进行离任审计。对发现的违法违纪线索移交高密市纪委、市监察局处理。

2001 年，高密市乡镇区划调整期间，市审计局组织对夏庄镇、田庄乡、高密镇等 16 个乡镇和高密市教育委员会、市林业局、市对外经济贸易委员会、市贸易委员会、市芝兰庄农场等 5 个机关事业单位主要负责人进行经济责任审计。审计结果作为有关部门调整、使用干部的重要依据。

2002 年，市审计局开始加大对领导干部的任中审计力度。先后对高密市档案局、市农税局、市会计局、市计生局、市人事局、市中小企业办公室 6 个行政事业单位及市总工会、河崖镇、市第二棉油厂、市委党校 4 个单位主要负责人进行离任审计，对市交通局、市第五中学两个主要负责人任职时间长、审计时间间隔长的单位进行任中经济责任审计。对审计中发现的问题，市审计局及时提出纠正意见，并依法依规做出处理。

2003 年，经济责任审计稳步推进，开创新局面，在干部监督管理中的地位和作用更加突出。配合党风廉政建设的开展，市审计局接受组织部门的委托，完成对夏庄镇、拒城河镇、李家营镇、周戈庄镇、双羊镇、高密市园林管理处、市交通稽查大队、市粮棉保种厂、市自来水公司、市安全办公室、市计生服务站、市幼牛繁育中心等 15 个部门单位领导人的离任审计项目和市卫生局、市育才中学、胶河农场等 7 个任中经济责任审计项目。提出依纪依规进行处理、帮助规范完善财务管理等审计建议。

2004 年，市审计局对高密市农机局、市房管局、市教育局、市物价局、市科技局、市文化局、市司法局、市建设局、市农业局、市交通局、市工商联、市农办、市报社、呼家庄镇、大牟家镇、注沟镇、井沟镇、柴沟镇、柏城镇、阚家镇、仁和镇、市第三棉油厂、市第四中学等 24 个部门（单位）主要负责人进行离任和任中经济责任审计。提出被审计单位彻改虚收虚支、解决固定资产账实不符、及时清理往来账户等审计建议。对领导干部的任期经济责任做出了客观公正、实事求是的评价，为有关部门监督和使用干部提供依据。通过开展任中经济责任审计，缩短

2004 年，审计人员在审计现场进行离任审计。

了对领导干部的监督周期，使一些违纪违规问题得到及时发现和处理。

2005 年，市审计局先后对市人民医院、市防空办、市发改局、市劳动保险处、市档案局、市卫生学校、市桑蚕生产管理办公室等 18 个行政事业单位主要负责人及大牟家镇、夏庄镇主要负责人进行离任经济责任审计。提出建立定期清查盘点固定资产制度、及时上缴预算外资金等审计建议。

2006 年，市审计局与有关职能部门紧密配合，积极稳妥地做好经济责任审计。完成高密市行政执法局、市广播局、市物业管理办公室、市总工会、市环境卫生管理处、市知识产权局、市农业局、市卫生防疫站、市妇联、市民政局、市财贸办公室、市机关事业单位社会保险事业处、市物价局、姜庄镇、井沟镇、拒城河镇、姚哥庄镇、河崖镇、双羊镇、市公安局、市委党校等 27 个单位的经济责任审计。强化对权力的制约和监督，促进了领导干部依法行政，依法理财。

2007 年，市审计局完成高密市中小企业局、市公安局、市经贸局、康庄镇、仁和镇等 44 个单位的经济责任审计。因工作成绩突出，有 3 名审计人员被纳入市纪委、市监察局“办案人才库”。

2008 年，市审计局对高密市行政执法局、市教育局、市农保处等 31 个部门单位实施经济责任审计，其中离任审计项目 23 个，任中审计项目 8 个。

2009 年，市审计局对高密市环保局、市水利局等 41 个单位进行经济责任审计。其中离任审计项目 32 个，任中审计项目 9 个。

2010 年，市审计局对高密市商务局、市财政局、夏庄镇、柴沟镇等 59 个部门单位进行经济责任审计，其中离任审计项目 52 个，任中审计项目 7 个。

2011 年，市审计局对高密市物价局、市地震局、市畜牧局、姜庄镇等 36 个部门单位进行经济责任审计，其中离任审计项目 24 个，任中审计项目 12 个。

2012 年，市审计局对柏城镇、柴沟镇、朝阳街道等 53 个部门单位进行经济责任审计，其中离任审计项目36个、任中审计项目17个。选择柴沟镇和胶河疏港物流园区，首次探索开展镇（街）书记、镇长（主任）同步经济责任审计，分别从贯彻落实上级宏观经济政策、重大经济决策、财政管理、民生资金管理使用等方面进行深层次分析，并针对审计发现的问题客观区分党政领导干部的直接责任、主管责任和领导责任，取得较好审计成效。

2013年，市审计局对高密市交通局、市发改局等24个单位进行经济责任审计，其中离任审计项目14个，任中审计项目10个。任中审计的比例进一步加大。同时将会议费、公务接待费、因公出国（境）费、公务用车运行维护费、培训费的支出使用情况列入审计重点，检查督促被审计单位，反对铺张浪费，践行勤俭办事业。

2014年，市审计局对高密市广播电视中心、姜庄镇、井沟镇、阚家镇等25个单位进行经济责任审计，其中任中审计项目11个，离任审计项目14个。向纪检监察机关移送案件线索2起。提出严格执行有关税收政策、提高纳税意识、及时缴纳各项税费、及时对往来款项进行清理、及时清收借出款项等审计建议。

2015年，市审计局对高密市人力资源和社会保障局、市农业综合开发办公室、柴沟镇、大牟家镇等23个单位进行经济责任审计，其中任中审计项目4个，离任审计项目19个。对井沟镇书记镇长开展镇（街）书记、镇长（主任）同步经济责任审计。提出进一步强化财务管理、加强有关财经法规的学习、完善内部控制制度等审计建议。

2016年，市审计局对高密市财政局、市农业局、朝阳街道办事处等38个单位进行经济责任审计，其中任中审计项目6个，离任审计项目32个。向市税务局移送漏缴税金等问题线索6起。提出及时清理往来账款，历史原因形成的债权债务查明原因后做出清理，呆账、坏账报经审批后做出处理等审计建议。

2017年，市审计局主要开展领导干部离任审计、任中审计和离任交接三项工作。对高密市招生委员会办公室、市姜庄镇委员会、市交通运输局等34个单位进行经济责任审计，其中任中审计项目5个，离任审计项目29个。向市税务局、市财政局等移送问题线索2起，向纪检监察机关移送案件线索4起。通过启动实施简易办法、交接办法等，逐步推行领导干部分类审计监督，进一步提高了监督成效。同步开展了领导干部自然资源资产离任审计，为全面推广自然资源资产离任审计积累了经验。市审计局针对被审计单位内控制度、财务管理等方面存在的薄弱环节和问题提出审计建议77条。

2018年，市审计局主要开展领导干部离任和任中审计，对高密市环境保护局、市司法局、市物价局等20个单位进行经济责任审计，其中任中审计项目2个，离任审计项目18个。向市财政局、市教育局、市国有资产管理办公室等移送问题线索10起。

2019年，市审计局对高密市旅游局、市农村工作领导小组办公室、市远大建设有限公司等25个单位进行经济责任审计，其中任中审计项目1个，离任审计项目24个。向市公安局、市财政局等移送问题线索5起，

2022 年，审计人员在审计现场工作。

向纪检监察机关移送案件线索 1 起。

2020 年，市审计局对高密市委党校、市乳肉兼用牛良种繁育改良中心、市政府和社会资本合作中心等 30 个单位进行经济责任审计，其中任中审计项目 14 个，离任审计项目 16 个。向市税务局移送漏缴税金等问题 3 起。在审计工作中，实行项目集中进点，运用大数据技术对预算管理、资产处置等 30 多个事项进行审查，为现场审计准确定位，提高了审计工作效率。同时依托青岛科技大学高密校区卫星遥感数据，积极探索自然资源资产离任审计，为数据的采集转换提供了资源和技术支持。

2021 年，市审计局对高密市委市直机关工作委员会、市社会保险事业中心、井沟镇委员会等 18 个单位进行经济责任审计，其中任中审计项目 13 个，离任审计项目 5 个。向纪检监察机关移送案件线索 1 起。

2022 年，市审计局对高密市科技局、市水利局、市中医院等 17 个单位进行经济责任审计，其中任中审计项目 11 个，离任审计项目 6 个。向市税务局、市财政局等移送问题 7 起。提出立足职责定位、发挥服务功能、深化后续监管工作、发现问题及时纠正等审计建议。

2023 年，市审计局对高密市委编办、水业公司、市房地产发展中心等 16 个单位进行经济责任审计，其中任中审计项目 8 个，离任审计项目 8 个。向纪检监察机关移送案件线索 1 起，向市市场监督管理局、市财政局等移送问题线索 5 起。针对审计发现存在公务用车“三定点”管理不严格、政府采购预算编制不完整等问题提出整改。建议与新调整的 19 家市直部门单位、14 个镇街区、1 家国有企业签订任前经济责任及自然资源资产管理和生态环境保护责任告知书。

2024 年，市审计局对高密市教育和体育局、高密市民政局、柴沟镇注沟社区等 15 个单位进行经济责任审计，其中任中审计项目 13 个，离任审计项目 2 个。

# 第四节　自然资源资产审计

自然资源资产离任或任中审计的主要内容包括贯彻执行党中央生态文明建设方针政策和决策部署情况、遵守自然资源资产管理和生态环境保护法律法规情况、重大决策情况、完成保护目标情况、履行监督责任情况、组织相关资金征管用和项目建设运行情况等。2017 年—2023 年，市审计局先后完成夏庄、柴沟、环保局、阚家、胶河生态发展区、柏城镇、醴泉街道、姜庄镇等镇街、部门（单位）领导干部自然资源资产管理和生态环境保护责任情况审计项目 8 个。

2017 年，市审计局对中共夏庄镇党委书记付联宝任期履行自然资源资产管理和生态环境保护责任情况进行审计。审计建议，建立健全与自然资源开发利用、生态环境保护相关的机制制度，履行生态环境保护责任，提高生态环境质量。建立健全水利、林业等项目的后期管护机制，落实管护责任，切实发挥项目长效作用。进一步重视国土绿化工作，加大造林的投入力度，统筹安排好本地区的绿化任务，确保林业资源存量有效增加。强化农村公共供水管理，摸清非居民公共用水情况，完善用水供水管理数据。严格落实农村公共供水有偿使用制度，对镇区内生产用水要做到足额征收水资源费，规范用水行为。

2018 年，市审计局对中共柴沟镇党委书记韩志超任中履行自然资源资产管理和生态环境保护责任情况进行审计。审计建议，制定节约用水措施，强化处理后的出水利用，特别是城镇景观用水、园林绿化、环卫清理等公共用水可优先使用，提高出水利用率。严格水资源管理制度，做好与水行政主管部门的对接配合，规范镇区地下水用水管理，确保地下水合理开发利用。柴沟镇应根据镇区污水管网建设、覆盖范围、污水排放量等情况，合理确定与污水处理厂的结算水量。

2018 年，市审计局对高密市环境保护局局长石寿林任期履行自然资源资产管理和生态环境保护责任情况进行审计。审计建议，认真贯彻中央关于生态文明建设的方针政策，明确目标任务，确保各种政策落到实处。建立健全环境保护和污染防治方面的相关制度建设，确保制度有效执行，履行生态环境保护责任，提高生态环境质量。加强项目资金征收和管理，严格按照规定及时足额征收自然资源资产和生态环境保护相关资金。进一步加强执法力度，对各类环境违法违规行为实行“零容忍”，严厉惩处违法违规行为。

2019 年，市审计局对中共阚家镇委党委书记齐有春任期履行自然资源资产管理和生态环境保护责任情况进行审计。审计建议，强化河长制管理，定期清理垃圾，禁止占用河道、岸坡行为。完善排水管网配套，实行污水处理全覆盖，改善水环境质量。合理调整年度林业规划、森林的树种结构和龄组结构，因地制宜地发展经济林种植，提高林地单位面积产出。加强自然资源资产信息化管理，建立健全自然资源资产台账，规范登记管理，促进区域自然资源资产管理规范。建立完善自然资源保护管理制度体系，形成长效机制。细化明确自然资源保护阶段目标、责任目标、职能分配与人员分工，确保责任落实到位。加大考核力度，着重建立追责机制、环境治理与补偿机制。

2020 年，市审计局对中共高密市委胶河生态发展区工作委员会党工委书记王金语任期履行自然资源资产管理和生态环境保护责任情况进行审计。审计建议，加强自然资源资产信息化管理，建立健全自然资源资产台账，规范登记管理，全面掌握基础底数，促进区域自然资源资产管理规范。建立完善自然资源保护管理制度体系，形成长效机制。完善各项资源资产管理利用专项制度，加强污染防治，促进环境优化。完善措施、加大力度、夯实责任，完成上级针对自然资源资产管理利用和环境保护的各项目标，不断推进资源利用的规范化、集约化，促进生态文明建设。

2021 年，市审计局对中共柏城镇党委书记张元忠任期履行自然资源资产管理和生态环境保护责任情况进行审计。审计建议，全面贯彻落实河长制及其他环境保护相关制度，着力增强制度的执行力，让制度管用、见效，真正做到“落地生根”。完善环境污染防治职责，强化环境保护监管。结合柏城镇区域特点，强化监管责任，推动各项措施落地生效。加大督促力度，实现环保监管常态化，不断推动镇区环境持续优化，提升发展的环境承载力。

2022 年，市审计局对中共醴泉街道工作委员会党工委书记王汝波任期履行自然资源资产管理和生态环境保护责任情况进行审计。审计建议，全面贯彻落实河长制和林长制相关制度，着力增强制度的执行力，真正做到各项制度落地生效。严格落实上级下达的目标责任，按要求补充耕地数量，改善区域空气质量。完善环境保护管理制度体系，形成长效机制。结合醴泉街道特点，进一步细化明确环境保护目标及人员分工，确保环保责任落实到位。加大督促力度，实现环保监管常态化，不断推动镇街环境持续优化，提升发展的环境承载力。

2023 年，市审计局对中共姜庄镇党委

2021 年 9 月，审计人员现场查看污水处理项目。

书记李梅任期履行自然资源资产管理和生态环境保护责任情况进行审计。审计建议，全面贯彻落实河长制和林长制相关制度，着力提高制度的执行力，真正做到各项制度落地生效。加大对水污染、大气污染等各类环境问题的日常监管力度，推动镇区生态环境改善。加强资产管理，强化对项目形成资产的核算入账工作，确保资产安全完整，对于闲置资产应尽快采取措施进行盘活使用，提升资产使用效能。

2024年，市审计局对中共高密市柴沟镇注沟社区管理委员会党工委书记李延宗同志任期履行自然资源资产管理和生态环境保护责任进行审计。审计建议，全面贯彻落实河长制和林长制相关制度，着力增强制度的执行力，真正做到各项制度落地生效；严格落实上级下达的目标责任，加大环境保护监管力度，实现环保监管常态化；完善环境保护管理制度体系，形成长效机制；不断推动镇街环境持续优化，提升发展的环境承载力。

## 第五节　资产负债审计

2004年—2023年，高密市审计局对高密市部分行政部门、镇（街、区）、学校、医院、企业等在某个时间段内的资产负债、增减变动、财务收支及遵守国家财经法规等情况进行审计。在单位自查的基础上，重点审计资产负债情况、财务收支情况，对货币资金、固定资产、材料进行盘点核对，对收入、支出进行详细审计，并对主要业务环节的内部控制制度执行的有效性进行测试。

2004年，市审计局对高密市卫生局1997年12月—2003年8月的资产负债变动及财务收支进行审计。审计建议，严禁私设小金库；加强对往来款项的核算和管理，定期及时予以清理，使债权债务清楚完整真实；加强执行固定资产和库存材料盘点制度，做到账实相符；严格费用开支票据的审核制度，杜绝使用非正规票据入账；充实并加强内部审计力量，加强对所属单位的审计监督。

2004年，市审计局对高密市中医院1999年9月—2003年11月末的资产负债情况进行审计。审计建议，严格按照会计制度及时处理账务，确保会计资料的真实性，做到资产真实、债务清楚。健全与落实内部控制制度，做到资产完整、收支真实，减少不必要的损失。药品价格严格执行国家规定，严格药品招标程序，确定合理的加价率，保护患者的利益。

2005年，市审计局对高密市市立医院1996年4月—2005年3月的资产负债情况进行审计。审计建议，定期进行盘点、核对，以保证账实、账账相符。及时对往来款项进行清理、核对，已形成坏账、死账的应收款项应认真核实，符合法定核销条件的要及时报批核账。严格按国家财务会计制度规定处理会计账务，强化财经法纪观念，防止发生违反财经法规的行为。

2007年，市审计局对高密市房管局资产负债变动及财务收支情况进行审计。审计建议，加强内部控制制度，完善财务管理，规范会计账务处理程序，做到收支真实，债权债务清楚。定期对库存商品及固定资产进行清查盘点，做到账实相符。加强对往来款项的核算和管理，并及时进行清理，做到债权债务真实。将房改办账内资产并与房管局统一核算管理。对于其下属两个未完全脱钩的公司，按照上级有关规定及时办理脱钩。

2008年，市审计局对高密市职业中等专业学校2004年9月—2008年10月的资产负债及财务收支情况进行审计。审计建议，按照国家统一的会计制度进行处理。

2008年，市审计局对高密市第一职业高级中学2007年6月—2008年10月的资产负债及财务收支情况进行审计。审计建议，未发放到位的市教育局拨入职业学校的学生中央专项生活补助限期拨付，未入账房屋维修费等支出按照国家统一的会计制度进行处理。

2008年，市审计局对高密市水资源委员会办公室2006年至2008年9月的财政财务收支进行审计。审计建议，严格执行《会计法》和有关财经法规，努力提高会计基础工作水平。

2008年，市审计局对高密市技工学校的资产负债及财务收支情况进行审计。审计建议，加强对税收法规的学习，严格按照税法的规定上缴税金，对基建工程应及时进行决算并索回正规发票，严格按照《山东省行政事业性收费和政府性基金票据管理办法》的规定将收费票据项目填写齐全。

2008年，市审计局对高密市卫生学校的资产负债及财务收支情况进行审计。审计建议，加强对往来款项的核算和管理并及时、定期对固定资产进行清查盘点。

2008年，市审计局对潍坊市高密中等专业学校2005年9月—2008年10月的资产负债及财务收支情况进行审计。审计建议，严格按照《事业单位会计制度》的规定核算，杜绝收入挂往来账、直接冲减事业支出现象，严格按照《中华人民共和国税收征收管理法》的规定及时足额缴纳税款。

2008年，市审计局对孚日集团股份有限公司2004年—2005年的资产情况进行专项审计。审计建议，加强对资产的管理，严格按照有关规定处理会计账务，不编造虚假的会计资料，保证会计信息的真实、可靠，内容完整。加强对下属单位的监管，提高会计人员素质，完善内部控制机制，规范会计信息制作制度，会计岗位职责要分明，各负其责，杜绝违纪违规问题的发生。

2009年，市审计局对高密市卫生局2008年1月—2009年5月的资产负债及财务收支情况进行审计。审计建议，应按照《山东省行政性事业性收费管理条例》规定收费，严禁超出许可证规定的收费范围，自行提高收费标准；健全内部控制体系，做好对原始凭证的复核工作，从源头上切实解决入账票据不规范的问题，改进和完善财政财务管理工作。

2009年，市审计局对高密市第三产业规划管理委员会办公室2008年的财政财务收支情况进行审计。审计建议，尽快办理相关收费许可，逾期不办理，按相关规定予以处罚。无依据收取的家电下乡广告牌费、无依据收取的市场管理费，全部退还给交费单位或个人，无法退还的，予以没收。以上需要调整的有关会计账目，限于2009年3月31日前调整完毕。严格按照有关规定进行收费，坚决杜绝无依据收费现象。

2009年，市审计局对高密市市立医院2007年—2008年的财务收支情况进行审计。审计建议，严格执行国家药品加价规定，杜绝药品超国家规定加价问题的发生。开源节流，通过不断改进服务质量等措施增加业务收入。加强内部管理，节约行政开支，杜绝出现收不抵支的情况。

2011年，市审计局对高密市井沟镇、柴沟镇教育管理办公室的资产负债情况进行审计。审计建议，及时进行会计核算，定期清理往来账项。

2011年，市审计局对高密市城市建设投资开发有限公司的资产负债情况进行审计。审计建议，严格按照会计法的规定对固定资产、材料等实物资产定期进行盘点，做到账实相符。重视和加强企业财务管理和成本核算工作人员的专业知识和技能培训工作。强化产品开发的成本核算工作，严格按照有关会计制度的规定归集、确认、结转成本费用，严禁不列、少列、少转成本费用。及时清理催收应收款项。对长期挂账的应收款项应组织有关人员进行清理。

2012年，市审计局对高密市文化广电新闻出版局所属单位的资产负债情况进行审计。审计发现的欠拨经费问题已解决。

2012年，市审计局对高密市城市管理局2011年1月—2012年6月的财政财务收支进行审计。审计建议，加强对有关财经法规的学习，完善内部控制制度，杜绝不合规票据入账，规范非税收入票据的填写。加强对固定资产的明细核算，并定期对固定资产进行盘点，确保账账相符、账实相符。争取市政府和有关部门单位支持，加大城市生活垃圾处理费的收取力度，做到应收尽收。

2012年，市审计局对高密市慈善总会截至2012年7月末的财政财务收支情况进行审计。审计结果较好，募捐资金使用过程能够按照相关会计制度的要求进行会计核算，各项收入入账及时，支出票据合规、手续完备，会计账簿设置齐全。

2013年，市审计局对高密市密水生态林场管理委员会截至2013年2月28日的资产负债情况进行审计。审计建议，建立稽核制度，规范会计核算。及时对往来账款进行清理，防止往来款项长期挂账。尽快取得国有资产管理部门的调拨单，及时处理调拨至其他单位的固定资产。

2013年，市审计局对高密市机关幼儿园截至2013年9月30日的资产负债情况进行审计。审计建议，加强预算外资金的管理，严格遵守“收支两条线”的有关规定，对应缴财政专户的收入及时足额上缴。加强对税收及相关法律法规的学习，增强依法纳税意识，对涉税业务做到及时足额纳税。加强对实物资产的管理和监督，确保国有资产不流失。各项资产购置应及时登记固定资产总账及明细账，并定期对资产清查盘点，确保账实相符。

2013年，市审计局对高密经济开发区管理委员会原高密市人民政府朝阳街道办事处截至2013年1月末的资产负债情况进行审计。审计建议，取得原始发票，杜绝不合规票据入账；对大额支出原始凭证列出明细；应及时对往来账款进行集中清理，防止往来款项长期挂账。

2013年，市审计局对高密市教育科学

研究院资产负债情况进行审计。审计建议，认真学习税收征收相关制度，增强纳税意识，及时缴纳相应税款；加强对往来款项的管理工作，做到及时清理。

2014年，市审计局对高密市住房公积金管理中心的资产清查结果进行审计。审计建议，住房公积金存款应按照相关规定在住房公积金指定银行存款；增值收益应按照《住房公积金管理条例》的相关规定，实行专户储存，专户管理；健全和规范住房公积金的各项规章制度，加强内控制度，完善业务数据。

2014年，市审计局对高密市高建地产开发投资有限公司、高密市高建贸易有限公司、高建物业管理服务有限公司的资产负债损益情况进行审计。审计建议，严格执行有关税收政策，提高纳税意识，及时缴纳各项税费。土地转让程序应公开透明，转让价格应在有关机构评估转让土地价值的基础上确定。严格按照协议规定的时间及时回收转让价款。重大资产购置应履行报批程序，不得将融资性资金用于购置商品房。支付工程款应及时取得正规发票入账，避免使用收款收据等不合规票据入账现象。土地增减挂钩项目支出应按规定的补贴金额拨款。增减挂钩土地节余指标交易流转收入应作为土地出让收入的一部分，全额缴入国库，实行“收支两条线”管理，不再作为企业经营收入并开具发票缴税。

2015年，市审计局对原高密市卫生局资产负债等情况进行审计。审计建议，加强预算外资金的管理，严格按照《山东省预算外资金管理实施办法》的相关规定，认真落实“收支两条线”制度，对应缴财政专户的款项及时足额上缴。加强税收及相关法律法规的学习，增强依法纳税意识，对涉税业务做到及时足额纳税。加强对往来款项的核算监督。对长期挂账的债权债务，应查明原因，区别不同情况及时处理。严格按照《中华人民共和国政府采购法》的相关规定，进行物资采购。

2015年，市审计局对原高密市食品药品监督管理局资产负债等情况进行审计。审计建议，按照《山东省实施〈党政机关厉行节约反对浪费条例〉办法》，压缩会议费开支，完善会议费报销单据。

2017年，市审计局对高密市科学技术局资产负债情况进行审计。审计建议，加强业务学习，尽快执行新《行政单位会计制度》，进行相应的账务处理。加强实物资产的管理和监督，明确职责权限，强化管控，定期清查盘点核对，对于固定资产的增加、变动等，及时做好归档管理，确保国有资产的安全完整。

2017年，市审计局对高密市第五中学资产负债情况进行审计。审计建议，认真学习有关税收法律法规，提高依法纳税意识，及时足额缴纳各项税款。加强对实物资产的管理和监督，明确职责权限，强化管控，定期清查盘点核对，对于固定资产的增加、变动等，及时做好归档管理，确保国有资产的安全完整。

2023年，对高密市远大建设有限公司2019年至2023年5月资产负债及其他财务收支情况进行审计，审计建议，进一步提高会计核算、会计监督质量。健全完善内部管理制度。严格执行重大事项报告制度。认真贯彻落实中央八项规定精神，进一步规范管理国有企业业务招待、公务用车等业务活动及其支出。

# 第六节　财务收支审计

高密市财务收支审计主要包含行政事业单位财务收支审计、乡镇财政财务收支审计、企业财务收支审计、金融行业财务收支审计四个方面。市审计局围绕全市的改革发展稳定开展工作，为加强机关建设、提高基层执政能力、防范国有资产流失和提高企业经济效益发挥了审计监督的重要作用。

## 行政事业单位财务收支审计

《中华人民共和国审计法》实施前，全国行政事业单位财政财务收支审计主要的法律依据是《审计条例》，审计的重点主要是单位财务收支。1984 年—1985 年主要是试审阶段，目的是探索路子，为全面开展审计奠定基础；1987 年开始推行行政事业单位定期审计制度，部门内审机构实施定期审计，审计机关重点抽查；1988 年—1995 年，按照“抓重点、打基础”的方针，继续扩大对行政事业单位定期审计的覆盖面，重点加大对财政拨款数额大、资金来源渠道多的部门和单位的审计力度，审计的主要内容是围绕增产节约、增收节支，着重抓好控制违纪、加强财务管理、制止挤占挪用企事业费、反对铺张浪费等问题。把教育、卫生、体育等收支数额较大、经费来源渠道多的部门作为重点，加强对教育费附加、行政性收费、罚没收支、科研事业费和科技三项费用等资金和公务费、设备购置费、修缮费、业务费、专款等重点账户的审计监督，严肃查处乱罚款、乱收费、乱摊派、私设“小金库”、奢侈浪费等违反财经法纪的问题，有效促进了廉政建设和行业作风建设，加强了行政事业单位的财务管理，提高了资金的使用效益。1996 年—2003 年，行政事业单位审计项目越来越多，力度加大，由原先定期报送审计改为就地审计，审计内容范围广，包括财务收支、资产负债等方面，先后审计环境、教育、卫生、建设、科技、市政府事务管理局等系统和单位。2003 年以后，行政事业单位财政财务收支审计逐渐转变为本级预算执行和其他财务收支审计。

1985 年 6 月，县审计局对县个体劳动协会进行财务收支审计。

1986 年，县审计局对县卫生防疫站 1985 年度财务收支情况进行审计。另对烟草公司高密支公司 1985 年财务收支的审计。

1987 年，县审计局对县工商行政管理局 1986 年度财务收支及市场管理费收支情况进行审计。

1989 年，县审计局对高密县委老干部局 1988 年至 1989 年上半年财务收支情况进行审计。另对高密县交通局 1988 年财务收支情况审计。

1991 年，县审计局对高密县建筑设计室财务收支情况进行审计。

1993 年，县审计局对高密县粮食局财

1991 年 5 月，审计人员研究高密县建筑设计室财务收支审计处理决定。

务收支情况进行审计。另对高密县广播电视管理局财务收支进行审计；对高密县环境保护局 1992 年至 1993 年 7 月财务收支情况进行审计；对高密县老干部局 1992 年至 1993 年 8 月财务收支情况进行审计；对高密县电影发行放映公司 1992 年度财务收支情况进行审计。

1995 年，市审计局对高密广播电视中心 1994 年度财务收支情况进行审计。

1996 年，市审计局对高密市房产管理局财务收支情况进行审计。

1998 年，市审计局对高密市艺术剧院 1997 年至 1998 年 9 月财务收支情况进行审计。

1999 年，市审计局对高密市人民医院 1997 年至 1998 年 10 月财务收支情况进行审计。

2001 年，市审计局对高密市自来水公司财务收支情况进行审计。另对高密市开发区医院 2000 年至 2001 年 11 月财务收支情况进行审计；对高密市气象局 2000 年至 2001 年 3 月财务收支情况进行审计；对高密市中医院 2000 年至 2001 年 11 月财务收支情况进行审计。

2002 年，市审计局对高密市广播电视局 2000 年—2001 年财务收支情况进行审计，另对高密日报社 2001 年至 2002 年 10 月财务收支情况进行审计；对高密人民医院 2000 年至 2002 年 9 月财务收支情况进行审计；对高密市畜牧局 2000 年—2001 年财务收支情况进行审计。

2003 年，市审计局对高密市工商管理系统 2001 年至 2003 年 6 月财务收支情况进行审计。另对高密市公安局 2002 年度财务收支情况进行审计。

### 乡镇财政财务收支审计

1992 年，根据山东省审计厅《乡镇财决算审计方案》及潍坊市审计局年度审计计划的安排和要求，县审计局开始对乡镇财政决算情况进行试点审计，对井沟镇、康庄镇 1991 年度财政财务收支和税收计划执行情况进行审计。审计建议，深入贯彻山东省人民政府《山东省农民负担条例》等文件，完善各项规章制度，加强财政的自身建设，建立一套行之有效的内部控制制度和自我约束机制，完善核算手续，加强会计基础工作，使镇财政工作标准化、规范化。财政所报经县财政局批准，印制行政事业性收费统一收据。对有收费业务的行政事业单位实行统一票据管理，严格控制收费标准，监督所收款项是否合规合法，并按规定上缴和留用。对不使用统一收据的单位，严格按照《山东省行政事业性收费管理条例》的有关规定处理。财政所要加强对本镇新纳入单位的财务管理，把一切经济活动都置于经常性监督之下，尤其是对预算外资金和其他自筹资金等收入款项，在有关法规、政策允许范围内，集中管理，统一分配，全面监督控制，切实把好增收节支关。对不具备独立核算条件的部门，其财务收支一律纳入镇财政管理。

1993 年，县审计局对高密县仁和乡、柴沟镇、柏城镇、初家乡财政财务收支情况进行审计。审计建议，进一步完善各项规章制度，加强对村提留镇统筹资金的管理；对涉及农民的集资、罚款和各种摊派文件进行彻底清理，凡不符合国家规定的项目必须取消；不按审批程序进行审批的规定立即停止执行，对其中需要保留的合理项目，必须按规定权限申报，经批准公布后执行，未经重新批准的一律无效。继续坚持“一支笔”签字制度，加强对财政工作的统一领导和管理，明确责任，杜绝违纪违规问题的产生。

1994 年，市审计局在对乡镇财政决算情况审计进行试点和总结的基础上，全面开展乡镇财政决算情况审计活动。对高密市张鲁镇、双羊镇、姜庄镇、拒城河镇、周阳乡、周戈庄镇、姚哥庄镇 1993 年度财政财务收支情况进行审计。审计建议，对漏交的专控商品附加费限期前上缴市财政，并补办专控手续。漏提农发基金限期前补提，并按规定进行账务处理。要继续认真贯彻执行有关减轻农民负担的规定，更好地提高遵守财经法规的自觉性，杜绝一切违纪违规现象的发生。

1994 年，审计人员对姜庄镇财政决算进行审计。

1995年，根据山东省审计厅关于乡镇财政决算审计的覆盖面要超过30%的要求，市审计局对该项审计活动作了整体计划和安排，规定：高密市29个乡镇，每年要安排9～10个乡镇开展财政决算审计。当年审计阚家镇、大牟家镇、大栏乡、王吴乡、蔡家站镇、注沟镇、李家营镇、呼家庄镇、夏庄镇等9个乡镇。审计建议，对漏提的农发基金限期补提，未兑付的棉花和农作物赔偿款，限期全部兑付到受灾农户。对挤占挪用的农发基金，限期前冲转有关科目，转农发基金专户储存。对未入账的储蓄利息，限期前上缴市财政。凡是上级给农民的利益，要及时兑现不得截留，把减轻农民负担落到实处。

1996年，市审计局对高密市方市乡、河崖镇1995年度财政财务收支情况进行审计。审计建议，加强对财政财务收支的管理，严格按税法办事，将上缴的税款及时足额缴纳入库。进一步提高财会人员遵守财经法规的自觉性，增强法治观念，以维护财经法纪的严肃性。建议农发基金转入预算外收入，作调账处理，转回农发基金账专户储存，专款专用。库存的各种储蓄立即提取存入规定的银行账户，不得再进行公款储蓄。对高戈庄乡、田庄乡、土庄乡、咸家乡1995年度财政财务收支情况进行审计。审计建议，进一步理顺自筹资金、预算外资金的核算，规范核算账目。对高密镇1995年度财政财务收支情况进行审计。审计建议，对欠拨教育费应调度资金尽快予以拨付，经费超支问题应积极组织收入，尽快进行处理，使财政收入真正实现收支平衡。

1997年，市审计局对高密市柏城镇1996年度财政财务收支情况进行审计，没有发现违纪违规现象。对蔡家站镇、井沟镇、注沟镇、初家镇、柴沟镇、姜庄镇、康庄镇、仁和镇、周戈庄镇1996年度财政财务收支情况进行审计。审计建议，加强对财政财务收支的管理，严格按税法办事，将上缴的税款及时足额缴纳入库。对专控商品要先审批后购买，从严控制专控商品购置。加强对镇直部门财务的检查监督，并按预算外资金管理的有关规定，提高财会人员遵守财经法规的自觉性，维护财经法纪的严肃性。

1998年，市审计局对高密市拒城河镇、呼家庄镇、双羊镇1997年度财政财务收支情况进行审计。审计建议，提高遵守财经法规的自觉性，掌握有关专控商品的管理规定，加强对专控商品的管理，加强对预算收支的管理，对各项预算收入要及时入库，以保证预算收支的完整、准确。对高密市姚哥庄镇、大栏乡、李家营镇、夏庄镇、张鲁镇1997年度财政财务收支情况进行审计。审计建议，对专控商品要先审批后购买，从严控制专控商品购置。继续加强对财政财务收支的管理，加强对下属单位的监督，严格按税法办事，将上缴的税款及时足额缴纳入库。提高财会人员遵守财经法规的自觉性，维护财经法纪的严肃性。对高密市经济技术开发区、周阳乡1997年度财政财务收支情况进行审计。审计建议，不断学习财经法规，加强对农业发展基金的管理和使用。财政所要加强对所属事业站所的财务检查监督，提高遵守财经法规的自觉性，严肃财经纪律，杜绝违纪违规问题的发生。

1999年，市审计局对高密市大牟家镇、高戈庄乡、王吴乡、土庄乡、咸家乡1998年度财政财务收支情况进行审计。审计建议，加强对库存现金的管理，严格按照《现金管理暂行条例》和有关财务制度的规定办理各项业务，杜绝白条顶库、公款储蓄现象的发生。加强固定资产管理，做到及时清查盘点，保证账账相符、账实相符。对高密镇、田庄乡、方市乡、阚家镇1998年度财政财务收支情况进行审计。审计建议，加强资金管理、财务管理，落实财务管理制度，增强纳税意识，主动交纳各种税费，及时准确地兑付农税减免款。

2000年，市审计局对高密市柏城镇1999年度财政财务收支情况进行审计。审计建议，加强税法学习，增强自觉纳税意识。加强对所属部门、单位的财务监督，做好会计基础工作。严格资产管理，特别是固定资产的管理，按会计制度的有关规定，每年至少对资产进行一次全面的盘点，按规定程序对资产的盈亏进行处理。

2001年，正值高密市乡镇区划调整，乡镇党委、政府主要负责人的任期经济责任审计项目较多，任务繁重，当年只对高密市仁和镇、张鲁镇的财政决算情况进行了审计。此后乡镇财政财务收支审计转为以经济责任审计为主。

### 企业财务收支审计

企业审计是指审计机关对国有以及国有资本占控股地位或主导地位的企业的资产负债损益的真实、合法和效益情况进行的审计监督。具体组织中，还对国有企业、金融机构贯彻落实国家重大政策措施情况、领导人员履行经济责任情况等进行审计或专项审计调查。企业审计是审计机关成立以来最早开展的工作之一。多年来，市审计局围绕企业的改革发展稳定主要开展了财务收支审计、经济效益审计、承包经营审计、资产负债损益审计、经济责任审计等工作，为防范国有资产流失和提高企业经济效益发挥了审计监督的重要作用。

高密市（县）的企业审计工作从1985年4月开始，至2003年底，经过试审、逐步完善到全面铺开三个阶段。先后审计了粮食系统、物资系统、供销合作社联社系统、商业系统、工交系统、外贸系统所属的123个企业。

1985年4月，县审计局对高密县酒厂财务收支情况进行试审，这是企业审计的开始。此后，商贸（企业）审计逐步推开。

1986年，县审计局对高密县农业机械厂流动资产情况进行审计，对高密棉麻转运站1985年纳税情况进行审计。对高密县外贸公司、燃料公司、木材公司、金属材料公司、机电设备公司的财务收支和经营情况进行审计，对气门嘴厂1985年财务收支情况进行审计。

1987年，县审计局按照上级指令性和指导性审计计划的安排，重点抓行业性的财务收入审计，完成对高密县磷肥厂、第二棉油加工厂、糖厂、生产资料公司、化工公司供销经理部、第一棉油加工厂、锻压机床厂、气门嘴厂、种子公司、副食品公司、分析仪器厂、酒厂、化学纤维厂、商业综合公司、石油公司、农机公司16个企业1986年的财务收支情况审计。

1988年，县审计局对高密县物资服务公司、粮食局直属库、城关粮管所、饮食服务公司、五金交电公司、饲料公司、配件厂、乡镇企业局供销公司、再生胶厂、姚哥庄镇种鸡场10个企业进行经营情况及财务收支审计。

1989年，县审计局对高密县建材厂、水泥厂、粮油议价公司、金属回收公司、城关供销社、肉类联合厂、百货公司、供销综合公司、轻纺工业公司供销经理部、铸钢厂、合成纤维厂、副食品厂、社贸易公司、服装厂、运输公司、棉织厂、建筑公司、印刷厂18个企业进行经营情况审计。

1990年，县审计局对高密县酿酒厂、百货批发公司、粮油加工厂、燃料公司、新兴宾馆、第一棉油加工厂、五金交化公司、水产蔬菜公司、饲料公司、锻压机床厂、工业供销公司、农机厂、金属材料公司13个企业进行承包经营责任审计。同时对供销大厦、种子公司、油泵厂、建筑材料公司4个企业进行了财务收支审计。

1991年，县审计局对高密县第一棉油加工厂、五金公司、机电设备公司、气门嘴厂、制革厂、再生胶厂、分析仪器厂7个企业进行承包经营终结审计。

1992年，县审计局对高密县水泥厂、肉制品厂、对外经济技术合作公司、百货批发公司、酿酒厂、化纤总厂、五金交电化工公司及潍坊华野草制品有限公司、山东省石油公司高密支公司9个企业经营情况和财务收支审计。

1993年，县审计局对高密县第一棉油加工厂、第二棉油加工厂、第三棉油加工厂财务收支情况进行审计。对锻压机床厂、造纸厂、粮油加工厂、分析仪器厂、橡胶厂、化工厂、粮食转运站7个企业1991年—1992年财务收支情况进行审计。对山东星明塑胶有限公司、潍坊利多化纤有限公司合资经营情况进行审计。

1994年，市审计局对高密市木材总公司进行审计。对医药公司、烟草公司资产、

1988年4月，审计署纪检组组长任景德（左四）在高密县副县长李万河（左三）陪同下到高密大理石厂检查指导审计工作。

1990年，审计人员深入商场调查了解情况。

负债及损益情况进行审计。对高密市城市建设综合开发公司财务收支等情况审计。

1995年，市审计局对高密市东风商场股份有限公司进行财务收支审计。对美神服装股份有限公司、印刷厂、农业生产资料公司、副食品公司、高一制革有限公司财务收支和资产、负债及损益情况进行审计。

1996年，市审计局对高密市第一纺织厂年度经营状况进行审计。对潍坊昌隆鞋业有限公司合资经营情况进行审计。对高密市密利达商厦财务收支情况进行审计。对高密内燃机厂、燃料股份有限公司、水泥制品厂资产、负债及损益情况进行审计。

1997年，市审计局对高密市农村信用联社资产、负债及损益情况进行审计。对潍坊市医药集团股份有限公司高密公司财务收支情况进行审计。对高密市城市信用社资产、负债及损益情况进行审计。

1998年,市审计局对高密市水泥厂资产、负债及损益情况进行审计。对高密市康达建筑装潢公司、农业机械厂、第四棉油厂进行审计。对高密市城市信用社1997年至1998年上半年资产、负债及损益情况进行审计。对再生资源开发公司1997年财务收支情况进行审计，对高密市华联商厦、锻压机床股

1998年，市审计局对华联商厦资产、负债及损益情况进行审计。

1995年，审计人员对东风商场财务收支情况进行审计。

份有限公司、高源企业集团、姜庄供销合作社 1997 年资产、负债及损益情况进行审计。

1999 年，市审计局对高密化纤集团有限公司 1997 年—1998 年的资产、负债、所有者权益情况进行审计。对交通运输集团公司进行审计。对酒业股份有限公司 1997 年—1998 年资产负债损益情况进行审计。对高密市人民医院 1997 年至 1998 年 10 月的财务收支情况进行审计。

1999 年后，国有企业改制力度加大，高密市审计局在继续探索完善企业审计的同时，按照市委、市政府的安排，广泛参与国有企业改制，积极发挥审计的专业特点和职能优势，做好企业的资产评估，摸清企业家底，防止国有资产流失。同时，因企制宜，向市政府提出了一系列富有建设性的改制意见和建议。

2000 年，市审计局对高密分析仪器股份有限公司进行审计。对高密市汽车站 1998 年—1999 年财务收支情况进行审计。对高密市农业机械厂 1998 年财务收支情况进行审计。

2002 年，市审计局对高密市第三棉油加工厂 2001 年至 2002 年 6 月末的财务收支情况进行审计。对第四棉油加工厂 2001 年至 2002 年 6 月末财务收支情况进行审计。

2005 年，随着市场经济的不断完善，股份制私营企业占有市场份额比例扩大，企业纳税方面存在不少问题，审计部门及时调整工作思路，每年抽部分重点税源企业进行审计，主要审计纳税申报情况，2005 年—2014 年共抽取审计了 40 个企业，查出并上缴各种税金 2791 万元。

2015 年始，市审计局不再抽取重点税源企业进行审计，转为对国有企业进行审计监督，分为专项审计调查和领导干部经济责任审计。

2019 年，市审计局聚焦企业资产质量、债务负担风险、盈利能力、社会贡献、改革政策落实、信息化建设以及营商环境等方面，对高密市远大建设有限公司、高密市水业公司等市属国有企业 2016 年—2018 年企业发展质量状况开展审计调查。

2021 年，市审计局对高密市国资国企重点改革事项推进情况进行审计调查，延伸调查了高密市城市建设投资集团有限公司，重点关注法人治理结构、国有经济布局优化和结构调整、混合所有制改革、三项制度改革、国有资产监管体制、国企改革成效等方面。此后企业财务收支转为以经济责任审计和专项审计为主。

### 金融行业财务收支审计

金融审计是指审计机关对中央银行及其他金融监管机构、国有及国有资产占控股地位或主导地位的金融机构的财务收支以及资产负债损益的真实、合法、效益情况进行的审计。自 1990 年以来，高密县（市）审计局通过对高密县（市）内金融机构的财务收支及资产、负债、损益的审计，揭露金融行业的违规问题，促使其加强管理，健全内部控制制度，提高效益，防范和化解金融风险，保障经济社会又好又快发展。1990 年至 2024 年底，高密县（市）审计局先后对中国人民银行高密市支行、中国工商银行股份有限公司高密支行、中国农业银行股份有限公司高密支行、高密农村信用社、中国建设银行股份有限公司高密支行、中国银行股份有限公司高密支行、中国人民保险公司高密支公司、高密市农村信用联社城区信用社等单位的财务收支情况、资产、负债、损益、技术改造贷款等情况进行了审计。

1990年，县审计局对中国农业银行高密县支行1989年财务收支情况进行审计。对中国工商银行高密县支行1989年度财务收支情况进行审计。

1991年，县审计局分别对中国工商银行高密市支行、中国农业银行高密市支行、中国人民建设银行高密支行1990年度财务收支情况进行审计。

1992年，县审计局对中国人民银行高密支行1991年度财务收支情况进行审计。

1997年，市审计局对高密市农村信用合作社联社、高密市城市信用社的财务收支情况进行审计。

2001年，市审计局开展对中国人民保险公司高密支公司1999年—2000年资产、负债、损益情况的审计。同年，按照山东省审计厅关于印发《农村信用社贷款投向和风险状况审计调查方案》的通知要求，对高密市农村信用合作社联合社，高密市呼家庄、柴沟、夏庄、姜庄农村信用社2000年至2001年9月的贷款投向和风险状况进行了审计调查。

2002年，市审计局对城区农村信用合作社2001年至2002年10月的财务收支情况进行审计。

2023年3月，根据省审计厅工作部署，市审计局对山东高密农村商业银行股份有限公司2021年、2022年财务收入情况进行审计调查。

1997年，市审计局对高密市农村信用合作社联社财务收支情况进行审计。

# 第七节　投资建设审计

审计局成立后，高密政府投资建设项目审计逐步展开，主要对国有资产投资或者融资为主的基本建设项目和技术改造项目及资金进行审计，审计内容主要包括建设项目的预算执行情况和年度决算、单项工程结算、项目竣工决算，以及相关的设计、施工、供货等单位取得建设项目资金的真实性、合法性等进行审计。

1986 年，县审计局对高密县环保局建设监测站进行审计。全年共审计工程造价金额 13.7 万元，节约财政资金 4.5 万元。

1987 年，县审计局对高密县工艺品厂、农机公司、农业银行高密县支行自筹基建资金来源进行审计。对高密县城市政工程建设进行审计。对县委党校教学楼、县档案楼、县招待所招待楼和宿舍楼及附属工程决算进行审计。全年共审计工程造价金额 762 万元，节约财政资金 73 万元。

1988 年，县审计局对高密县城预标工程 1987 年度的决标进行审计，对县百货公司宿舍楼工程进行审计。共审计 57 份工程决算，节约财政资金 37.5 万元，受到县委、县政府的表扬。

1989 年 12 月 21 日，审计署和国家计划委规定市属小型基本建设项目一律由市审计局审计，县（市）区属项目由县（市、区）审计局审计。依省政府《山东省楼堂馆所建设项目审计暂行办法》，县审计局对楼堂馆所项目进行依法审计。

1991 年，县审计局对高密县政府招待所一号楼装修改建工程、三号楼餐厅续建工程进行审计，完成高密县财政局办公楼工程

1987 年，审计人员对县招待所招待楼工程决算进行审计。

决算审计。全年共审计工程造价金额 517 万元，节约财政资金 82.2 万元。

1993 年，县审计局对高密内燃机厂宿舍楼、人民大街水泥硬化路面和排水沟、西岭凤凰公园圣贤祠、盆艺苑、牌坊、工人新村住宅楼、人民大街路灯基座、电缆维护、人民大街拓宽工程和西岭公园部分工程决算进行审计。全年共审计工程造价金额 1458 万元，节约财政资金 42 万元。

1994 年，市审计局对高密市财政局宿舍楼工程及其他零星工程决算进行审计。全年共审计工程造价金额 392 万元，节约财政资金 34.3 万元。

1995 年，市审计局对城南街、站北街砼路面硬化及排水沟、凤凰阁、高密市税务局培训中心楼和宿舍楼、开发区砼路面等工程决算进行审计。全年共审计工程造价金额 4021 万元，节约财政资金 1364 万元。

1996 年，市审计局加强重点基本建设项目审计，有效地防止了建设资金的流失。依照《高密市基本建设项目审计实施办法》，对故献大桥、顺河路、经贸街、西关路、城南街、站南街及园林绿化等市政工程决算，小康河桥等 4 座桥梁工程决算，平日路、高双路等工程项目，高密市汽车站新站工程建设项目等有关情况进行审计。同时，还完成了市政府交办的对历年市政工程欠账款项的审计查证，对高密市 1995 年以来开工的基本建设项目进行摸底调查，使高密市基本建设项目审计有了新突破。全年共审计工程造价金额 8222 万元，节约财政资金 297 万元。

1997 年，市审计局对高密市 1996 年度公路建设项目、1996 年度市政工程决算、1997 年度市政园林工程项目决算进行审计。全年共审计工程造价金额 6132 万元，节约财政资金 589 万元。

1998 年，市审计局对引峡济高小新河南北闸及附涵洞工程决算进行审计。全年共审计工程造价金额 79 万元，节约财政资金 2.4 万元。

1999 年，市审计局对 1998 年度市政园林工程竣工决算造价，1997 年度、1998 年

1996 年，审计人员在顺河路段的市政工程现场进行测量。

度公路建设资金来源及工程决算，1999 年度上半年城区路灯安装工程决算进行审计。全年共审计工程造价金额 3494 万元，节约财政资金 240 万元。

2000 年，市审计局对 1999 年度公路建设资金来源工程决算、1999 年度水利工程决算进行审计。全年共审计工程造价金额 1821 万元，节约财政资金 109 万元。

2001 年，市审计局对王吴水库城市供水改变水质工程决算、2000 年度公路工程决算及资金拨付情况、高密市五河三库串联工程决算进行审计。全年共审计工程造价金额 3626 万元，节约财政资金 72 万元。

2002 年，市审计局对 2001 年度公路建设资金来源及工程决算情况进行审计。全年共审计工程造价金额 1451 万元，节约财政资金 78 万元。

2003 年，市审计局对 2001 年度、2002 年度竣工的市政工程财务收支和造价情况，高密市大剧院等建设项目财务收支及投资情况，2002 年度公路建设资金财政财务收支及工程决算情况进行审计。全年共审计工程造价金额 1671 万元，节约财政资金 62 万元。

2004 年，市审计局对 2003 年度公路建设资金的财政财务收支及工程造价，农村公路改造工程进行审计。全年共审计工程造价金额 3408 万元，节约财政资金 22 万元。

2005 年，市审计局基本建设投资审计在探索中迈出新步伐。根据高密市实际，借鉴外地做法，出台《高密市国家建设项目审计监督暂行规定》，全市国家建设项目审计逐步走上法治化和规范化轨道。对公路交通建设资金来源及造价、城市建设资金来源及造价、市检察院办公楼装修造价进行审计，对 2005 年公路、交通建设变更工程进行跟踪审计。

2006 年，市审计局完成 2004 年—2005 年城市建设资金财务收支及工程决算造价情况审计，孚日家纺股份有限公司工业园区市政桥涵、道路工程结算审计，鄄城（潍坊）工业园高密项目区工程造价及资金收支情况审计，市水业公司利用国债资金建设污水处

2004 年，审计人员对 2003 年公路建设资金进行现场审计。

2006 年，市审计局对胶河干流综合治理工程进行跟踪审计。

理扩建工程造价审计，高密市孚日集团兼并康丰农化有限公司资产亏损核实及孚日家纺工业园区市政桥涵、道路工程决算情况审计，市水利局胶河干流（柏城段）综合治理工程财务收支工程造价审计，高密市环境卫生管理处无害化垃圾处理厂一期防渗工程决算造价审计。2005 年多数工程向全社会实行公开招投标，进行市场化运作，采用中标价固定总价合同，部分工程采用固定综合单价、工程量及隐蔽工程据实结算的办法，工程造价从源头上得到有效控制，节约了工程投资。在工程建设中，大胆采用外地设计单位的设计资料，力争做到起点高、投资合理。工程监理一改过去本市监理公司包揽的局面，引进青岛监理公司参加大型工程的监理，效果良好。全年共审计工程造价金额 16520 万元，节约财政资金 2319 万元。

2007 年，市审计局对地震台建设工程造价进行审计，完成高密市村级组织活动场所建设项目资金财务收支情况审计，对

2007 年，市审计局对水利局村村通自来水工程项目造价进行审计。

2007 年 5 月 15 日，省审计厅党组副书记、副厅长王谦华（前排左五）一行到高密市调研投资审计工作。

高密市消防大队办公楼及配套工程造价审计，2005年度公路建设资金收支情况审计，2006年度公路建设资金收支及工程决算情况审计，高密市国土资源局柴沟分局服务中心工程决算造价审计，2005年度公路局承建公路建设工程决算造价审计，2006年度城建资金财务收支及工程决算审计，姜庄镇晾甲埠村出村路建设工程造价审计，2005年度桥涵工程决算造价审计，高密市路一公路工程有限公司2005年度公路工程决算造价审计，市人民检察院维修工程造价审计，市人民医院综合病房大楼前期配套箱变工程造价审计，城北水库引水渠改造工程应急项目决算造价审计，水利局村村通自来水工程项目主管道及附属工程造价审计，胶河干流综合治理（二期）工程财务收支及工程造价审计。全年共审计工程造价金额13049万元，节约财政资金801万元。

2008年，市审计局完成高密市2006、2007年度农村公路养护情况审计，高密市胶济客运专线工程建设领导小组办公室凉甲埠铁路桥改造工程审计，周阳卫生院改造工程审计，高密市交通局、各镇街政府高密市2006、2007年度农村公路建设情况审计，高密市五支沟综合改造工程审计，烈士陵园综合改造工程审计，凤凰大街东段、潍胶路立交桥、西外环立交桥电力线路入地改造工程造价审计，2007年度城市建设资金收支及工程决算情况审计。全年共审计工程造价金额5674万元，节约财政资金808万元。

2009年，市审计局完成凤凰大街西首电缆入地改造工程审计，高密市2007年度公路建设资金的财务收支及工程造价情况审计，高密市人民医院综合病房大楼变更工程（第二次）造价审计，高密市标准粮田建设项目工程决算审计，高密市广电网络中心工程竣工结算审计，高密市技工学校学生公寓楼工程审计，城北水库管理局姜庄支线改造工程结算审计，建设局文体公园体育场工程结算审计，体校工程结算审计，高密市莫言文学馆装修工程项目审计，2008年度公路建设工程项目审计，小辛河雨污分流暨三河综合治理一期工程审计，高密市科技馆布展工程项目审计，高密市博物馆布展工程项目审计，广电网络中心演播大厅工程项目审计，高密市2008年度城市维护工程决算情况审计，高密市城市维护工程造价审计，2008年度城市建设资金收支及工程决算审计。全年共审计工程造价金额48976万元，节约财政资金5450万元。

2010年，市审计局完成青岛科技大学高密校区一期工程项目审计，高密市人民医院综合病房大楼建设项目投资效益审计，高密市水利局工程决算及绩效情况审计，高密市凤城中学建设资金筹集、管理、使用及工程造价审计，高密市2009年度城市建设资金及工程结算造价审计，高密市文体公园建设资金筹集、管理、使用、工程决算及投资效益审计，高密市文体公园科技馆、博物馆、文化馆工程结算审计，文体公园景观配套结算审计，文体公园体育馆工程结算审计，高密市城区集中供热综合改造工程绩效审计。全年共审计工程造价金额107090万元，节约财政资金11684万元。

2011年，市审计局完成华安·凤城丽景曙光路工程审计，城北水库除险加固工程

2010年，市审计局对市博物馆工程结算情况进行审计。

审计，水利局2010年度农村饮用安全水工程审计，高密市2010年度城建工程审计，2009年度公路建设工程决算及绩效情况审计，高密市2010年度城市维护工程绩效审计，城区集中供热综合改造工程绩效审计，老环城路综合改造等城市维护工程绩效审计，高密市食品药品监督管理局办公楼工程决算审计。全年共审计工程造价金额52575万元，节约财政资金4434.2万元。

2012年，市审计局完成高密市2010年公路建设资金及工程结算审计，醴泉大街、凤凰大街电力线路改造费用审计，市文体中心35千伏变电站工程造价审计，城市规划展览馆布展费用审计，高密市2011年度城建工程决算审计，昌安大道公铁立交电力线路改造工程审计，利群路10千伏电力线路改造工程审计，阚家镇政府新计生服务站工程结算审计，高密市县乡道路养护、挖补工

2012年，市审计局对利群路10千伏电力线路改造工程进行审计。

程预算价格审计，高密市井沟镇呼东工业园承德西街工程审计，聂家庄民俗园路改建工程审计，夏庄战备路沥青罩面和北胶新河大坝光缆迁移工程预算审计，高密万仁热电有限公司2010、2011年度供热工程审计，平营路高密段大修及拓宽工程审计，2012年全市重点道路建设项目施工图预算审计，徐辛路（潍胶路至仁和段）改建工程审计。全年共审计工程造价金额49522万元，节约财政资金5117万元。

2013年，市审计局完成高密市公路局2011年—2012年公路工程审计，高密市2012年度小型水库除险加固工程，高密市昌安大道公铁立交桥工程、胶河干流防洪治理等工程审计，高密市2011年度政府投资工程项目审计，胶河生态发展区办公楼改造项目审计，高密市上海国际城项目拆迁费用审计，高密市四小垃圾场运行费用审计，高密市2012年度城建工程审计，气象局新建气象观测场及业务楼工程结算审计，国家粮食储备库迁建项目审计，计划生育服务中心项目决算审计。全年共审计工程造价金额78021万元，节约财政资金5323万元。

2014年，市审计局完成高密市2011年—2012年农村饮水安全工程、朝阳街道办事处罗家庄片区高压供电线路改造工程、莫言研究会二期装饰工程审计，高密市城市管理局2012年—2013年市政工程建设项目审计，高密市2013年度城建工程审计，市供电公司35千伏月谭站线路新建工程结算审计，家纺路电力改造工程造价审计，高密市第十届艺术节场馆建设项目跟踪审计，凤凰大街80千伏安箱变工程费用审计。全年共审计工程造价金额18021万元，节约财政资金1038万元。

2015年，市审计局完成南湖110千伏高水、高柴线改造工程费用审计，半岛花园经济适用房项目开发成本审计，高密市老干部活动中心审计，老年大学维修工程审计，夷安大道电力线路入地改造工程造价审计，城区部分路口施划交通标线渠化岛工程审计，供热三期工程审计，豪迈社区经济适用

2014年，审计人员对市政工程建设项目进行审计。

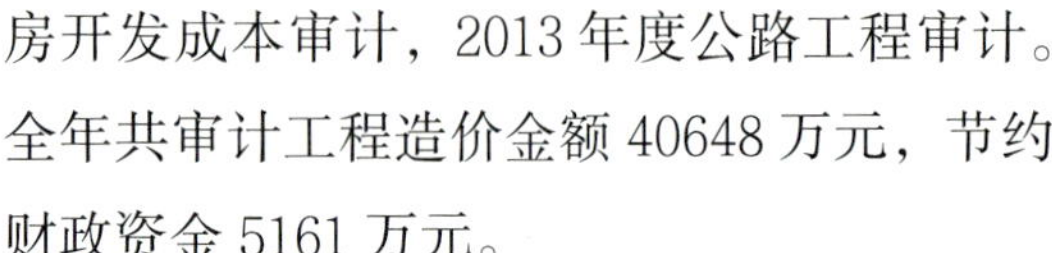

2015 年，夷安大道电力线路入地改造工程造价审计现场。

2016 年，市污水处理厂投资审计现场。

房开发成本审计，2013 年度公路工程审计。全年共审计工程造价金额 40648 万元，节约财政资金 5161 万元。

2016 年，市审计局完成视频监控全覆盖一期工程审计，2014 年度城建工程及六处镇街污水处理厂投资审计，危仓老库维修改造工程造价审计，夏庄中心大街、长征路综合改造工程审计，市委党校新校区项目审计，引黄至城北水库应急调水工程审计，2014 年度、2015 年度公路工程审计，公共自行车建设工程审计。全年共审计工程造价金额 52794 万元，节约财政资金 408 万元。

2017 年，市审计局完成 2014 年—2015 年市政工程、胶河综合改造工程、利群路（凤凰大街—康成大街）电力线路综合改造等 5 项工程审计，城区道路维修路灯改造等市政工程审计，城南线五中支线改造及顺河路电缆入地工程造价审计，2015 年度、2016 年度城建工程审计。全年共审计工程造价金额 76505 万元，节约财政资金 3842 万元。

2018 年，市审计局完成峡山水库向阚家水厂应急调水工程及拦河闸应急维修工程审计，胶王路、平日路大修改造工程审计，2015 年—2017 年供热工程审计，2016 年度、2017 年度公路工程审计，高密市第一中学新校区项目工程审计。全年共审计工程造价

2018 年，胶王路改造审计现场。

2019 年，第二实验小学建设项目审计现场。

2020 年，公路工程审计现场。

金额 159886 万元，节约财政资金 1929 万元。

2019 年，市审计局完成 2017 年城建工程、综合病房楼项目审计，综合病房楼项目审计，第二实验小学建设项目审计，高密市城乡污水处理情况专项审计调查。全年共审计工程造价金额 79519 万元，节约财政资金 836 万元。

2020 年，市审计局完成 2018 年—2019 年供热工程审计，2018 年—2019 年公路工程审计。全年共审计工程造价金额 27440 万元，节约财政资金 583 万元。

2021 年，市审计局完成 2019 年—2020 年重点城建工程审计，高密市孟家沟水库工程审计。全年共审计工程造价金额 69827 万元，节约财政资金 72 万元。

2022 年，市审计局完成高密市高铁北站道路及配套设施等 4 个城建工程审计，第四污水处理厂（一期）及配套管网建设项目审计，高密市引潍入马雨洪资源调配及调水延伸工程审计。全年共审计工程造价金额 57470 万元，节约财政资金 137 万元。

2023 年，市审计局完成高密市财政绩效评价中心 2020 年—2022 年建设项目评审质量专项审计，高密市北平路北胶新河桥改建等 3 个路桥工程审计，高密市新城热力有限公司 2021 年度供热工程审计。全年共审

2021 年，孟家沟水库工程审计现场。

2022 年，第四污水处理厂（一期）及配套管网建设项目审计现场。

计工程造价金额43880万元，节约财政资金413万元。

2024年，市审计局完成城北水库除险加固和西南部调水及灌溉一体化工程审计、普通公路建设管理情况专项审计调查和高密市第二人民医院PPP项目审计。全年共审计工程造价金额112494万元，节约财政资金41.4万元。

2023年6月，高密市干渠路（南外环—高胶路）改造工程审计现场。

## 第八节　其他审计项目

配合完成上级部门和市委、市政府临时交办的审计任务，同样是审计工作的重要职责。市审计局牢固树立“围绕中心、服务大局”的意识，在每年的项目安排上为临时交办任务留足余地，在资源配置上为办理交办任务做好保障，在提高办理过程的及时高效、办理结果的翔实可信、审计建议的切实可行等方面狠下功夫，确保各项交办任务圆满完成，得到了各级党委政府的广泛认可。

1984年5月—9月，县审计局配合商业、供销、粮食部门，抓好化肥、食品、石油、粮食4项商品财务大检查，共检查68个单位。10月—12月，配合财税部门开展财务、税收大检查，共检查94个单位。11月1日—25日，配合县财政局对支农周转金进行审计，共普查29个乡镇、29个社队企业、234个专业户。12月10日，审计署在全国范围内组织了一次对金融方面进行审计的行动。县审计局对技措贷款进行审计，首次对各专业银行技术改造资金、贷款回收情况进行审计。

1985年6月，县审计局对公路站等22个行政事业单位进行审计，查出乱发服装和补贴的问题。7月，由潍坊市审计局组织，以高密县审计人员为主，对高密县粮食系统进行审计。10月，开展全县行政事业单位财务大检查。

1986年11月，县审计局开展全县行政事业单位财务大检查。

1987年7月，根据县委、县政府安排，县审计局开展对高密火车站广场、立群路、立新街路面等市政工程进行审计，共审减工程造价500余万元。

1992年7月，根据山东省审计局《关于对全省小型农田水利和水土保持补助费进行审计的通知》部署，县审计局对本级和全县1991年度各级安排的小型农田水利和水土保持补助费的管理和使用情况进行审计。

1995年，市审计局配合财税部门开展财务、税收大检查，检查方式以自查为主、主管局互查、市里重点抽查相结合的方式进行，为期2个月。发现问题，随检处理。

1998年5月28日—10月15日，潍坊市审计局组织建局以来规模最大、参审人员最多的全市粮食、财政、农业发展银行3个系统的行业审计。市、县两级审计机关抽调160人的审计力量，组成52个审计小组，采取交叉审计的办法，对全市204户纳入清查审计范围的政策性粮食企业1992年4月1日至1998年5月底新增财务挂账及占用农业发展银行贷款情况，11户农业发展银行1996年至1998年5月底的信贷资金运营情况，11个粮食主管部门和11个财政主管部门1992年4月1日至1998年5月底拨补粮油政策性补贴和安排粮油政策性补贴、拨付情况以及74户非政策性粮食企业进行全面清查审计。高密市审计局组成16人审计

1995年，高密市税收财务物价大检查全体人员合影。

组，对诸城市农业发展银行1997年至1998年5月底的信贷资金运营情况和粮食系统29户政策性企业1992年4月1日—1998年5月31日新增财务挂账及占用农发行贷款情况、粮食主管部门拨付粮油政策性补贴情况进行审计。同时，对财政部门安排政策性补贴及拨付情况进行审计调查；对来信反映粮油总公司的问题进行查结，及时公布审计结果，澄清群众模糊认识，受到省审计厅驻潍督导组的好评。经过近2个月的审计，净审减新增财务挂账1029万元，核减粮油政策性补贴751万元，查出账外资产242万元。审计结果得到潍坊市审计局审查和审计署的复审认可，圆满完成了上级机关交办的任务。

2002年，潍坊市审计局组织市直及12个县市区的审计机关对劳动和社会保障部门、财政部门、养老保险经办机构2001年企业职工基本养老保险基金筹集、管理、使用情况以及各级主管部门和养老保险经办机构对以前年度审计查出的问题清理和纠正情况进行审计，并对已参保的部分企业缴费基数等情况进行审计调查。对市社会劳动保险事业处2001年企业职工基本养老保险基金筹集管理使用情况进行审计。市审计局圆满完成工作任务。

2004年，市审计局顺利完成全国统一组织的粮食挂账清理审计，共审计全市18处粮管所和军需中心、粮食储备库等20个单位，清理亏损1041万元。受到上级审计机关的充分肯定，并在全市通报表彰。完成对市盐业公司的“两金”专项调查。会同有关部门开展制止教育乱收费专项调查。

2009年，潍坊市审计局组织全市审计机关对潍坊市直、12个县市区2个市属开发区2008年度5项社会保险基金筹集、管理、使用及基金财政专户管理情况进行全面审计，市审计局积极予以配合。

2011年，市审计局完成咸家工业区道路部分桥涵加长审计，高密市食品药品监督管理局办公楼工程决算审计，阚兴大道（谭西路）延伸占地补偿及地上附属物补偿审计，谭西路南延工程造价审计。

2012年，市审计局对高密市地方税务局部分税源企业2010年—2011年税款缴纳情况进行审计，对高密市芙蓉物业管理服务有限公司财政资金使用情况进行专项审计。潍坊市审计局对2009年—2011年农村饮水安全项目专项资金管理使用和效益情况进行审计，重点审计小农水重点县和农村饮水安全项目计划执行、项目建设和资金投入、管理、使用及效益情况，市审计局全力配合。

2013年，市审计局积极配合完成豪迈城市花园经济适用房项目开发成本审计，高密市市政污水排水管网工程阶段性审计，小高层地下人防车库等工程的审计。5月，市审计局配合省审计厅审计组对峡山水库高密灌区续建配套和节水改造工程进行专项审计调查，主要调查灌区的建设管理和运行成效情况，反映灌区在续建配套与节水改造规划实施、建设管理、工程维修管护和运行机制与管理体制等方面存在的问题，提出合理化意见和建议。

2014年4月—5月，市审计局积极参与潍坊市审计局组织的对高密市人民政府实施的农村土地综合整治项目绩效情况专项审计调查。

2015年，市审计局对城乡居民医疗保险基金运行情况审计。对全市县级公立医院综合改革推进情况进行了专项审计调查，重点关注改革主要推进措施、改革补偿机制、改革医保支付和控费制度、改革药品和高值医用耗材采购保障制度、改革发展医疗联合体情况、改革推进信息化建设提升服务能力等方面。完成2014年度慈善事业资金募捐及使用情况专项审计。对2015年度扩大“营改增”试点、减轻和公平企业税负、扶持小型微型企业健康发展等政策措施落实情况开展专题跟踪审计。对2015年度加强社会救助保障困难群众基本生活方面政策措施落实情况开展跟踪审计。

2016年，市审计局对高密市2014年度城乡居民医疗保险基金运行情况进行审计。对山东泰华食品股份有限公司2016年5月末资产负债及损益情况进行审计。对2016年1月—7月全市财政收入状况进行审计调查。对高密市2016年度金融支持实体经济推进供给侧结构性改革政策措施落实情况跟踪审计。对政府股权投资引导基金设立情况开展专项审计调查。

2017年，市审计局对2016年7月—2017年6月高密市推进简政放权、放管结合和优化服务政策措施落实情况进行跟踪审计。审计和延伸调查了市委编办、市发改局、市人社局、市卫计局、市林业局、市场监管局、市政务服务中心等部门单位。对高密市卫生和计划生育局人口和计划生育事业费及计生专项资金进行审计。对醴泉街道昭儿片区、密水街道东三里片区拆迁资金补偿情况进行审计。对高密市2016年度慈善事业资金募捐及使用情况进行专项审计。对高密市东北乡文化发展区东北乡文化旅游道路灰土以上工程审计。对高密市住房和城乡建设局2016年施工图图审面积进行审计。对2016年至2017年4月涉企收费情况进行专项审计调查。

2018年，市审计局对中共高密市委组织部2015年至2018年7月的党费收缴、管理、使用情况进行审计。对中共高密市委组织部2017年下拨补交党费管理使用情况进行审计。对高密市2017年度慈善事业资金募捐及使用情况进行专项审计。对高密乳肉兼用牛良种繁育改良中心2013年奶牛标准化规模养殖小区改扩建项目进行审计。

2019年，市审计局完成高密市人民防空办公室易地建设费征收管理等情况的专项审计。对高密市关于“温比亚”抢险救灾与灾后建设资金物资进行跟踪审计。对高密市2018年度慈善事业资金募捐及使用情况进行专项审计。对高密市审计局关于水土保持补偿费征收管理情况进行审计调查。对高密市散煤清洁化治理和煤炭清洁高效利用专项资金进行审计调查。对关于推进“一次办好”和减税降费政策措施落实情况进行审计调查。对高密市财政政策支持加快发展“十强”现代优势产业集群政策措施落实情况进行审计调查。

2020年，市审计局对金冠红木文化广场项目进行了清产核资。

2021年，市审计局对高密市职业教育中心学校建设项目进行审计调查。对高密市2020年度慈善事业资金募捐及使用情况进行专项审计。对金孚隆集团截至2021年6

月末的资产负债、银行贷款及担保、房屋等实物资产进行核查。

2022年，市审计局对2021年度智慧养老服务体系建设运营情况进行审计调查，审计融合统筹省、市、县三级联动项目，重点调查了市财政局、市民政局及相关养老体系运营单位。对高密市2021年度慈善事业资金募捐及使用情况开展专项审计。对规范工资津贴补贴情况进行全市核查。

2023年，市审计局根据潍坊市审计局《关于组织开展国外贷援款项目资产管理使用情况专项审计调查的通知》要求，自6月2日至7月3日，对高密市国外贷援款项目资产管理使用情况进行了审计。根据山东省审计厅《关于开展"保交楼、稳民生"专项审计工作的通知》、潍坊市审计局工作要求，自2023年5月15日起，组织对高密市第二批"保交楼、稳民生"情况进行专项核查。重点审计项目预售资金、专项借款资金的管理使用情况，并对重要事项进行必要的延伸和追溯。对地方农村商业银行股份有限公司2021年—2022年财务情况进行审计调查。对2023年度政府专项债券管理使用情况进行专项审计。

2024年，市审计局开展棚改小区调查摸底工作。组建由1名副科级干部为首和中层业务骨干组成的调查组开展调查工作，调查期间邀请纪委同志对调查组以及辅助审计的中介机构进行了4次廉政谈话，严明审计纪律，确保调查组不受外部环境干扰。截至11月底，调查组先后完成祥云社区、观湖美墅、远大诚园等7个小区的调查摸底工作，摸清小区建筑成本，查出部分建筑材料费用虚高等问题。

2023年，山东省审计厅涉外处处长李志斌（左五）一行到高密市督导调研国外贷援款项目审计情况。

# 第三章

NEIBU SHENJI HE SHEHUI SHENJI

# 内部审计和社会审计

自 1984 年 4 月高密审计体系建立之日起，审计部门历任领导班子高度重视审计体系建设，注重发挥审计体系的整体作用。其设置的内部审计、社会审计也是审计监督体系的重要组成部分。内部审计是部门、单位内部经济管理的重要组成部分，在于帮助部门、单位的管理人员进行最有效的管理。随着经济改革的不断深入，社会主义市场经济体制逐步建立，多元化市场主体共同发展，国家审计机关的监督范围之外，许多审计查证和咨询事项需要有专门的中介机构提供服务，社会审计组织应运而生，从业人员不断增加，业务范围逐步拓展，社会影响日益扩大。至 2024 年底，按照法律法规的规定，高密市审计局对依法属于审计监督对象的单位的内部审计工作进行业务指导和监督，对社会审计机构出具的属于审计监督对象的相关审计报告进行核查。

## 第一节　内部审计

### 机构设置

1986 年，高密县开始建立内审机构。县审计局依法对属于审计监督对象的单位的内部审计工作进行业务指导和监督，政府各部门、国有金融机构和企业事业组织建立健全内部审计制度，根据需要设立内部审计机构或者审计工作人员。内部审计机构或者审计工作人员对本单位及本单位下属单位的财务收支及其经济效益进行内部审计监督。

1987 年，高密县建立 14 个内审机构，专职内审人员由原来的 4 人增至 6 人（其余为兼职），并逐步开展工作。高密县建设委员会内审科对城建工程预算进行审核，对合同进行审签。全县内审工作专职人员少、兼职多，不能适应审计工作的要求。

1989 年，全县 17 个部门和单位建立内审机构，其中专职机构 12 个；共配备人员 27 人，其中专职人员 20 人。

1995 年，全市已在大中型企业建立专（兼）职内审机构 22 个，占应建机构（32 个）的 69%；配备内审人员 59 人。

1996 年，全市审计工作会议后，市政府办公室转发《高密市审计局关于内部审计工作的规定》，充分发挥内部审计工作的作用。市审计局在对内审机构设置和内审人员配备情况调查时，积极与各主管部门协调，建立内部审计机构86个，配备内审工作人员131人，使全市内部审计工作步入正常化轨道。市审计局经常深入企业了解内审工作情况，正确引导内审机构发挥应有的监督职能，并注重典型推动，宣传推广全市审计工作内审典型经验，指导内审工作开展。在行业审计中，注重发挥部门审计的龙头作用，带动本系统内审工作的开展。全年全市内部审计工作，紧紧围绕本部门本单位的生产经营目标，实施以经济效益为重点的各项审计，共完成审计项目165个，查出各类违纪违规金额1350万元，节省基建投资970万元，为企业增收节支836万元，为改善经营管理、提高经济效益做出了积极贡献。

1997年，在重要的经济部门和大中型企业内，内审机构都保持了相对独立性。至1998年11月底，全市内审机构已发展到98个，内审人员达160人。此后10年处于平稳发展阶段。

2009年，市审计局内部审计工作贯彻党的十七届四中全会精神，认真学习和执行《审计署关于内部审计工作规定》和《内部审计准则》规定要求，按照市局有关内部审计工作会议精神，以财务收支审计为基础，以加强内部控制、促进管理、提高经济效益为目的，全面履行内审职责，取得新的成绩。12月末，市审计局对16家企事业单位内审机构设置和审计人员设置情况进行统计，企事业单位均设置内部审计机构，共配备专职内部审计人员54人。

2010年12月29日，高密市人民政府批复同意高密市审计局成立高密市内部审计协会，法定代表人为李刚（市审计局党组成员、副局长），隶属于高密市审计局，工作范围为宣传贯彻上级指示精神，开展内部审计培训教育、考察学习、咨询服务等。至2011年底，市内部审计协会已发展会员单位112个，共有18家企事业单位设置内部审计机构，配备专职内部审计人员58人。

2010年，高密市内部审计协会和中共高密市内部审计协会党支部成立。

2013年，高密市新增16家企事业单位设置内部审计机构，配备专职内部审计人员56人。2014年，对全市内部审计机构进行重新梳理，完善“借调内审人员信息库”。2015年，全市共有内审会员单位110个。至2019年12月，全市共有39家企业设置了内审机构，内审人员 113 人。

2018 年 8 月 19 日，经业务主管单位和登记管理机关审查同意，市内部审计协会对任职到期的法人代表进行变更，法人代表由李刚变更为毛琳（山东高密高锻机械有限公司法人代表、董事长）。2018 年 9 月 19 日，高密市内部审计协会申请注销登记。

2020 年 6 月 18 日，潍坊市审计学会批复高密市审计局设立潍坊市审计学会高密办事处，办事处主任为王艳丽（高密市济责任审计服务中心副主任）。11 月，潍坊市审计学会高密办事处更名为潍坊市内部审计协会高密办事处，办事处主任为王艳丽。

至 2024 年底，全市共有 35 家单位设置了内部审计机构，其中专职机构 8 个，配备专职审计人员 49 名。内部审计机构按照本单位主要负责人或者权力机构的要求，履行下列职责：对本单位及所属单位（含占控股地位或者主导地位的单位，下同）的财政收支、财务收支及其有关的经济活动进行审计，对本单位及所属单位预算内预算外资金的管理和使用情况进行审计，对本单位内设机构及所属单位领导人员的经济责任进行审计，对本单位及所属单位固定资产投资项目进行审计，对本单位及所属单位内部控制制度的健全性和有效性以及风险管理进行评审，对本单位及所属单位经济管理和效益情况进行审计，法律、法规规定和本单位主要负责人或者权力机构要求办理的其他审计事项。

## 指导监督工作

1987 年 8 月，高密县开展第一批企业内审。1988 年，高密县粮食局审计科、高密县供销社联合社审计科被潍坊市审计局评为内部审计系统先进集体，高密县轻纺工业公司的于桂兰被潍坊市审计局评为先进工作者。

1989 年，县审计局抓各部门、单位内审机构的建设，促内审工作的开展。县审计局把对内审工作的指导作为一项重要工作开展。根据《中华人民共和国审计条例》精神，开展内审人员的业务培训，共办学习班（包括与经管站、乡企局联合办班）6 次，参加人员 300 余人次。

1991 年，县审计局在继续贯彻“巩固提高、稳步发展”方针的基础上，努力开拓审计新领域。内审工作向制度化、规范化、法治化方向发展。特别是党的十三届七中全会提出改进企业内部审计制度以后，内部审计工作紧紧围绕发展企业、提高经济效益开展。工作重点由正常的财务收支审计逐步向检查内部管理制度和经济效益方面延伸。是年，全县内审机构基本上建立了各项规章制度，采取一些具体的审计试行办法。县联社制定《高密县联社系统进货情况审计试行办法》，注重加强内部审计人员的培训工作，提高内部审计人员的业务水平。县联社、县乡企局等单位先后举办内审人员学习班，培训人员 80 多人次。县审计局采取以会代训的方式，组织各系统的内审人员学习、交流。在“质量、品种、效益年”活动中，内审机构积极开展经济效益审计，在帮助企业做好内部挖潜、加强成本管理、加速资金周转、降低物质消耗、向管理要效益、实现扭亏增盈等方面发挥了较好的作用。如县联社审计科对 34 个单位进行了经济效益审计，促进增收节支 16 万元，清理回收悬账悬案资金 65 万元，提高经济效益 28 万元。

1993 年，全县审计系统在继续贯彻国务院《全民所有制企业转换经营机制条例》的基础上，紧紧围绕搞活企业，提高经济效益，并围绕生产经营目标解决经营管理中存在的问题。1993年全县审计工作会议结束后，审计机关加强了对内审工作的指导和管理。县审计局采取以会代训的方式，先后召开内审工作会议两次，在传达上级会议精神的同时，还进行了部分业务培训，提高了内审人员的业务素质。

1994 年，县审计局加强对内审、社会审计的指导，发挥审计体系的整体监督效能。随着经济的发展，新成立企业越来越多，审计人员少、任务重的矛盾也越来越突出。审计局加强指导，密切配合并充分发挥审计体系的群体作用，形成较完整的“三位一体”审计网络，消除监督死角，更好地发挥审计为经济建设、改革开放服务的作用。局机关集中精力抓好对重点单位经济管理部门主要资金的监督，同时加大对内审和社会审计指导的力度。狠抓内审队伍建设，采取与部门企业召开座谈会和内审经验交流会等多种形式促进内审机构的完善；采取专题培训与以审代训相结合的办法，尽快提高审计人员业务素质；强化对内审人员的业务指导，注意国家审计与内审计划的衔接，避免形成监督死角，并注意与内审人员互相交流情况，帮助解决疑难问题，保证查深查透。内审部门在搞好经济效益审计的同时，集中力量做好所属单位的监督工作，为领导当好参谋和助手。

1994 年 3 月，高密县审计局组织内审人员和社会审计人员，参加山东省内部审计学会举办的“基建工程预决算编审”“税制改革与现代企业制度”“涉外查证业务”培训班。

1996 年，全市审计系统用法律手段促进内部审计的发展。市政府转发《高密市审计局关于内部审计工作的管理规定》，市审计局深入有关部门和单位进行面对面指导。积极宣传《中华人民共和国审计法》《审计署关于内部审计工作的规定》《山东省实施〈中华人民共和国审计法〉办法》。发现培养典型，用典型推动内审工作，在 1996 年的全市审计工作会议上，挑选 4 个不同行业的内审先进单位在会上作典型发言。注重发挥部门审计的龙头作用，带动本系统内审工作的开展。正确的引导和监督使全市的内审工作发挥出了职能优势，各部门单位紧紧围绕具体的生产经营目标，以经济效益为重点，开展各项审计，为改善经营管理，提高经济效益做出了重要贡献。

1997 年，全市审计系统着重抓内审制度规范化建设、内审人员培训和争优创先活动。发文规范内审文书，组织 8 名内审工作骨干参加省内审学会举办的业务培训班。重要的经济部门和大中型企业内审机构都保持了相对独立性。高密市联社、高密市建委、高密市教委分别被评为潍坊市内审工作先进单位，另有 4 名内审机构负责人被评为潍坊市内审先进工作者，1 人被评为全省内审先进工作者，高密市政府被评为全省支持内审工作先进县市。

1998年，高密市建设委员会、高密市教育委员会被评为潍坊市内审工作先进单位。1名内审人员被省审计厅记二等功，2人被潍坊市审计局评为先进工作者，8人被评为市先进工作者。市审计局加强内审工作指导的做法被《中国审计》《山东审计》《山东内部审计简报汇编》等登载，高密市内部审计工作已成为部门、单位和企业管理中不可忽视和不可替代的力量。

2007年，高密市人事局、高密市审计局表彰2007年度内部审计工作先进单位和先进个人，共表彰高密市建设局审计科、市教育局审计科、市卫生局审计科、市水业公司审计部、市中医院审计科、孚日集团财务审计部、山东银鹰化纤有限公司监察处、山东高密大昌纺织有限公司审计部、山东高密高锻机械有限公司审计处、山东高密彩虹分析仪器有限公司审计部等10个单位和16名先进个人。

2011年11月，高密市内部审计协会举办发票知识培训会，培训人员200多人，涉及全市100多家机关企事业单位。高密市内部审计协会被省内审协会评为2011年度内审工作通联宣传先进单位，被高密市委评为先进基层社会党组织，高密市教育局提报的内审项目被潍坊市内部审计协会评为潍坊市优秀内审项目。

2012年4月，高密市内部审计协会第二次全体会员大会举办，授予高密市水利局财务科等10个单位2011年度高密市内部审计工作先进单位称号，授予赵平等10人2011年度高密市内部审计工作先进个人称号。11月，高密市内部审计协会在高密市文体公园举办“和谐审计、活力审计”健身运动联谊赛，比赛项目设置了跳绳、羽毛球等4个活动项目，共有37个单位、63人参与比赛。

2013年1月，孚日集团股份有限公司被潍坊市审计局、潍坊市内部审计师协会评为潍坊内审之星。6月，高密市内部审计协会举办第三次全体会员大会，授予孚日集团股份有限公司、市供电公司、市人民法院、市人民医院等10个单位2012年

2011年，高密市内部审计协会发票知识培训会现场。

2012 年，高密市内部审计协会第二次全体会员大会。

2012 年，高密市内部审计协会举办运动会。

度高密市内部审计工作先进单位称号，授予戈存、蔡善涛等 10 人 2012 年度高密市内部审计工作先进个人称号。11 月，高密市内部审计协会在高密市孚日体育馆举办“内审之家”趣味联谊赛；首次将部分内审机构人员纳入审计组，并参与实施了对市交警大队、市文化执法局、市社保中心等 3 个单位的审计项目。高密市内部审计协会被山东省内审协会授予 2013 年度内部审计宣传工作先进单位，授予教育局审计科、物价局财务科、住建局审计科 2012 年度内审机构先进单位；授予赵修农、王辉、吴宪文、魏强 2012 年度内审机构先进个人。高密市内部审计协会在社会组织年检工作中被高密市民政局、社会组织管理办公室评为优秀组织。

2014 年，市审计局组织各内审机构突出专项审计和审计调查，加强大宗资产采购比价审计等工作，达到完善内控制度、规范管理、降本增效的目的。自 1987 年始，县审计局加强对内审机构和人员的指导和管理。至 2014 年，共举办内审培训班 36 期，培训内审人员 540 人（次），促进了内审工作健康开展。

2013 年，高密市内部审计协会第三次全体会员大会。

2013 年，高密市内部审计协会举办“内审之家”趣味联谊赛。

2014 年，召开高密市审计工作会议。

2014 年，高密市内审协会结合实际工作情况和特点，以创新的工作思路、科学的工作方法、务求实效的工作态度为抓手，引领和推进全市内部审计工作开创新局面。制定《高密市审计局借调内部审计人员参与国家审计工作办法》(试行)，进一步规范借调手续，加强制度约束，完善内审工作运行机制。组织开展内部审计准则知识竞赛。组织内审人员参加潍坊市举办的 2014 年度内审岗位资格证书认证培训班。利用《中国审计报・内审专刊》《山东内审专刊》等媒介和网络平台，做好内部审计信息宣传工作。2014 年，根据潍坊市内审协会"进万家民企，促经济发展"活动实施方案，对全市 2013 年度主营业务收入过亿元的 34 家民营企业内部审计工作情况进行调查。根据潍坊市内部审计师协会"建立百名优秀内部审计人才库"计划安排，高密市 12 名优秀内审人才入围。高密市内部审计协会被山东省内部审计师协会评为 2013 年度优秀内审协会。潍坊市审计局、潍坊市内部审计师协会授予水业公司审计督察部、卫生局审计科等 4 家单位为 2013 年度内审机构先进单位；授予李世玉、庄晓等 4 人为 2013 年度内审机构先进个人。2014 年 12 月，高密市内部审计协会邀请山东财经大学石贵泉教授进行"新形势下如何开展单位内部审计"及"内部控制及风险管理"专题授课，参训人员达 149 人，为推动全市内审工作的健康发展起到很好的促进作用。市教育局开展的 2013 年度职级管理中小学特殊教育学校经济责任审计被潍坊市内审协会评为优秀内部审计项目。高密市内审协会组织开展以"迎元旦"为主题的健身联谊赛，共有 40 多家会员单位参加。

2015年，为全面掌握市民营企业内审工作的基本情况和基础数据，挖掘民营企业内部审计工作典型经验，高密市审计局根据潍坊市审计局内部审计情况督查工作实施方案，通过调查问卷、电话访问、向有关部门座谈咨询等方式，对12家民营企业就单位资产、业务收入、制度建设、人员配备、内审机构设立及运行、职责履行等情况进行督查，了解民营企业内部审计基础情况、功能定位和工作开展情况以及内部审计发展中存在的问题，就下一步民营企业内部审计开展提出改进意见。高密市内审协会印发《高密市内部审计工作考核办法》，规定了适用范围、考核方式、考核主要内容及考核结果的有效运用等，并对各会员单位全年内审工作开展情况进行综合测评，以典型经验带动内审发展，以内审发展带动经验转化。6月，高密市内部审计协会在市文体中心举办“迎七一”趣味体育联谊赛。9月，高密市内部审计协会举办第四次全体会员大会，评选市民政局财务科等10个单位为2014年度高密市内部审计工作先进单位，评选刘波等10人为2014年度高密市内部审计工作先进个人。12月，高密市内部审计协会根据山东省内部审计师协会安排，在高密举办全省财务收支审计培训班，全市共有101名内审人员参加培训。高密市内部审计协会被山东省内审协会评为2015年度优秀内审协会、内部审计信息宣传先进单位。高密市人民医院、朝阳街道等4家单位被潍坊市审计局、潍坊市内部审计师协会评为2015年度内审机构先进单位；4人被潍坊市审计局、潍坊市内部审计师协会评为2015年度内审机构先进个人。有12篇反映全市内审工作的信息稿件在《中国审计报·内审专刊》等刊物及网站发表，其中，银鹰集团审计科提报的《精细管理关键环节，提升企业内控水平》获山东省“金城医药杯”内审优秀论文三等奖。

2016年，高密市审计局按照潍坊市内审协会关于《2015年度内审人员后续教育培训》的有关要求，提报52名内审人员参加潍坊市内审协会统一组织的内审后续教育培训班。高密市审计局定期进行内部审计普查，对镇（街）（区）、机关、企事业单位以及内审专职机构、兼职机构等分门别类建立完善内审人员信息库。积极组织内审人员撰写信息和科研论文，严把质量关。积极在网站上进行信息发布，主动为会员单位订购内审业务书籍，免费向各会员单位赠送《中国内部审计》《山东内部审计》等审计业务杂志109套，以便会员单位全面了解内部审计工作的形势及法律法规等，为推进内部审计工作营造良好的外部环境。以市审计局日常审计项目为平台，注意检查单位内部审计制度建立和执行情况，并结合审计中发现的问题，建立健全内部审计制度，促进被审计单位内控制度的完善。高密市内部审计协会被评为山东省优秀内部审计协会；潍坊市内部审计师协会授予山东银鹰化纤股份有限公司审计部、高密市朝阳街道办事处审计科等4家单位内审先进单位，授予曹升金、庄晓等4人为内审先进工作者。

2017年，高密市内审协会紧紧围绕审计工作中心，认真履行服务、管理、宣传、交流的基本职能，不断加强内审交流，着力提升服务水平。为改进和加强内部审计业务

2016 年，高密市内部审计协会举办第四届体育联谊赛。

指导和监督，市审计局、市内审协会抽调 3 名人员成立内审督查工作小组，对高密市卫计局、高密市教育局、高密市水业公司 3 家不同类型的部门和单位进行现场调查。并选取部分内管干部经济责任审计中具有代表性的问题，如对内管干部经济责任审计的认识、所发挥的作用、制度建设与人员配备、下一步如何开展内管干部经济责任审计工作等，与被审计单位有关人员进行座谈。督促被督查单位加强内部审计工作，为加快推进全市内部审计专业人才的培养和管理，按照山东省内部审计师协会的要求，高密市内部审计协会组织提报 28 名内审人员参加山东省内部审计师协会统一组织的财务收支审计培训班。另外，根据高密市内部审计协会年初工作计划安排，又相继组织举办 2017 年度财务收支审计培训班，邀请市财政局、市审计局专业人员对《中华人民共和国预算法》《新形势下行政事业单位财务管理与责任》进行详细解读，对高密市内部审计工作的健康发展起到良好推动作用。结合日常审计、内部审计督查等方式，进一步加强调查研究，提出深化完善内部审计工作的意见和建议，推进单位内部审计工作制度化、规范化建设。促使市畜牧局、市住建局、市妇幼保健院等单位成立专职内审机构。为进一步加强各内部审计机构之间的工作交流，高密市内部审计协会充分利用网络资源优势，创建了“高密内审服务”微信平台。

2018 年，市审计局通过向部门、单位赠送《基层审计业务操作规程》《审计常用有关规定汇编》，进一步扩大交流、宣传，营造内审良好态势。结合市审计局“高密内审服务”微信服务平台，及时向各单位发布最新内审动态和会议、培训通知等信息，进一步发挥对内审工作的指导作用。为提高审计业务水平，市审计局组织 78 名内部审计人员参加由山东省内部审计师协会组织的内部审计质量控制与风险管理、经济责任审计培训班。高密市内部审计协会举办《政府会计制度》及新旧制度转换培训班，邀请山东财经大学教授王敏进行授课，全市共有 170

名人员参加培训。

2019 年，市审计局在开展日常审计项目时，将被审计单位内部审计制度的建立及执行效果纳入审计范围，通过查阅单位内审机构出具的审计文书，充分利用其内部审计成果，促进内审成果转化。针对审计过程中发现的问题，提出合理化审计建议，促进被审计单位内控制度健全完善。组织各单位提报内部审计经验成果，宣传推广各单位内部审计实践经验，发挥优秀内审经验的示范和导向作用。组织 44 名内部审计人员参加由市内审协会组织的新会计制度、内部控制理论培训班，组织 15 名国有企业内审人员参加由省内审协会组织的内部审计理论与实务培训班。

2020 年 3 月，中共高密市委审计委员会办公室印发《关于进一步加强内部审计工作的意见》，全面规范内部审计工作。市审计局对市妇幼保健院的内审工作进行专项检查，对单位内部审计制度建立健全、内部审计工作开展、内部审计质量、内部成果运用等方面进行指导。组织内审人员 19 人赴青州市参加内部审计业务培训班，进一步提升内审人员业务水平。组织提报内部审计优秀论文 2 篇，其中，1 篇被潍坊市审计学会评为一等奖，1 篇被潍坊市审计学会评选为三等奖。高密市教育和体育局审计科、高密市市场监督管理局科技与财务科等 6 家单位被潍坊市内部审计学会评为内部审计工作先进集体，6 人被潍坊市内部审计学会评为先进工作者。截至 2020 年底，发展潍坊市审计学会会员 100 名。全市建立内部审计机构 53 个，其中专职机构 17 个；配备专（兼）审计人员 158 人，其中专职审计人员 50 人。

2021 年 3 月，市审计局派出内审骨干人员参加全省内部审计基础理论与实务培训班。11 月，根据潍坊市审计学会《关于建立百名优秀内审人才库的通知》等的规定，潍坊市审计学会高密办事处有 5 人入选潍坊市人才库。4 家单位被潍坊市审计学会评为内部审计工作先进单位，6 人被潍坊市审计学会评为内部审计工作先进个人。2021 年，

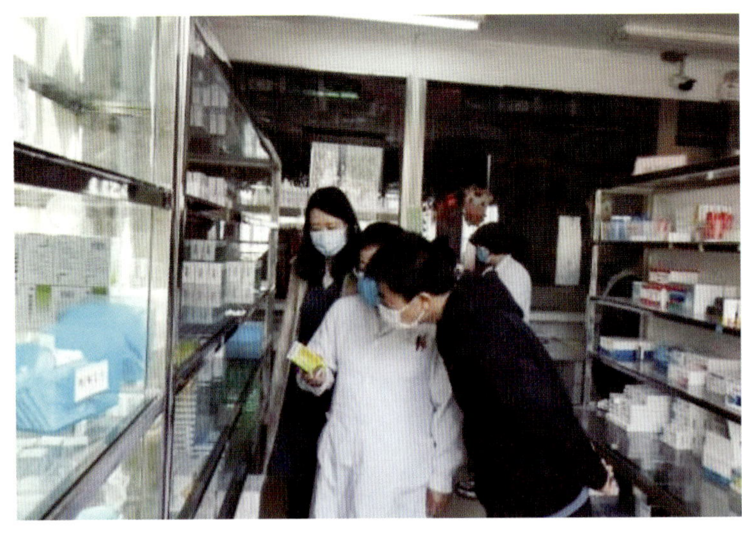

2020 年，高密市内部审计人员在市妇幼保健院药房了解审计相关情况。

潍坊市审计学会新增10名会员。

2022年7月，潍坊市审计学会高密办事处组织会员单位参加潍坊市内部审计工作会议暨新修订《中华人民共和国审计法》培训班。9月，组织会员单位参加潍坊市政府投资培训班，共有高密市自然资源和规划局、醴泉街道等单位的11人参加此次培训。2022年，潍坊市审计学会新增会员56名。高密市有1人被评为山东省内部审计工作先进个人，5家单位被潍坊市内部审计协会评为内部审计工作先进集体，4人被潍坊市内部审计协会评为内部审计工作先进工作者。

2023年，市审计局高度重视内部审计指导工作，深入学习中央审计委员会第一次会议和全国内部审计工作座谈会精神，贯彻落实《审计署关于内部审计工作的规定》和《审计署关于加强内部审计工作业务指导和监督的意见》等精神，加强对内部审计工作的指导和监督，增强审计监督合力。高密市审计局成为山东省审计学会单位会员。全市共有53家单位172名财会内审相关工作人员成为潍坊市内部审计协会会员，2家单位被潍坊市内部审计协会评为内部审计工作先进集体，2人被潍坊市内部审计协会评为潍坊市内部审计工作先进工作者。柏城中心卫生院王晓玲撰写的《新时代内部审计人员专业素质能力提升策略研究》在潍坊市2023年度内部审计理论研讨论文评选活动中荣获三等奖。

2024年，高密市审计局根据潍坊市内部审计协会的工作安排，积极发展内审会员，组织内审单位向潍坊市内部审计协会提报的《提升行政事业单位内部审计效能的策略探讨》等2篇论文，分别获得了潍坊市内部审计优秀论文二等奖、三等奖。组织全市14名人员积极参加第三届潍坊市审计职业技能竞赛，1名内审人员获得二等奖，3名审计局人员分别获得二等奖、三等奖和优秀奖。组织有关单位积极参加山东省内部审计师协会举办的内部审计高质量发展与提质增效培训班、现代内部审计理论与实务培训班和潍坊市审计局举办的全市内部审计工作培训班及山东省内部审计大讲堂，促进内审单位会员之间的学习交流。

## 业务发展

高密市依法属于审计机关审计监督对象的单位越来越重视内部审计工作，内部审计作为对被审计单位进行审计监督的第一道防线，展现出全面性、专业性、连续性等优势。

1989年，县审计局先后对148个下属单位进行审计。通过审计查出问题资金269.53万元，违纪金额98万元。10月，组织召开全县内审工作交流会，会上县粮食局、商业局、轻纺局等单位内审科负责人作典型发言，交流1月—10月的工作情况。县粮食局内审科的交流材料被潍坊市《审计信息》转发。

1991年，全县共完成内部审计项目374个。其中，财会收支审计项目172个，违纪专项审计项目70个，经济效益审计项目132个。纠正各种违纪违规金额359万元，促进增收节支金额95万元。被采纳审计建议259条，促进提高经济效益49万元。

1993年，全县共完成内部审计项目350个。其中，财务收支审计项目97个，经济效益审计项目29个，承包离任审计项目

212个，基建审计项目12个。纠正各类违纪违规金额104万元，被采纳审计建议258条，促进提高经济效益119万元。

1994年，全市共完成内部审计项目146个。查出损失浪费金额122万元，促进提高经济效益26万元。

1995年，全市内审机构审计项目数量比上年有较大幅度的增长，在严肃财经法纪、促进廉政建设、维护单位合法权益、改善经营管理、提高经济效益、实现经营目标等方面发挥了重要作用。

1997年，全市共完成内部审计项目320个，查纠违纪违规金额2300万元，提出合理化建议180条，促进增收节支950万元，各项指标均比上年度翻了一至两番。

1998年，内部审计工作稳步发展。市审计局在抓好分类指导的同时，着重抓好统一内审文书格式，使内审工作逐步走向规范化。截至11月底，内审机构已发展到98个，内审人员达160人。全市共完成内部审计项目540个，查纠违规行为金额3200万元，提出合理化建议并被采用260条，促进增收节支1200万元。

2009年，全市共有17家企事业单位设置了内部审计机构，共配备专职内部审计人员54名。共完成内部审计项目356个。其中，财务审计项目59个，效益审计项目15个，经济责任审计项目24个，基本建设审计项目238个，专项审计项目13个，内控评审1个，其他审计项目6个。

2011年，全市共完成内部审计项目353个。其中，财务审计项目59个，效益审计项目16个，经济责任审计项目24个，基本建设审计项目238个，专项审计项目16个。1月，市审计局、市内部审计协会对全市党政机关和行政事业单位的发票管理及使用情况进行专项检查，至2013年10月检查结束，共涉及75个单位。

2013年，全市共完成内部审计项目414个。其中，财务审计项目57个，效益审计项目45个，经济责任审计项目24个，内部控制评审项目14个，基本建设审计项目252个，专项审计项目16个，其他审计项目6个。

2014年，全市共完成内部审计项目639个。其中，财务审计项目222个，效益审计项目6个，经济责任审计项目22个，内部控制评审项目9个，基本建设审计项目318个，其他审计项目62个。审计涉及总金额8.39亿元，增收节支金额1914.62万元，提出建议意见121条。

2019年，全市共完成内部审计项目904个。其中，财务收支审计项目340个，效益审计项目50个，经济责任审计项目53个，内部控制评审项目30个，信息系统审计项目5个，基本建设审计项目319个，其他审计项目107个。增收节支约647万元，提出建议138条。

2020年，全市共完成内部审计项目673个。其中，重大政策措施审计项目15个，财务收支审计项目329个，固定资产投资审计项目142个，内部控制和风险管理审计项目73个，经济责任审计项目52个，信息系统审计项目3个，其他审计项目59个。发现问题金额550多万元，发现问题162个。

2021年，全市共完成内部审计项目792

个。其中，重大政策措施审计项目 15 个，财务收支审计项目 296 个，固定资产投资审计项目 187 个，内部控制和风险管理审计项目 51 个，经济责任审计项目 84 个，信息系统审计项目 8 个，其他审计项目 151 个。发现问题金额 240 多万元，发现问题 155 个。

2022 年，全市共完成内部审计项目 772 个。其中，重大政策措施审计项目 5 个，财务收支审计项目 337 个，固定资产投资审计项目 169 个，内部控制和风险管理审计项目 34 个，经济责任审计项目 101 个，其他审计项目 126 个。发现问题金额 250 多万元，发现问题 245 个。

2023 年，全市共完成内部审计项目 510 个。其中，重大政策措施审计项目 3 个，财务收支审计项目 261 个，固定资产投资审计项目 77 个，内部控制和风险管理审计项目 64 个，经济责任审计项目 12 个，其他审计项目 93 个。发现问题金额 134 多万元，发现问题 318 个。

## 第二节　社会审计

### 社会审计机构

随着经济体制改革的不断深入，社会主义市场经济体制逐步建立，多元化市场主体共同发展，国家审计机关的监督范围之外，许多审计查证和咨询事项需要专门的中介机构提供服务，社会审计组织应运而生，从业人员不断增加，业务范围逐步拓展，社会影响日益扩大，社会审计组织成为整个审计体系中不可或缺的组成部分。

社会审计组织依照委托人的授权，按照一定的职业标准开展工作，为委托人提供有偿服务。社会审计组织通过行业协会进行行业管理。行业协会主要是通过制定职业规则对社会审计组织的执业活动进行管理。其职业规则主要有审计业务准则、职业道德准则、质量控制准则等。行业协会发布职业规则，为社会审计组织开展工作提供统一的标准，并检查职业规则的执行情况，以保证整个行业的健康发展。

审计事务所是社会审计组织，是依法独立承办、审计、查证和咨询服务的事业单位，财务实行自收自支、独立核算。审计条例规定了审计事务所接受国家机关、全民所有制企事业单位、城乡集体经济组织和个人委托，承办以下业务：财务收支、经济效益、经济责任审计查证事项；经济条件的鉴定事项；注册资金的验证和年检；基建工程预、决算的验证；建立账簿、建立财务会计制度、资产评估、清理债权、债务；提供会计财务经济管理咨询服务；培训审计、财会人员；担任审计、会计咨询顾问。

1989 年 12 月 22 日，高密县编制委员会批准成立高密县审计事务所，和县审计局一起在县政府 4 楼办公，为县审计局的直属股级事业单位，定编 5 人，人员从县审计局现有事业单位编制中调剂使用。1990年5月21日，张耀勋任高密县审计事务所所长，李玉德兼任会计。5月，高密县审计事务所依据《中华人民共和国审计条例》的规定，经省审计局批准正式成立。

1992年，县审计局搬迁至立新街审计大楼，县审计事务所随之搬迁至审计大楼办公。下设办公室、基建部、查证部。有从业人员12人。其中，审计师1人，助理审计师2人，助理会计师1人，审计员1人，聘用专职会计师1人。

1994年5月18日，高密县撤销，设立高密市（县级），原高密县审计事务所改为高密市审计师事务所，是当时高密唯一的社会审计组织，设注册资金验资部、审计查证部、基建审计部、资产评估部、办公室，有从业人员17人。

1995年5月25日，王心福兼任高密市审计师事务所所长。1996年9月18日，仪孝直任高密市审计师事务所所长。1998年，实有从业人员24人，其中，具有中级专业技术职称的9人，初级专业技术职称的12人。

1999年12月，根据财政部《关于印发〈会计师(审计师)事务所脱钩改制实施意见〉的通知》和山东省财政厅《关于印发会计师(审计师)事务所脱钩改制实施意见的通知》，高密市审计师事务所与审计机关脱钩，成立高密康成有限责任会计师事务所。市审计局按照审计法的规定，加强对高密康成有限责任会计师事务所及其他社会审计中介机构的指导和监督，促进社会审计机构正常开展业务和健康发展。

从1990年高密县审计事务所成立至1999年12月与高密市审计局脱钩，共有工作人员28人，其中，历任所长有张耀勋、王心福、仪孝直；工作人员有于秀霞（女）、王培成、王鹏、乔昌华、任江叙、刘军、刘宝群、刘新荣、孙立、孙旭华、孙彦萍（女）、杜启强、李勇、李培智、李震、杨爱华（女）、邱涛、宋洪涛、迟丽丽（女）、张言荣、赵剑南、单鸿艳（女）、徐基敏、崔大明、臧忠兰（女）。

### 社会审计业务

1990年，高密县审计事务所（以下简称“县审计事务所”）建立以后，不断拓展审计领域，扩大审计查证业务，审计验证、资产评估等各项工作稳步发展。

1991年，县审计事务所以深化改革服务、面向社会服务为宗旨，制定《审计师事务所工作规范》《审计人员岗位职责》等规章制度，积极探索社会审计工作新思路，不断提高审计人员业务素质，通过努力，逐步打开工作局面。全年共为企业验资年检41项。验资年检金额3368万元。审计基本建设项目1个。

1993年1月—10月，县审计事务所共完成委托的审计事项158项。其中，财务收支审计4项，承舍审计1项，验资年检133项，经济案件鉴定2项，资产评估6项，基建决算验证12项。验资年检金额31556万元，资产评估金额5761万元，核减虚假注册资金8500万元，核减基建预决算金额137万元，查出违纪违规金额10万元。县审计局组织专门领导挂靠社会审计工作，对县审计事务所采取切实可行的措施并实行奖惩政策，充分调动审计人员的积极性。审计人员增加到 11 人；加强对审计人员的业务培训工作，派出 3 人参加省市有关部门组织的各类审计业务培训班。

1994 年，高密市审计师事务所（以下简称“市审计师事务所”）坚持“服务第一，信誉第一，质量第一”的宗旨，完成财务收支审计 8 项，审计总金额 301 万元；完成注册资金验证 217 项，验证金额 10561 万元，核减虚假注册资金 750 万元；完成基建决算验证 15 项，验证金额 2822 万元，核减 546 万元；完成资产评估 19 项，评估净资产金额 27344 万元，增值 2785 万元。

1995 年，市审计师事务所共完成各界委托事项 482 项。其中，财务收支 14 项，审计金额 34872 万元；基建决算审计 14 项，核减工程款 445 万元；验证资金 444 项，验证金额 98266 万元，核减虚报资金 1296 万元；资产评估 7 项，评估金额 3363 万元，增值 2675 万元；其他验证 3 项。

1996 年，市审计师事务所先后建立《工作制度》《考勤制度》《学习制度》《财务收支计划及奖惩办法》等制度。将各项任务落实到部室个人，坚持一月一考核，改变“干多干少一个样，干不干一个样”的大锅饭分配方法，调动全所干部职工的积极性。按照国家的法律法规和规章制度开展业务，以优质的服务，良好的信誉参与市场竞争。对 25 个企业厂长（经理）年度经营状况依法验证。共完成各界委托事项 161 项，实现业务收入 23.99 万元。

1997 年，市审计师事务所制定《查证审计工作规范》《验资业务工作规范》《评估规范》《基建验证业务工作规范》一系列业务规范，并建立质量控制体系，落实质量管理责任制，有效地保证了社会审计的健康发展。全年共完成委托审计项目 308 个。其中，完成财务查证项目 35 个，资产评估项目 1 个，验资年鉴项目 234 个，基建决算审计项目 38 个。

1998 年，市审计局继续加强对社会审计的管理，使得市审计师事务所的工作更加规范，服务意识增强，对促进市场发育和完善起到重要作用。全年共完成审计项目 216 个。其中，财务查证项目 16 个，资产评估项目 15 个，基建决算审计项目 15 个，验资年鉴项目 170 个。

1999 年，市审计师事务所共完成社会各类委托项目 284 项。其中，企业年检 219 项，财务收支审计 18 项，资产评估 12 项，投资审计 35 项，核减基建决算金额 1426 万元。1999 年 12 月，高密市审计师事务所与审计机关脱钩后，市审计局不再开展社会审计业务。

# 第四章

XINXIHUA JIANSHE

# 信息化建设

审计局成立初期，审计人员到单位部门审计，使用的核算工具是算盘或计算器。20 世纪 80 年代，随着电子计算工具的出现，审计人员逐步配备小型的电子计算器。2010 年，高密市审计局成立审计信息化工作领导小组，2014 年设立计算机科，2019 年设立电子数据审计科。高密市审计局十分重视以信息化手段增强审计能力，一边抓硬件设施建设，一边抓软件建设，将大数据等现代信息化技术运用到电子政务和计算机辅助审计之中，大大提高了审计效能。高密市审计局内部研发信息系统，特别是在 AO 现场审计实施系统操作和应用研发方面做出了突出贡献。

## 第一节　科室设置

2010 年 7 月 8 日，市审计局党组为贯彻落实潍坊市审计局关于做好审计信息化工作的指示精神，提高审计信息化工作水平，决定成立审计信息化工作领导小组。组长：戴学仁；副组长：赵立刚、范季红、戴晶、张崇凯、李刚、陈鹏程、程元友；成员：仪秀梅、张尔京、刘世霞、付希娟、王传勇、王艳丽、楚化军、张建华、郝明军、张婷。积极探索机关信息化工作的新思路、新方法和新技巧，采取切实有效的办法和措施，确保审计信息化工作有程序、有规范、有创新、有成果，推动全市审计工作迈上新的台阶。审计信息化工作领导小组办公室设在高密市审计局办公室，仪秀梅兼任办公室主任。

2014 年，设立计算机科。2016 年，计算机科改为计算机管理中心。2017 年，计算机管理中心合并到办公室。2019 年 3 月，设立电子数据审计科，王春晓任科长，负责拟订全市审计业务电子数据总体规划；组织开展审计业务电子数据采集、验收、整理和综合分析利用；组织对有关部门和国有企事业单位网络安全、电子政务工程和信息化项目以及信息系统的审计等工作。

# 第二节　信息化建设历程

1997 年 11 月，审计署依据《审计机关计算机应用培训规划》，组织全国审计机关业务人员参加计算机培训。

2004 年，市审计局计算机辅助审计技术应用力度加大，在提高审计效率和审计质量等方面发挥了积极作用。

2005 年，随着会计电算化程度的提高和普及，传统的审计手段已经不能适应审计工作。市审计局加大对先进审计软硬件的投入，投资购入先进的 AO 现场审计实施系统（以下简称“AO”）和笔记本电脑，派出和组织审计人员认真学习和掌握审计系统的操作和应用，并在全局进行推广。通过运用先进的审计手段，既提高了审计效率，减轻了被审计单位的负担，又减轻了审计人员的劳动强度，也使审计执法更加严密和公正，为审计手段和审计信息化建设提供了坚实的基础。全面启用经实践检验获得成功的 AO 现场审计系统实施软件，使得审计效率和审计质量得到很大提高。

2008 年，市审计局添置投资审计软件，用于公路、水利、土建、园林等领域，修缮、安装等工程造价的定额审计，使得审计广度、深度不断拓展。

2010 年，市审计局根据潍坊市审计局《关于进一步加强计算机审计工作的实施意见》精神，以“金审工程”为依托，立足实际，开拓创新，积极进取，着力抓好审计管理系统和现场审计实施系统的应用，探索创新计算机审计新模式和新方法，加快相关专业人才的培养，努力锻造计算机审计拔尖人才，推进全市计算机审计各项工作再上新台阶。在 2010 年潍坊市审计局组织的信息化建设工作考核中，高密市审计局位居潍坊市第三名。根据潍坊市审计局的要求，高密市审计局对计算机应用的目标要求做出明确规定和部署，进一步推动计算机应用工作的扎实开展。制定《高密市审计局信息化工作考核暂行办法》，考核以各科室为单位，重点考核审计专网连通、审计管理系统（OA 系统）应用、计算机审计的推广和应用（AO 系统）、计算机人才培养等方面的工作。

截至 2010 年底，市审计局基本实现 AO 系统与 OA 系统的交互管理，交互数量达到规定要求；上报 AO 应用案例 5 篇，其中 2 篇获省审计厅优秀奖、3 篇获省审计厅应用奖；上报 5 篇计算机审计方法报告，全部被潍坊市审计局采用；4 人一次性通过审计署计算机中级资格考试。

2011 年，市审计局从以下几个方面加强信息化工作。严格按照内网传递流程和 AO、OA 系统交互管理要求规范运作，建立被审计单位资料库；完成审计方案、审计通知、审计报告、审计决定等审计文书流转，工作底稿、审计证据等资料的交互管理和使用，内部行政公文和外部行政公文等公文全部流转。各科室确定2011年小软件、小模块开发项目，全局统一平衡后实施。计算机管理中心负责协调解决系统运行过程中出现的各类问题，做好系统运行情况检查统计工作，确保全局信息化工作再上新台阶。

2015年，市审计局开拓思路，创新审计方式方法，提高工作效率。摒弃传统的审计查账观念，跳出账本干审计，从内部控制、内部管理制度等方面入手，关注重大经济事项和经济活动。进一步将审计信息化应用到经济责任审计中，通过运用AO计算机软件对使用微机记账的单位海量业务数据进行快速处理，克服传统审计手段的“瓶颈”制约，提高了工作效率。加大业务数据与财务数据、单位数据与行业数据以及跨行业、跨领域数据的综合比对和关联分析力度，提高运用信息化技术查核问题、评价判断、宏观分析的能力。

2017年11月，为规范计算机审计工作，提高计算机审计工作质量，市审计局制定《高密市审计局计算机审计管理制度》《高密市审计局网络设备和系统管理制度》。审计人员将计算机作为审计工具，对被审计单位运用计算机管理财政财务收支和业务流程的信息系统和相关电子数据实施审计。

2019年，市审计局为进一步规范对信息化设备的管理，制定《信息化设备管理制度》《电子数据管理办法实施细则》《网络安全应急预案》《网络安全责任追究制度》《网络和信息系统安全管理制度》。8月，高密市审计局与珠海欧比特人工智能研究院签订《高密欧比特人工智能研究院有限公司战略合作协议》，促进加强“高密一号”卫星大数据战略合作，推动科技强审，认真研究和大力创新审计全覆盖的路径和方式，将大数据思维及智能技术融入审计工作的各个领域，大数据技术在审计工作中的应用不断拓展、成熟和深化。

2020年，市审计局与青岛科技大学大数据学院和欧比特人工智能研究院开展大数据战略合作，积极探索“结合审计”方法路子，深化大数据技术在自然资源资产、预算执行、社保、投资等领域审计中运用的广度和深度，不断提升审计工作的层次和效能。结合财政预算执行审计全覆盖和经济责任审计，采集转换了全市90多家一级预算单位的财务数据及相关信息资料，基本实现了部门的预算执行全覆盖。在经济责任审计工作中，实行项目集中进点，运用大数据技术对预算管理、资产处置等30多个事项进行审查，为现场审计实施准确定位，提高了审计工作效率。同时依托青岛科技大学高密校区卫星遥感数据，积极探索自然资源资产离任审计，为数据的采集转换提供了资源和人才支持。

2021年10月，市审计局与青岛欧比特宇航科技有限公司、青岛科技大学高密校区大数据学院合作共建，落实科技强审的部署要求，在硬件建设、人才培养、软件使用、项目推进等多方面开展合作，推动审计工作迈上新台阶。①市审计局与青岛科技大学高密校区大数据学院建立共建基地，建立长效沟通机制，促进信息技术等多方面交流，互通有无，协调解决合作中遇到的问题。②创新人才培养模式。结合省审计厅“地理信息一张图”系统提供的地理信息技术平台，利用高校的人才资源，积极开展三方培训，特别是自然资源资产审计方面的培训，包括遥感技术的相关知识和ArcGIS软件以及相关数据库的基本操作和功能，深化大数据审计技术在自然资源资产等审计领域的应用，提升数据采集、数据分析和技术应用水平。坚持在实战中锻炼专业化的资源环境审计队伍，培养具备地理信息技术实践操作能力的技术团队，夯实人才基础。③项目合作。由市审计局提供思路，由大学提供人才和研究支持，建立相关数据模型，对审计项目分行业进行深层次分析，构建具有典型行业特点的审计操作指引和数据分析模型，形成行业性的审计成果。通过统一培训，提高了审计人员的业务水平能力，有效提高了审计效率和质量。

2022年，市审计局强化科技强审，充分利用签约欧比特人工智能研究院、青岛科技大学高密校区大数据学院等独特资源优势，不断深化"政产学研"合作共建，深化大数据审计技术在自然资源资产等审计领域的应用，提升数据采集、数据分析和技术应用水平，以大数据为精准审计和高效审计赋能。

2023年，市审计局研究制订与项目融合的智慧审计推进计划《高密市审计局2023年智慧审计重点事项工作方案》（高审发〔2023〕8号）和附件《高密市审计局2023年智慧审计落实清单》，规定了审计工作任务、责任和完成时限；制订《高密市审计局人员计算机培训计划》（高审发〔2023〕9号），进一步强化全局科技强审意识。向潍坊市审计局提报重点攻关选题《数据赋能，助推基层医疗卫生审计提质增效》《数据赋能，提升财政审计监督质效》，改革创新典型案例《创新组织模式，打好数据审计"组合拳"》，审计案例及数据分析模型《"清单式"数据新模式助力基层医疗卫生审计提质增效》和《高密市财政局具体组织2021年度市级预算执行和其他财政收支等情况审计案例》。

2024年，市审计局制定《高密市审计局审计业务电子数据管理办法》和《高密市审计局数据分析室使用管理办法》，建立数据分析室出入登记、审批、数据记录台账等制度。撰写的《数据赋能，助推基层医疗卫生审计提质增效》入选《潍坊市大数据审计案例选编（2021—2023）》。提报大数据审计重点攻关选题"智慧审计筑牢民生项目'防火墙'"。

大数据网络运行效果图

## 第三节 网络化办公

2008 年 4 月，按照山东省审计信息化工作总体部署，市审计局金审一期工程启动，至 2010 年 3 月底，应用系统、主机系统、网络系统、安全系统、终端设备为潍坊市审计局配发。

2010 年，市审计局完成金审一期工程建设任务，达到工程建设目标和各项考核指标，充分发挥投资效益，工程建设和应用效果显著。局机关办公达到无纸化办公要求，审计项目 AO 和 OA 两大系统交互得到积极运用；通过地方电子政务网络资源，实现市县两级互联互通和资源共享；项目投入使用后，信息化大环境下审计工作效率和能力不断提升。

2011 年 9 月，由潍坊市发改委、潍坊市经信委、潍坊市财政局、潍坊市审计局组成的专家组对高密市金审工程建设和使用情况进行验收，一致认为项目建设达到预定目标；项目建设内容和设备设施运行情况正常；审计应用效果良好；采购合同的产品或服务的数量、规格型号、技术指标与实际供货、验收一致；信息资产管理符合要求；项目档案资料完整、齐全。金审一期的成功建设有力推动了全市审计机关的信息化发展，为审计工作科学转型发展发挥了重要作用。

2012 年，市审计局实施信息化办公，局内文件申报、会签、阅批等实现网络运转，提升了工作效率，实现了“低碳”办公。

2014 年 3 月，市审计局按照潍坊市审计局要求启动金审二期工程建设。4 月，完成硬件设施验收。

2017 年 11 月，市审计局成立办公软件

审计模式图

正版化工作领导小组，程元友任组长，王静、王峰任组员。重点做好局机关计算机正版软件安装、建立使用管理制度、加强日常监督管理等工作。

2020 年，市审计局制定市级预算单位电子数据定期报送制度，全面推进预算执行全覆盖审计。全面贯彻落实中央审计委员会办公室《关于深入推进审计全覆盖的指导意见》等文件精神，加强对部门预算执行情况的监督。此后，凡具备条件的审计项目均开展数据分析，将大数据审计思维及其方法有机融合到各个审计项目中。

2021 年 7 月，市审计局全面集中部署应用金审三期工程，截至 2022 年 3 月，共计部署金审三期终端 35 台，实现了全部业务人员工作终端金审三期全覆盖，完成了项目的试点传输，完善了网上流转程序，实现了审计文书全部通过网上流转，并启用邮箱系统、公告栏和统一通信，被潍坊市审计局通报表扬。

2023 年，市审计局不断优化金审三期工程功能，扎实推进金审三期工程发挥实效。定期对全体人员进行安全宣传和安全检查，提高审计人员的保密意识，严格落实内外网分离制度，按照上级部署继续推进金审三期工程与业务工作的密切结合。市审计局所有审计项目均通过“审计业务管理子系统”或“审计现场作业云”上传，所有行政公文和业务公文通过“行政办公子系统”进行网上审核流转，审计业务全部上线运行。

2024 年，市审计局建立数据分析室，12 月 4 日通过潍坊市审计局验收。数据分析室配备 4 台高性能计算机，安装投影大屏系统，配备指纹识别、防盗监控等安防设施。数据分析室集数据报送、采集、汇总、存储和分析功能于一体，实现与省厅数据分析网联通，充分发挥大数据对精准审计的支撑作用，提高了审计的信息化能力。

2024 年 12 月，潍坊市审计局党组成员、三级调研员潘杰（左前三）带队到高密市审计局进行数据分析室验收并召开审计信息化工作座谈会。

高密市审计局数据分析室

# 第四节 专业化培训

## 审计业务培训

1990 年 5 月，潍坊市审计局举办审计系统宣传报道员、信息员培训班。高密县审计局狠抓审计业务学习。通过自学、集体学习、外出学习培训、内部交流、“手把手、面对面”教等方式方法，在全局营造浓厚的学习氛围。

1995 年，随着新财务制度的实施和计算机在财务工作中的广泛应用，传统的审计方法和手段已滞后于形势对审计工作的要求。市审计局加强对审计人员的业务培训，以适应不断发展的新形势。更加注重计算机审计培训，通过审计手段的更新提高审计质量和效率。

1996 年，市审计局积极推广应用现代审计手段和方法，全局 50 岁以下的审计人员全部参加电子计算机培训班，每周学习 4 课时，总授课达 81 课时，学习掌握计算机基础理论和操作知识，为应用现代审计手段和方法奠定了坚实基础。

2000 年，为迅速提高审计人员的计算机应用水平，市审计局主动与市成人中专联系，举办为期 20 天的计算机知识培训班。聘请计算机专业技术人员，讲授计算机操作技术。加强计算机软硬件建设，开通局域网，购置 6 台电脑笔记本、5 台打印机，基本实现了办公自动化。

2009 年 4 月，市审计局成立机关 AO 审计应用工作小组，负责搞好全局的 AO 审计应用工作，着力提高审计工作质量和效率，不断推出新的 AO 审计应用创新成果。10 月，聘请济南激扬科技有限公司 AO 审计专家进行授课，提高审计人员整体信息化能力。

2012 年，潍坊市审计局对全市审计机关信息化工作进行综合考核，高密市审计局被评为审计信息化先进单位。

2018 年，潍坊市审计局在全市审计机关开展了以“学业务、强技能、练精兵”为主要内容的全市审计机关首届大数据审计实战大比武活动，高密市审计局获三等奖。

2019 年，市审计局组织有关人员赴青岛市、德州市、淄博市、日照市等地审计机关开展寻标对标，学习借鉴业务、创新、管理等方面先进经验，修订完善质量管控、审计审理、信息化建设、综合管理等方面制度，改进和提升工作。举办审计信息宣传工作座谈会，提高市审计局审计信息宣传工作水平。

2020 年，市审计局举行政府信息公开工作专题培训会，加强审计机关政府信息公开工作。11 月 27 日，赴青岛市胶州市审计局开展“集中对接胶州，加快高质量发展”活动，学习自然资源资产、投资审计等方面的经验做法。

2021 年 11 月 3 日—5 日，为进一步提升审计人员运用地理信息技术和空间分析技

2020 年 11 月，市审计局赴胶州市审计局学习交流。

术的能力，市审计局开展自然资源资产审计实务培训，全体审计业务人员参加培训。

2022 年，市审计局积极推进以大数据为核心的信息技术与审计业务深度融合，全面应用金审三期、BIM+ 投资审计、地理信息“一张图”等信息化系统平台，全面采用“总体分析、发现疑点、分散核实、系统研究”数字化审计模式，有效拓展了审计监督的广度和深度。

### 计算机专业考试

2010 年，按照审计署、山东省审计厅关于计算机审计工作的部署，高密市审计局加大对计算机应用的培训力度，2010 年—2011 年，王静、王艳丽、任宪法、付希娟、张海波、魏强、王春晓、冯梅、郝明军 9 人参加潍坊市审计局举办的计算机中级培训班，参加审计署统一命题的计算机中级水平考试，全员考试合格，获得由审计署统一颁发的合格证书；2012 年，姚雅文参加省审计厅组织的计算机中级培训班，通过山东省审计厅组织的计算机中级水平考试；2017 年—2018 年，张钰雪、王宇相继通过省审计厅组织的计算机中级培训；2023 年，张欣悦、闫晓菲、刘勇震通过省审计厅组织的计算机中级培训，均获得由省审计厅统一颁发的合格证书。

2024 年，市审计局钟璐、韩晴、刘云通过省审计厅组织的计算机中级培训，均获得由省审计厅统一颁发的合格证书。

## 第五节　科　研

2001 年，市审计局选拔精干人员，成立审计科研创新小组，开办“主审论坛”，围绕绩效审计、领导干部经济责任审计评价标准、计算机辅助审计、审计新方法和技巧、怎样当好主审等进行研究交流。到 2002 年底，已有 12 篇科研论文在各级报刊发表。

2003 年，市审计局针对经济发展的新形势，按照审计监督要“突出重点，注意发现大案要案线索”和搞好真实性审计的要求，创新实践“四个转移”的审计理论，从就账审账向审查被审计资料的真实性转移，从传统的全面审计向重点部门、重点项目、重点资金（基金）转移，从单纯注重揭露部门、单位问题向发现和揭露单位与个人违纪问题并重转移，从单纯注重揭露问题向发现问题和提出建议为被审计单位服务并重转移，收到明显成效。2003 年，市审计局机关被省审计厅授予全省审计科研工作先进单位称号。

2013 年 11 月，高密市审计局提报的“企业经营数据信息的审计管理与采集研究”等 3 项课题，获潍坊市 2013 年—2014 年审计重点科研课题立项。至 2014 年底，全局有 39 篇科研论文在各级报刊发表。

2017 年，市审计局实施审计工作创新驱动工程，成立多个由业务骨干组成的课题小组，深入研究探讨大数据审计、领导干部自然资源资产离任审计、环境保护审计、村（社区）审计等新课题，在审计内容、审计环节、审计标准、审计评价等方面积极探索，积累经验。

2023 年，市审计局秉持数据先行理念，重点项目实行业务和数据“双主审”，通过筛查疑点数据精准导航靶向发力，提高审计效能。采集业务数据 1.5T、筛查疑点 6.2 万条，“基层医疗卫生机构运营审计及对策研究”大数据应用案例获省审计厅重点科研课题立项。

2023 年，市审计局召开大数据分析应用工作会议。

## 第六节　大数据应用实践

2019年，市审计局致力于科技强审，在潍坊市县市区审计机关率先设立电子数据审计科。建立数据授权审批制度，全年共为审计局各业务科室采集全市14个部门单位共63套财务数据。依托青岛科技大学高密校区“青科大一号”卫星接收数据，抓住“高密一号”卫星成功发射的有利契机，加强与青科大大数据学院和欧比特人工智能研究院的大数据战略合作，将大数据思维及智能技术融入审计工作的各个领域，积极探索基层审计机关大数据审计的新方式方法，大数据技术在审计工作中的应用不断拓展。

2020年，市审计局将大数据技术广泛运用到预算执行审计、经济责任审计、政策措施落实情况审计等项目中，对提高审计效率和审计质量发挥了重要支撑作用。①在财政预算执行审计中，明确市直部门单位预算执行和绩效管理审计组织方式，采取“数据先行，大数据分析与专题审计相结合”的审计模式，以财政预算指标、国库集中支付等数据为基础，对全市一级预算单位进行全覆盖数据分析，在此基础上，结合经济责任审计和重大政策落实跟踪审计项目开展现场审计。结合财政预算执行审计全覆盖，建立市级预算单位定期报送财务核算数据制度，全面采集转换全市预算单位财务数据。通过对2019年度财政预算执行全覆盖审计中具备数据采集条件的56个一级预算单位、43个二级预算单位财务数据的集中分析，核查疑点数19117条，查出问题涉及金额1795.49万元。执行数据授权审批制度，并建立电子数据台账，全年共为市审计局各业务科室采集全市30个单位共100多套财务数据。②在领导干部任期经济责任审计中，积极与高等院校联系合作，利用高校的人才和资源优势，共同探讨研究数据量特别大且关系复杂的数据转换处理及分析方面的问题，有效提高了审计效率和质量。如在对医院收费政策执行情况的审计中，充分利用大数据审计，重点审查有无超标准收费、自定项目收费、重复收费、分解收费以及变相多收费等违规收费现象；对医保资金使用情况，审查是否存在侵占、骗取医保资金等问题。通过加大业务数据与财务数据、单位数据与行业数据的综合比对和关联分析力度，有效促进了项目高效实施和问题的精准定位。③在领导干部自然资源资产离任审计中，积极与社会企业合作，利用其存储的历史数据找到接任时和离任时的卫星图片数据，认真进行分析。同时，采集土地资源资产和森林资源的分布、结构、数量，任期内的基本农田保有量、耕地保有量，建设用地（新增）供应，占补平衡，违规用地以及国土绿化等数据指标，用于对比评价领导干部任期的自然资源资产情况。通过依托数据的关联对比和动态分析，逐步规范自然资源资产中各项统计指标的核查方法、数据统计方法，确保自然资源资产数量盘点核查的准确性。

2021 年，市审计局结合财政预算执行审计全覆盖，共采集 57 个一级预算单位、72 个二级预算单位的财务数据，全部转换至山东省一体化财务数据采集系统，使大数据分析运用能力进一步提升。全年共为各业务科室采集 12 个项目、30 多套财务数据。做好金审三期安装和推广工作，共完成 36 台终端设备的安装任务，实现了全部业务人员工作终端金审三期全覆盖。年内完成 8 个项目的试点传输，完善网上流转程序，实现了公文网上流转。在潍坊市审计机关中率先进行政企研合作，组织开展领导干部自然资源资产离任审计实务培训，主要围绕地理信息系统在领导干部自然资源资产离任审计中的应用展开，重点对地理信息系统基础理论、系统操作使用、审计案例等方面进行专题讲解及演示，有效提升了审计人员的大数据审计能力。在对医院、民政、医保、社保等部门单位的经济责任审计中，充分利用大数据审计，对其业务数据与财务数据、单位数据与行业数据以及其他关联数据进行综合分析比对，发现疑点数据 7111 条，涉及金额 48.6 万元，有效促进了审计项目高效实施和问题的精准定位。

2022 年，市审计局创新大数据审计模式，助推预算执行审计提质增效。4 月，市审计局召开大数据审计研判会议，各科室负责人从数据收集范围、审计思路来源、关键数据获得、数据转换和分析、大数据成果取得等方面进行深入讨论。建设完善审计大数据库，制定《数据采集办法》，规范审计数据采集、存储、报送、使用等事项。持续推进大数据信息采集工作，采集转换 129 个预算单位的财务数据和 11 个单位的业务数据，并形成财政预算执行审计数据采集清单。参照上级下发的财政审计数据分析操作指引，对 2021 年度财政审计工作进行数据分析，涉及预算编制的真实性、完整性和科学性，

2022 年 4 月，市审计局召开大数据审计研判会议。

预算执行和预算调整的合法合规性，财政资金绩效评价，财政收入真实性，“收支两条线”规定执行，资产登记，公务卡管理使用情况等33个审计事项，撰写88条SQL语句，筛查出疑点数据22691条。组织力量进行疑点数据核查，形成市审计局2021年度数据分析疑点落实情况登记表，已落实的疑点条数9886条，落实比例为43.57%。该项目在全省财政大数据审计技能竞赛中获得三等奖。全年共为各业务科室采集11个项目、74套财务数据。参加潍坊市审计局组织的全市审计系统大数据审计技能竞赛荣获团体奖和个人二等奖。

2022年11月，高密市审计局荣获全省财政大数据审计技能竞赛三等奖。

2023年，市审计局加大数字强审力度，采集转换120个预算单位财务数据；按照数据授权审批制度，共为各业务科室采集21个项目213套财务数据。采集民政殡葬人员台账、12345政务服务便民热线运行中心的热线问题台账、市农业农村局的脱贫享受政策人员信息等业务数据；采集转换基层医疗卫生院HIS系统数据、市第二人民医院HIS系统数据、水业公司等业务数据，数据量1.5 T。在基层卫生院审计、市人民医院经济责任审计、市第二人民医院经济责任审计中均采取了项目主审和数据主审相互监督又相互协调的“双主审”模式，开展集中数据分析，完善行业数据分析体系，共分析疑点8.5万条，已落实问题的疑点6.2万条，查处违规金额335.26万元，制定了医疗系统审计的6张大数据审计清单，包括政策法规清单、数据需求清单、疑点落实清单、共性问题清单、职责权限清单、数据分析操作指引清单，编写的《基层医疗卫生机构信息系统管理亟待规范》审计要情获得市委、市政府主要领导批示。

2024年，市审计局采集转换全市一体化财务数据，按照数据授权审批制度，共为各业务科室及纪委等采集57套财务数据，涉及乡镇、行政事业单位、国有企业等18个单位。采集了妇幼保健院HIS数据、市财政局、市农业农村局、市畜牧业发展中心、市自然资源和规划局、各乡镇、保险公司、无害化处理厂等单位的承保、理赔、无害化处理、粮食直补、土地确权等20多种数据，数据量175G。在高密市农业保险保险费补贴资金管理使用及政策落实情况专项审计调查项目中，采取了“双主审”模式，运用SQL语言和ArcGIS对业务数据进行综合比对和关联分析，建立数据分析模型30个，分析了农业保险承保理赔方面存在的问题，撰写的审计要情《应加强政策性农业保险补贴资金监管》得到了市委主要领导的批示。参加潍坊市审计局2024年全市审计系统大数据技能竞赛获个人一等奖。

# 第五章

SHENJI FAZHI JIANSHE

# 审计法治建设

# 第五章　审计法治建设

1984 年，高密县审计局确定由综合科分管审计法制工作。为适应机构改革的需要，1999 年，高密市审计局设立审计管理科；2008 年 2 月设立法制科，负责法制及内审指导工作。为适应工作需要，市审计局不断加强审计法治建设，积极开展制度建设和审计执法监督检查，促进审计工作的全面发展。

## 第一节　机构设置

1991 年 9 月 24 日，高密县审计局设立综合科（职能范围：考核、统计、内审），荆汝光任综合科科长；1999 年 3 月 8 日，设立审计管理科（职能范围：考核、统计、内审），荆汝光任综合科科长；2008 年 2 月 28 日，撤销审计管理科，设立法制科，荆汝光任法制科科长；2010 年 7 月 2 日，付希娟任法制科科长；2010 年 12 月 23 日，王艳丽任法制科科长；2017 年 2 月 15 日，原计划统计科、法制科合并为计划法制科，王艳丽任计划法制科科长；2019 年 3 月 20 日起，魏强任计划法制科科长。

计划法制科主要职责为安排年度审计项目计划、统计等工作，起草审计规范性文件，审理审核有关审计业务事项，承担局机关规范性文件的合法性审查，组织对局机关审计业务质量的监督检查和优秀审计项目评选。参与行政复议、行政应诉等，组织协调对社会审计机构出具的相关审计报告的核查工作。推动建立健全内部审计制度，指导和监督内部审计工作，负责推进本系统职能转变和行政审批制度改革工作。组织编制系统内权责清单，深化简政放权，加强事中、事后监管，优化权力运行流程，推进政务服务标准化。

## 第二节　依法行政

1984年，高密县审计局成立之初，审计工作遵照《中华人民共和国宪法》赋予审计的监督职能和审计署《审计工作试行程序》的规定及上级审计机关的工作要求，认真贯彻执行国家、省、市颁布出台和制定的有关审计工作的法律法规、规章制度。同时，结合不同时期、不同阶段实际工作的需要，在边组建、边学习中逐步展开，并对审计对象进行摸底调查，制定了一系列审计工作管理规章制度和工作规则，并在实践工作中不断修订完善，逐步形成一套比较完整的管理制度，为审计工作开展奠定了良好基础，有效促进了审计监督工作的科学化、规范化、法治化进程。

1985年，县审计局组织审计人员认真学习《国务院关于审计工作的暂行规定》，并以此为基础，全面展开审计工作。《国务院关于审计工作的暂行规定》是对《中华人民共和国宪法》规定的审计监督的职能进一步具体化，对审计机关的任务、职权、领导体制、审计工作程序、内部审计、社会审计以及被审计单位和审计工作人员的法律责任等作了更明确的规定，初步构筑了国家审计的法律、法规体系。

1985年9月5日，县审计局认真学习《人民日报》授权发布的《国务院关于审计工作的暂行规定》以及评论员文章《做好审计工作的重要依据》，进一步明确了审计机关的工作定位、主要任务、主要职权以及审计办法，为做好审计工作指明了方向。

1993年，县审计局把依法行政工作列入议事日程，把学习和执行国家法律、法令、法规和上级的决议、决定作为指导审计工作的一项重要任务，主要抓审计法规学习、审计执法检查、审计报告和处理决定的质量问题。

1995年1月1日，市审计局认真组织学习、宣传和落实《中华人民共和国审计法》。市审计局结合审计特点，制定《高密市审计局关于严禁公款吃喝玩乐的规定》并印发给每个科室，严格按规定办事，做到警钟长鸣。

1996年，市政府转发《高密市审计局关于内部审计工作的规定》《高密市基本建设项目审计实施办法》，规范内部审计工作和基本建设项目的审计。市审计局新领导班子调整后，首先抓机关整顿，建立健全各项规章制度。本着“综合、务实、高效”的原则，制定和完善《机关工作制度》《机关工作岗位责任制度》等4大类42项规章制度，并制定实施百分考核岗位目标管理制度，将思想作风、廉洁勤政、审计任务、审计质量等指标分解量化考核，落实到科室和个人，每季一考核，半年一评比，年终总结评定，奖优罚劣，使人人有责任、个个有压力，鼓励审计人员争创一流审计质量、一流工作效率、一流工作成绩，促进了审计工作整体水平的提高。

1997年，市审计局加大执法力度，强化审计监督与服务两项职能。贯彻《中华人民共和国审计法》和《山东省实施〈中华人民共和国审计法〉办法》作为强化审计监督、提高审计执法水平的动力和保障。在认真总结过去执法经验的基础上，针对当前审计执法中的难点问题，突出抓审计处理和审计决定的落实，对严重违反财经纪律的问题，依法进行严肃处理，对情节特别严重的给予经济处罚。坚持规范执法，使审计的权威性和执法效果不断提高，全年下达的49份处理决定顺利得到落实，上缴财政入库率90%以上，比1996年提高10个百分点。审计执法达到“三个没有”，即没有出现审计违法行为，没有一个单位申请复议，没有发现任何被检举的审计违纪问题。在做好审计监督的同时，市审计局还强化审计的服务职能，针对审计中发现的问题，主动帮助企业出主意、想办法，改进管理，提高经济效益。全体审计人员共为企业提出并被采纳各种合理化建议40多条，促进企业增收节支。

1999年，市审计局认真贯彻国务院提出的审计工作要“点面结合，突出重点，注意发现大案要案线索”的指示要求，充分发挥财会知识面广、查账经验丰富的优势，注意在审计活动中发现疑点，找准突破口，捕捉大案要案线索。印发《关于办理审计项目揭露重大违法犯罪线索奖励暂行办法》，坚持依法行政，提高执法水平。针对审计工作的特点，组织审计人员学习有关法律法规知识，增强法律意识和依法行政、依法审计的能力。为加强对审计工作质量的管理，市审计局成立审计管理科，负责对全局审计项目落实《审计规范》的情况进行复审、指导、监督，各业务科室严格按审计规范要求操作，依照法律法规实施审计。

2000年，市审计局组织全体审计干部集中开展为期半年的以“学政治理论、学业务知识、学法律法规、学计算机知识”为主要内容的学习教育活动。加大机关管理力度，继续抓好《岗位目标管理制度》的落实，强调和加强了作息、签到、请假、用车、卫生、值班等方面的规章制度，对全体审计人员高标准、严要求，出现违反规章制度的现象严肃处理，较好地遏制了机关不良作风，体现了国家公务员良好的职业道德和品格。

2002年，市审计局按照市委、市政府和上级审计机关对依法行政的要求，以《中华人民共和国审计法》和《审计规范》为依据，严格依法审计，照章办事，执法水平和审计质量都有明显提高。具体工作中，坚持依法立项，依法取证，依法定案，依法处理，做到适用法律法规正确，客观公正，实事求是，审计评价、审计意见和审计处理决定经得起时间和历史的考验。执法过程中，一切以事实为依据，以法律为准绳，坚持原则，敢于碰硬，维护国家法律尊严。在依法审计的同时，采取有力措施加强对审计质量的管理，加大对重点项目的复查、复核力度，保证各项审计活动的规范化，促进了审计质量的提高。全年审计的所有项目，全部符合审计规范要求，无一例申请复议。

2005年，市审计局先后制定印发《关于严禁工作人员接受公款招待和实行“禁酒令”的规定》《关于在城区审计严禁使用被审计单位车辆接送的规定》《岗位目标管理考核办法》《审计质量管理办法》《审计复核办法》《审计质量责任追究规定》《优秀审计项目评选、奖励办法》《关于在机关内部开展“五个一”活动的决定》等管理规定，全面加强机关建设。

2006年，市审计局加强审计机关自身建设。以加强领导为关键，以制度建设为保障，印发《关于认真开展争创人民满意的公务员活动的意见》《关于建设节约型审计机关的意见》《关于继续深入开展“五个一”活动、推进学习型机关建设的意见》等制度规定，从组织上、制度上保障审计机关自身建设的扎实开展。加大审计决定的落实力度，初步探索建立起“审计—公开—整改—机制监督”的审计决定落实新机制，使依法做出的审计决定及时落实，维护了法律尊严，增强了审计监督的威慑力。

2008年，市审计局坚持依法办事，进一步加强机关内部民主法治建设，确保权力正确行使；坚持用制度管权、管事、管人，加强对领导干部、人财物管理使用、关键岗位的监督，健全岗位责任制和行政责任追究机制；完善工作机制，健全工作目标责任制以及业务管理、质量控制、业绩考评等方面的规章制度；加强组织建设，严肃党的纪律，强化民主意识，营造“依法、求实、严格、奋进、奉献”的审计文化氛围。

2016年，市审计局扎实做好程序执法和实体执法，使审计工作各个环节都合规合法，确保完成的每一个审计项目都经得起实践和历史的检验。认真履行审计程序，依法依规，严格实体执法，实事求是，客观公正。审计取证内查外调、严谨审慎。对被审计事项不夸大、不缩小。对被审计对象不通风、不泄密。获取审计证据不随意、不歪曲。下达审计结论不敷衍、不武断。处理审计发现的问题。落实审计结论跟踪到位，一抓到底。

2021年，市审计局认真学习第十三届全国人民代表大会常务委员会第三十一次会议通过的新修订的《中华人民共和国审计法》，吃透精神，依法审计。

2022年，市审计局强化工作联动。盯准关键群体，抓住关键少数，结合干部调整

2021年，市审计局组织收听收看新修订审计法视频培训班，并开展法律条文专题学习。

实行责任告知；结合“凤城大讲堂”举办专题辅导；加强与纪检监察、巡视巡察、组织人事等部门的贯通协作，深化“巡审联动”，提升监督合力。

## 第三节 审计制度建设

高密市审计局以制度建设为载体和保障，不断改进和完善执法情况汇报、审计错案追究、审计项目负责制、审计审理制等规范审计行为的制度，推进审计工作的制度化和规范化。

1995 年 9 月 28 日，市审计局印发《高密市审计局执法责任制实施方案》。10 月 12 日，实施《关于严禁公款吃喝玩乐的规定》，违反规定的，严肃处理。

1996 年 3 月 22 日，市审计局印发《廉洁自律督导监察制度》；严格执行山东省审计厅发布的审计机关实施“禁酒令”的通知。

1999 年 7 月，潍坊市审计局转发《审计署关于转发 1999 年全国普法依法治理工作要点的通知》，市审计局组织学习。

2001 年 4 月 7 日，高密市建立经济责任审计联席会议制度，办公室设在市审计局。

2003 年，市审计局执行潍坊市审计局制定的《干部监督工作联席会议制度实施意见》，进一步明确各成员单位的议事规则和职责范围。

2004 年，市审计局执行潍坊市审计局制定印发的《审计工作考核办法》，对审计项目数量、审计意见和决定落实、审计质量、审计信息、廉政建设及其他机关工作实行百分制考核。

2005 年，市审计局执行潍坊市政府印发的《潍坊市审计结论落实工作暂行规定》，对监察、公安、审计、财政、税务、组织、人事等部门如何落实审计结论、充分运用经济责任审计结果做出明确规定。实行审计项目三级复核制度，对审计组长、科室负责人、专职复核人员应负的责任做出了明确的界定。建立“四公开一回访”制度。审计职能公开，把审计权限、职能范围和被审计单位的法定义务向社会特别是审计对象公开。审计计划公开，对确定的审计项目，审计的目的、内容和方式，事前通知被审计单位，并在一定范围内召开专门会议进行计划安排。审计程序公开，让被审计单位了解法定程序和具体步骤。审计结果适度公开，严格按照审计程序提出审计报告和审计意见书，做出审计决定发送有关部门和单位，并适度向新闻媒体和社会公开。审计结束后，到被审计单位回访。

2006 年 1 月，市审计局根据《中华人民共和国审计法》及其实施条例、审计署第六号令等法律法规，制定《优秀审计项目评比办法》《审计项目质量检查制度》，对审计项目进行评选、审定，对优秀审计项目予以表彰奖励。

2007 年，市审计局制定印发《党员领导干部定期接待群众制度》，促进审计机关依法行政，更好地服务群众、服务社会、服务发展，增进审计机关党员领导干部与群众的联系。编制《高密市审计局常用法规汇编》，为审计人员正确执法提供便利和依据。强化审计回访制度，增强审计工作的透明度。

2008年，市审计局建立“四个坚持”制度。坚持依法立项。严格按《审计法》和上级审计机关及市委、市政府的要求立项，审计项目合规合法率达到100%。坚持依法取证，客观公正、一丝不苟取证。坚持依法处理，实事求是，宽严适度，维护大局。坚持集体定案，对审计查出的问题和定性处理意见，由局长办公会集体研究决定。

2009年2月19日，市审计局严格落实潍坊市审计局印发的《关于重申审计纪律的通知》，要求审计人员不准隐瞒审计查出的问题、不得自行决定和处理被审计单位的违规违纪问题、不准泄露被审计单位的商业秘密和内部信息等“十不准”。

2012年，市审计局制定《审计执行科工作职责》《审计执行工作流程》《高密市审计结论落实工作暂行规定》等制度。市审计机关会同市委、市政府督查局、纪检监察、组织、人社等部门，建立联合检查、跟踪落实、责任追究等长效机制，促进审计结论落实利用最大化。

2013年5月，市审计局建立审计业务“四分离”制度。按照审计项目业务流程，将与审计业务密切相关的职责和权限划分为四部分，并将内部机构对应划分成计划、审计、审理、执行四类，形成四部门各司其职、相互监督、密切协作的审计内部管理制度机制。“四分离”打破了原来由同一个审计业务部门包揽审计计划制订、现场实施审计、审计处理处罚直至审计意见决定落实等所有业务的模式，加强了部门之间的相互监督和权力制衡。

2016年，市审计局认真贯彻落实高密市政府印发的《关于加强审计工作的实施意见》，对强化审计监督、完善审计工作机制、深化审计成果利用、夯实组织保障等方面进行规范。根据《中华人民共和国审计法》和《中华人民共和国审计法实施条例》等有关法律和行政法规规定，制定印发《审计简易程序操作办法（试行）》，合理利用审计资源，降低审计成本，提高审计工作效率。

2017年，市审计局印发《高密市领导干部离任经济责任事项交接办法（试行）》，规范领导干部经济责任行为，完善经济责任审计制度建设。市人大常委会印发《关于改进向市人大常委会报告审计工作及审计查出突出问题整改机制的意见》，强化市人大对审计工作的监督。

2019年，市审计局印发《关于建立审计容错免责机制的实施办法》，在审计监督中正确运用“三个区分开来”，支持改革、鼓励创新、宽容失误。12月12日，市审计局印发《高密市领导干部离任经济责任事项交接办法》，进一步提高经济责任审计的效率和覆盖面，增强领导干部的经济责任意识和自律意识，规范领导干部的经济责任行为。

2020年，中共高密市委审计委员会办公室印发《关于进一步加强内部审计工作的意见》，建立健全内部审计制度，提升内部审计工作质量，充分发挥内部审计作用。

2021年，市审计局印发《干部正向激

励实施办法（试行）》，树立重实干、重实绩的用人导向，发挥考核评价的激励鞭策作用，大力教育引导干部担当作为、干事创业。

2022 年，中共高密市委审计委员会办公室印发《高密市市管党政主要领导干部和国有企事业单位主要领导人任前经济责任以及自然资源资产管理和生态环境保护责任告知办法》和《高密市审计整改约谈办法（试行）》。

2023 年，中共高密市委审计委员会办公室印发《关于建立医疗卫生系统审计查出问题整改协同监督工作机制的意见》。

2024 年，中共高密市委审计委员会办公室、中共高密市委巡察工作领导小组办公室和高密市审计局共同印发《关于加强巡察与审计工作联动协作的办法》。

## 第四节　审计执法培训

1995 年，高密市审计局组织审计人员认真学习党的十四届四中、五中全会精神和邓小平关于建设有中国特色的社会主义理论，自觉树立审计工作始终要为经济建设服务的思想。结合《中华人民共和国审计法》的颁布实施，认真组织学习，进一步学习新财会制度，学习各项经济法规，增强依法审计的自觉性，以此提高审计队伍的政治业务素质，不断提高审计执法水平。

1996 年，市审计局抓典型带动，立足行业，争优创先。为使审计人员学有目标、赶有榜样，市审计局在组织学孔繁森、学英模的同时，评出本行业的先进标兵与优秀党员，大张旗鼓地宣传表彰他们立足岗位、扎实工作、严格执法、不谋私利的先进事迹，以此带动审计人员讲工作、讲奉献、讲文明、守纪律的工作作风，使全局形成了不计报酬、互相帮助、你追我赶的良好工作风气。

1997 年是“审计规范年”，结合 38 项审计规范的颁布实施，市审计局在抓好反复学习宣传的同时，狠抓规范落实。依照审计业务工作规范检查工作中存在的问题，针对问题进行认真整改，查出改进问题 32 条。落实目标责任，强化自身约束力，推动机关管理。

1999 年，市审计局以全面落实《中华人民共和国审计法》为总抓手，致力于加强“人、法、技”建设，在维护国家利益和法律尊严，围绕政府中心工作搞好服务等方面，充分发挥国家执法机关的作用，实现审计监督的目的。

2006 年，市审计局大力倡导并组织审计人员刻苦学习审计业务知识和与审计有关的法律法规知识，努力掌握从事审计业务所必需的基本知识、基本技能和基本法规依据。加强对审计新方法新技巧的研究探索和运用，提高审计质量。

2008 年，市审计局组织全体职工认真系统地学习审计业务知识、AO 审计技术、《中华人民共和国审计法》《中华人民共和国预算法》《中华人民共和国行政许可法》等法律知识以及与审计有关的其他知识，并注重学思践悟，提高水平。

2010 年，市审计局注重加强作风与廉政建设。以领导干部为重点，以审计组为关键，加强对审计人员的党纪政纪教育、警示教育和典型教育，严格落实各项廉政措施和审计纪律，实行审前公开制度、重点项目跟踪回访制度、年终考核一票否决制度和干部回避制度，接受外部监督和评价，强化廉政纪律督查，筑牢监督防线。

2017 年 11 月，市审计局印发《法律顾问工作制度》，并聘请市司法局法律援助中心主任李雪艳为审计局法律顾问。

2018 年，市审计局建立起各项学习制度，把领导干部学法用法纳入目标任务管理中。坚持将依法行政贯彻审计工作始终，通过加强学法力度、完善制度建设、开展考评和监督检查等多项举措，切实以法治思维和法治方式推动审计工作开展。完善工作人员法治能力建设，严格规范审计人员执法行为。切实执行审计计划、现场实施、复核、审理、审计报告、整改检查、结果公告全过程，构建起环环相扣的审计权力监督制约机制，做到审计职责权限法定、审计程序法定、审计方式法定、审计标准法定、审计保障法定。

2018 年，市审计局开展普法宣传教育。组织全体干部职工学习《中共中央关于全面推进依法治国若干重大问题的决定》，大力宣传宪法基本原则和内容，深入学习宣传以宪法为核心的中国特色社会主义法律体系，组织全体干部职工参加学法用法和普法无纸化考试；着力组织全局审计干部以深入学习《国务院关于加强审计工作的意见》为重点，认真学习中央加强民主法治建设的系列重要方针政策。12 月 4 日，市审计局开展国家宪法日宪法宣誓活动，活动的主题是“学习贯彻党的十九大精神，维护宪法权威”，全局职工参加了此次活动。

2020 年，市审计局按照上级部署，紧密结合审计工作实际，深化“重点工作攻坚年”、思想作风整顿和“百日攻坚”活动，各项工作运转顺畅、推进有效。按照“过紧日子”的要求，严格落实《党政机关厉行节

2018 年，市审计局普法宣传现场。

约反对浪费条例》及省、市配套制度，制定《高密市审计局关于“过紧日子”的实施意见》，各类公务开销一律精打细算，杜绝铺张浪费，节约型机关建设成效明显。严格执行中央八项规定精神、审计署“四严禁”（严禁违反政治纪律和政治规矩，不严格执行请示报告制度；严禁违反中央八项规定及其实施细则精神；严禁泄露审计工作秘密；严禁工作时间饮酒和酒后驾驶机动车）工作要求、“八不准”（不准由被审计单位和个人报销或补贴住宿、餐饮、交通、通讯、医疗等费用；不准接受被审计单位和个人赠送的礼品礼金，或未经批准通过授课等方式获取报酬；不准参加被审计单位和个人安排的宴请、娱乐、旅游等活动；不准利用审计工作知悉的国家秘密、商业秘密和内部信息谋取利益；不准利用审计职权干预被审计单位依法管理的资金、资产、资源的审批或分配使用；不准向被审计单位推销商品或介绍业务；不准接受被审计单位和个人的请托干预审计工作；不准向被审计单位和个人提出任何与审计工作无关的要求）工作纪律，守法执纪，廉洁勤政，审计干部队伍作风面貌显著改善，树立了忠诚、干净、担当的良好审计形象。

2022年，市审计局召开重申“九个严禁”纪律要求集体谈话会议。组织全体干部职工认真学习“九个严禁”纪律要求，引导党员干部深入贯彻落实市委关于进一步加强作风建设的部署要求，持续改进作风，进一步严明纪律规矩。开展纪律作风督查，抓早抓小、防微杜渐。正确把握和运用监督执纪“四种形态”，坚决把纪律和规矩放在前面。领导干部发挥“关键少数”作用，从严律己，带头执行纪律规定，自觉做“九个严禁”纪律要求的践行者、示范者、推动者。

2023年，市审计局开展“三个结合”法制宣传教育，夯实全员法治理念，提高依法审计水平。①将法制宣传与提高思想认识紧密结合。在深入宣传学习法律法规的过程中，与学习贯彻党的二十大和二十届中央审计委员会第一次会议精神的同步推进、有机融合，不断增强审计人员依法履职尽责、

2022年，市审计局召开重申“九个严禁”纪律要求集体谈话会议。

2021 年，市审计局工作人员上街分发普法宣传材料。

2023 年，市审计局工作人员向市民分发普法宣传材料。

以有力有效的审计监督服务保障党和国家工作大局的意识。②将法制宣传与审计项目实施紧密结合。强化项目普法宣传，按照“谁执法、谁普法”的要求，以审前调查和审计进点见面会为契机，积极向被审计单位领导和有关人员宣传审计和财经法律法规知识，促进被审计单位更好地理解、支持和配合审计工作。③将法制宣传与党建工作紧密结合。将法制宣传作为一项重要内容纳入机关党建工作，落实到“三会一课”、主题党日、法制宣传日、“临时党小组”等党建阵地，拓展宣传辐射面，切实提高审计法制宣传成效。市审计局利用业余时间，组织干部职工通过设立法制宣传点、悬挂法制宣传横幅、发放宣传资料、接受法律咨询等形式，向群众发放《中华人民共和国宪法》《中华人民共和国劳动法》《中华人民共和国审计法》《中华人民共和国审计法实施条例》等与人民群众生产生活密切相关的法律法规资料，并耐心解答群众的咨询，帮助广大市民提高遵纪守法和依法维权的法律意识。

2024 年，市审计局积极开展普法宣传活动，推动法治社会建设。5 月，深入基层，开展“民法典·与生活同行”普法宣传活动，向社区居民发放《民法典宣传明白纸》，普及法律知识。在日常审计工作中，推动法治宣传。在对每一个被审计单位进行经济“体检”的过程中，以发现问题、查偏纠错的方式进行普法宣传，让被审计单位对相关法律法规有了更加清晰深入的认识，并为部门单位经济行为规范化提供合理建议。

2024 年，市审计局工作人员向居民发放《民法典宣传明白纸》。

# 第六章

SHENJI GUANLI

# 审计管理

高密市审计局成立以后，十分重视队伍建设，通过加强对审计人员的教育培训、建立健全规章制度等措施，锤炼造就了一支思想过硬、业务过硬、作风过硬、工作过硬的审计铁军。通过加强行政执法、审计复核、审理、回访督查、质量检查等各项工作，强化审计质量控制，规范审计行为，审计工作逐步走上法治化、制度化、规范化轨道，为提高审计质量管理水平和审计效益发挥了积极作用。

## 第一节 审计队伍建设

1984 年 4 月，高密县审计局成立之初有工作人员 7 人。其中，中专和高中学历以上 5 人，技术职称 5 人（助理会计师 2 人，会计员 3 人）。有 2 人参加省、市统一组织的培训班，学习审计业务。

1986 年 3 月，县审计局有工作人员 8 人。其中，5 人具有初级技术职称，1 人函授大专毕业，4 人参加上海立新会计协会办的函授审计学习。截至 1986 年 12 月，全县共配备 16 名内审人员。

1987 年 4 月，县审计局 8 名人员参加由山东省审计局组织、山东经济学院举办的“五科”函授培训学习，1988 年 3 月以潍坊市第一名的成绩顺利结业。1989 年 11 月，县审计局被高密县会计知识大竞赛组委会授予高密县全县首届会计知识大奖赛团体第三名，程元友获个人第二名。1992 年 11 月—12 月，戴晶参加南京审计学院金融审计培训并顺利结业。1995 年，李培智参加山东省财经学院的资产评估培训班。

1996 年，市审计局把审计队伍建设作为提高审计质量和水平的关键，抓教育、抓培训，不断提高审计队伍素质。一是组织广大审计人员深入学习邓小平关于建设有中国特色社会主义理论和党的路线、方针、政策，不断提高理论水平，增强政治坚定性。开展向英模人物学习活动，使审计人员树立起全心全意为人民服务的思想和无私奉献精神，以饱满的政治热情投入审计工作。二是下大力气抓好业务培训，外出学习培训 27 人次，内部举办培训班 4 期，人均轮训 2 次。采取集体学习与自学相结合、以老带新、以强帮弱等方式拓宽审计人员的业务知识面。每名干部轮流授课，讲理论、讲实践、讲经验，

1989 年，高密县审计局全体人员合影。

达到教学相长、共同提高目的。三是积极推广应用现代审计手段和方法，全局 50 岁以下的审计人员都参加计算机培训班，每周学习 4 课时，总授课达 81 课时，他们大部分都掌握了计算机基础理论和操作知识，为应用现代审计手段和方法奠定了坚实基础。四是组织审计专业职称全国统考培训，通过培训，提高了审计人员的专业理论知识，4 人考取审计师职称，2 人考取助理审计师职称。

1997 年，市审计局加强审计队伍建设，在提高审计人员的政治和业务素质上下功夫，在审计队伍建设上狠抓“两个不放松”。一是抓组织建设不放松，坚持先抓党员队伍，开展形式多样的党员教育，使党组织的核心作用和党员的先锋模范作用得到有效发挥，在审计队伍中树立了党组织的威望。全局 95%以上的青年主动参加党组织活动和党课教育，党员成为做好审计工作的中坚力量。二是抓业务素质不放松，按照“人人懂业务，个个当主审”的要求，组织全体审计人员进行业务学习，共组织业务知识培训 4 次，派出 38 人次参加省审计厅和潍坊市审计局组织的专业知识学习，全局 50 岁以下的审计人员都参加计算机培训，80%以上的审计人员掌握了计算机操作知识，促使审计人员尽快掌握现代化审计手段和新形势下审计工作的新方法。审计队伍业务素质有较大提高，基本达到思想作风正派、业务技术过硬的队伍建设目标。

2000 年，市审计局在全体机关干部中开展“学政治理论、学业务、学法律法规、学计算机技术”等内容的学习教育活动。从局党组成员到一般审计人员，人人积极参与学习活动，在全局形成浓厚的学习氛围，采取自学、集中学、写读书笔记、“小授课”等形式，针对性地组织审计人员开展“怎样当好主审”“怎样发现大案要案线索”等内容专题交流、讨论，为逐步实现培养复合型审计人员的目标迈出崭新的一步。

2005 年，市审计局通过下大力气加强作风建设，建立健全《党建工作领导责任制》《关于实行诚勉书的规定》《关于严禁工作人员接

2005年，审计人员深入开展“五个一”活动，积极读书充电。

受公款招待和实行“禁酒令”的规定》等一系列巩固和扩大先进性教育活动成果的长效机制。审计干部队伍“清廉、务实、高效”的形象进一步树立。在机关内部深入开展“五个一”活动，具体内容如下：“一日一读”，即审计人员每天至少读一小时专业书籍，给大脑“充电”；“一月一提”，即每人每月提出一个工作中存在的问题或遇到的难点，并初步拟订解决方案，局党组适时召开“诸葛亮会”，集思广益确定最佳解决方案；“一月一《要情》”，即每人每月至少撰写一篇供领导参阅的具有较大价值的《审计要情》；“一季一论”，即每季度组织一次审计论坛，审计人员就审计中发现的共性问题或典型审计案例发表意见，相互交流，以此拓宽审计人员的思路，增强大家的思辨能力；“一年一考”，即每年年底组织一次全年学习成果考核，并将考核结果作为审计人员评先树优的重要参考依据。

2007年，市审计局按照市委提出的弘扬“用心用力、认真办事、真抓实干、攻坚破难”的工作作风和全市工作“提速、升温、加力”的要求，以“培养一流审计队伍、打造一流审计业绩”为目标，全面加强审计队伍建设。全员学习、制度管理、廉政建设、审计文化、审计作风等队伍建设工作齐头并进，在全社会树立了良好的审计形象。6月，市审计局开展和谐审计机关创建活动，通过创建活动增强“八个意识”，即和谐意识、团结协作意识、服务意识、责任意识、效率意识、规范意识、质量意识和纪律意识。

2009年，市审计局为适应新形势、新任务需要，推动审计监督上水平，印发《关于进一步加强审计人员业务学习的意见》和《关于加强人力资源建设的意见》，对优化队伍结构，加强复合型、创新型人才建设起到了积极的推动作用。邀请青岛市审计局二处处长进行绩效审计专题讲座。选派审计人员到南京审计学院进修学习，参加省市举办的培训班，加强现代审计理念、审计专业技能、计算机审计应用特别是AO应用等培训，优化审计人员的知识结构，培养创新型、复合型的现代审计人才。成立市审计局绩效审计工作领导小组，加强对绩效审计工作的组织领导，促进审计人员增强绩效审计意识，加大绩效审计力度，多出绩效审计工作成果。

2011 年 7 月 20 日，市审计局赴烟台参加审计署组织的“地方审计机关班子队伍建设”主题调研活动。高密市审计局作为全省推荐的 4 个县市级审计机关发言单位之一，在这次座谈会上做了经验交流。市审计局“抓班子，打造坚强有力的领导核心；抓队伍，建设追求卓越的优秀团队；抓廉政，树立审计队伍的良好形象”的做法，在座谈会上引起审计署副审计长余效明、山东省审计厅厅长左敏等领导的关注，并给予高度评价。

2012 年—2015 年，市审计局以“走、转、改”活动为载体，锤炼审计队伍硬功夫，着力铸造钢班子、铁队伍，推动审计工作扎实开展。一是走基层接地气。班子成员带头践行“一线工作法”，扑下身子参与项目审计，并每月至少有 5 个工作日深入机关企事业单位、村居社区等，调研经济领域新动态、民生政策措施落实情况等。审计人员在开展审计项目和“群众工作日”活动中，围绕基层群众普遍关注的民生问题广泛走村入户，听民声、察实情，为工作开展掌握了大量的第一手资料。二是转作风促和谐。制定完善《关于转变作风提升审计工作效能的意见》《审计人员礼仪规范》《审计项目和事务性工作民主议事规程》等制度，重点整治“庸懒散”“骄娇暮”等问题，营造民主管理、团结干事的浓厚氛围；工作中严格执行审计纪律“八不准”和《审计组廉政建设责任制》等规定，树立依法、文明、廉洁的审计形象。三是改文风求实效。着力解决公文冗长拖沓、生涩枯燥、言之无物等问题，针对审计报告的不同使用者，重点改进审计报告的语言古

2011 年，高密市审计局全体人员合影。

板、格式机械、专业术语过多等缺陷，力求言简意赅、通俗易懂，便于领导参读。

2016年，市审计局着力提升审计干部的政治素质和审计专业技能，组织举办审计业务培训班，培训干部46人，内容涵盖审计人员政治素质和业务素质培训。邀请市委党校教师、市人大、市纪委干部为局干部职工进行公务员、党员干部素质能力提升、“三严三实”专题教育讲座，开设审计文书规范写作授课和审计项目案例演示，大大提高了培训效果。

2017年—2021年，市审计局认真落实市委、市政府决策部署，自觉把“作风建设年”活动与省审计厅开展的“强基层、铸铁军”工程紧密结合起来。从从严落实主体责任、着力练好基本功、注重打好特色牌三个方面“抓好党的建设。从抓学习，克服本领恐慌；抓协作，提高团队作战能力；抓作风，严明纪律规矩；抓考核，健全激励机制”四个方面抓队伍建设。从“抓规范，出精品；抓创新，求突破；抓特色，谋亮点；抓服务，提威信”四个方面抓业务建设。从增强文化理念、开拓文化阵地、丰富文化生活、增进人文关怀四个方面抓文化建设。这样既锻炼了队伍，又提升了工作成效，得到了市委、市政府主要领导的批示肯定。

2022年—2024年，市审计局在管理中多措并举，实行“师带徒”“导师制”等制度，大力开展“大培训、大练兵、大比武”活动，全面提升管理水平和工作人员素质。同时利用好每月一期的“审计大学堂”和“审计微讲堂”、每两个月一期的“青审学堂”，培养年轻干部。实行导师制，首次建立六人专业导师队伍，实行定向选题，围绕预算执行审计、经济责任审计、政策落实审计、大数据审计、国有企业审计、审计法律法规应用等六大业务领域，以身示范、言传身教，发挥好专业导师的教导员、智囊团、带头人作用。首批遴选10名“85后”年轻干部同10名业务“老把式”“一对一”结对拜师，在日常学习研究和项目一线面对面、手把手“传”优良作风、“帮”工作方法、“带”能力提升，促进年轻审计干部快速成长。

2022年3月，市审计局“师带徒”启动仪式。

2022 年 11 月，“师带徒”结对成员对已完结项目进行审后绩效评估、研讨。

《山东审计简报》《潍坊审计信息》以“加强年轻审计干部培养，锻造一流过硬审计铁军”为题予以刊登。省委审计办主任、省审计厅党组书记、厅长王金城和潍坊市委审计办主任、市审计局党组书记、局长张祖钊分别批示推广这一经验。2022 年 12 月 8 日，全省审计机关模范机关建设省市县“三级联动”试点工作视频推进会议召开，高密市审

2022 年 12 月，高密市审计局局长王丽萍（前排左一）在全省作典型发言。

2024 年 10 月，市审计局组织全体机关干部到姜庄镇王干坝红色教育基地接受红色文化教育。

计局作为全省八个单位之一，也是潍坊市唯一单位在会上作了题为“聚焦‘四个建设’，锻造模范机关”的典型经验介绍。

2024 年 10 月，市审计局开展“领略红色文化，传承红色基因”爱国主义教育活动，组织全体机关干部到姜庄镇王干坝红色教育基地接受红色文化教育。深入开展“清廉审计”建设活动。积极组织全体干部观看警示教育片，赴高密市廉政教育展馆参观学习等，全面提高审计干部的法治思维，教育审计干部依法审计、清廉审计，着力打造一支法律素养和业务能力双过硬的审计队伍。

2024 年，高密市审计局全体人员合影。

表 6-1 1984 年—2024 年高密市审计局退休和调出人员信息一览表

| 姓名 | 出生年月 | 性别 | 籍贯 | 政治面貌 | 学历 | 职务 | 在审计局工作时间 | 备注 |
|---|---|---|---|---|---|---|---|---|
| 薛步月 | 1930 年 7 月 | 男 | 高密市井沟镇 | 中共党员 | 高中 | 科员 | 1985 年—1990 年 | 退休 |
| 王镇一 | 1932 年 10 月 | 男 | 高密市密水街道 | 中共党员 | 中专 | 局长 | 1984 年—1992 年 | 退休 |
| 张聿俭 | 1937 年 11 月 | 男 | 高密市醴泉街道 | 中共党员 | 中专 | 科员 | 1984 年—1995 年 | 退休 |
| 郝恩贵 | 1941 年 9 月 | 男 | 高密市阚家镇 | 中共党员 | 中专 | 局长 | 1985 年—2002 年 | 退休 |
| 王积田 | 1943 年 10 月 | 男 | 高密市姚哥庄社区 | 中共党员 | 中专 | 副局长 | 1984 年—2003 年 | 退休 |
| 杜继亮 | 1943 年 10 月 | 男 | 高密市姜庄镇 | 中共党员 | 专科 | 主任科员 | 1996 年—2003 年 | 退休 |
| 史星跃 | 1947 年 6 月 | 男 | 高密市醴泉街道 | 中共党员 | 初中 | 纪检书记 | 1997 年—2007 年 | 退休 |
| 常德润 | 1948 年 10 月 | 男 | 高密市柏城镇 | 中共党员 | 中专 | 主任科员 | 1998 年—2008 年 | 退休 |
| 王心福 | 1951 年 1 月 | 男 | 高密市柏城镇 | 中共党员 | 中专 | 副局长 | 1992 年—2011 年 | 退休 |
| 李兆友 | 1952 年 4 月 | 男 | 高密市柏城镇 | 中共党员 | 高中 | 主任科员 | 2001 年—2012 年 | 退休 |
| 王福兴 | 1953 年 12 月 | 男 | 高密市阚家镇 | 中共党员 | 专科 | 局长 | 1995 年—2013 年 | 退休 |
| 陈继伟 | 1954 年 2 月 | 男 | 高密市夏庄镇 | 中共党员 | 专科 | 副局长 | 1984 年—1991 年 | 调出 |
| 王玉树 | 1954 年 11 月 | 男 | 高密市姜庄镇 | 中共党员 | 专科 | 纪检组组长 | 2000 年—2014 年 | 退休 |
| 伏建义 | 1955 年 3 月 | 男 | 高密市井沟镇 | 中共党员 | 初中 | 科员 | 1986 年—2015 年 | 退休 |
| 姜殿国 | 1955 年 5 月 | 男 | 胶州市张应镇 | 中共党员 | 专科 | 局长 | 1991 年—2007 年 | 调出 |
| 高金霞 | 1956 年 1 月 | 女 | 高密市柴沟镇 | 群众 | 中专 | 科员 | 1989 年—2011 年 | 退休 |
| 张志伟 | 1956 年 12 月 | 男 | 高密市夏庄镇 | 中共党员 | 专科 | 四级主任科员 | 1990 年—2017 年 | 退休 |
| 荆汝光 | 1957 年 8 月 | 男 | 高密市井沟镇 | 中共党员 | 专科 | 四级主任科员 | 1990 年—2017 年 | 退休 |
| 王　伟 | 1958 年 2 月 | 女 | 青岛市崂山区 | 中共党员 | 专科 | 副局长 | 1988 年—2013 年 | 退休 |
| 戴　晶 | 1959 年 4 月 | 女 | 青岛市平度市 | 中共党员 | 本科 | 副局长 | 1985 年—2014 年 | 退休 |
| 徐胜利 | 1959 年 6 月 | 男 | 青岛市莱西市 | 中共党员 | 本科 | 科员 | 1984 年—1990 年 | 调出 |
| 张崇凯 | 1959 年 7 月 | 男 | 诸城市吕标镇 | 中共党员 | 专科 | 副局长 | 1988 年—2019 年 | 退休 |

续表

| 姓名 | 出生年月 | 性别 | 籍贯 | 政治面貌 | 学历 | 职务 | 在审计局工作时间 | 备注 |
|---|---|---|---|---|---|---|---|---|
| 范季红 | 1961 年 3 月 | 女 | 诸城市密州街道 | 中共党员 | 本科 | 副局长 | 1985 年—2016 年 | 退休 |
| 戴学仁 | 1961 年 12 月 | 男 | 高密市胶河社区 | 中共党员 | 专科 | 局长 | 2007 年—2012 年 | 调出 |
| 张尔京 | 1962 年 5 月 | 男 | 高密市阚家镇 | 中共党员 | 专科 | 四级主任科员 | 1986 年—2022 年 | 退休 |
| 楚希彦 | 1962 年 8 月 | 男 | 高密市阚家镇 | 中共党员 | 高中 | 科员 | 1995 年—2022 年 | 退休 |
| 岳明智 | 1962 年 8 月 | 男 | 高密市阚家镇 | 中共党员 | 高中 | 科员 | 1995 年—2022 年 | 退休 |
| 刘世霞 | 1962 年 8 月 | 女 | 高密市井沟镇 | 中共党员 | 中专 | 副主任科员 | 1992 年—2016 年 | 退休 |
| 赵立刚 | 1962 年 9 月 | 男 | 青岛市莱西市 | 中共党员 | 专科 | 副局长 | 1992 年—2023 年 | 退休 |
| 李宗福 | 1963 年 4 月 | 男 | 高密市醴泉街道 | 中共党员 | 本科 | 局长 | 2011 年—2016 年 | 调出 |
| 张建华 | 1963 年 5 月 | 男 | 高密市姜庄镇 | 中共党员 | 专科 | 三级主任科员 | 1989 年—2023 年 | 退休 |
| 王传勇 | 1963 年 9 月 | 男 | 烟台市牟平区 | 中共党员 | 本科 | 二级主任科员 | 1999 年—2023 年 | 退休 |
| 田晋名 | 1964 年 1 月 | 男 | 高密市井沟镇 | 中共党员 | 本科 | 科员 | 1998 年—2024 年 | 退休 |
| 陈福良 | 1964 年 1 月 | 男 | 高密市醴泉街道 | 中共党员 | 专科 | 科员 | 1996 年—2024 年 | 退休 |
| 李玉德 | 1964 年 1 月 | 男 | 高密市阚家镇 | 中共党员 | 专科 | 四级主任科员 | 1986 年—2024 年 | 退休 |
| 楚化军 | 1965 年 11 月 | 男 | 高密市姜庄镇 | 中共党员 | 专科 | 科员 | 1992 年—2017 年 | 调出 |
| 王丽娜 | 1965 年 12 月 | 女 | 高密市大牟家镇 | 群众 | 专科 | 科员 | 1996 年—2000 年 | 退休 |
| 仪秀梅 | 1967 年 6 月 | 女 | 高密市醴泉街道 | 中共党员 | 本科 | 科员 | 1987 年—2017 年 | 退休 |
| 邓　涛 | 1972 年 2 月 | 男 | 高密市夏庄镇 | 中共党员 | 本科 | 党组书记 | 2013 年—2015 年 | 调出 |
| 杜启强 | 1972 年 10 月 | 男 | 高密市夏庄镇 | 中共党员 | 本科 | 中级审计师/资产评估师 | 1991 年—1999 年 | 调出 |
| 王玉凤 | 1982 年 1 月 | 女 | 高密市姜庄镇 | 中共党员 | 本科 | 副局长 | 2015 年—2019 年 | 调出 |
| 任宪法 | 1982 年 12 月 | 男 | 高密市柏城镇 | 中共党员 | 本科 | 科员 | 2006 年—2015 年 | 调出 |
| 邱　雪 | 1984 年 7 月 | 女 | 高密市柴沟镇 | 中共党员 | 研究生 | 科员 | 2011 年—2014 年 | 调出 |
| 王秀文 | 1985 年 4 月 | 女 | 青岛市胶南区 | 群众 | 研究生 | 科员 | 2012 年—2013 年 | 调出 |
| 孟　丽 | 1990 年 1 月 | 女 | 临沂市平邑县 | 民革党员 | 本科 | 科员 | 2014 年—2018 年 | 调出 |
| 刘勇震 | 1997 年 7 月 | 男 | 青州市庙子镇 | 共青团员 | 本科 | 科员 | 2020 年—2024 年 | 调出 |

表 6-2　2024 年高密市审计局在职人员信息一览表

| 姓名 | 出生年月 | 性别 | 籍贯 | 政治面貌 | 学历 | 职务 / 职称 | 审计局入职时间 |
|---|---|---|---|---|---|---|---|
| 陈鹏程 | 1965 年 4 月 | 男 | 高密市醴泉街道 | 中共党员 | 专科 | 市经济责任审计服务中心七级职员 | 2006 年 8 月 |
| 李培智 | 1965 年 12 月 | 男 | 高密市井沟镇 | 中共党员 | 本科 | 高级审计师 | 1989 年 11 月 |
| 程元友 | 1966 年 1 月 | 男 | 高密市阚家镇 | 群众 | 专科 | 市经济责任审计服务中心副主任 / 中级审计师 | 1988 年 7 月 |
| 尹　志 | 1966 年 3 月 | 男 | 日照市东港区 | 中共党员 | 高中 | 四级主任科员 | 1991 年 |
| 张宗春 | 1968 年 5 月 | 男 | 高密市大牟家镇 | 中共党员 | 本科 | 局长 / 三级调研员 | 2016 年 1 月 |
| 李　刚 | 1968 年 10 月 | 男 | 高密市姜庄镇 | 中共党员 | 本科 | 一级主任科员 | 2009 年 2 月 |
| 徐正伟 | 1968 年 10 月 | 男 | 上海市南汇区 | 中共党员 | 专科 | 市经济责任审计工作联席会议办公室主任 / 三级主任科员 | 1990 年 6 月 |
| 宋世忠 | 1968 年 10 月 | 男 | 高密市柏城镇 | 中共党员 | 专科 | 市经济责任审计服务中心副主任 / 高级审计师 | 2008 年 2 月 |
| 侯文奇 | 1972 年 6 月 | 男 | 高密市咸家社区 | 中共党员 | 本科 | 四级调研员 | 2014 年 8 月 |
| 王丽萍 | 1973 年 4 月 | 女 | 海南省定安县 | 中共党员 | 本科 | 局长 / 四级调研员 | 2022 年 1 月 |
| 王艳丽 | 1974 年 2 月 | 女 | 高密市姚哥庄社区 | 中共党员 | 本科 | 市经济责任审计服务中心主任 / 正高级审计师 | 1996 年 3 月 |
| 王　峰 | 1978 年 7 月 | 男 | 高密市井沟镇 | 中共党员 | 专科 | 办公室主任 | 2007 年 5 月 |
| 张　琳 | 1978 年 11 月 | 女 | 青岛市胶南区 | 群众 | 中专 | 科员 | 2007 年 10 月 |
| 魏凤磊 | 1979 年 2 月 | 男 | 高密市大牟家镇 | 中共党员 | 研究生 | 中级审计师 | 2012 年 11 月 |
| 张海波 | 1979 年 6 月 | 男 | 高密市大牟家镇 | 中共党员 | 本科 | 高级审计师 | 2005 年 9 月 |
| 付希娟 | 1979 年 6 月 | 女 | 高密市密水街道 | 中共党员 | 本科 | 中级审计师 | 2003 年 11 月 |
| 郭　鹏 | 1980 年 12 月 | 男 | 高密市夏庄镇 | 群众 | 本科 | 科员 | 2007 年 10 月 |
| 张　婷 | 1981 年 4 月 | 女 | 高密市密水街道 | 中共党员 | 本科 | 科员 | 2005 年 9 月 |
| 王　静 | 1981 年 7 月 | 女 | 高密醴泉街道 | 中共党员 | 研究生 | 副局长 / 三级主任科员 | 2009 年 7 月 |
| 魏　强 | 1982 年 4 月 | 男 | 高密市大牟家镇 | 中共党员 | 本科 | 中级审计师 | 2005 年 9 月 |
| 冯　梅 | 1982 年 11 月 | 女 | 菏泽市曹县 | 中共党员 | 研究生 | 高级审计师 | 2010 年 11 月 |
| 王春晓 | 1983 年 2 月 | 女 | 高密市密水街道 | 中共党员 | 本科 | 高级审计师 | 2007 年 10 月 |

续表

| 姓名 | 出生<br>年月 | 性<br>别 | 籍贯 | 政治面貌 | 学历 | 职务/职称 | 审计局<br>入职时间 |
|---|---|---|---|---|---|---|---|
| 李　欣 | 1983年9月 | 男 | 高密市柏城镇 | 中共党员 | 本科 | 副局长 | 2022年5月 |
| 郝明军 | 1984年3月 | 男 | 高密市密水街道 | 中共党员 | 本科 | 中级审计师 | 2008年10月 |
| 栾琳芝 | 1985年5月 | 女 | 高密市夏庄镇 | 中共党员 | 本科 | 中级会计师 | 2010年11月 |
| 薛敬礼 | 1985年2月 | 男 | 潍坊市高新区 | 群众 | 本科 | 协审 | 2017年3月 |
| 刘　端 | 1985年6月 | 女 | 高密市密水街道 | 中共党员 | 本科 | 高级审计师 | 2011年8月 |
| 朱　慧 | 1986年6月 | 女 | 高密市夏庄镇 | 中共党员 | 本科 | 高级审计师 | 2009年10月 |
| 张　倩 | 1986年8月 | 女 | 高密市朝阳街道 | 中共党员 | 研究生 | 科员 | 2013年10月 |
| 张　健 | 1988年11月 | 男 | 高密市朝阳街道 | 中共党员 | 本科 | 中级审计师 | 2014年10月 |
| 姚雅文 | 1989年1月 | 女 | 高密市井沟镇 | 中共党员 | 研究生 | 高级审计师 | 2012年4月 |
| 苗笑晗 | 1992年2月 | 女 | 高密市密水街道 | 中共党员 | 本科 | 科员 | 2017年9月 |
| 王　宇 | 1992年7月 | 女 | 高密市醴泉街道 | 中共党员 | 研究生 | 四级主任科员 | 2017年9月 |
| 李小亮 | 1992年8月 | 男 | 高密市密水街道 | 中共党员 | 专科 | 协审 | 2012年10月 |
| 张　源 | 1993年3月 | 女 | 高密市夏庄镇 | 中共党员 | 本科 | 四级主任科员 | 2015年10月 |
| 钟　璐 | 1993年4月 | 女 | 高密市胶河社区 | 群众 | 本科 | 四级主任科员 | 2018年8月 |
| 张钰雪 | 1993年4月 | 女 | 青岛市胶州市 | 中共党员 | 本科 | 科员 | 2015年10月 |
| 孙研策 | 1993年8月 | 男 | 高密市密水街道 | 中共党员 | 专科 | 协审 | 2019年1月 |
| 韩　晴 | 1994年7月 | 女 | 枣庄市滕州市 | 群众 | 研究生 | 四级主任科员 | 2021年5月 |
| 刘　云 | 1994年7月 | 女 | 高密市大牟家镇 | 群众 | 本科 | 科员 | 2022年10月 |
| 闫晓菲 | 1995年8月 | 女 | 高密市密水街道 | 群众 | 本科 | 科员 | 2020年11月 |
| 石丽丽 | 1996年3月 | 女 | 高密市阚家镇 | 群众 | 专科 | 协审 | 2019年1月 |
| 张欣悦 | 1996年11月 | 女 | 高密市密水街道 | 中共党员 | 本科 | 科员 | 2021年5月 |
| 王克烁 | 1999年3月 | 男 | 淄博市淄川区 | 中共党员 | 本科 | 科员 | 2023年8月 |
| 庄绪英 | 1999年12月 | 女 | 临沂市莒南县 | 中共党员 | 本科 | 科员 | 2024年8月 |
| 宋新茹 | 2000年3月 | 女 | 青岛市胶州市 | 共青团员 | 本科 | 科员 | 2022年7月 |

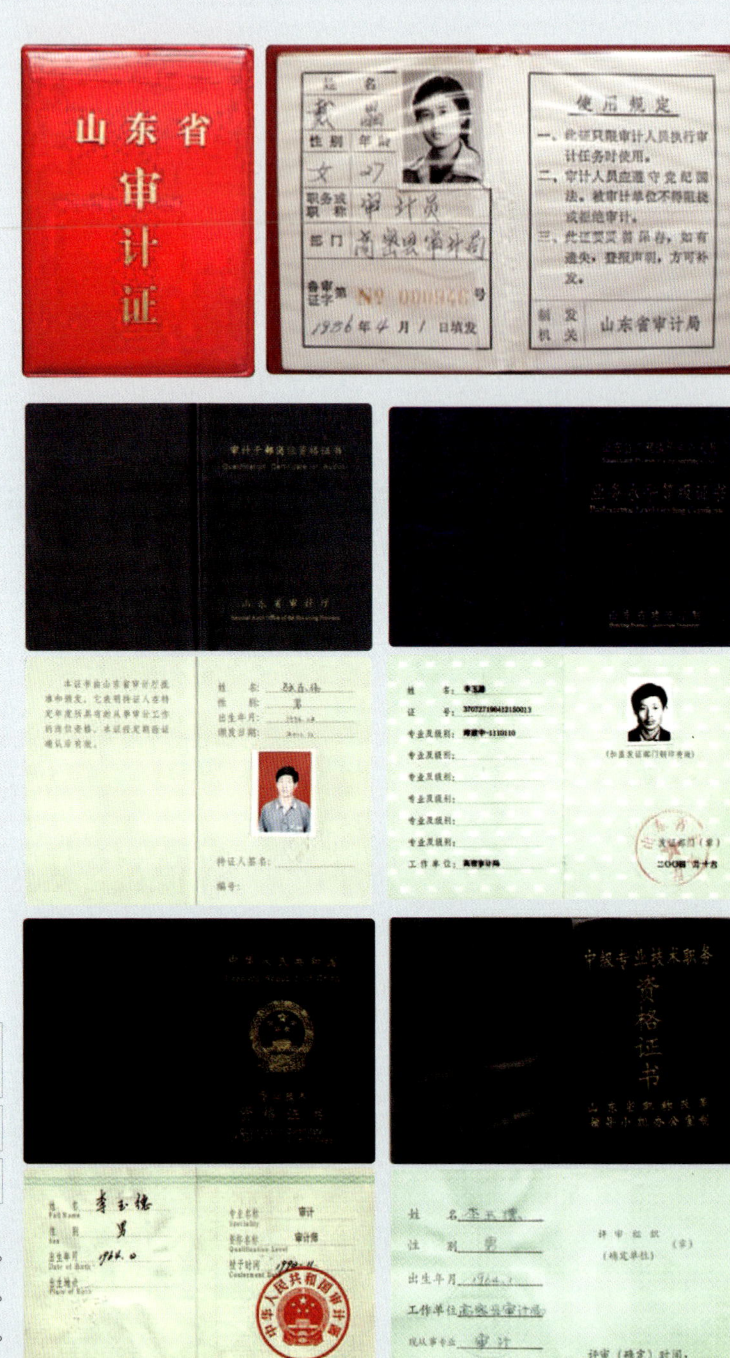

①山东省审计证。

②审计干部岗位资格证书。

③山东省工程造价专业人员业务水平等级证书。

④中华人民共和国专业技术资格证书。

⑤中级专业技术职务资格证书。

# 第二节　计划统计管理

高密市审计局高度重视审计项目计划管理工作，在加强调查研究的基础上，综合考虑各方面因素，组织专业力量，认真编制年度审计项目计划，确保圆满完成计划目标。

1991 年 9 月，高密县审计局设立综合科，负责计划、统计工作；1999 年 3 月，撤销综合科，增设审计管理科；2008 年，撤销管理科，设立法制科；2012 年 1 月，设立计划统计科；2017 年 2 月，计划统计科、法制科合并为计划法制科。

1991 年—1999 年，高密审计机关按照潍坊市审计局印发的《编表说明》统一填报纸质版统计台账、月报表、季报表。1999 年，按照山东省审计厅的统一部署，潍坊市推行审计统计台账制度、季报表集中汇审汇总制度以及审计统计工作考评制度等，确保审计统计工作从原始填报依据、统计台账、月报表、季报表到统计分析等各个环节的质量。2006 年，使用电脑统计软件填写台账、汇总报表和校对。

2011 年，市审计局按照《潍坊市审计局审计统计员管理办法(暂行)》和《潍坊市各县级审计机关审计统计员管理办法(暂行)》，如实填写统计台账，填报审计统计报表，开展审计统计分析，按照潍坊市审计局要求的时间准确、及时、完整地上报审计统计资料。同年，潍坊市审计局重新制定《潍坊市审计统计工作考核办法》，将统计工作的开展情况纳入审计工作综合考核中，每个部门的统计成绩与年底综合考核挂钩，与评选先进单位、先进个人挂钩。高密市审计局统计工作成绩突出，连续多年被山东省审计厅、潍坊市审计局评为统计工作先进单位。

2012 年，市审计局更换新版统计软件使得台账填写更加方便，统计分析功能更加强大。在原版统计软件的基础上增加了统计计划功能，每年初制订统计计划，根据统计计划按月填报项目工作量，最后完成统计台

1984年5月－12月份全市试审情况统计表

汇总单位：潍坊市审计局　　1985年1月8日　　金额单位：万元

| 地区 | 试审单位(个) | 试审成果 | | | | | 备注 |
|---|---|---|---|---|---|---|---|
| | | 金额合计 | 违纪 | 浪费 | 错账 | 应上缴财政 | |
| 合计 | 42 | 1248.17 | 658.03 | 425.15 | 164.99 | 411.47 | |
| 潍城 | | | | | | | 与市局联合 |
| 坊子 | | | | | | | 试审 |
| 寒亭 | 1 | 22.60 | 15 | 4.20 | 3.40 | 4.10 | |
| 益都 | 1 | 64.24 | 1.40 | 24.30 | 38.54 | 1.40 | |
| 安丘 | 3 | 175.80 | 165 | 10.80 | | 113 | |
| 寿光 | 12 | 55.67 | 10.06 | 45.61 | | 7.43 | |
| 临朐 | 7 | 79.08 | 66.56 | | 12.52 | 37.37 | |
| 昌乐 | 4 | 64.37 | 32.14 | 31.88 | 0.35 | 15.58 | |
| 昌邑 | 6 | 91.48 | 83.89 | 6.33 | 1.26 | 71.48 | |
| 高密 | 2 | 69.36 | 46.25 | 12.09 | 11.02 | | |
| 诸城 | 2 | 259.60 | 156.50 | 66.56 | 36.60 | 132.10 | |
| 五莲 | 1 | 41.77 | | | 41.77 | 9.13 | |
| 市局 | 3 | 324.20 | 81.23 | [illegible] | 19.53 | 19.88 | 含潍城坊子联合试审项目 |

1984 年，潍坊市试审情况统计表。

一九八六年第二季度审计统计报表考评情况

| 单位 | 合计100分 | 报送时间(30分) | | 数字准确(30分) | | 内容完整(20分) | | 文字说明(20分) | |
|---|---|---|---|---|---|---|---|---|---|
| | | 得分 | 扣分原因 | 得分 | 扣分原因 | 得分 | 扣分原因 | 得分 | 扣分原因 |
| 潍城 | 90 | 30 | | 20 | 错数、漏项各一个 | 20 | | 20 | |
| 寒亭 | 100 | 30 | | 30 | | 20 | | 20 | |
| 坊子 | 90 | 30 | | 25 | 违纪金额数错 | 20 | | 15 | 说明不清 |
| 寿光 | 100 | 30 | | 30 | | 20 | | 20 | |
| 昌邑 | 100 | 30 | | 30 | | 20 | | 20 | |
| 昌乐 | 90 | 30 | | 25 | [illegible] | 20 | | 15 | 说明不清 |
| 青州 | 100 | 30 | | 30 | | 20 | | 20 | |
| 安丘 | 100 | 30 | | 30 | 有小数点 | 20 | | 20 | |
| 临朐 | 95 | 30 | | 25 | 有小数点 | 20 | | 20 | |
| 高密 | 90 | 30 | | 25 | | 20 | | 15 | 说明不清 |
| 五莲 | 89 | 30 | | 30 | | 19 | 填表日期未填 | 10 | 说明不清、不合规定 |
| 诸城 | 100 | 30 | | 30 | | 20 | | 20 | |
| 市局工交科 | 92 | 30 | | 25 | 投入审计力量数错 | 17 | [illegible] | 20 | |
| 商粮贸科 | 95 | 30 | | 25 | 有小数点 | 20 | | 20 | |
| 行事科 | 95 | 30 | | 25 | 错行 | 20 | | 20 | |

1986 年，潍坊市审计统计报表考评情况。

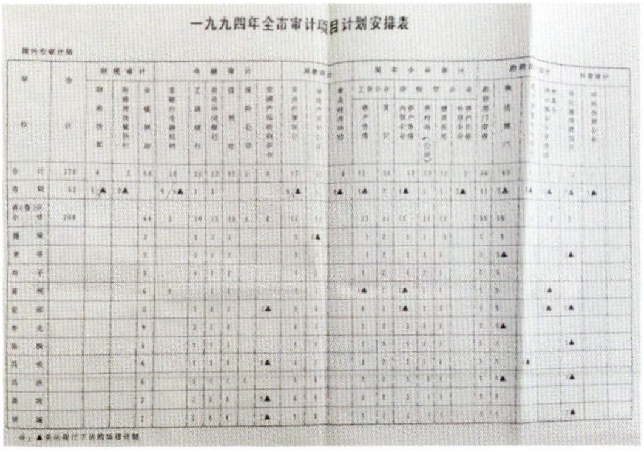
一九九四年全市审计项目计划安排表

1994 年，潍坊市审计项目计划安排表。

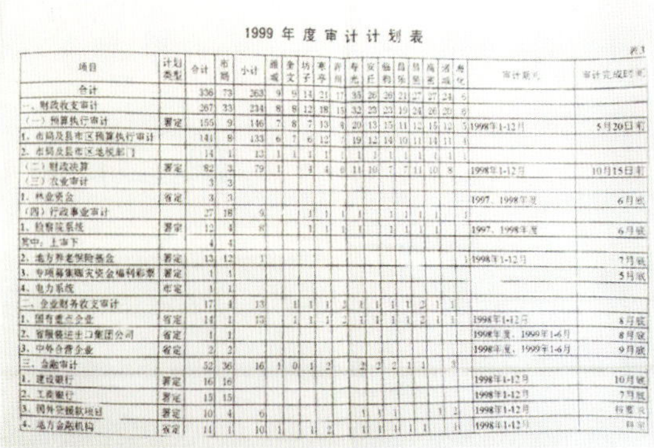
1999 年度审计计划表

1999 年，潍坊市审计计划表。

账，形成报表，每月统计计划与统计报表一起汇总上报。

2013 年—2024 年，市审计机关不断加强对统计管理工作的领导，坚持项目管理和统计工作同研究、同部署，安排人员负责审计统计工作，配齐配强统计力量。对审计工作进展情况和工作成果进行统计，对审计中发现的重要问题进行统计分析，对审计机关的基础建设情况进行统计，为各级审计机关提供有关财政经济方面的统计资料，使审计统计更好地为审计监督服务。

## 第三节　质量管理

高密市审计局严格按照《国家审计准则》及潍坊市审计局《审计项目分级质量控制清单管理办法》规定，细化审计组审核职责、业务科室复核职责、法制部门审理职责，将审计组组长、业务科室负责人、法制科室负责人作为落实职责清单责任的第一责任人，督促相关人员严格落实审计项目质量控制责任，防范审计风险，提高审计质量。

探索推行审计项目“二次审理制”，即审计组在完成现场审计，将审计报告初稿送被审计单位征求意见之前审理一次。要求审计组对审理工作记录提出的问题及意见采纳、整改情况逐一向计划法制科做出书面说明，并将审理工作记录的采纳、整改情况及修改后的审计报告（征求意见稿）提交计划法制科审核。审计组在收到被审计单位反馈意见、召开审计业务会议之前，计划法制科将审计组对被审计单位反馈意见的核实情况、审计报告的修改情况以及代拟的审计结果类文书等再深入审理一次，并出具审理意见书。全市审计质量工作全面提升。

1999 年 4 月 1 日，审计署发布《审计机关监督社会审计组织审计业务质量的暂行规定》，自发布之日起施行。高密市审计局立即组织学习贯彻，进一步提高审计质量意识。

2003年，市审计局把提高审计质量放在首位，视质量为审计信誉、审计形象、审计工作的黄金品牌和生命线，高标准、严要求，尽最大努力提高审计质量，争创审计精品项目。在当年同级审、经济责任审计、公安系统财务收支审计、农业与资源环保资金审计等项目中，审计质量较高。

2004年4月1日，审计署《审计机关审计项目质量控制办法（试行）》发布后，市审计局组织学习，进一步提高质量至上意识。7月22日，潍坊市审计局制定印发《审计工作考核办法》，对审计项目数量、审计意见和决定落实、审计质量、审计信息、廉政建设及其他机关工作实行百分制考核，高密市审计局组织学习、贯彻推行。

2005年，市审计局积极参与审计署提出的“严谨细致、提高质量年”活动，修订完善《审计质量管理办法》，新印发《审计质量责任追究制度》《审计复核办法》《优秀审计项目评选、奖励办法》，加大对审计项目的复查和复核力度，出现审计质量问题，层层追究分管局长、业务科长、审计组长和审计人员的责任。对优秀审计项目进行奖励。

2006年，市审计局认真学习和钻研计算机审计的新方法、新技巧，全面启用经实践检验获得成功的AO现场审计系统实施软件，使审计效率和审计质量都得到很大提高。加强审计的规范化管理，使各项审计活动有法可依、有章可循、有据可考。健全完善《岗位目标管理考核办法》《审计项目复核办法》《优秀审计项目评选、奖励办法》《审计质量控制办法》《经济责任审计公示制度》等一系列审计工作的规范性文件，严格按照规范操作，既保证审计质量，又保证审计合规合法，增强了审计监督的威慑力。

2007年，市审计局健全完善各项审计管理制度和规定，使规范化、制度化管理达到新水平。认真贯彻落实审计署“6号令”，加强审计项目质量控制和管理。加大审计复核力度，有效降低和规避了审计风险。强化审计回访制度，增强审计工作透明度，实现审计质量闭环。

2008年，市审计局领导班子成员深入基层和审计一线调查研究，掌握工作主动权。每月抽出一定时间深入基层和审计一线调查研究，了解、掌握和分析经济领域的现状、动态及存在的问题，并与审计组一起现场研究切磋审计工作，及时帮助解决审计过程中遇到的困难和问题，推进项目进度，提高工作效率和审计质量。

2014年，市审计局重点围绕审计业务计划、审计、审理、执行“四分离”模式改革不断加强审计质量控制，取得明显成效。认真制订审计计划，将审前调查作为重要一环，详细了解被审计单位基本情况，明确审计目标、范围、内容和重点，增强审计计划方案的指导性和可操作性。规范审计实施，审计实施过程中，认真查找质量控制风险点，并把质量控制贯穿于审计项目实施全过程。同时，加强审计现场业务交流，促进信息共享，及时排除风险因素。加强审计审理，健全三级复核制度，由审计组长、科室负责人、审理人员分别按职能对审计实施方案确定的审计目标、审计程序、适用法律等方面进行复核，规范审计行为，防范审计风险。审理过程中发现审计项目不符合审计质量要求的，本着“谁出错，谁负责”的原则进行责任追究。加大执行力度，成立独立的审计执行机构负责审计决定、审计意见建议、审计移送案件等事项的落实情况，从根本上改变由各业务科室执行审计法律文书的松散性、随意性与不彻底性问题，通过“专职办理、集中发力、狠抓落实”，维护审计机关的执法权威，为审计质量和审计目标的最终实现提供最大保障。

2015 年，市审计局建立健全内控制度，正确处理审计质量与审计责任的关系，切实担负起国家审计准则对审计机关、被审计单位以及审计组成员、审计组长应承担的责任。

2016年,市审计局狠抓审计质量生命线，采用“五步曲”创新法制审理工作，提高审计工作质量和效率。提升能力素质，通过专题学习、外出培训、寻标对标、实战演练等多种方式，不断提高法制审理人员的理论素质、法律水平和业务能力。健全规章制度，修订完善《审计质量责任追究办法》，严格对照该办法量化打分，将责任落实到每一个审计项目、每一位审计人员，并将审理结果纳入年度综合考核，作为科室、审计组、个人和审计项目评先树优的重要依据。实施分类管理，根据每个审计项目的不同特点、重点、难点及问题多发点，拟定工作思路，提前介入，有针对性地进行审理工作预设，制定审理要点，规范各项操作，有效提高审理工作效率和质量。强化跟踪审理，在征求被审计单位意见前进行第一次审理，对审理发现的问题及审计组的整改情况分别形成项目审理工作记录和审计组落实审理工作记录，由审计组长或科室负责人签字。征求意见结束后，再对审计档案和上述工作记录进行第二次审理，根据审理情况，正式下达审理意见书。加强审后互动，法制审理部门定期组织相关业务科室对已审结的审计项目进行互查、互评、互学，相互交流，举一反三，针对“查、评、学”过程中发现的问题和漏洞，及时纠正改进和完善，有效防范审计风险，提高审计质量。

2017 年—2021 年，市审计局严把“四关”提升审理工作质量。①严把业务科室复核关。在审计项目结束后，由项目完成科室负责人对审计调查记录、审计实施方案、审计征求意见稿及审计证据材料等进行前置复核，并出具业务科室复核工作记录，逐条逐项列明不规范或不准确的内容，由项目审计组成员认真修改完善。②严把法制部门审理关，局计划法制科对审计组提报的项目资料审理时，将审计发现问题责任界定的恰当性、同类问题定责的一致性、审计评价等事项列为审理重点。③严把审理意见反馈关。针对局计划法制科提出的审理意见，项目审计组在 3 日内进行集体研究讨论，对项目实施全过程和形成的全部审计材料进行“回头看”，按照审理意见要求，及时修改整理，形成书面反馈意见，在规定时间内向局计划法制科反馈。④严把审计项目交叉检查关。由局计划法制科牵头，每季度抽调科室业务骨干，随机抽选已完成的审计项目，重点围绕项目实施的关键环节、工作规范、定责证据、问题定性等方面进行检查，查漏补缺、完善提高。

2017 年 12 月 25 日，高密市审计局在潍坊市审计机关 2016 年度审计质量检查中位列前三，获优秀等次。2018 年 8 月 22 日，在潍坊市审计机关审计质量检查中获优秀等次。2019 年 6 月，在潍坊市审计机关审计质量检查中总分第二；9 月，在全市国有企业发展质量状况专项审计调查工作中得到潍坊市审计局通报表扬。2016 年—2019 年连续 4 年被潍坊市审计局评为审计质量检查优秀等次。

2017 年，高密市审计局获潍坊市审计质量检查优秀等次。

2021 年，高密市审计局开展审计质量“大检查”，扎实推进质量强审。通过整理审计档案，各业务科室结合审计署质量检查问题清单自查自纠，认真总结问题不足，研究具体整改措施，提升审计业务质量。完善制度规范，印发《审计项目进度管理办法（试行）》，明确各类审计领域、各阶段各环节的时间安排，压紧压实项目进度，提高审计效率和审计质量。修订印发《审计业务质量应用指南》，为规范审计行为提供细化指导。实施“审计项目点评会”制度，为审计质量集体把脉、出谋划策、综合评判。健全考评体系，压实工作责任，加强对审计执法、审计效率、技术差错、审计效果和审前准备、审计、查证、审计报告、审计处理的全过程考评。高密市审计局在潍坊市审计局组织的县级审计机关审计质量检查中总成绩均名列前茅。

2022 年，市审计局坚持“项目为王”“质量至上”理念，实行“1+N”审计模式，将预算执行审计与政策跟踪、经济责任、专项审计有机结合，实现“一次进驻、一审多项、一审多果”。深化“政产学研”合作，利用签约欧比特人工智能研究院、青岛科技大学高密校区大数据学院等独特资源优势，推进大数据分析应用，用科技提升审计质量。

2023 年，市审计局坚持积极探索开展

2019 年，市审计局组织审计质量学习。

2021 年 3 月，市审计局召开提高审计质量工作部署会议。

2021 年，山东省审计厅政策法规处处长刘增胜（左中），潍坊市审计局局长张祖钊（左后），潍坊市审计局副局长、法制科科长张润霞（左前）在高密市审计局开展审计质量调研工作。

“研究型审理”“前置型审理”，不断优化审计模式，探索前移法制审理触角，逐步实现审计项目由常规审理向审计项目现场审理延伸。根据审计项目立项情况及审计组需求，法制审理人员提前介入，围绕审计实施方案确定的审计事项是否完成、审计发现问题的主要事实是否清楚、审计证据是否适当充分、定性依据引用是否恰当、审计程序是否符合规定等方面开展前置审理，从法制审理角度与审计组讨论、分析，协助审计组理顺思路，合理运用相关法律法规，从源头上把控审计项目质量，有效解决了审计证据不充分、实施方案执行不到位等导致的审计项目返工问题。

2024 年，市审计局探索基层财政预算执行审计一体化新模式，赋能县域经济高质量发展，被中共潍坊市委审计委员会办公室、潍坊市审计局评为 2023 年度全市审计机关优秀改革创新案例。

## 第四节　审计整改

高密市审计局认真贯彻落实《中华人民共和国审计法》和中共中央办公厅、国务院办公厅《关于建立健全审计查出问题整改长效机制的意见》等，紧紧围绕市委、市政府和上级业务主管部门部署要求，将审计整改作为提升审计工作质量、强化内部控制、防范风险的重要手段，通过完善制度、强化审计协同联动等措施，审计整改工作取得显著成效。

2020 年 3 月，市审计局提报的《关于 2019 年度审计发现问题的情况汇报》，市委书记卞汉林专门做出批示要求。4 月 30 日，

2020 年 4 月，市委、市政府召开全市审计发现问题整改落实专题会议

市委、市政府召开全市审计发现问题整改落实专题会议，市委副书记、市长王文琦出席会议并讲话，对审计发现问题整改落实工作进行安排部署，提出具体要求。审计发现问题整改落实力度进一步加大，审计成果利用进一步深化。

2024 年 9 月，在十四届高密市委审计委员会第六次会议上，市委书记董广明重点强调审计整改，指出审计整改“下半篇文章”与审计揭示问题“上半篇文章”同样重要，必须一体推进。要深化成果运用，纪检监察机关在推进“巡审联动”的基础上，及时运用好审计中发现的问题线索，并将审计整改工作作为干部述职述廉的重要内容。组织部门要把审计结果和整改情况作为考核、任免、奖励领导干部的重要依据。

2024 年，市委副书记、市长王大伟按照审计发现问题先后主持召开全市疫情后防控用资产后续管理工作调度、涉及民政部门相关事项整改情况中期调度、全市国有资产有关工作调度 3 次会议。

## 整改制度

市审计局加强审计整改制度建设，印发《关于加强审计整改工作的实施意见》《高密市审计整改约谈办法》等一系列规章制度，并认真贯彻落实。对审计发现问题未及时整改的部门，由市领导亲自约谈。自 2022 年到 2024 年，对 7 个部门的主要负责人进行了约谈，督促有关单位认真落实审计整改责任。

## 整改机制

2023 年，市审计局与中共高密市纪律检查委员会机关共同印发《关于建立医疗卫生系统审计查出问题整改协同监督工作机制的意见》。2024 年，与中共高密市委巡察工作领导小组办公室共同印发《关于加强巡察与审计工作联运协作的办法》，进一步推进纪检监察监督、巡察监督与审计监督在工作

2024年，中共高密市委、市政府召开全市国有资产有关工作调度会议。

融合中持续发力。2024年4月，市审计局向市人大做了预算执行审计整改汇报，促成了审计汇报加重点部门汇报的新模式。将市领导对审计要情进行批示的整改情况纳入督查内容。

### 整改分类

2024年5月，山东省审计厅印发了《审计查出问题整改分类暂行办法》，市审计局立即组织专题审计微讲堂，对该办法进行了详细的讲解。在审计报告中，将审计查出问题的整改分为立行立改、分阶段整改和持续整改三种类型，整改时限分别为审计报告送达之日起60日、1年和5年。明确审计查出问题的整改类型，确保审计整改要求的可操作性，进一步提升了审计整改质量和效果。

# 第七章

JINGSHEN WENMING JIANSHE

# 精神文明建设

高密市审计局自成立以来，把精神文明建设摆在突出位置，坚持以培育和践行社会主义核心价值观为主线，扎实开展理想信念教育，深入实施道德建设工程，巩固文明创建成果，着力提高审计人员思想觉悟、道德水准、文明素养和审计机关文明程度，评先创优，典型引路，积极在机关营造崇文知礼、明德向善、诚实守信的良好风尚，促进五个文明建设协调发展。

## 第一节　文明实践活动

### 文明单位创建

1982年8月，高密县召开精神文明会议，提出开展文明单位创建活动。1984年，县审计局成立后十分注重精神文明建设工作，开展“五讲四美三热爱”活动。1998年11月，根据高密市文明委印发的《高密市文明单位创评条件及考核细则》，市审计局举全局之力按照文明单位（机关事业）创评条件及考核细则开展创建活动。1999年，市审计局被高密市精神文明建设委员会授予文明单位称号。

2003年12月，高密市文明委修订完善《高密市文明单位创评条件及考核细则》，对创评条件和考核标准进一步规范。2004年，市审计局在连续五年被评为高密市级文明单位的基础上，把创建潍坊市级文明单位作为奋斗目标，从党的建设、机关管理、干部作风、机关面貌等多个方面，全方位提升创建质量和水平。2004年，市审计局获潍坊市精神文明建设委员会颁发的市级文明单位称号。2010年12月，市审计局被山东省精神文明建设委员会授予省级文明单位称号。

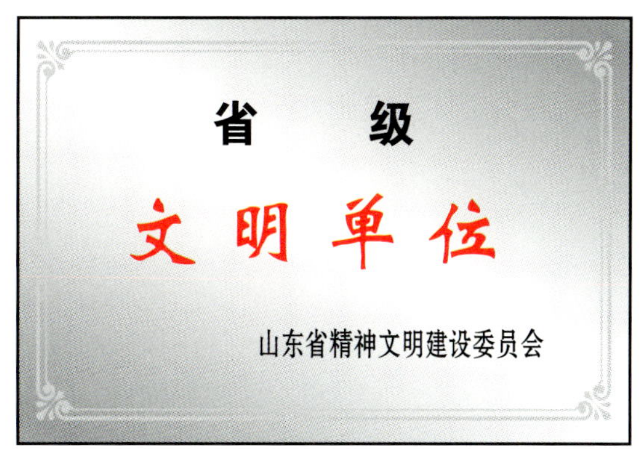


2010年，高密市审计局获省级文明单位称号。

2012年11月，市审计局按照市文明办

要求，紧紧围绕学习贯彻党的十八大精神这一主线，坚持以邓小平理论、“三个代表”重要思想、科学发展观为指导，贯彻落实习近平总书记系列重要讲话精神，以建设社会主义核心价值体系为根本，围绕工作目标任务，加强文明单位创建的广度和深度，把文明单位的创建工作向思想建设、制度建设、业务建设、环境建设等方面全面拓展。

2015年，市审计局针对文明单位创建工作制订工作方案。建立党支部统一领导、一把手亲自抓、分管负责人靠上抓的领导体制。建立健全精神文明建设目标管理责任制，将年度工作细化、量化，层层分解，签订责任书，落实到系统和部门，形成严格监管、严格考核、严格奖惩的管理机制。建立健全精神文明建设各项制度和规范，把精神文明建设纳入制度化、规范化、科学化的运行轨道。

2016年，市审计局以保持省级文明单位和创建全国文明单位为抓手，立足自身实际，牢牢抓住审计文化这个“根”，以文化人、以文育人，积淀形成“追求卓越、干字当头、实字托底、严字为要”的审计精神和文化理念，凝聚强大的机关正能量。

高密市审计局自2010年12月被授予省级文明单位称号后，每年通过复审，至2024年连续保持省级文明单位称号。

## 道德教育

1981年2月25日，全国总工会、团中央、全国妇联等9个单位联合发出关于广泛开展以“讲文明、讲礼貌、讲卫生、讲秩序、讲道德”和“心灵美、语言美、行为美、环境美”为主要内容的文明礼貌活动的倡议。1984年，县审计局成立后按照县委要求，及时组织多种形式的宣传活动，并制定具体措施。

2012年9月，市审计局创办道德讲堂。道德讲堂每月开展一次，开展社会公德教育、职业道德教育、家庭美德教育、个人品德教育、爱国主义教育、情商人格教育、警示教

2016年，道德讲堂活动现场。

育等。通过举办讲座、知识竞赛、学习典型人物先进事迹、组织开展纪律学习教育活动等方式，将思想道德建设融入文明创建和职工道德教育中。

2018年2月，市审计局组织开展系列道德教育活动。组织实施文明有礼培育工程，健全完善职工文明守则和行为规范，扎实开展公民基本道德规范和文明礼仪知识普及教育，以群众喜闻乐见的形式深入普及文明礼仪常识和文明单位创建知识，不断提高职工文明素养。

2019年，市审计局开展向道德模范、身边好人学习活动。邀请开办宝德书院的市道德模范单美华及其丈夫李济远到单位宣讲，邀请高密豪迈科技股份有限公司职工王公珍到单位作报告，在全体员工中形成向道德模范看齐的意识。

2020年，市审计局强化“四项措施”，抓好精神文明创建。围绕“建设一流文明机关、创造一流工作业绩、培养一流审计队伍、树立一流审计形象”的目标，建设精神文明，审计干部队伍精神面貌焕然一新，审计工作不断提高到新水平。市审计局开展向道德模范、身边好人学习活动。组织全体机关干部观看影片《初心传承》，学习研讨交流，深入学习先进典型的优秀品质和先锋模范行动，坚定信念、无私奉献，用实际行动践行中国共产党全心全意为人民服务的宗旨；对照先进找差距，立足岗位作贡献；时刻牢记共产党员初心使命，紧密结合工作实际，高标准、严要求推进工作，展现担当作为。

## 文明城市创建志愿服务活动

2018年—2019年，市审计局开展文明城市创建志愿服务活动，注重丰富活动内容，发挥志愿服务示范效应。开展“党心连民心、亲情进万家”活动。党员志愿者深入高密市娘娘庙社区，开展以“一举一动树形象”为主题的“四个一”活动，即每月做一件好事、参加一次公益活动、找社区居民聊一次天、帮助群众解决一个问题，赢得社区居民的广

2020年4月，全体机关干部观看影片《初心传承》。

2019 年，市审计局青年志愿者到新华村为老人送温暖。

泛好评。开展“进家门、知家情、解家难”主题活动，青年志愿者定期到所包村新华村开展志愿活动，为村民提供社会救助、群众维权、政策法规咨询等服务。开展“市民动起来，文明创出来”主题活动。积极配合文明城市创建活动，在立新街、机关宿舍区、苏州街等地多次开展卫生清理活动，并定期组织青年志愿者上街开展文明劝导和文明宣传活动，组织开展网络文明传播活动，举办文明礼仪知识竞赛、“文明生活”主题演讲等，积极培育形成谦恭有礼、勤俭节约之风。开展文明餐桌主题活动，引导干部职工养成理性消费的习惯，自觉在全社会引领“文明消费、节约用餐”的良好风尚。开展志愿服务活动，建立由先进典型代表、党员干部职工等组成的学雷锋志愿服务队，围绕“关爱他人、关爱社会、关爱自然”三大主题，进机关、进社区、进学校、进企业等，广泛开展志愿服务。

2020 年，市审计局强化学习培训，提升审计人员文明素养。领导干部带头上党课 12 人（次），举办全员精神文明创建专题讲座两期，参加有关部门组织的《公民道德建设实施纲要》学习培训活动 26 人（次）。在全局营造浓厚文明创建氛围，文明素养进一步提升。9 月 16 日，市审计局到柴沟镇马旺村、孙家村开展“城乡结对、文明共建”活动，在两村增加文化墙、新时代文明实践宣传版面，更新“善行义举”四德榜等文化载体，经常性开展“新农村新生活”培训、普法教育宣传和志愿服务活动。

2021 年—2024 年，市审计局积极参加全国卫生城市、全国文明城市创建工作。对创城工作任务进行详细分解，形成人人有责、齐抓共管的工作格局。按照“有阵地、有制度、有队伍、有活动”的标准要求，印发《文明实践志愿服务活动计划》《新时代文明实践站相关制度》等文件，为志愿活动开展提供制度保证。成立 47 人的市审计局志愿服务队，每月组织机关志愿者赴包靠社区开展创建全国文明城市宣传普及活动。到胶河生态发展区开展义务植树活动，开展限时停车

2020 年 9 月，市审计局干部到柴沟镇马旺村、孙家村开展“城乡结对、文明共建”活动。

志愿服务活动，对乱停乱放、车身超出停车位、不按指示方向停车等违法违规行为进行劝阻引导，倡导文明规范停车；对马路、巷道中的环境垃圾、烟头、墙面“牛皮癣”进行集中清除，清除卫生死角，用实际行动营造文明、卫生、整洁有序的居住环境，助力文明城市创建。

2018 年

2019 年

2020 年

2021 年

2022 年

2023 年

2024 年

文明城市创建志愿服务活动

▲ 2022 年

▲ 2022 年

▲ 2023 年

▲ 2023 年

▲ 2024 年

文明交通志愿服务活动

## 第二节　包靠、帮扶

随着各级党委、政府对“三农”（农业、农村、农民）工作的重视，高密市委、市政府建立部门包村驻村工作机制。市审计局历任领导班子都把包村工作纳入工作重要议事日程，高度重视，专题研究，抽调政治觉悟高、工作能力强、农村工作经验丰富的人员组成工作组，选派素质高、能力强的工作人员任“第一书记”下沉基层，为群众解决急难愁等问题，包村帮扶、“第一书记”工作获得所驻村镇干部群众的一致好评，多次受到市委、市政府的表彰和奖励。

1993 年 4 月—1994 年 4 月，赵立刚、尹志为高密县第一批驻村干部，下乡到河崖镇闫家庄村开展包村工作，县审计局筹资为村捐赠化肥等物资。

1995 年，市审计局派姜殿国进驻土庄乡郭才庄扶贫包村，并投资 2 万元建成扬水站 1 座、修灌渠 1200 米，使郭才庄灌溉面积达到 95%，全村年增收入 3 万元。

1996 年—1998 年，市审计局派王心福、张志伟进驻拒城河镇索家村包村帮扶。帮助调整落后支部班子，配合村党委选拔一位年纪轻、工作能力强、群众威信较高的党员任村支部书记。配合村支部组织党员开展教育整顿活动，提高全体党员干部的思想认识和理论水平。针对村内管理秩序混乱的状况，建章立制，完善管理。市审计局投资近万元，修建方塘、水渠，建桥修路，使全村 95% 以上的农田改善了灌溉条件，解决了水资源贫乏问题。

2000 年 8 月，市审计局派王玉树和尹志进驻河崖镇大石桥村和大栏乡杨家丘村包

1997 年 3 月，市审计局包村工作组在拒城河镇索家村听取村支部工作情况汇报。

村扶贫，帮助健全强化党支部班子，理顺村财务问题，改善村内管理。指导、协调全村圆满完成了土地延包工作，帮助优化种植业结构。针对村内排水难问题，市审计局筹资3000元，整修排水沟800米，改善了村民的生活环境。

2004年，市审计局派王玉树和尹志进驻姚哥庄镇黄家庄村包村扶贫，帮助解决村财务管理混乱、群众性纠纷频发等问题。

2005年，市审计局纪检组组长、包村工作组长王玉树被评为中共高密市委、高密市人民政府第八期包村工作先进个人。

2006年—2007年，市审计局进驻李家营镇李家屯村开展帮扶工作，无偿捐助资金2万多元，千方百计帮助改善全村生产生活条件，切实解决村民实际困难。发展特色梨树产业，帮助村民致富。李家营镇李家屯村，遭受龙卷风袭击，部分庄稼、梨园和房屋受到不同程度的损坏。市审计局及时带领有关人员到李家屯村慰问，捐献救灾款5000元，并和村党员干部一起认真研究抗灾自救措施，帮助村民尽快克服困难，恢复正常的生产生活秩序。

2008年，市审计局派陈鹏程带领包村工作组到柏城镇褚家王吴村帮扶。针对村内道路未硬化，给生产、生活带来诸多不利的情况，帮助筹集资金20余万元，为该村铺设一条长800米、宽5米的中心水泥路。主动与青岛正大农业发展公司联系协商，帮助褚家王吴村成立新型农民蛋鸡专业合作社，鸡蛋主要销往青岛、潍坊、高密等地各大超市，养殖户每年增收1万元以上。

2009年—2011年，市审计局派陈鹏程带领包村工作组到柴沟镇王家大浒村帮扶。包村工作组帮助修缮村两委办公场所，协调有关方面解决农田水利设施用电难题。市审计局出资2万元，帮助硬化村中心路。2011年6月14日，柴沟镇王家大浒村为市审计局送来一面“真情铺出幸福路，帮扶致富奔小康”的锦旗。

2012年—2013年，市审计局联合市卫

2012年8月，市审计局到柴沟镇王家大浒村进行基层医疗帮扶。

生局、市药监局到柴沟镇王家大浒村开展基层医疗帮扶工作。市审计局张海波任朝阳街道王家响疃“第一书记”,积极化解村里矛盾,协调解决重大问题。市审计局派王传勇到柴沟镇高家村包村帮扶，积极筹措资金为村两委修缮办公场所、建设文化广场、修路等。

2015年—2016年，市审计局陈福良任注沟现代农业发展区新华村“第一书记”，帮助筹措资金4万元完成方塘修缮，解决200多亩农田的灌溉问题。积极与有关部门协调使总投资约100万元的新华桥建设竣工，彻底解决了村民出行难问题。协调资金15万元对出村道路进行硬化。

2017年—2018年，市审计局选派郝明军担任阚家镇东桥子村“第一书记”。协助完善村级组织办公服务场所，建成8间共250多平方米的村委办公室，并配备办桌椅等办公设施；完善生产生活基础设施，建设村文体广场1000多平方米；改善村容村貌，修缮排水沟2500多米，配备室外垃圾桶30多个；帮扶困难群众，采取局党组成员“一对一”、其他党员共同帮扶的形式对贫困户、困难老党员进行多次帮扶。

2019年，市审计局陈福良任胶河生态

2015年，市审计局“第一书记”对新华村硬化出村路工程进行调研。

2017年，市审计局到阚家镇走访慰问贫困户。

2019年，市审计局“第一书记”参加农村人居环境整治工作。

2019年5月，市审计局工作人员到胶河生态发展区走访贫困户。

发展区张家村“第一书记”。他积极协调资金，对出村道路和所有胡同道路进行硬化，总面积7770平方米。对所有街巷进行绿化，铺设1400余米路沿石，铺设下水道、排水管道，新添置垃圾箱若干。2019年张家庄村被高密市委、市政府授予农村人居环境整治工作突出村（居）称号。创立高密市密春土豆专业合作社，共流转土地200多亩，吸纳100多户村民以土地入股。合作社带动全村以土豆为主进行蔬菜种植销售，张家庄村被农业农村部命名为第九批“一村一品”示范村。市审计局组织副科级以上干部对所包村贫困户进行全面走访，采用入户走访、电话联系、交流座谈等形式走访了10个村的61个贫困户。

2020年8月，市审计局主要负责人带队，到所包靠的胶河生态发展区葛家庙子、城律、单书庄、大庄、李家屯、冯家庙子、王家小庄、葛家屯、东姚家屯、西姚家屯等10个村庄进行农村人居环境整治工作对接，现场对村庄的人居环境情况进行检查，指出问题、分析问题，一村一策、因村制宜提出整改目标、整改要求和整改时限，使每个村庄人居环境明显改善。9月，市审计局与阳谷县审计局签订《扶贫协作协议》，双方建立工作互通机制，派出张建华赴聊城阳谷县审计局就扶贫政策落实、扶贫审计及业务工作等情况进行协作交流。10月，张建华加入加强农村基层建设工作队，常驻柴沟镇徐家楼子村，为村委改善办公场所，协调组建光伏发电站。

2021年3月，市审计局成立服务企业发展领导小组，走访企业，宣传政府优惠政策，帮助企业纾困解难，助推企业高质量发展。4月25日，市审计局扶贫包靠负责人到胶河生态发展区葛家庙子村走访贫困户，为他们送去米、油等生活必需品。9月28日，柴沟镇徐家楼子村为市审计局送“驻村帮扶办实事、情系群众惠民生”锦旗。9月29日，市审计局主要负责人带队赴南湖社区开展书记面对面活动，入社区深入调研，了解便民服务事项，实地走访社区群众，梳理出社区

2020年9月，高密市审计局与阳谷县审计局进行扶贫政策对接。

2021 年 9 月，柴沟镇徐家楼子村向市审计局赠送锦旗。

面临的问题，结合审计职能，积极谋划，帮助社区解决实际困难。

2022 年，市审计局为醴泉街道刘新村办好事、做实事、解难事。成立包村联户工作领导小组，统一领导、安排部署、组织协调包村联户工作。先后召开包村联户工作专题会议 5 次，调研走访 14 次。推动村“两委”班子提升履职能力，重点围绕保障和改善农村民生、密切党群干群关系，推动落实党的惠民政策，经常联系走访群众，帮助解决群众重点关注的急难愁盼问题；推动加强对贫困户、五保户、残疾人、空巢老人和留守儿童等困难人群的关爱服务，积极帮助该村硬化村内道路 400 米。8 月，局主要负责人带队赴刘新村开展防汛排查工作，仔细查看河道、村居、农田排涝等情况，走访慰问困难群众 30 余户，解决群众急难愁盼问题 12 个。

2022 年，市审计局党组书记、局长王丽萍（左一），市交通运输局党组书记、局长毛心君（左二）在醴泉街道刘新村开展包村走访工作。

2023 年 11 月，市审计局党组书记、局长王丽萍（左二）到柴沟镇前鹿家庄村现场调研包村工作。

2024 年，市审计局党组书记、局长王丽萍（右二）带领机关志愿服务队到包靠村居柴沟镇前鹿家庄村走访慰问。

2023 年 11 月 29 日，市审计局主要负责人到柴沟镇前鹿家庄村进行包村工作调研，共同谋划 2024 年包村工作，根据村庄需求和自身实际，重点围绕建强过硬党支部、基础设施建设、人居环境整治、乡风文明建设等方面研究制定具体帮扶措施。12 月底，筹措资金为包靠村居柴沟镇前鹿家庄村 1 条主干道安装太阳能路灯，亮化村内道路 800 米。

2024 年 10 月，积极协调有关部门，帮助包靠村居柴沟镇前鹿家庄村修建出村道路，走访慰问困难群众 30 余户。

### 奉献爱心

1996 年 8 月，市审计局干部职工为新疆喀什灾区捐献救灾款 3800 元。

1996 年，市审计局为新疆喀什灾区捐款现场。

1998 年，市审计局发扬“一方有难，八方支援”的人道主义精神，为长江、松花江流域遭受严重水灾的群众捐款捐物，共捐款 6500 元、棉衣棉被 360 多件，支援灾区人们重建家园，恢复生产。

1999 年，市审计局为王吴、大栏等遭受严重洪涝灾害的乡镇捐款捐物，共价值 1.9 万余元，帮助灾区人民恢复生产，重建家园。

2005 年，市审计局参与市妇联组织的资助“春蕾女童”活动，捐款 1200 元资助包扶村的 6 名困难女童。

2016 年，市审计局“慈心一日捐”活动现场。

2008 年，市审计局全体人员积极向四川汶川地震灾区捐款。

2016 年，市审计局与市慈善总会联合开展“情暖童心”主题活动，帮助留守儿童以及父母残疾或特困户、低保户、单亲家庭儿童，为 25 名家庭困难的学生送去服装、鞋帽等生活用品以及书包、文具盒、笔记本等学习用品。

2016 年—2023 年，市审计局每年开展一次“慈心一日捐”活动，为慈善公益事业奉献爱心。

2022 年 5 月，市审计局全体人员到星熠家园和宝德书院开展“六一”公益行动，关爱儿童成长。29 日，市审计局积极参与“情暖童心 · 助力复学”新时代文明实践公益行动，为学校捐赠图书、口罩、测温枪等物资，全力助力复学工作。6 月，赴高密市第一实验小学、高密市第三实验小学、高密市机关幼儿园走访慰问，向学校捐赠了学习用品。

2023 年 5 月 30 日，市审计局班子成员到高密市第三实验小学、高密市特殊教育学校走访慰问，向学校捐赠了球类和书包等用品，向小朋友们致以节日的诚挚问候和美好祝福，并向辛勤耕耘在教育一线的广大教师和教育工作者表示衷心感谢。

2024 年 5 月 17 日，赴高密市特殊教育学校走访慰问，为特殊儿童送去关怀和温暖。

2022 年，市审计局“慈心一日捐”活动现场。

2023 年，市审计局“慈心一日捐”活动现场。

2022 年，“六一”节前夕，市审计局工作人员到宝德书院送爱心。

2022 年，“六一”节前夕，市审计局工作人员到星熠家园送爱心。

2023 年，市审计局班子成员到高密市第三实验小学走访慰问。

2023 年，“六一”节前夕，市审计局工作人员到高密市特殊教育学校走访慰问。

# 第八章

SHENJI WENHUA

# 审计文化

高密市审计局历任领导班子始终高度重视审计文化建设，把审计文化建设列入重要议事日程,常抓不懈。高密市审计局坚持“围绕中心，服务大局”的工作方针，紧紧围绕经济社会发展工作中心和审计工作重点，坚持实事求是、正面宣传、守正创新，在扩大审计影响、强化审计监督和推动审计工作发展等方面发挥了重要作用。

## 第一节　审计文化品牌

2008 年起，高密审计文化伴随着事业发展体现在审计工作的方方面面，经过全体审计人员共同努力，在广泛征求社会各界和有关文化名人意见的基础上，围绕审计的工作性质和特点，精心酝酿、提炼、加工形成了具有高密特色的审计文化体系,确定以“崇真尚审”为审计文化品牌，同时设计审计标志，创作审计之歌，编印《审计文化手册》，审计文化品牌建设日臻完善。

### “崇真尚审”审计机关文化品牌

2009 年，市审计局将“崇真尚审”确定为审计机关文化品牌。这一品牌是市审计局为实现价值和社会责任，经过精心培育逐渐形成的，并为广大审计人员所认同，是审计人员对审计事业的信任感、自豪感、荣誉感的升华，也是市审计局向心力、凝聚力的集中体现。它是审计人员的精神支柱和前进动力，对审计事业的发展具有重要的推动作用。

崇：尊重、尊崇；真：真实、真诚；尚：崇尚、高尚；审：执审、详查。“崇真尚审”既体现了审计行业的特点，又展现了高密市审计局的精神境界。具体寓意：一是崇尚审计，爱岗敬业。充分体现了高密市审计工作者对审计事业的热爱和执着及高密市审计局在坚持科学发展观的基础上，为高密经济健康发展保驾护航。二是求真务实，坚持原则。坚持依法审计，注重调查研究，以事实为依据，真实、客观、公正地揭露和处理各种违法违纪问题，维护好国家和人民群众的利益。三是胸怀全局，真情服务。在进行审计过程中，不但体现审计客观公正、实事求是的原则，而且体现审计的服务理念；不但要发现经济运行中存在的问题，而且能总结归纳经济运行的规律，提出超前性和预见性建议，着眼于审，立足于帮，积极促进和激发审计对象的发展活力，充分展现审计的“三士”作用，成为“经济发展的卫士”“领导决策的谋士”“纠错防弊的护士”。四是廉洁自律，甘于奉献。高密审计人要处处以党和国家人民群众的利益为重，坚持真理，坚持正确的人生观和价值观，抗得住诱惑，受得住清贫，耐得住寂寞，守得住原则，经得起考验。

## 审计标志

2009年,高密市审计标志确定。以蓝色、红色为基调，“A”为Audit（审计）的首字母变形，“G”为Gaomi（高密）的首字母变形，整体表达高密市审计局品牌形象。字母“A”为红色，体现了审计事业又红又专，审计工作者忠于党和人民的赤胆忠心。“G”恰似一只展翅腾飞的凤凰，蓝色体现了审计部门严格执法、客观公正的行业特色，同时也展现了高密审计人在市委、市政府的正确领导下，共同推动高密经济与社会发展的理想信念。凤凰展翅欲飞，动感十足，矫健有力，代表着高密经济的蓬勃发展。字母“A”向两边延伸，寓意在今后的发展中，审计工作将会延伸到高密经济诸多领域，为高密经济的稳定和谐发展保驾护航，同时也从侧面体现了高密审计人忠于职守的高尚情操。

2009年，市审计局的机关文化标志。

## 审计理念

高密市审计局的审计理念为公正审计、民本审计、阳光审计、服务审计。

公正审计就是以法律为准绳，以事实为依据，履行审计职责，维护法律尊严，坚持实事求是，真实、客观、公正地揭露和处理经济运行中的各种违法违纪问题。

民本审计就是要把人民群众最关心、最直接、最现实的利益问题，作为审计工作关注的重点，要对人民群众反映的热点和难点问题开展审计调查，并把人民群众关心的事项放在首位。

阳光审计就是要实现审计监督与社会监督、舆论监督的有机结合，公开审计结果，拓宽公开范围，对群众关心、社会关注的重要事项进行公开公告，同时让社会监督审计结果，更好地树立审计形象。

服务审计就是在实施审计过程中，不但要体现审计的监督职能，而且要发现总结经济运行中存在的问题，提出超前性和预见性建议，积极促进和激发审计对象的发展活力，为政府的宏观经济决策提供保障和服务。

## 《审计之歌》

高密市审计局的歌曲为《审计之歌》。2009年，由张广增作词，本单位职工张志伟改编，高密籍作曲家李家全作曲。

# 审计之歌

1= ♭E或G　4/4　2/4
热情赞颂　斗志昂扬

张广增　词
李家全　曲

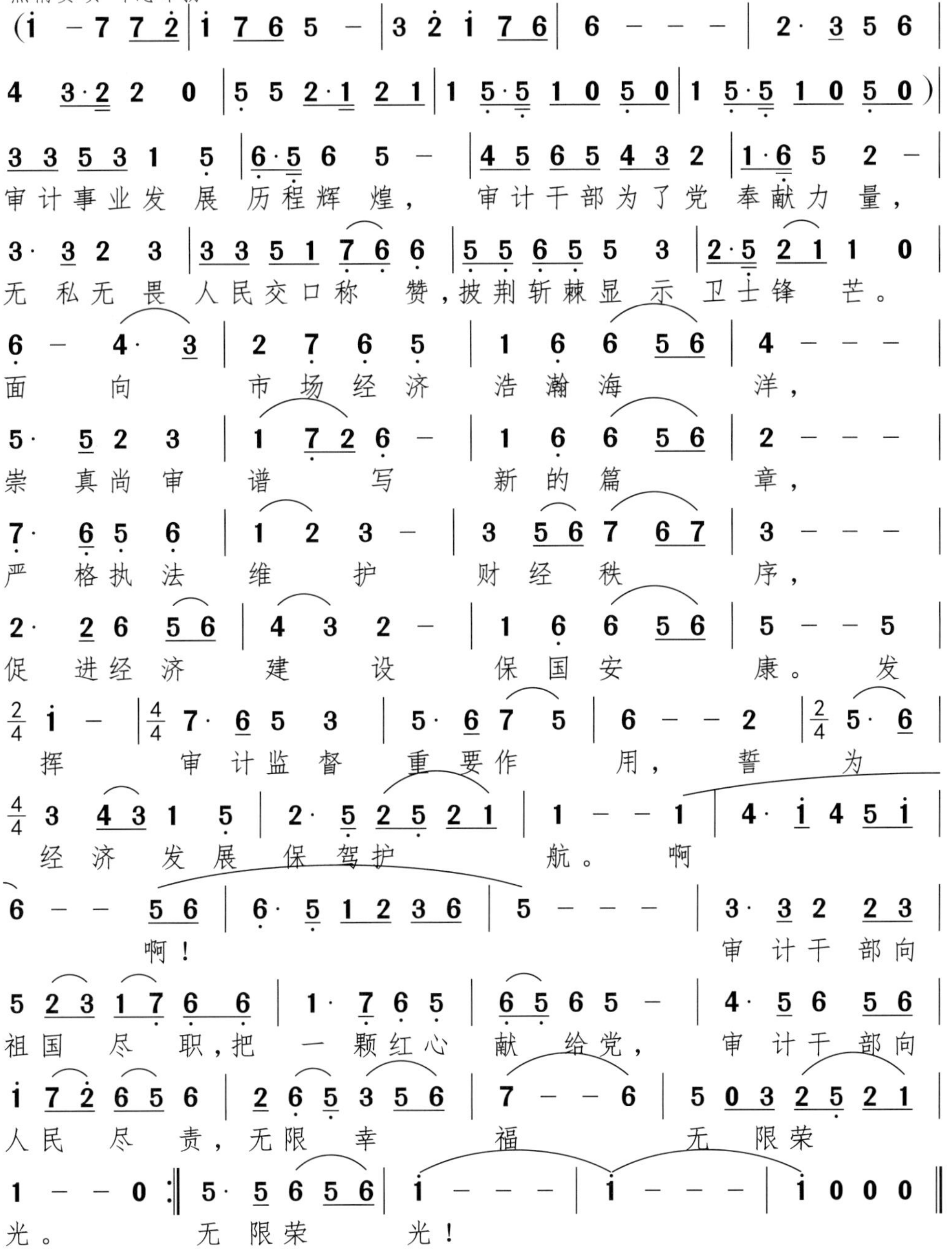

审计事业发展历程辉煌，审计干部为了党奉献力量，
无私无畏人民交口称赞，披荆斩棘显示卫士锋芒。
面向市场经济浩瀚海洋，
崇真尚审谱写新的篇章，
严格执法维护财经秩序，
促进经济建设保国安康。发
挥审计监督重要作用，誓为
经济发展保驾护航。啊
啊！审计干部向
祖国尽职，把一颗红心献给党，审计干部向
人民尽责，无限幸福无限荣
光。无限荣光！

## 第二节　文化阵地

### 职工图书室

1992年，高密县审计局建立审计书屋，存书1500余册。

2018年，市审计局在原有图书基础上，新增图书2000多册，并在每个科室设立图书角，配备相应书目，把微型书屋建到了审计人员身边，精神食粮触手可及，方便职工见缝插针阅读学习。

2020年，市审计局进一步更新充实审计书屋，并搭建“1+N”模式，根据每个科室的职责特点，为其配备必读书目，使学习更加方便快捷。

2023年，高密市审计局购置财经审计、政治理论、法律法规、经济贸易、人文历史、现代金融等类别的图书2000余册，开展“每月精学几篇好文章，每季度深读一本好书”活动。

### 文化长廊

2021年，市审计局利用办公楼走廊墙壁，创建文化长廊。2022年，经过重新设计打造后的文化长廊，主要内容包括党的建设、业务建设、队伍建设、文化建设、廉政建设五部分。党的建设——根据审计任务日益繁重、大项目多等特点，成立临时党小组，做到“党员走到哪里，党组织就要覆盖到哪里，先锋模范形象就要树立到哪里”，打造“忠诚担当、执审为民”党建品牌，“民生审计、执审为民”服务品牌，真正把对党、国家和人民的忠诚落实到审计工作中。业务建设——通过审前公示、审中督查、审后回访，实现审计执法全程动态有痕监督。大力实施审计工作创新驱动工程，在审计内

2018年，市审计局在科室内设立图书角。

2023年，市审计局职工在书屋内读书。

党建领航
扬帆
高密市审计局
党的建设
队伍建设
业务建设
文化建设

清
廉
铸
审
加强廉政建设 弘扬廉洁新风
制度固廉
教育倡廉
文化育廉
监督促廉

爱岗敬业 匠心筑梦
最美审计人
防疫先锋
最美科技工作者
先进工作者
岗位建功标兵
先锋青年
防疫先锋
担当新使命 奋进新征程
围绕中心
服务大局
团结向上
充满活力
依法审计
执审为民
崇·真·尚·审

同心筑梦
竞绽芳华
★★★ 建模范机关 铸审计铁军 ★★★

践行"三立"铸造铁军
结语
引言
以自身建设立德
以新新模范立业
以审计精神立身

市审计局文化长廊

容、审计环节、审计标准、审计评价、成果利用等方面深入探讨，将“审深、审细、审透”的要求深入贯彻到每个项目中。队伍建设——以学习型机关、研究型机关建设为抓手，通过开展“认师行动”、对标学习、教育培训，搭建“审计微讲堂”“党史课堂”学习交流平台等方式，营造全局勤学善思的良好风气。文化建设——以全新视角诠释“崇真尚审”审计文化品牌，从审计工作定位、执法意识、服务理念等方面不断赋予其新内涵、新精神。廉政建设——通过监督促廉、文化育廉、教育倡廉、制度固廉，打好“预防针”、牢筑“防火墙”、增强“免疫力”。践行“三立”，以审计精神立身，做政治坚定和理论武装的模范；以创新规范立业，做担当作为和能力过硬的模范；以自身建设立信，做组织有力和正风肃纪的模范，铸造高密审计铁军。

### 创办《审计要情》

2005 年，市审计局创办内部资料《审计要情》，至 2024 年已编发 20 年，将审计监督工作的重要情况以及有价值的意见和建议及时送领导阅示。市审计局严把质量关，在稿件的搜集和选择上求精求高，保证每篇必须是有根据、有力度、有见地的精品，对领导决策有一定参考价值。《审计要情》反映的情况具针对性、典型性和前瞻性，有的直接促成了某些规范性文件的出台或直接促成某些专项治理活动的开展。其中 60 余篇得到市委、市政府主要领导批示。

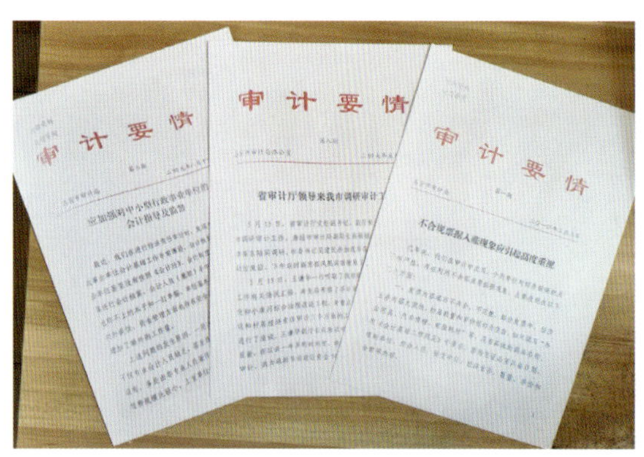

2005 年，市审计局内部资料《审计要情》。

### 创办《学习与交流》

2016 年，市审计局创办《学习与交流》内刊，至 2024 年已印发 100 余期，内容包括领导重要讲话、理论探讨、政策解读和法律、人文、历史、科技、财经等方面的知识以及先进人物事迹、审计人员创作的文学作品等各类文章，内容丰富、特色鲜明、灵活多样，成为审计人员工作之余修身养性、陶冶情操、提升素质的心灵驿站、精神家园。

### 创办《高密审计》

2022 年，市审计局创办《高密审计》期刊，至 2024 年 8 月已编印 5 期。期刊以“探索理论与实践、服务审计事业发展”为宗旨，立足于发挥审计监督在社会主义市场经济条件下的职能作用，宣传国家财经审计法律、法规和制度，刊载审计工作动态，传播、交流审计工作经验，研讨、普及审计业务新知识。设置审计特稿、审计论坛、创新实践、审计微讲堂、工作交流、审计榜样、理论学习、审计文苑等 10 余个栏目，记录和展现高密审计工作成果，讲述高密审计人的故事。

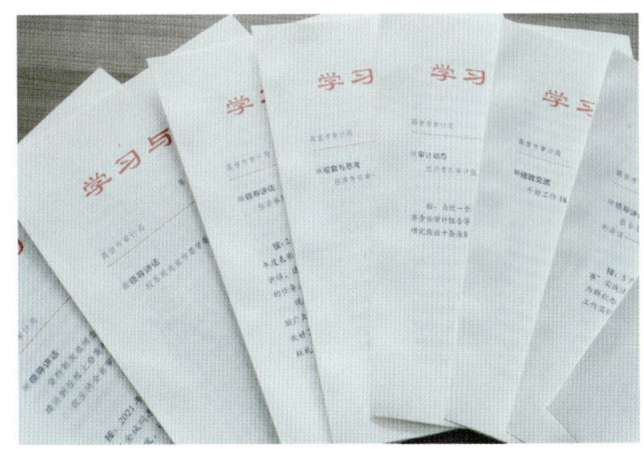
2016 年，市审计局内部刊物《学习与交流》。

2022 年，市审计局创办的《高密审计》期刊。

## 创办公众号

2022 年 2 月，市审计局创办“高密审计”公众号及视频号，宣传审计政策，发布审计动态，搭建交流平台，至 2024 年 9 月发布转载动态 100 多条，根据全市政务新媒体监管工作要求，该公众号已于本月关停。

## 政务公开

2018 年，市审计局设置政务公开栏。政务公开栏由审计局党务政务公开流程图、审计流程、基层党支部组织生活会和民主评议党员流程图、工作职责及公告栏组成，主要宣传中共中央办公厅、国务院办公厅《关于进一步推进政务公开的意见》和其他党内法规要求公开的内容等，主要内容包括市审计局年度工作计划和阶段工作重点、重大决策、重要工作部署、人事安排，机关管理制度，党的思想建设、组织建设、作风建设、制度建设情况以及多数干部群众认为有必要公开的其他事项等。

2018 年后，市审计局按照市委、市政府的要求，政务全部在政府网站上公开。

2018 年，市审计局政务公开栏。

## 第三节　文化活动

2011 年 5 月，市审计局编纂的《审计文化手册》印制完成，内容包括理念篇、荣誉篇、行为篇和文化篇四章，分发给局全体审计人员，督促其进行自我学习、自我警醒、自我勉励，市审计局的文化建设进入了一个新阶段。

2017 年，市审计局在“七一”期间举办以“喜迎十九大，说说心里话”为主题的征文活动。倡导开展“每天读书一小时，每月深读一本书”“推荐阅读一本好书”等活动。开展户外素质拓展训练，激发个人潜能，提升团队协作精神和整体战斗力。开设“关爱健康”“阳光心态”等学习讲座，教育引导审计人员自觉养成健康的生活方式，积极培育阳光积极的心态，展现审计人良好的精神风貌。

2019 年，市审计局在“三八”国际妇女节期间举办健身操比赛，在“五一”国际劳动节期间组织开展野外素质拓展训练，培育携手并肩的团队精神。“五四”青年节期间召开青年干部座谈会，激励年轻人冲锋在前，建功立业。“七一”期间举办以“我为党旗添风采”“扮靓党员形象，争当审计先锋”等为主题的歌咏或演讲比赛。国庆节期间组织“庆祝共和国生日，讴歌新时代”职工书法、绘画、摄影展。积极参加上级审计机关组织的“信仰的力量”主题演讲比赛和市直机关党工委组织的“信仰、担当、作为”微党课比赛，展现高密审计人良好形象。

2020 年，市审计局不断丰富完善“崇真尚审”审计文化品牌内涵，充分利用机关文化走廊、电子屏幕、宣传栏、微信群等平台，传播人生格言、廉政警句、文明创建宣传标语等，开展读书活动，建设书香审计机关，凝聚审计人的精气神。

2021 年，市审计局拓展“崇真尚审”文化品牌内涵，将宣传阵地延伸至科室，由科室人员自主设计，形成了“一室一品”科室文化。

2022 年 10 月，市审计局为喜迎党的二十大胜利召开，进一步加强机关文化建设，拍摄《喜迎党的二十大、审计心向党》MV，4 名工作人员以审计人的工作状态为背景，倾情演唱歌曲《万疆》，展现审计人讴歌新时代、奋进新征程的崭新精神风貌，被省审计厅、潍坊市审计局重点展播推介，播放量 1 万多次，把机关文化建设推向一个新高度。

2023 年 7 月，以国家审计机关成立 40 周年为契机，市审计局编纂《高密市审计志》，邀请市党史研究中心、市档案局相关领导参加编撰启动仪式，市审计局局党组书记、局长王丽萍主持并讲话。

2023 年 10 月，市审计局以文化凝心聚力，自编自演的快板作品《四十载薪火相传——高密市审计局喜迎国庆、献礼国家审计机关成立 40 周年》被省审计厅和潍坊市审计局视频号重点推介、展播，获广泛好评。

2024 年，市审计局拍摄完成《护航》工作纪录片，全方位展现 2022 年以来党建品牌、审计监督、审计队伍、审计文化等方面的工作。持续完善《高密市审计志》书稿。

2022 年 10 月，市审计局喜迎党的二十大，演唱歌曲《万疆》。

# 第四节　宣传工作

高密市审计局高度重视宣传工作，加强领导，强化队伍，完善措施，抓好激励，在服务领导决策、当好领导参谋、宣传审计机关和审计成果等方面发挥了积极作用。

1984 年—2024 年，共在各级新闻单位发表信息、稿件 1886 篇，2001 年—2024 年市审计局信息、宣传采用稿件情况见表 8-1。其中，国家级 281 篇，省级 436 篇，地（市级）393 篇，县（市级）576 篇。2012 年—2020 年，《中国审计报》设置高密审计专版，共发表 9 期，刊登 40 多篇有关高密审计的报道。审计宣传在扩大审计影响、宣传审计成果、服务领导决策等方面发挥了积极作用。此外，在《潍坊日报·今日高密》开办《审计之窗》等专题栏目 26 期，在高密电台、高密电视台播放《审计之声》《审计纵横》《法治在线》等栏目 18 期，引起社会各界的广泛关注和好评。

4版　专版
统一部署　上下联动　协作配合
高密市努力做好"审计后半篇文章"
高密市审计局严把"四关"提升审理工作成效
高密市审计局切实加强干部队伍建设
高密市审计局多措并举推进大数据审计

4　专版
高密市审计局着力推进审计工作
高密市审计局以"四分离"加强质量控制
高密市审计局着力培育"四有"审计干部
高密市审计局大力推进绩效审计

2012—2020 年，《中国审计报》部分高密审计专版。

表 8-1　2001 年—2024 年市审计局信息、宣传采用稿件情况一览表

| 年份 | 文章题目 | 级别 | 用稿单位 | 作者 |
| --- | --- | --- | --- | --- |
| 2001 | 审计在心中——记山东省高密市原市长吴元宝 | 国家级 | 《中国审计》 | 田晋名 |
|  | 汗水铺就审计路——优秀共产党员 戴晶 | 国家级 | 《中国审计报》 | 田晋名 |
| 2002 | 高密市委、市政府把审计工作摆在突出位置 | 省级 | 《山东审计》 | 田晋名 |
|  | "三不"内审员——高密市建设局财审科 高玉森 | 国家级 | 《中国审计报》 | 田晋名 |
|  | 用好审计　促进发展——高密市委、市政府重视审计工作纪实 | 国家级 | 《中国审计报》 | 田晋名 |

续表

| 年份 | 文章题目 | 级别 | 用稿单位 | 作者 |
| --- | --- | --- | --- | --- |
| 2009 | 好样的当家人——记山东省高密市审计局局长戴学仁 | 国家级 | 《中国审计》 | 李　刚<br>田晋名 |
|  | 高密市开展纺织企业经营情况审计调查 | 国家级 | 《中国审计报》 | 田晋名 |
|  | 审计“温暖”千万家——山东省高密市绩效审计促成市区供暖“汽改水”工程纪实 | 国家级 | 《中国审计报》 | 田晋名<br>刘世霞<br>邵　磊 |
|  | 高密市审计局党建阵地建到审计组 | 国家级 | 《中国审计报》 | 田晋名 |
| 2010 | “企业的事，就是我们的事”高密市审计局服务企业发展纪实 | 国家级 | 《中国审计报》 | 田晋名 |
|  | 高密审计促进完善村级经费保障机制 | 国家级 | 《中国审计报》 | 田晋名<br>刘世霞 |
|  | 高密市对行政执法部门进行专项检查 | 国家级 | 《中国审计报》 | 田晋名 |
| 2012 | 高密优化审计工作“顶层设计” | 国家级 | 《中国审计报》 | 田晋名 |
|  | 高密审计促进国家利民惠民政策措施贯彻落实 | 国家级 | 《中国审计报》 | 田晋名 |
|  | 高密市审计局加大民生项目审计力度 | 地市级 | 《潍坊日报》 | 田晋名 |
|  | 高密市积极开展审计普法宣传 | 地市级 | 《潍坊日报》 | 田晋名 |
|  | 高密审计干部“走转改”练硬功 | 地市级 | 《潍坊日报》 | 田晋名 |
|  | 实施“一六二二五”工程 深化审计转型创新 | 地市级 | 《潍坊日报》 | 李宗福 |
|  | “四分离”提高工作效率 | 地市级 | 《潍坊日报》 | 张建华 |
|  | 让文明伴“卫士”远航 | 国家级 | 《中国审计报》 | 田晋名 |
| 2013 | “六个一”活动庆祝审计机关成立 30 周年 | 国家级 | 《中国审计报》 | 田晋名 |
|  | 开展奉献活动 提升党建水平 | 国家级 | 《中国审计报》 | 邓　涛 |
|  | 高密市审计局聚焦民生促发展 | 国家级 | 《中国审计报》 | 田晋名 |
|  | 高密审计：实施“一三六三”工程　开启审计事业新征程 | 国家级 | 《中国审计报》 | 李宗福 |
| 2015 | 高密市审计局着力培育“四有”审计干部 | 国家级 | 《中国审计报》 | 田晋名 |
|  | 高密市审计局着力推进审计工作 | 国家级 | 《中国审计报》 | 田晋名 |
|  | 高密市审计局以“四分离”加强质量控制 | 国家级 | 《中国审计报》 | 田晋名 |
|  | 高密市审计局大力推进绩效审计 | 国家级 | 《中国审计报》 | 张海波 |
| 2016 | 高密市审计局“三个发力”搞好精准扶贫审计 | 地市级 | 《潍坊日报》 | 田晋名 |
|  | 高密：三举措织密审计监督网，促经济社会健康发展 | 国家级 | 审计署网站 | 田晋名 |

续表

| 年份 | 文章题目 | 级别 | 用稿单位 | 作者 |
| --- | --- | --- | --- | --- |
| 2017 | 高密市审计局“四个建设”推进“强基层、铸铁军”工程全面实施 | 地市级 | 《潍坊日报》 | 张海波<br>田晋名 |
|  | 高密市审计局“三落实”加强生态项目审计 | 省级 | 《山东审计》 | 田晋名 |
|  | 高密市审计局开展“每天读书一小时，每月深读一本书”活动 | 省级 | 山东省审计厅网站 | 田晋名 |
|  | 高密市审计局夯实“三大保障”为审计工作提供坚实支撑 | 省级 | 山东省审计厅网站 | 田晋名 |
|  | 高密市审计局力促工作提质增效 | 地市级 | 《潍坊日报》 | 田晋名 |
|  | 高密市审计局奋力“比学赶超”争当干事创业排头兵 | 地市级 | 《潍坊日报》 | 田晋名 |
|  | 高密市审计局组合拳打造廉洁审计 | 省级 | 山东省审计厅网站 | 田晋名 |
| 2018 | 千里之行 始于足下——记山东省高密市审计局宋世忠 | 国家级 | 《中国审计》 | 田晋名 |
|  | 聚焦“四个建设”锻造审计铁军 | 省级 | 《山东审计》 | 田晋名 |
|  | 高密多措并举，提升内审品质 | 省级 | 《山东内部审计》 | 魏　强 |
|  | 着力抓好“五个坚持”推动审计工作创新发展 | 地市级 | 《潍坊审计》 | 张宗春 |
|  | 高密市委书记杨建华就“强基层、铸铁军”工程做出批示 | 地市级 | 《潍坊审计》 | 田晋名 |
|  | 高密市审计局：大力推进审计改革创新 | 地市级 | 《潍坊审计》 | 张宗春 |
|  | 高密市审计局机关支部被命名为市直机关示范党支部 | 地市级 | 《潍坊审计》 | 田晋名 |
|  | 一路汗水一路情——记高密市审计局徐正伟 | 地市级 | 《潍坊审计》 | 田晋名 |
|  | 高密人大出台意见强化审计查出突出问题的整改 | 省级 | 山东省审计厅网站 | 田晋名 |
|  | 高密市审计局聚焦“四个建设”锻造审计铁军 | 地市级 | 《潍坊日报》 | 田晋名 |
|  | 高密人大出台意见强化审计查出突出问题整改 | 国家级 | 《中国审计报》 | 田晋名 |
|  | 高密市审计局抓好“五个坚持”推动创新发展 | 地市级 | 《潍坊日报》 | 田晋名 |
|  | 高密市审计局多措并举抓党建 | 国家级 | 《中国审计报》 | 田晋名 |
|  | 高密市审计局开展“认师行动” | 国家级 | 《中国审计报》 | 田晋名 |
|  | 高密市审计局大力推进审计改革创新 | 地市级 | 《潍坊日报》 | 田晋名 |
|  | 高密市审计局机关支部获评为市直机关示范党支部 | 国家级 | 《中国审计报》 | 田晋名 |
|  | 一路汗水一路情——记高密市审计局徐正伟 | 国家级 | 《中国审计报》 | 田晋名 |
|  | 高密市审计局“临时党小组”工作法获好评 | 国家级 | 《中国审计报》 | 田晋名 |

续表

| 年份 | 文章题目 | 级别 | 用稿单位 | 作者 |
|---|---|---|---|---|
| 2018 | 高密："三个作用"当好乡村振兴助推器 | 地市级 | 《潍坊日报》 | 田晋名 |
| | 高密市审计局"四抓"着力提升工作水平 | 地市级 | 《潍坊日报》 | 田晋名 |
| | 高密市审计局被评为市直部门（单位）工作优秀等次 | 国家级 | 《中国审计报》 | 田晋名 |
| | 高密市多管齐下规范政府投资审计 | 国家级 | 《中国审计报》 | 田晋名 |
| | 高密市审计局强化措施深化"作风建设年"活动 | 国家级 | 《中国审计报》 | 侯文奇 |
| | 高密市审计局"四步棋"提高审计项目科学性 | 国家级 | 《中国审计报》 | 田晋名 |
| | 高密市审计局开展三大活动促提升 | 国家级 | 《中国审计报》 | 侯文奇 |
| | 扶贫审计侧记 | 国家级 | 审计署网站 | 张海波 |
| | 山东省高密市审计局发挥"三个作用"助力乡村振兴 | 国家级 | 审计署网站 | 田晋名 |
| | 高密市审计局以更高站位融于发展大局 | 地市级 | 《潍坊日报》 | 田晋名 |
| | 高密市审计局加强精神文明创建工作 | 国家级 | 《中国审计报》 | 田晋名 |
| | 乡镇自然资源资产管理工作需要规范和加强 | 国家级 | 审计署网站 | 魏凤磊 |
| | 老有所依 | 国家级 | 审计署网站 | 张海波 |
| | 山东高密：审计举办新政府会计制度培训班 | 国家级 | 审计署网站 | 张海波 |
| | 高密：审计建议催生"慈善监督员" | 省级 | 山东省审计厅网站 | 付希娟 |
| | 山东高密：大数据审计助推政策跟踪审计取得实效 | 国家级 | 审计署网站 | 付希娟 |
| | 高密市审计局"四项措施"深化文明创建 | 地市级 | 《潍坊日报》 | 田晋名 |
| | 推进改革创新 做好新时代审计工作 | 国家级 | 《中国审计》 | 张宗春 |
| 2019 | 高密市审计局聚焦"四个建设" 锻造审计铁军 | 地市级 | 《潍坊日报》 | 张海波<br>田晋名 |
| | 春色满园关不住——山东省高密市审计局加强审计文化建设纪实 | 国家级 | 《中国审计》 | 田晋名 |
| | 审计之光 | 国家级 | 《中国审计》 | 田晋名 |
| 2020 | 高密市扎实推进 审计发现问题整改落实 | 地市级 | 《潍坊日报》 | 田晋名 |
| | 高密市审计局多措并举推进大数据审计 | 国家级 | 《中国审计报》 | 王　静 |
| | 高密市努力做好"审计后半篇文章" | 国家级 | 《中国审计报》 | 田晋名 |
| | 高密市审计局切实加强干部队伍建设 | 国家级 | 《中国审计报》 | 侯文奇 |
| | 高密市审计局严把"四关"提升审理工作质量 | 国家级 | 《中国审计报》 | 朱　慧 |
| | 高密市审计局"五步曲"创新法制审理工作 | 地市级 | 《潍坊日报》 | 朱　慧 |

续表

| 年份 | 文章题目 | 级别 | 用稿单位 | 作者 |
| --- | --- | --- | --- | --- |
| 2020 | 高密市审计局“五强化 五着力”推进审计工作 | 地市级 | 《潍坊审计》 | 田晋名 |
| | 大数据下县级精准扶贫政策落实跟踪审计分析 | 地市级 | 《潍坊审计》 | 姚雅文 |
| | 高密市召开全市审计发现问题整改落实专题会议 | 地市级 | 《潍坊审计》 | 田晋名 |
| | 高密市审计局“四个聚焦”“四个着力”推动审计工作走在前列 | 省级 | 《山东审计》 | 田晋名 |
| | 高密市审计局“四方式”创新廉政警示教育 | 地市级 | 《潍坊日报》 | 栾琳芝 |
| | 高密市审计局“五强化 五着力”推进审计工作 | 地市级 | 《潍坊日报》 | 田晋名 |
| | 高密多措并举抓审计整改 | 省级 | 《山东审计简报》 | 田晋名 |
| | 高密市多措并举推动内审工作有序开展 | 省级 | 《山东内部审计》 | 朱　慧 |
| | 勇担当、勤履职——记高密市审计局驻村第一书记陈福良 | 国家级 | 《中国审计报》 | 田晋名 |
| | 高密市积极构建“统＋融”财政审计模式 | 地市级 | 《潍坊日报》 | 付希娟 |
| | 高密市审计局“三个统筹”提升财政审计质效 | 地市级 | 《潍坊审计信息》 | 付希娟 |
| | 三次驻村，一腔真情——山东省高密市审计局驻村第一书记陈福良 | 国家级 | 《中国审计》 | 田晋名 |
| | 高密市努力做好“审计后半篇文章” | 国家级 | 《中国审计报》 | 田晋名 |
| | 高密市审计局严把“四关”，提升审理工作质量 | 国家级 | 《中国审计报》 | 朱　慧 |
| | 高密市审计局以公开促监督　放大审计成果效益 | 省级 | 《政务公开看山东》 | 张　源 |
| | 高密市审计局积极帮扶对口联系贫困户 | 国家级 | 《中国审计报》 | 田晋名 |
| | 高密市审计局“五步曲”创新法制审理工作 | 地市级 | 《潍坊日报》 | 朱　慧 |
| | 高密市审计局主动担当助力乡村振兴 | 地市级 | 《潍坊日报》 | 田晋名 |
| | 高密市扎实推进审计发现问题整改落实 | 地市级 | 《潍坊日报》 | 田晋名 |
| 2021 | 高密市审计局开展“审计微讲堂”活动 | 省级 | 《山东内部审计》 | 魏　强 |
| | 采纳审计建议　高密市机关事务服务中心出台多项内部管理制度 | 国家级 | 《中国审计报》 | 朱　慧 |
| 2022 | 全面加强党的领导 推动审计工作高质量发展 | 省级 | 《山东审计》 | 王丽萍 |
| | 高密审计助节约—工程建设资金 35.7 万元 | 国家级 | 《中国审计报》 | 田晋名<br>郭　鹏 |
| | 高密市审计局“三课堂”加快人才培养 | 地市级 | 《潍坊日报》 | 田晋名<br>高　恺 |
| | 高密市审计局推行专业导师制 | 国家级 | 《中国审计报》 | 田晋名 |
| | 高密市审计局开展“优秀审计项目攻坚年”活动 | 地市级 | 《潍坊日报》 | 田晋名<br>孙艺涵 |

续表

| 年份 | 文章题目 | 级别 | 用稿单位 | 作者 |
| --- | --- | --- | --- | --- |
| 2022 | 高密市审计局严把“三关” 筑牢审计质量生命线 | 地市级 | 《潍坊日报》 | 高　恺<br>田晋名 |
| | 真心实意做帮扶——记高密市审计局付希娟 | 国家级 | 《中国审计报》 | 田晋名 |
| | 高密加强年轻审计干部培养 锻造坚强生力军 | 省级 | 《山东审计简报》 | 田晋名 |
| | 请来高校专家开展审计实务培训 | 地市级 | 《潍坊日报》 | 石丽丽<br>刘勇震 |
| | 高密市审计局“四个结合”力促审计工作提质增效 | 省级 | 《山东审计》 | 朱　慧 |
| | 高密把宣传教育融入审计执法全过程 | 省级 | 《大众日报》 | 冯　梅 |
| | 高密市审计局着力打造人才培养“三课堂” | 地市级 | 《潍坊审计信息》 | 田晋名 |
| | 让青春在一线闪光 | 地市级 | 《潍坊审计》 | 韩　晴 |
| | 高密市审计局：普法审计“两手抓”学习贯彻“双促进” | 省级 | 大众网 | 冯　梅 |
| | 高密市审计局加强“三型”机关建设打造新时代审计铁军 | 省级 | 大众网 | 冯　梅 |
| | 高密市审计局“四个结合”力促审计工作提质增效 | 省级 | 山东省审计厅网站 | 朱　慧 |
| | 高密着力做好研究性财政审计 | 省级 | 《山东审计》 | 付希娟 |
| | 高密：核准打卡记录 助力节省财政资金 35.7 万元 | 省级 | 山东省审计厅网站 | 田晋名<br>郭　鹏 |
| | 高密：核准打卡记录 助力节省财政资金 35.7 万元 | 国家级 | 《中国审计报》 | 田晋名<br>郭　鹏 |
| | 单位来了审计工作队——高密市审计局预算执行审计工作侧记 | 省级 | 《山东审计》 | 田晋名 |
| | 高密：核准打卡记录 助力节省财政资金 35.7 万元 | 国家级 | 《中国审计报》 | 田晋名<br>郭　鹏 |
| | 高密：绘好研究性审计“坐标系” | 省级 | 山东省审计厅网站 | 付希娟 |
| | 四种意识练就审计人“火眼金睛” | 省级 | 山东省审计厅网站 | 张　健 |
| | 高密市审计局着力打造人才培养“三课堂” | 地市级 | 《潍坊日报》 | 田晋名 |
| | 高密市审计局推行专业导师制 | 省级 | 山东省审计厅网站 | 田晋名 |
| | 高密市审计局推行专业导师制 | 国家级 | 《中国审计报》 | 田晋名 |
| | 高密市审计局着力打造人才培养“三课堂” | 省级 | 《山东审计简报》 | 田晋名 |
| | 高密市审计局开展优秀项目攻坚年活动 | 地市级 | 《潍坊日报》 | 田晋名 |
| | 高密着力做好研究性财政审计 | 省级 | 《山东审计简报》 | 付希娟 |

续表

| 年份 | 文章题目 | 级别 | 用稿单位 | 作者 |
|---|---|---|---|---|
| 2022 | 高密市一名审计干部荣获“高密先锋青年”称号 | 国家级 | 《中国审计报》 | 田晋名 |
| | 高密市审研企合作共建赋能科技强审 | 地市级 | 《潍坊审计信息》 | 田晋名 |
| | 高密市积极构建“点线结合”投资审计模式 | 地市级 | 《潍坊审计信息》 | 张　健 |
| | 高密着力做好研究性财政审计 | 地市级 | 《潍坊审计信息》 | 付希娟 |
| | 高密市审计局“四个结合”力促审计工作提质增效 | 地市级 | 《潍坊日报》 | 朱　慧 |
| | 高密市审计局严把“三关”筑牢审计质量生命线 | 地市级 | 《潍坊日报》 | 田晋名 |
| | 高密市第四中学对2名长期在编不在岗人员做出处理 | 国家级 | 《中国审计报》 | 朱　慧 |
| | 高密市委审计委员会要求切实增强审计监督整体效能 | 省级 | 山东省审计厅网站 | 田晋名 |
| | 真心实意做帮扶——记高密市审计局付希娟 | 国家级 | 《中国审计报》 | 田晋名 |
| | 高密市审计局多举措加强法制审理工作 | 地市级 | 《潍坊审计信息》 | 魏　强 |
| | 高密：财政审计协同联动　规范预算评审和全面预算绩效管理 | 省级 | 山东省审计厅网站 | 田晋名 |
| | 打好“组合拳”推进全员大培训 | 地市级 | 《潍坊日报》 | 田晋名 |
| | 高密加强年轻审计干部培养　锻造坚强生力军 | 省级 | 《山东审计简报》 | 田晋名 |
| 2023 | 高密市审计局“三点定位”做好信息宣传工作 | 地市级 | 《潍坊日报》 | 刘　旭<br>田晋名 |
| | 事争一流，唯旗是夺——记高密市审计局朱慧 | 国家级 | 《中国审计报》 | 田晋名 |
| | 运用大数据分析技术　助推预算执行审计提质增效 | 地市级 | 《潍坊日报》 | 田晋名<br>王春晓 |
| | 加强年轻审计干部培养　锻造一流过硬审计铁军 | 省级 | 《山东审计》 | 王丽萍 |
| | 丹心向审计 无悔写春秋——记山东省高密市审计局付希娟 | 国家级 | 《中国审计》 | 田晋名 |
| 2024 | 《全面加强审计监督 服务保障高质量发展》 | 地市级 | 《潍坊审计》 | 王丽萍 |
| | 《高密市“四个抓”推进审计高质量发展》 | 地市级 | 《潍坊审计信息》 | 田晋名 |
| | 《高密市审计局获高密市委市政府通报表扬》 | 省级 | 山东省审计厅网站 | 田晋名 |
| | 《高密守正创新推进审计工作提质增效》 | 地市级 | 《潍坊审计信息》 | 田晋名 |
| | 高密“四项措施”抓实审计整改 | 省级 | 《山东审计简报》 | 田晋名 |
| | 高密“三个加强”深化经济责任审计 | 省级 | 《山东内审》 | 田晋名 |
| | 高密走好审计“三步棋”助力反腐倡廉建设 | 地市级 | 《潍坊审计信息》 | 田晋名 |
| | 我的房东 | 省级 | 山东省审计厅网站 | 田晋名 |

续表

| 年份 | 文章题目 | 级别 | 用稿单位 | 作者 |
| --- | --- | --- | --- | --- |
| 2024 | 市审计局搭建年轻干部培养“快车道” | 地市级 | 《潍坊审计信息》 | 田晋名 |
| | 高密四项措施抓实审计整改 | 省级 | 《山东审计简报》 | 田晋名 |
| | 推进机关规范化建设 | 地市级 | 《潍坊日报》 | 田晋名 |
| | 高密审计“三个抓手”助力优化营商环境 | 地市级 | 《潍坊审计信息》 | 田晋名 |
| | 市审计局“三个优化”推进民生审计 | 省级 | 《山东审计简报》 | 田晋名 |
| | 审计干部要学啄木鸟 | 省级 | 山东省审计厅网站 | 田晋名 |
| | 强力推进民生审计工作 | 地市级 | 《潍坊日报》 | 田晋名 |
| | 高密市审计局机关党支部获评为市“五星级党支部” | 国家级 | 《中国审计报》 | 田晋名 |
| | 高密一名审计干部被授予“乡村振兴工作个人标兵”称号 | 省级 | 山东省审计厅网站 | 田晋名 |
| | 高密市审计局组织开展“慈心一日捐”活动 | 国家级 | 《中国审计报》 | 田晋名 |
| | 高密印发《党政主要领导干部和国有企事业单位主要领导人履行经济责任风险防范提示清单》 | 省级 | 山东省审计厅网站 | 田晋名 |
| | 高密市审计局获评“深化作风建设年”先锋单位 | 省级 | 山东省审计厅网站 | 田晋名 |
| | 高密市审计局一个课题荣获宣传思想文化工作精品工程 | 省级 | 山东审计厅网站 | 田晋名 |
| | 高密市出台《关于加强巡察与审计工作联动协作的办法》 | 省级 | 《山东内审》 | 田晋名 |
| | 审计评价“就实避虚” | 省级 | 山东省审计厅网站 | 田晋名 |
| | 高密市审计局开展农业保险审计 助力乡村全面振兴 | 地市级 | 《潍坊日报》 | 田晋名 |
| | 采纳审计建议高密市出台制度规范预算单位资金管理 | 省级 | 《山东内刊》 | 田晋名<br>付希娟 |
| | 高密审计聚力推动加强地方财源建设 | 地市级 | 《潍坊审计信息》 | 田晋名<br>付希娟 |
| | 推进网络安全和信息化建设 | 地市级 | 《潍坊日报》 | 田晋名<br>王春晓 |
| | “三个跟进”优化审计项目审理模式 | 地市级 | 《潍坊审计信息》 | 田晋名<br>魏　强 |
| | 高密市审计局聚焦“三关”推动国有资产管理提质增效 | 地市级 | 《潍坊审计信息》 | 田晋名<br>郝明军 |
| | 高密审计“三项举措”促进盘活国企闲置资产 | 地市级 | 《潍坊审计信息》 | 田晋名<br>韩　晴 |
| | “四个强化”加强内审指导监督 | 地市级 | 《潍坊日报》 | 朱　慧 |

# 第五节　职工文苑

市审计局高度重视文化建设，打造书香机关，职工在不同历史时期创作出各具特色、精彩纷呈的文艺作品，讲好审计故事，传播审计好声音，展现出高密审计人良好的精神风貌。

## 扶贫审计侧记

——献给扶贫审计人

作者：张海波（2018 年）

凉露惊秋，寒气袭人，
一年来，扶贫审计人员的脚步从未停歇过。
扶贫资金使用到哪里，他们就走到哪里；
扶贫项目建到哪里，他们就看到哪里。
贫困户的衣食住行，件件牢记心中。
饮用水是否安全？
贫困户家中尝一尝。
危房改造怎么样？
贫困户家中看一看。
出行是否方便，施工道路质量是否达标？
蹲下身来验一验。
扶贫产业项目建设进展如何？
项目上走一走。
收益是否分配到贫困户？
入户问一问。
时间紧、任务重，加班加点是常态。
敢打敢拼，是我们扶贫审计人的过硬作风。
跨越赶超，是我们扶贫审计人的优秀素质。
为人民服务，是我们扶贫审计人一直践行的宗旨。
民生无小事，枝叶总关情。
牢记习近平总书记嘱托，打赢脱贫攻坚战！

## 审计之光

作者：田晋名（2019 年）

你是一双双明眸中
绽放出的睿智光芒
洞穿扑朔迷离的层层迷障
揭开处心积虑的种种伪装
让市场经济的大千世界
播撒着激浊扬清的劲风和雨露
激昂着追求真理的呐喊和力量

你是经济巨轮前行航线上
一盏永不熄灭的灯塔
无论风急浪高
还是险滩暗礁
始终用光明
护卫着巨轮一路乘风破浪
扬帆远航

你是共和国审计人
燃烧激情
贡献力量
青丝变白发
一生为战士
火种注心间
光热洒征途
昂首挺胸始终高擎着生生不息的火炬

你是国旗上
耀眼的红
凝结着万千审计人晶莹的汗水

描绘着审计事业绚丽多姿的篇章
飞扬着
情系人民报效国家的理想
为新中国成立 70 周年的壮美画卷
增添祥和与正义的光彩

## 四十载薪火相传（快板）

表演者：韩　晴　魏　强　王　宇　王克烁　张欣悦　郭　鹏（2023 年）

二零二三不平凡，
审计机关，成立整整四十年。
四十年的苦与甜，
风风雨雨说不完。
无怨无悔作奉献，
往事历历在眼前。

一代代的审计人，
忠党爱国为人民。
审计铁军志凌云，
热血铸就审计魂。

四十年来艰与辛，
处处桃李处处春。
桃李争春满园红，
我们审计走过一程又一程。

现如今，
党的二十大旗帜高高举，
斗志昂扬干劲足。
审计儿女志豪迈，
阔步走进新时代。

党的教导牢牢记，

不忘初心接地气。
为国奉献真情在，
为民护财献大爱。

二十届中央审委会，
提出了审计新要求。
牢记“三如”新指示，
审计人奋楫争先立潮头。

审计项目严把关，
护航重任肩上担。
忠诚担当人人赞，
执审为民谱新篇。

党建领航风帆正，
与业务拧成一股绳。
特种部队业务精，
人人争着当标兵。

时刻把
人民利益记心间，
敢向那“矛盾窝”里钻，
为国审来为民计，
护航经济做卫士。

无论大事与小事，
方方面面要审计。
审计监督全覆盖，
改革发展稳又快。

经济监督是主责，
文教卫生与科学，
城建环保和农业，
审计领域全囊括。

经济监督是强项，

财政资金主战场。
政策跟踪勤督促，
部门联动立规章。

科技强审意识强，
海量数据任徜徉。
手执忠诚与精准，
为高质量发展来护航。

扎根审计第一线，
不怕吃苦与流汗。
一颗石子一块砖，
精心审计严把关。
审计整改“下半场”，
客观公正开良方。

监督贯通更顺畅，
彰显权威与担当。
守正道开新篇，
我们的队伍永向前。
中国梦审计情，
扬鞭再踏新征程！新征程！

市审计局《四十载薪火相传》快板录制现场

附：重点宣传报道精选

## 审计“温暖”千万家
## ——山东省高密市绩效审计促成市区供暖“汽改水”工程纪实

作者：田晋名　刘世霞　邵　磊

近日，北方气温骤降，山东高密迎来了2009年第一场雪。然而高密市区群众一改往年焦虑心情，因为审计促成的一项惠及千家万户的“民心工程”——城区集中供热“汽改水”工程即将竣工。在热火朝天的施工现场，审计人员倍感欣慰地看到，高密市委、市政府为民办的一件好事实事，即将随着“暖流”温暖每个市民的心。

近年来尤其是去冬今春，高密市在城区供暖问题上遇到了难题。一方面，市民和企事业单位纷纷对供暖质量和价格提出疑问，甚至不断向有关部门投诉；另一方面，生产热力和承担管网运营的企业也向市委、市政府反映经营性亏损严重，要求政府给予补贴。为在今年入冬前既满足市民冬季取暖的需求，又维护企业的正当利益，高密市委、市政府要求市审计局做好审计调查，为供暖改革提供依据。

高密市审计局接过重任后，立即开展对该市万仁热电有限公司和交运热力有限公司2008年—2009年供暖期的生产经营情况进行绩效审计调查。审计人员首先深入供暖企业，在对供暖用汽收支的真实性、合法性进行审计的基础上，重点做好对组织收入是否及时、成本费用是否节约、人财物利用是否合理、预期目标是否完成、社会效益是否达到预期效果、组织领导是否到位等方面进行审查和评价。在现场调查摸清有关情况和数据后，市审计局分析认为，目前采取的蒸汽管道供暖存在管道老化和结构不合理、热能损耗和计量损耗较大、热交换机组热转换效果差等问题，仅蒸汽供暖网的平均热能损耗率就达37.65%、管道计量损耗率达15.6%，造成供暖质量较差，特别是管网末端的住户取暖温度过低；再加上煤炭价格上涨等因素，供暖价格偏高。审计人员进一步细心查阅了水供暖方面的资料，并专程到其他城市实地考察了水供暖效果，经认真分析对比，在咨询有关专家后，得出结论：蒸汽供暖改为水供暖，将大大降低热能和计量损耗，降低企业运营成本，提高供暖效率和质量。同时，针对企业反映的经营性亏损问题，审计人员通过调查核实，帮助企业规范了供热成本核算，纠正了账务处理存在的问题，共核减两家企业亏损1100余万元。审计人员还在走访调查200余户居民和60多家企事业单位时，耐心解释说明，消除他们对供暖存在的疑虑和负面情绪。

在向高密市委、市政府提交的审计调查报告中，市审计局提出了加快城区供暖管道“汽改水”的建议，引起市委、市政府主要领导的高度重视，及时召开了市长办公会进行专题研究，认为市审计局关于改善供暖管道运行方式的建议，不仅有利于节能降耗，还提高了供暖质量，科学合理，切实可行。不久，政府投资1.6亿元的城区供暖“汽改水”工程拉开了帷幕。如今，寒冬的脚步虽已临近，但和煦的暖意正向该市城区居民扑面而来。

（原载2009年11月《中国审计报》）

## 全面加强党的领导　推动审计工作高质量发展

作者：王丽萍

中共高密市委审计委员会自2019年4月成立以来，切实发挥审计工作决策议事协调机构职能作用，坚持把落实党中央对审计工作的集中统一领导作为首要政治任务，体现在审计工作全过程各方面，以习近平总书记关于审计工作的重要讲话重要指示批示精神为根本遵循，认真学习贯彻各级党委审计委员会会议精神，着力强化地方审计工作顶层设计和统筹谋划，稳步推进审计管理体制改革，不断提高把方向、谋大局、定政策、促改革能力，推动审计工作高质量发展，有力服务了地方改革发展稳定大局。

**一、以党的政治建设为统领，健全完善党领导审计工作的体制机制**

围绕发挥审计在推进党的自我革命中的重要作用，提高政治站位，把牢审计工作政治属性，健全完善市委审计委员会谋大事、议大事、抓大事的体制机制，有效发挥政治统领作用、方向引领作用、工作带领作用，确保审计工作的正确方向，着力构建党领导下的审计监督“一盘棋”大格局。

（一）强化制度机制建设，保障工作健康运行。深刻认识中央审计委员会的设立背景、主要职责和重要作用，按照上级精神和要求，高规格设立中共高密市委审计委员会，组建具体办事机构，下发专门文件，并通过政府门户网站和新闻媒体对社会进行公告。市委、市委审计委员会主要负责同志，牵头组织成员单位认真学习习近平总书记关于审计工作的一系列重要讲话和重要指示批示精神，准确把握市委审计委员会的职责属性和决策议事协调规则，为有效开展工作统一思想、明确任务、压实责任；把市委审计委员会的领导细化、实化、制度化，用健全的机制和完善的制度保障工作健康运行。制定《中共高密市委审计委员会工作规则》《中共高密市委审计委员会办公室工作细则》，对市委审计委员会抓统一组织领导、审委会办公室抓具体工作协调落实分别做出制度规定。出台《中共高密市委审计委员会议事协调机构管理办法》，规范工作运行管理，完善会议组织、公文流转、成员单位协作配合、联合督办落实等事项。增强政治意识，把严格执行请示报告制度作为首要职责，市委审计委员会办公室制定《关于向上级和同级党委审计委员会报告审计工作重大事项清单》并印发各成员单位贯彻执行。一年来，共向上级党委审计委员会办公室请示报告事项8件次，向市委审计委员会请示报告事项22件次，转办督办上级和同级党委审计委员会领导对审计工作的批示10条。

（二）研究审议重大事项，推动工作落地落实。市委审计委员会成立以来，已召开6次全体会议，召集临时会议、现场会议、务虚会议9次，学习贯彻上级党委审计委员会和审计工作会议精神，研究审议预算执行和其他财政收支审计、经济责任审计、政府投资审计及市委审计委员会成员单位调整、办事机构运转、审计整改、案件督办等10余项重点工作。高度重视审计计划安排，围绕审计全覆盖，聚焦党中央重大决策部署、市委、市政府年度重点工作、当前和今后一个时期的经济运行形势，突出不同年度、不同时期的审计监督重点，科学统筹、合理安排、适时调整审计项目计划。3年多来，分别围绕"放管服"改革、脱贫攻坚、新旧动能转换、"六稳""六保"、智慧养老、教育均衡发展、服务保障稳定宏观经济大盘等中央重大政策落实、党委政府中心工作和近期目标任务，在高质量完成上级审计机关统一组织的审计项目计划的同时，适时调整审计项目计划9个，临时增加审计项目计划6个，彰显了审计工作的区域性特点，增强了审计监督的针对性和实效性。

（三）深化审计成果利用，充分发挥建设性作用。市委审计委员会谋划审计工作，关注审计工作和听取审计工作情况汇报，指导审计工作实现常态化。市委、市委审计委员主要负责同志经常性过问重要事项，对有关工作办理情况第一时间予以指导落实，在市委、市政府召开的重要会议上重点强调审计监督；及时听取市委审计委员会办公室和市审计局的工作情况汇报、批阅有关文件和专报，先后对《应加快推进市政公共资源有偿使用收入征收管理工作》《当前我市财政评审工作现状及审计建议》《高密市审计局关于审计工作有关情况的汇报》《高密市审计局关于城区园林绿化情况的调研报告》等29件审计要情、审计信息、专题汇报做出批示，促成4项全市财经领域专项整治活动开展和《高密市人民政府关于加强审计工作的实施意见》《高密市人民政府关于进一步加强内部审计工作的意见》等8个规范性文件的出台，深化了审计成果利用，提高了服务领导决策水平和能力；大力支持审计机关依法履职尽责，对市审计局移交的14起案件线索，及时批示纪检监察、组织人事等成员单位会同有关方面依法依纪处理，有效发挥了审计监督在推进全面从严治党中的重要作用。

**二、以围绕中心服务大局为目标，为审计工作健康开展提供坚实保障**

市委审计委员会从增强政治自觉的高度把握审计方向，从完善治理体系的深度审视审计作用，从促进高质量发展的维度强化审计职能，以围绕中心服务大局为目标，切实提升审计工作保障水平。

（一）正确把握审计定位，融入高质量发展大局。突出审计机关党的重要政治机关、政府重要工作部门定位，重视发挥审计监督在净化地方政治生态、搞好经济体检中的重要作用，推动审计监督同人大监督、纪检监察、巡视巡察等机制贯通协同，纳入推进全面从严治党制度体系，融入市委、市政府工作中心和地方经济社会高质量发展大局，体现在每个年度、本届党委政府任期和“十四五”任务目标规划中，确保市委审计委员会与上级党委审计委员会同频共振、与党委政府重大决策部署同频共振、与地方经济社会发展大局同频共振。

（二）提高审计工作参与度，彰显审计机关重要地位。市委审计委员会成立以来，以市委审计委员会办公室、市审计局的名义联合发布有关全市财经纪律专项治理、突出问题专项整治等规范性文件3个，市委审计委员会办公室或市审计局被列为全市“作风建设年”、脱贫攻坚、环境污染整治、农村人居环境综合治理、推进乡村全面振兴等11个纪律作风建设和重点民生事项工作领导小组成员单位，在其中承担重要监督和指导职责。

（三）坚持党管干部，加强审计队伍建设。市委审计委员会将审计干部队伍建设纳入全市党员干部队伍建设重点内容，并在人员编制、人才培养、高级专业技术职务聘任等方面予以倾斜，近3年公开招录6名财会审计专业人才，5名审计骨干被纳入市纪委监委办案人才库，2名审计干部被聘为高级专业技术职务。及时听取市审计局关于全省审计机关模范机关建设县级示范点工作情况汇报，要求以示范点建设为载体，突出党建引领，强化研究型审计，深入开展“优秀审计项目攻坚年”“审计大课堂、审计微讲堂、青审论坛”“师带徒”“大培训大练兵大比武”等综合能力提升活动，市委审计办协调强化“金审三期”、大数据审计、审计公众号、安全保密等软硬件建设，实现强政治、强队伍、强业务，为审计工作健康开展提供有力保障。

**三、以加强审计整改为抓手，着力提升审计监督效能**

市委审计委员会把抓好审计发现问题整改落实作为重要政治任务，健全党对审计整改工作的领导、人大常委会对审计整改的监督、政府对审计整改的落实、审计结果运用和追责问责等审计查出问题整改长效机制，吹响做好“审计后半篇文章”集结号，有效发挥审计监督的“治已病、防未病”作用。

（一）高起点谋划，全面安排布局。2020年初，市委、市委审计委员会主要负责同志对市审计局提报的《关于2019年度审计发现问题的情况汇报》做出批示。随后，十三届高密市委常委会第104次会议专门就审计发现问题整改落实工作进行研究部署，要求各级将审计发现问题整改作为正风肃纪的重要内容，市纪委监委机关，市委、市政府督查，审计等相关部门要建立沟通协调、联合督查、信息共享等机制。2022年6月，市委审计委员会办公室将2020年以来审计发现问题整改落实情况向市委审计委员会作了专题汇报，并首次向市人大常委会作了口头专题汇报。2022年8月，市委审计委员会第六次会议审议通过并以市委审计委员会办公室的名义印发《高密市关于加强审计整改工作的实施意见》《高密市审计整改约谈办法（试行）》，审计整改工作长效机制进一步建立，制度保障更加坚实有力。

（二）高规格部署，开展集中行动。2020年4月，经市委审计委员会研究，召开了全市审计发现问题整改落实专题会议，对审计发现问题整改落实工作进行安排部署，决定在全市范围内开展一次专项整治行动。强调压实被审计单位整改主体责任和主管部门监督管理责任，对症下药、突出重点抓整改。各镇街区重点围绕贯彻落实中央八项规定精神、基本建设投资、内部管理等方面存在的突出问题抓好整改；市直部门单位重点针对预算管理、"一次办好"、财政资金使用效益等方面抓好整改；国有及国有控股企业重点围绕重大经济决策、资产负债真实性、经营风险等方面抓好整改。2022年出台的《高密市关于加强审计整改工作的实施意见》规定，今后原则上每年召开一次全市审计整改工作专题会议，在取得一批有典型作用、示范意义整改成果的基础上，推动全市审计整改工作不断向纵深推进，真正实现"审计一个、促进一片，整改一点、带动一面，问责部分、警示整体"的效果。

（三）高效能推进，实现整体提升。市委审计委员会办公室、市审计局主动与纪委监委、组织等部门沟通，注重发挥好巡视巡察、"巡审联动"机制作用，强化审计结果运用，联合跟踪督促审计问题整改落实，将整改工作与加强干部监督管理、完善制度、追责问责相结合。截至2020年12月末集中行动结束，2019年度审计报告反映的96项问题，其中90项已完成整改，其余6项正在整改过程或不可追溯等原因需在今后工作中予以规范。2022年以来，组织对2020年度预算执行审计、重点专项资金审计、重大政策措施落实跟踪审计等项目开展审计整改"回头看"，推动健全完善制度6项，使整改落实率提高至95%，其余为正在推进整改或需长期规范的问题，真整改、改到位、改彻底的整体成效显著提升。

（原载2022年6月《山东审计》第6期）

JIGUAN JIANSHE

# 机关建设

高密市审计局自1984年建局伊始，历经4次搬迁，至2024年，实现了办公场所布局合理化、办公自动化、设施现代化；审计业务档案按照“谁审计，谁立卷，谁负责，谁保管”的原则整理立卷，其他文书档案由经办人留存，保证了档案管理工作的持续化、规范化、完整化，机关建设日臻完善。

# 第一节　财务管理

1984年，高密县审计局成立后，始终把财务管理作为一项重要工作，建立财务管理相关制度，成立财务管理领导小组，加强财务工作规范化、制度化建设，促进审计工作开展。1998年、2009年两次修订完善《潍坊市审计局财务管理与报销制度》《财务管理制度》《固定资产管理办法》《接待工作制度》，在收支管理、预算管理、资产和负债管理、财务监督等方面做出明确规定。

2008年，实现财政部门与审计部门联网联机动态化管理。市审计局连续7年被潍坊市行政资产管理系统评为全市行政事业性国有资产管理先进单位，多人获表彰。

2012年以来，市审计局以审计工作科学转型为契机，以信息化为支撑，注重加强制度建设，强化措施落实，狠抓内部资产管理和财务信息化建设，财务记账实现软件化。

2014年，市审计局坚持“量入为出、保障重点、兼顾一般、厉行节约、制止奢侈浪费、降低行政成本、注重资金使用效益”指导原则，全面推进财务管理制度化、规范化、科学化、精细化建设。以新颁发的《行政单位财务规则》《行政单位会计制度》为依据，对局财务规章制度进行全面修订。

2015年，市审计局根据行政事业单位财务管理有关规定，制定了《高密市审计局财务管理制度》，进一步规范和完善财务制度，加强单位经费管理，提高资金使用效益，严格财经纪律，强化监督机制。

2016年，市审计局以全省审计机关人财物管理试点改革为依据，全面推进财务管理规范化建设。建立健全单位内控管理制度。制定《固定资产管理制度》《公车管理制度》《审计局内部控制制度》，全面规范预算执行、财务管理等工作全过程。依托山东省行政事业资产管理系统，将资产管理按类别细化到科室、定位到具体人员，全面实现资产管理信息化。

2017 年，市审计局修订完善《财务管理制度》《公务卡管理办法》《公务接待管理办法》《培训费管理办法》《会议费管理办法》《差旅费管理办法》，在收支管理、预算管理、资产和负债管理、财务监督等方面做出明确规定。

2019 年以来，市审计局以新颁发的《政府会计制度》及《政府会计准则》为依据，对局财务规章制度进行全面修订，陆续修订完善《高密市审计局预算绩效管理工作实施方案》《高密市审计局财务管理补充规定》《高密市审计局工作人员绩效考核办法》，成立预算绩效管理工作领导小组等，进一步完善了财务制度体系。

2024 年，市审计局财务工作在省审计厅审计资金管理使用综合评估中获通报表彰，作为全省三个财务工作经验介绍的县级审计机关之一，在省审计机关办公室工作视频培训班上做经验交流。

历任负责财务工作的人员有戴晶、张志伟、徐正伟、尹志、宋世忠、魏凤磊、张婷。

## 第二节　办公设施

1984 年，高密县审计局成立之初，办公地址在县政府办公大楼 4 楼，共 3 间办公室，审计工具为算盘和计算器，办公室有简易的桌椅、条凳、电话机、档案柜。

1986 年,由审计署批复配置吉普车 1 辆。

1987 年，办公室增加到 6 间，配置铅字打字机 1 台。

1989 年，建立无线电通讯网。

1990 年，配置桑塔纳轿车 1 辆，吉普车移交市政府。配置 1 套无线电对讲机（1 个固定发射座机和 3 台手持对讲机、1 台车载对讲机）。5 月，县审计局投资 110 余万元，在立新街建新办公大楼，建筑面积 1700 多平方米，共 4 层，由南关兴华建筑公司承建。1992 年 5 月竣工,6 月 28 日县审计局搬迁至新办公楼。第一层有办公室 7 间，为高密县审计事务所办公场所。第二层、三层、四层为县审计局的办公场所，包括会议室、档案室、接待室、仓库、活动室等。

1992 年，潍坊市审计局为县审计局统一配置电脑 2 台。

1998 年,市审计局购置 1 辆世纪星汽车。

2000 年，市审计局购置 6 台笔记本、5 台打印机，并开通局域网。

2001 年，市审计局改造办公楼燃煤锅炉为气供暖，新购 10 台笔记本式电脑。

2004 年初，市审计局购置辆桑塔纳轿车 1 辆。

2005 年 4 月，市审计局购置汽车 1 辆；8 月，购置笔记本电脑 10 台。

2008 年 3 月，市审计局购置新软件和有关设备。

2012 年，市审计局添置 GPS 卫星定位系统 1 套，公路、市政、园林、工业及民用建筑工程各类定额及软件各 1 套，水准仪、经纬仪、取芯机（汽油）各 1 个，摄像机 1 台，录音笔3支。

2017年3月，市审计局搬迁至康成大街2999号市民之家2号楼。

2019年11月，市审计局搬迁至康成大街2999号市民之家7号楼。4楼为150平方米的图书阅览室，5楼共16间，面积为910平方米，含办公室、会议室、接待室、档案室、仓库等。

2024年，市审计局主要公共资产见表9-1。

审计局成立初期配置的办公用具

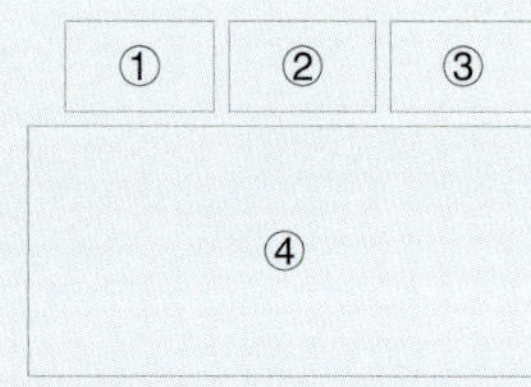


① 1984 年，县审计局位于县政府大楼 4 楼。

② 1992 年，县审计局位于立新街办公楼。

③ 2017 年，市审计局位于市民之家 2 号楼 4 楼。

④ 2019 年，市审计局位于市民之家 7 号楼 5 楼。

办公场所外景

| ① | ② |
|---|---|
| ③ | ④ |

①便携式笔记本电脑。

②手持 GPS，主要用于长距离的长度测量和各种形状地块面积的测量。

③无人机，主要用于各种复杂地块面积测量及各种复杂工程量清点。

④轮式测距仪，主要用于短距离的长度测量以及比较规则地块面积的测量。

新型审计工具

表 9-1　2024 年高密市审计局主要公共资产统计表

| 名称 | 单位 | 数量 | 说明 |
|---|---|---|---|
| 公务用车 | 辆 | 2 | 鲁 GGZ013、鲁 G80073 |
| 档案密集架 | 套 | 1 | 档案室 |
| 电脑 | 台 | 72 | 台式 18 台，笔记本 54 台 |
| 打印机 | 台 | 16 | 各办公室 |
| 扫描仪 | 台 | 1 | 紫光扫描仪 |
| 网络设备 | 套 | 2 | 金审二期、三期网络设备 |
| 会议视频系统 | 套 | 2 | 501、505 会议室 |
| 活动器材 | 台 | 3 | 跑步机 2 台、综合训练器 1 台 |
| 电子显示屏 | 个 | 2 | 501、505 会议室 |
| CIS 采集器 | 个 | 1 | 投资科 |
| 相机 | 台 | 2 | 佳能 90D、60D |
| 图书 | 批 | 1 | 图书室 |
| 装订机 | 台 | 1 | 办公室 |
| 藤编沙发套装 | 套 | 18 | 各办公室 |
| 办公桌椅 | 套 | 54 | 各办公室 |
| 会议桌椅 | 套 | 2 | 501、505 会议室 |
| 沙发套装 | 套 | 10 | 接待室 |
| 文件橱 | 个 | 18 | 各办公室 |
| 书橱书架 | 套 | 1 | 图书室 |
| 保险柜 | 个 | 2 | 办公室 |

## 第三节　职工住房

1986 年，高密县审计局购买立新街西首路南 10 间平房为职工住房，职工入住需向单位缴纳租金。1987 年出售给个人。

1987 年，高密审计局在立新街西首购买土地 2.5 亩建设职工住房。12 月建成入住，一期共 3 排平房，一排 10 间，共 30 间。

1989年，在邻近地块购买土地3亩，建成二期3排平房，共32间；1990年12月，职工入住。1991年，在存量土地上建三期平房9间。均属半产权房。

1995年12月，市审计局召开建房会议。1996年，动工建设职工楼房。占地面积5.5亩。两栋楼4个单元48户。1998年2月回迁，为职工个人全产权住房。

1998年，市审计局建成的职工住宅楼。

## 第四节　档案管理与保密工作

高密市审计局认真贯彻党中央、国务院关于加强档案和保密工作的方针、政策和部署要求，认真遵守保密纪律，开展档案保密知识宣传，提高审计人员的档案保密意识。

1985年，高密县审计局制定保密工作制度。认真履行党和国家有关保密工作赋予的保密义务，规范全体审计人员的保密行为，防范泄密风险，确保审计数据安全。所有机密文件由专人负责收发、保管、拆封、存档，并及时清退。阅读文件做到送达有记录，收回要核实，文件不转借，严格防止丢失。

1989年，县审计局继续贯彻“谁审计、谁立卷”的原则。每审完一个单位，审计组按照审计程序及时立卷，在潍坊市审计局档案初检中名列前茅。

1994年，市审计局入库高密市档案馆246卷。其中专业档案（业务档案）220卷，文书档案（永久）26卷。

1996年，市审计局进一步提高保密意识，保密教育纳入业务工作培训中，促使全体职工了解保密常识，增强保密观念，做到警钟长鸣。

1997年，市审计局重新规范整理各类档案，成立综合档案室，配置管理器材，提高档案管理水平，12月，通过机关档案工作省二级先进单位验收。

1998年1月，市审计局被山东省档案局授予机关档案工作省二级先进单位。

2002年，市审计局设立专门的档案室和阅档室，购置符合档案保管要求的档案橱具及其他设施。制定完善档案工作制度，做好档案的立卷整理工作。按标准健全文书、会计、资料、统计、人事、基建、设备仪器、照片、声像等档案。

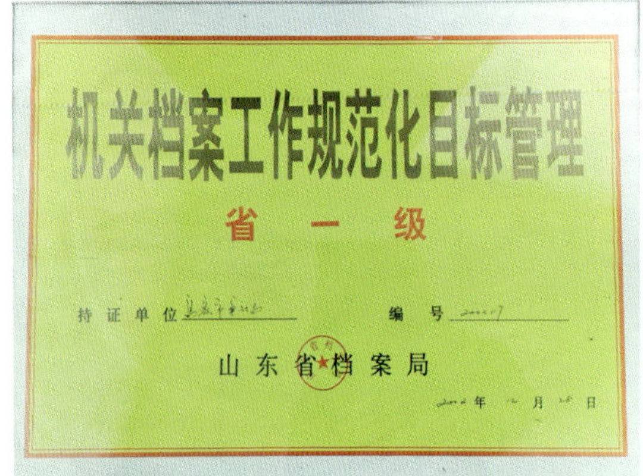


2002 年 12 月，市审计局被山东省档案局授予机关档案工作规范化目标管理省一级。

2009 年，市审计局成立档案管理领导小组，加强档案管理，提高档案管理水平，实现档案管理的规范化。

2011 年，市审计局被市委、市政府评为全市党委办公系统保密工作先进单位。

2017 年，按照《中华人民共和国保守秘密法》的有关要求，结合实际，市审计局制定《高密市审计局计算机及网络保密管理制度》《高密市审计局涉密载体销毁保密管理制度》和《高密市审计局移动存储设备保密管理制度》。

2019 年，市审计局重新修订执行《高密市审计局保密工作管理规定》，进一步提升保密工作水平。

2021 年,市审计局印发《档案借阅制度》《档案保密制度》《档案保管制度》《机关文件材料归档范围和文书档案保管期限规定》等文件，着力完善档案工作制度，使档案管理工作逐步走向规范化、制度化、科学化。

至 2024 年，市审计局档案室共存储档案 3581 卷（不含高密市档案馆 246 卷）。其中，业务档案 2834 卷，文书档案 190 卷，财务档案 557 卷。从 2016 年起建立电子档案，电子档案和纸质档案各 1 套。

历任档案管理员：仪秀梅、张婷、楚希彦、孟丽、张倩、宋新茹、王克烁。

2023 年，市审计局档案室档案密集架。

# 第十章

XIANJIN DIANXING

# 先进典型

高密市审计局自成立至今，已经走过40年辉煌历程，在审计工作中全面贯彻落实上级决策部署，坚守初心不动摇，坚定目标不松劲，坚持标准不懈怠，为审计事业倾力奉献，为高密经济社会发展做出重大贡献，涌现出大量具有代表意义的先进典型，展现了高密审计成就，彰显了高密审计精神。

# 第一节　山东省优秀审计项目

高密市审计局取得的山东省优秀审计项目有5个，分别为2006年度城市建设资金财务收支及工程决算审计，高密市供暖期运营情况绩效审计调查，高密市城市管理局城区集中供热综合改造工程绩效审计，高密市财政局具体组织2021年度市级预算执行和其他财政收支情况审计，全市基层医疗机构运营及政策落实情况专项审计调查。

## 2006年度城市建设资金财务收支及工程决算审计

2007年，在山东省审计厅组织的全省优秀审计项目评选活动中，高密市审计局实施的2006年度城市建设资金财务收支及工程决算审计项目榜上有名。这次全省共评选出26个优秀审计项目，其中获此殊荣的县市区审计局只有8个。荣获这一奖项，为高

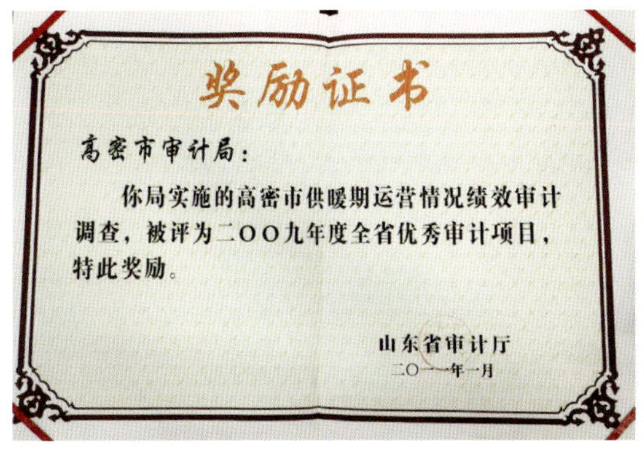

奖励证书

高密市审计局：

你局实施的高密市供暖期运营情况绩效审计调查，被评为二〇〇九年度全省优秀审计项目，特此奖励。

山东省审计厅

二〇一一年一月

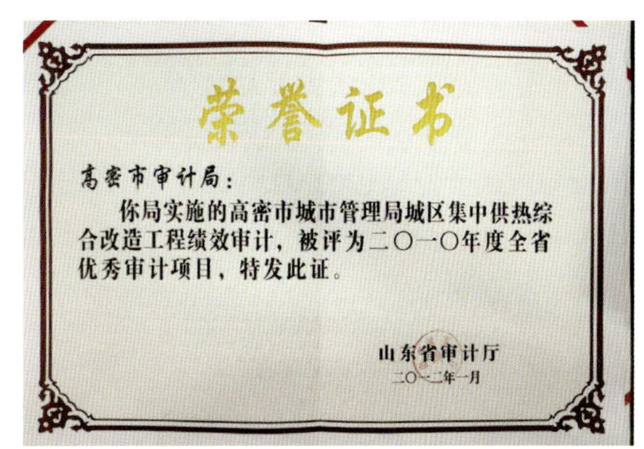

荣誉证书

高密市审计局：

你局实施的高密市城市管理局城区集中供热综合改造工程绩效审计，被评为二〇一〇年度全省优秀审计项目，特发此证。

山东省审计厅

二〇一二年一月

市审计局获山东省优秀审计项目的部分证书。

密市审计局成立 20 多年以来的首次，也填补了潍坊市审计系统 2002 年以来全省优秀审计项目评选的空白。

2006 年，高密市审计局根据全市城市建设总体布局，确立了整体推进、重点突破的投资审计工作思路，在全面审计城市建设资金的基础上，积极参与小康河综合治理改造工程指挥部的日常工作，对拆迁、招投标、材料价格、变更隐蔽工程签证等进行全方位跟踪审计。全市建设工程涉及 196 个施工单位，511 个项目。施工单位提报工程决算造价 14127 万元，经审计审减工程造价 2677 万元，审减率 19%。其中小康河综合改造工程审减 2001 万元，审减率达 26%。基本建设投资审计为政府节省了大量资金，取得了良好的经济效益和社会效益。

2006 年 3 月 1 日—2007 年 3 月 28 日，市审计局对 2006 年度城市建设资金的财务收支及工程决算造价情况进行审计。这次审计是在前期跟踪审计的基础上，会同市建设局审计科进行的。对小康河综合治理工程实施全程跟踪审计监督，参与工程指挥部的日常工作。市审计局结合前期跟踪审计的情况，实施了以下审计程序：查看项目招投标文件、合同、设计图纸、材料定价单、隐蔽工程变更单、签证单、施工单位上报的决算书，从资料方面弄清项目的设计施工、质量要求、投资概算等；针对市建设局采取的面向全社会公开招投标，低价中标；部分项目工程量及变更、隐蔽工程按实结算，执行中标综合单价的办法，采取了现场勘察、丈量、清点，核实工程量等措施；对达不到质量要求的土建项目，不丈量、不审计、不结算；质量、规格达不到要求的绿化乔木，按实际质量、规格结算。

建设工程项目造价的认定及工程付款情况。①经审计，2005 年度零星变更及签证工程涉及 52 个施工单位，造价 111 万元；② 2006 年度城市建设工程，市审计局进行跟踪审计，工程涉及 196 个施工单位、511 个工程项目。主要有小康河综合治理改造、道路两侧绿化、人行道及路沿石的铺装、雨污水管道、路灯安装、文化体育中心挖填土方、街道修建、游园广场、大树移植等工程项目。实际投资 12626 万元。

审计认为，全市建设城市、经营城市的理念进一步加强，城市建设投资力度加大。高密市建设局作为城市建设的主管部门，精心组织，严格管理，协调有序，应对挑战抓机遇，在创新实践中突破难题，使“标准高、亮点多”成为全市城市建设的一大特色，实现了城市建设的跨越式发展。特别是小康河的综合治理改造工程，使昔日的臭水沟变成了现在的旅游景点，改变了环境，美化了城市，为全市经济社会发展做出了积极贡献。在接受审计提出建议的基础上，2006 年度多数工程向全社会实行公开招投标，进行市场化运作，采用中标价固定综合单价、部分工程采用总价合同、工程量及隐蔽工程据实结算的办法，工程造价从源头上得到了有效控制，节约了工程投资。在 2006 年工程建设中，大胆采用外地设计单位的设计资料，力争做到起点高、投资合理。工程监理一改过去由本市监理公司包揽的局面，引进青岛监理公司参与大型工程的监理，起到了良好的效果。但是，从审计情况看，也存在工程档案资料不完整，变更工程、隐蔽工程签证不及时，部分苗木规格达不到招标要求，管理维护不到位，重建设、轻管理等问题。

改进和加强城市建设工程管理的意见和建议。①规范工作流程并使其具有可操作性，实行工程竣工备案制度，保证项目竣工后形成一套完整的工程资料（包括招投标资料、施工合同、竣工图纸、验收结果报告、隐蔽工程验收资料等）。②加强事前勘察、设计工作，保证图纸准确，尽量减少变更，招投标时充分考虑各种因素，建议一次性包死，实行总价合同。确需调整的重大变更及隐蔽工程，工程项目管理单位应提出书面变更申请，报请领导批复后，方可施工。变更工程签证需经审计部门参与现场监督。对工程签证实行周清月结，工程完工，签证结束。严格执行合同奖罚条款，确保合同的严肃性。③实行工程项目负责制，项目设计、工程招投标、合同签订、工程施工、竣工验收及审计结算全过程责任到人，考核到项目，确保工程工期和完成合同质量目标。④加强市政工程的管理及维护，保护已有的建设成果，节约重复建设的费用。⑤建立回避制度，施工管理人员应主动提出回避有利害关系的施工单位，以便及时调整该项工程的管理科室及人员，避免带来负面社会影响。

## 高密市供暖期运营情况绩效审计调查

2011 年，在山东省审计厅组织的全省优秀审计项目评选活动中，高密市审计局实施的高密市供暖期运营情况绩效审计项目榜上有名。该案例是高密市审计局实施的第一个供暖绩效审计项目，围绕高密市万仁热电有限公司和高密市交运热力有限公司组织收入是否及时、成本费用是否节约、人财物利用是否合理、预期目标是否完成、社会效益是否达到预期效果、组织领导是否到位等，结合财务审计以及绩效审计的方法，核实企业亏损数额，分析企业亏损的原因，揭示存在的问题，对两个公司经营管理绩效做出客观、公正的审计评价。通过审计，核减亏损 1200 多万元，并提出了有针对性的审计建议。

在绩效方面取得明显成效。①发现成本计算分摊办法不合理、收入支出不入账等财务收支方面的问题。同时，突破传统审计方法，融入绩效审计理念。对成本费用的经济性、人财物利用的合理性、预期目标完成的效果性、社会效益的绩效性等进行了绩效审计。②审计建议被采纳。这一项目针对蒸汽管网老化、网损较高问题，提出“对现有管网进行整体改造”的审计建议，引起市委、市政府的重视。市政府专门进行研究，决定对现有管网进行整体改造，并制定《高密市人民政府关于实施城区集中供热工作的意见》。全市投资 1.6 亿元的“汽改水”工程投入使用，市民反映效果很好，并被列为当年高密市十大民心工程之一。③审计结果被利用，并在一定区域内产生重大影响。一是审计结果向本级政府作了专题报告。审计项目对企业亏损数额进行了真实反映，对供热管网的网损进行了计算和分析，并说明网损是造成企业亏损、供暖效果差的主要原因，由此坚定了市委、市政府对现有管网进行整

2009 年 3 月，市审计局对高密市万仁热电有限公司和高密市交运热力有限公司(2008 年—2009 年)供暖期运营情况进行审计。

体改造的决心，提出了实施城区集中供热工作的意见。对审计报告中提出的政府等有关部门欠企业的汽款以及审计报告中反映的企业亏损问题，市政府专门召开会议进行研究部署，责成有关部门核实后，尽快将所欠的汽款和企业亏损数额拨给企业。二是审计信息和宣传报道被多家媒体采用。其中,《审计温暖千万家——山东省高密市绩效审计促成市区供暖汽改水工程纪实》被《中国审计报》采纳,《山东高密供热系统专项资金审计调查核减亏损千万元》分别被中国审计网站、中国审计教育网站和《潍坊审计信息》采纳,《高密市审计建议促成一项重大民生工程》被山东省审计厅、《潍坊审计信息》采纳。三是该绩效审计案例在潍坊审计论坛上进行了讲评，得到潍坊市审计局主要领导的好评。

### 高密市城市管理局城区集中供热综合改造工程绩效审计

2012 年，在山东审计厅组织的全省优秀审计项目评选活动中，高密市审计局实施的高密市城市管理局城区集中供热综合改造工程绩效审计项目榜上有名。

2009 年 12 月—2010 年 8 月，根据《中华人民共和国审计法》有关规定，高密市审计局对城区集中供热综合改造工程绩效情况进行审计。

全市城区集中供热综合改造工程，由原高密市市政管理局全面负责项目规划、立项、设计、协调、监督和管理。委托山东省城乡规划设计研究院编制了《高密市城市热力专项规划》，委托山东省能源设计院对城区供热改造部分设计具体施工图。新建和改造高密市万仁热电有限公司施工换热站首站和主管网，高密市交运热力公司施工二级换热站、三级站和二级管网，共铺设主管网 26872 米、二级管网 53724 米、站内管道 7879 米；新建和改造二级站 31 个、三级站 150 个。按照《高密市人民政府关于实施城区集中供热工作的意见》要求，审定工程总投资 22473 万元；审定造价为 20074 万元，审减 2267

万元，审减率为10.1%。

审计结果表明，在全市上下的共同努力下，城区集中供热综合改造工程基本如期完成。该项目的实施，从总体上克服了老城区因管道年久失修、架空管道多、供热半径小、热损大的弊端。汽暖改水暖后，供热半径增大，节能降耗效果明显，2009年供暖期较2008年同期节煤1.1万多吨，合1007万元；系统能耗比上年同期降低24.81个百分点，节约支出965万元。项目实施过程中，原高密市市政管理局和热源、热力单位在站点选址、管网安装等环节积极协调工程涉及的有关部门、单位和个人，围绕促工期、抓质量、重进度及合理调度资金等方面做了大量工作。整个管网的经济效益、环境效益、社会效益日益凸显，市委、市政府的科学决策和以人为本、心系民生的发展理念得到具体体现。

审计发现的主要问题及建议。①项目立项审批手续、部分工程资料不完善。建议工程主管部门进一步完善立项审批手续，建立健全项目程序档案资料。②主管网设计路线出现重大变更，致使换热站位置变迁多、二级管网线路移位，加大了整个工程的投资。建议在城市建设工程设计中，既要考虑城市现实环境、长远规划，又要全面考虑城区公共设施的整体布局，避免出现重大设计变更，防止不必要的损失。③因工期紧，在换热站改造环节执行招投标程序不严格，未实施监理制。建议应严格执行招投标制和监理制，在重点工程中建立健全责任追究制，确保工程规范化运作。④改造费用及入网费后续收取难度大。建议有关部门制定相应措施，清理和收取有关用户所欠改造费用及入网费，实收部分抵顶财政相应欠款。⑤建议市政府尽快出台意见，确定该项目资产权。

## 2021年度市级预算执行和其他财政财务收支情况审计

2023年，在山东省审计厅组织的全省优秀审计项目评选活动中，高密市审计局的

2010年，市城区集中供热综合改造工程审计现场。

2021年度市级预算执行和其他财政收支情况审计项目榜上有名。

2022年3月—6月，高密市审计局对高密市2021年度市级预算执行和其他财政收支情况进行审计。坚持以习近平新时代中国特色社会主义思想为指导，全面贯彻落实党的十九大和十九届历次全会精神，深入贯彻落实习近平总书记对山东工作重要指示要求和关于审计工作重要论述，适应新发展阶段，贯彻新发展理念，融入新发展格局。通过审计，全面检查财政资金管理使用绩效情况，揭露资金管理使用、政策执行中的薄弱环节和漏洞，反映内控机制建设中存在的突出问题，揭示资金使用中的风险隐患和制度漏洞并分析原因，促进政府部门完善监管机制，堵塞管理漏洞，确保财政资金安全高效。

项目创新做法。①创新审计组织方式，积极构建“统＋融”财政审计模式，扎实开展财政预算执行审计。突出“预算执行审计＋”模式，统筹审计项目，融合安排审计内容。强化“全过程”质量管控，将审理人员编入财政审计组同步“入场”，统筹利用审计力量。做好预算执行审计“下半篇文章”，以融合共用为抓手加大审计成果归集整合力度，提升审计成果利用价值。②创新审计技术方法，深入探索“大数据＋非现场”数据审计模式，使数据技术与审计业务深度融合。扩大审计监督的广度和深度，为推动审计理念、方法和模式的创新发展提供了有力保障。通过数据分析产生的疑点，组织力量进行疑点核查，形成高密市审计局2021年度数据分析疑点落实情况登记表，分析疑点数据20601条，已落实11866条。2022年11月，在省审计厅组织的全省财政大数据审计技能竞赛中获三等奖。③聚焦各级党委决策部署，做实研究型审计。2022年以来，全局以“聚焦主责主业、助推高质量发展”为统领，以深入推进研究型审计和智慧审计为抓手，将研究型审计理念贯穿财政审计全过程，按照“政策＋项目＋资金”模式，对被审计单位的发展背景、改革方向和发展趋势等做系统整体研究，不断拓宽审计监督的广度和深度。关注财政部门在财政政策系统整合、项目安排、预算资金分配使用、体制机制创新方面的工作开展情况，重点关注落实“六稳”“六保”促进高质量发展等政策落实情况，具体关注财政政策融合情况，是否把财政资源聚焦到市委、市政府重大政策落实的关键领域，预算安排是否有保有压、突出重点、集中财力办大事，资金使用是否充分发挥效用，体制机制创新是否体现正向激励导向。④积极创新“审计＋人大”联动监督新路径。2021年，市审计局将审计改革创新摆在更加突出的位置，年初及时与市人大对接，创新探索审计整改新思路。根据全市实际，分别从完善审计委员会相关配套制度、落实审计整改专题会议、开展满意度测评等方面进行创新。市人大预算工委也将该联动思路作为亮点做法进行应用和推广。

项目主要成果。①做细做深，确保审计总体质效。审计查出多家部门单位、2家国企在财政资源统筹、财政运行风险、国有资产管理使用等9个方面共存在问题49个。②形成反映体制机制等问题和风险隐患等审计信息5篇。该项目向市委审计委员会报送《当前我市财政评审工作现状及审计建议》《我市推行公务卡结算存在的问题及建议》等审计要情5篇，得到市委、市政府认可。③揭露违纪违法案件线索4起。重大违纪违法问题按规定向本级和上级审计委员会报告。④推动完善规章制度14项。通过报送审计要情、审计报告等，推动市委、市政府出台了《关于进一步加强公务卡使用管理的通知》《高密市市属国有企业重大事项报告管理办法》《高密市市属国有企业财务监督管理办法》，推动被审计单位出台了《关于建立规范预算评审工作财政审计协同联动机制的实施方案》《关于开展镇街及预算单位银行账户清理工作的通知》《高密市财政局预算编制内部控制管理办法》等11项制度。

## 全市基层医疗机构运营及政策落实情况专项审计调查

2024年，在山东省审计厅组织的全省优秀审计项目评选活动中，高密市审计局的全市基层医疗机构运营及政策落实情况专项审计调查项目获得省优二等奖。

2023年4月—6月，高密市审计局派出审计组，对全市基层医疗机构运营及政策落实情况进行了专项审计调查。该专项审计调查项目聚焦党的二十大精神，认真贯彻落实习近平总书记在二十届中央审计委员会第一次会议上的讲话，按照“深化改革、维护民生、促进发展、规范管理”的总体思路，通过审计调查，摸清高密市镇级公立卫生院运营发展状况，主要包括运营现状、财务管理现状、人员现状、医疗技术水平现状、设备现状、改革的各项政策执行情况等，从机制、制度和管理层面深入分析基层医疗卫生机构存在的突出问题和主要矛盾，提出促进基层医疗卫生机构依法履行职能、健康运行的意见和建议，推进基层医疗卫生资源合理配置，提高基层医疗服务能力。

项目创新做法。①做足审前研究。审计组专程赴聊城市莘县审计局学习了基层医疗机构审计调查优秀项目档案，与参审人员进行了深入的探讨交流，莘县审计局的经验做法开阔了审计组的思路。审前阶段，审计组走访调查了市财政局、市卫健局、市医保局、市发改局等主管及政策制定部门，收集整理了100多个指导性文件形成政策法规库，为项目实施提供了政策依据。审计组多次开会研讨，听取意见、研究思路，精心编写了项目实施工作方案。②创新审计组织方式。本次审计调查打破科室界限，由5个科室组成13人审计组，实行业务、数据双主审制，选取柏城中心卫生院作为审计试点，试审工作于2023年4月24日进点，由业务审计组、数据分析组2个审计组同步实施，坚持同领域审计项目之间业务融合互通、协同互补。以“政治—政策—项目—资金”为主线，运用思维导图方式关联重点事项，全面、精准揭示问题，合力分析研究问题本质和症结所在，针对性提出审计建议。将数据分析贯穿审计全过程，对多个关联维度的数据进行深度挖掘与分析，锁定疑点样本进行核实，深度揭示基层医疗机构存在专业人才缺乏、违规接受仪器捐赠、捆绑耗材、药品违规加价、医疗服务项目收费超标准等普遍性、倾向性问题，提高审计质效。试审结束后，将发现的问题整理成清单，统一问题表述、统一问题定性、统一处理意见，为项目正式开展奠定基础，提高审计工作效率。后续审计调查将审计组人员分为两个小组，同步开展两个乡镇卫生院的审计调查。③注重审中研审、审后评估。通过审中碰头会议，各审计小组将问题以清单形式进行对接，并就审计疑点进行讨论与交流。对个性问题及重点问题，审计组长和主审进行多角度、多层次的分析研判，适时调整下步工作重点，促进审计项目提质增效。项目结束后及时召开总结会，对审计项目实施过程进行“复盘”，全方位、多维度进行系统总结，查找不足，提炼经验。通过项目展评方式分享心得体会，以讲促研、以研促学、以学促审，推动研究型审计向纵向深发展。④强化审计整改。审计发现问题台账化管理，严格销号标准，实时跟踪、动态更新整改情况，对能立刻整改的问题，及时督促被审计单位立审立改；对共性问题、体制机制层面的问题，联合被审计单位和市卫健局、市医保局、市财政局等主管部门，合力研究制定整改措施，并通过回访、座谈、现场指导等方式，督促指导审计整改，推动基层医疗卫生机构强化内部管理、完善体制机制，做到“整改一类问题，规范一个行业”，在更高层次、更大范围提升审计整改成效。⑤创新协同监督新工作机制。2023 年度，市审计局与中共高密市纪律检查委员会机关共同出台了《关于建立医疗卫生系统审计查出问题整改协同监督工作机制的意见》，明确了市卫生健康局、市审计局、市纪委驻市卫健局纪检监察组的职责分工，进一步贯通纪检监察和审计工作监督体系，增强巡审联动工作合力，共同推动审计发现问题整改取得实效，切实实现“审计一点，规范一片”的整改效果。

项目主要成果。①将研究型审计贯穿项目全过程，确保审计成效。市审计局聚焦党的二十大精神，认真学习习近平总书记在二十届中央审计委员会第一次会议上的讲话，落实审计署关于做实研究型审计的部署要求，在基层医疗机构运营及政策落实情况调查审计项目中，将研究型审计思维贯穿“审前、审中、审后”全过程。创新审计组织方式和技术方法，打破科室界限，实行业务、数据双主审制。审计方案确定的审计事项均已全面落实，审计报告内容完整，要素齐全，反映问题事实清楚，聚焦重大问题及风险隐患，深入分析原因，提出的审计建议针对性强，具有可行性。本次审计调查共揭示基层医疗机构 6 大方面 89 项重点问题。提报审计要情及审计专报共计 10 篇，移交纪委监委、有关部门案件线索 13 起,促进部门建章立制 33 项，助力提升基层医疗机构健康发展。②形成揭示体制机制问题和风险隐患等审计信息 10 篇。在专项审计调查过程中，注重对发现的普遍性、突出性问题进行归纳整合，分析成因，提出建议，形成审计要情等报送市委、市政府，为市委、市政府决策提供参考。本次审计调查共提报《乡镇卫生院融资回租行为应予以规范》《卫生院接受仪器捐赠捆绑耗材行为应当止》等审计要情及专报 10 篇，得到市委、市政府主要领导的认可，均做出了重要批示。高密市卫生健康局根据审计要情反映的问题以及领导批示精神，形成了《关于对镇街卫生院融资回租行为调查情况的汇报》等 5 篇汇报材料，对全市医疗机构存在的问题进行了梳理、分析了原因，并提出下步整改措施，得到了领导的批示。③向市纪委、市场监督管理局等部门移交各类案件线索 13 起。④促进整改落实。本次审计发现 89 个问题，其中有 87 个立行立改类问题、1 个分阶段整改类问题、1 个持续整改类问题，当期整改率达到 98.86%。根据审计报告反映的问题和市领导对审计要情的批示，市卫生健康局形成了《关于对镇街卫生院融资回租行为调查情况的汇报》等共计 5 篇汇报材料，得到领导的批示。本次审计调查结束后，高密市卫健部门专门组织系统内全体财会人员召开全市审计问题整改培训会议，并根据审计发现的问题出台完善了《高密市卫生健康系统存货管理办法》《高密市卫生健康系统政府采购内部控制管理办法》《关于进一步加强和规范村卫生室管理工作的通知》《关于加强医疗废物处置工作的通知》《高密市医疗机构会诊管理办法》等 11 项制度文件，进一步规范了工作流程，有力地促进了全市医疗卫生系统健康发展。5 家乡镇卫生院根据审计发现的问题，积极进行整改并采纳审计建议，有针对性地制定了涉及财务管理、存货管理、专家会诊等方面的 22 项制度文件，推动了卫生院的规范化管理进程。

2024 年 6 月，审计人员在阚家中心卫生院向预防接种门诊工作人员了解门诊基本情况以及收费流程、人员配置、疫苗管理等情况。

## 第二节　潍坊市优秀审计项目

高密市审计局被评为潍坊市优秀审计项目的有13个，分别为高密市交通局原局长葛月殿同志任期经济责任审计项目审计报告；高密市地方税务局2007年度税收征管和财务收支审计；高密市2008年度公路建设工程竣工决算审计；高密市万仁热电有限公司和高密市交运热力有限公司2008年—2009年供暖期运营情况绩效审计调查；高密市2010年度本级预算执行和其他财政收支情况审计；2012年度高密市镇街卫生院实施国家基本药物制度以来发展状况专项审计；高密市财政局2013年度预算执行和其他财政收支情况审计；高密市财政局2016年度预算执行和其他财政收支审计；中共高密市柏城镇委员会原党委书记管增璋任期经济责任履行情况审计；中共高密市夏庄镇委员会原党委书记付联宝任期经济责任履行情况审计；高密市2021年度财政预算执行和其他财政收支情况审计；高密市基层医疗机构运营及政策落实情况专项审计调查；高密市2022年度本级预算执行和其他财政收支等情况审计。

荣誉证书
HONORARY CREDENTIAL
高密市审计局：
你局报送的"高密市交通局原局长葛月殿同志任期经济责任审计"项目审计报告，荣获2008年度全市优秀审计报告。特发此证，以资鼓励。
潍坊市审计局
二〇〇九年二月

荣誉证书
HONORARY CREDENTIAL
高密市审计局：
你局实施的"高密市地方税务局2007年度税收征管和财务收支审计"项目，荣获2008年度全市优秀审计项目。特发此证，以资鼓励。
潍坊市审计局
二〇〇九年二月

荣誉证书
高密市审计局：
你局实施的"高密市2008年度公路建设工程竣工决算审计"项目，荣获2009年度全市优秀审计项目。特发此证，以资鼓励。
潍坊市审计局
二〇一〇年二月

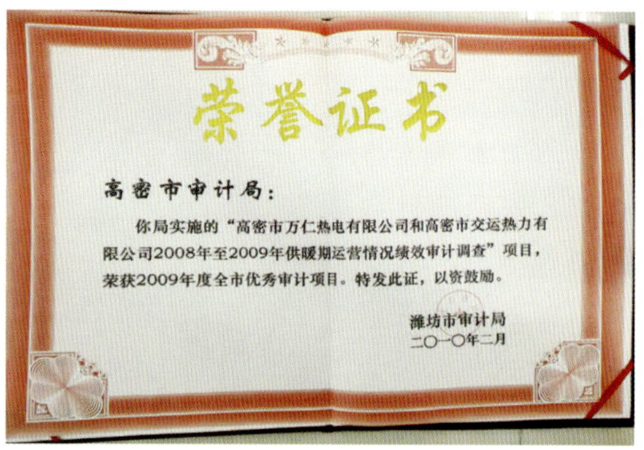
荣誉证书
高密市审计局：
你局实施的"高密市万仁热电有限公司和高密市交运热力有限公司2008年至2009年供暖期运营情况绩效审计调查"项目，荣获2009年度全市优秀审计项目。特发此证，以资鼓励。
潍坊市审计局
二〇一〇年二月

市审计局获得的部分潍坊市优秀审计项目证书。

## 高密市 2008 年度公路建设工程竣工决算审计

2010 年，在潍坊市审计局组织的全市优秀审计项目评选活动中，高密市审计局实施的高密市 2008 年度公路建设工程竣工决算审计项目榜上有名。

高密市审计局自 2009 年 4 月 11 日起，在对部分工程项目跟踪审计基础上，对全市 2008 年度公路建设工程决算情况进行了全面审计，审计结果如下。高密市 2008 年公路建设工程由市公路建设指挥部、市交通局、市公路局负责组织管理，全年共完成横一路、蔡初路、高康路、康蔡路、立交桥引道土方、桥涵、绿化、挖补等 62 个大项的公路工程。工程送审金额为 14718 万元，经审计确认为 13223 万元，核减结算值为 1495 万元，审减率为 10.2%。工程造价的审计确认，借助了 WECOST 公路工程造价管理系统，通过计算机分析汇总产生；对财务健全的施工单位，采取了审查成本费用明细账、计算材料消耗量倒推工程量的审计方法；采用了内部控制测试。

工程项目管理存在的问题。一是个别追加项目未签订施工合同。二是部分施工合同要件不全，无结算方式条款。造价控制方面还不够严谨有效。招标前期勘察、设计不够准确，增加变更追加工程存在招标甩项、漏项问题，不利于前期造价控制。三是个别项目市场调研不力，合同价格高于市场价格。四是签证不够规范、准确，工程管理人员不熟悉招标文件、施工合同的要求，对施工单位风险范围之内发生的工程量也给予签证。

审计建议。针对项目管理存在的问题，建议有关部门加大管理力度，强化造价控制、质量控制和合同管理意识，完善项目负责人、责任追究等内部控制制度。施工前必须签订施工合同，合同的签订要以招标文件或审批计划为依据，合同条款要齐全严谨，主要条款要明确，特别要标明结算方式以及应承担的工作内容和风险范围。工程招标要综合考虑各种因素，实行工程量清单报价，避免甩项、漏项。招标文件的编制要规范、实用，《投标须知》中要明确标明采用何种计价的承包方式。工程招标前，要进行细致的市场调查，确定一个科学、合理的期望值，在此基础上引入市场竞争机制，从而有效控制工程造价。规范变更追加工程的签证工作，建议实行项目负责人（工地代表）制度并制定相应的奖惩措施，项目负责人要全程参与工程招标、合同签订、施工监管等各个环节，做到事前有书面请示、批复，事中有相关部门监督，事后有建设、施工、监理三方共同签字的施工现场勘测记录。

## 2012 年度高密市镇街卫生院实施国家基本药物制度以来发展状况专项审计

2013 年，在潍坊市审计局组织的全市优秀审计项目评选活动中，高密市审计局实施的 2012 年度高密市镇街卫生院实施国家基本药物制度以来发展状况专项审计项目榜上有名。

2012 年 6 月 11 日—2012 年 7 月 13 日，高密市审计局对高密市镇街卫生院实施国家基本药物制度以来发展状况进行专项审计调查，分别审计调查了高密市朝阳街道卫生院、高密市阚家镇卫生院、高密市姜庄镇卫生院、高密市柴沟镇卫生院等 4 家镇街卫生院，并对重要事项进行了必要的延伸审计和追溯。

审计工作目标。坚持以科学发展观为统领，按照“把握总体、揭露隐患、服务发展”的总体思路，紧紧围绕“质量、责任、绩效”，充分发挥审计“免疫系统”功能，摸清基层医疗机构的经营现状，对基层医疗机构实施基本药物制度以来的医疗收费、药品购销、债权债务、基础设施、人力资源、福利待遇、就诊情况、公共卫生等多个方面进行对比分析，揭示存在的普遍性和倾向性问题以及体制性障碍、制度性缺陷和管理漏洞，分析问题产生的原因，提出有针对性和建设性的意见和建议，促使乡镇卫生院遵纪守法、提高管控水平、增强竞争力和创新力、提升经营业绩。

审计对象和范围。对全市乡镇卫生院按照经营状况好、较好、一般3个等次抽查4家卫生院；以各乡镇卫生院2011年度的财务收支及有关经营活动为重点，重大事项可追溯到以前年度或延伸至审计日。

审计内容和重点。一是财务收支及执行国家法律法规情况。重点审计医疗收费情况、药品采购销售情况、经费支出情况、一体化诊所情况、经费拨付及公共卫生收支情况。二是资产负债情况。审查2011年各项资产负债是否真实，计价是否正确，坏账损失处理是否合规、有无报批手续。同时，与2010年度进行对比，分析单位实行国家基本药物制度前后债权债务的变化情况，计算资产负债率，分析其偿债能力。检查乡镇卫生院资产使用以及不良资产情况，揭露资产质量方面的问题。重点关注3年内资产核销和损失，3年以上的应收预付款项和长期闲置、报废或盘亏的固定资产以及不良资产形成的原因和责任。三是重大经济决策情况。检查单位有关重大经济决策是否履行了民主、科学的决策程序，重点揭露决策失误和管理不善造成的重大损失浪费。四是人力资源情况。对被审计单位的人才结构、人员流动等情况进行分析，揭示人力资源对卫生院经营发展状况的影响。五是信息化管理系统建设情况。检查单位信息系统建设情况、数据集中存储情况、业务数据质量状况等。

审计效果。①对产生问题的原因进行了分析。项目对超标准收费、一次性材料超标准加价、国家基本药物制度实施过程中药品采购方面出现的新问题、公共卫生服务项目经费管理不规范、财政拨款不到位、财务管理等方面进行了揭示和分析。②移交审计发现的违法违纪问题。③审计发现的体制机制制度方面的重要问题向本级政府和本级主管部门——卫生局反映并被采用。审计发现医疗卫生收费价格管理相对滞后、医疗新项目缺乏收费依据等体制机制制度方面的重要问题并向本级政府书面反映，被采用；将国家基本药物制度实施过程中药品采购方面出现的新问题向卫生局书面反映并被采用。④督促整改效果显著。市政府根据审计建议，制订了《高密市县级公立医院综合改革试点工作实施方案》，市卫生局根据审计建议制定了《高密市卫生局关于认真落实审计建议强化问题整改的通知》，使审计发现的问题得到了认真整改，审计建议得到采纳。⑤审计项目案卷比较规范。在调查了解的基础上，经过反复论证，编制了具有指导意义的审计工作方案，该方案得到了市主要领导的重要批示。

# 第三节　领导批示

## 《加强年轻审计干部培养，锻造一流过硬审计铁军》获领导批示

2022年11月，山东省委审计办主任、省审计厅党组书记、厅长王金城对高密市审计局提报的《加强年轻审计干部培养，锻造一流过硬审计铁军》一文做出批示："年轻干部是审计事业创新发展的有生力量，是审计事业的未来和希望，高密市审计局注重年轻干部培养和锻炼，收到显著成效，望总结提升、固化机制。为审计工作高质量发展提供有力的支持和保障。"

潍坊市委审计办主任、潍坊市审计局党组书记、局长张祖钊对高密市审计局提报的《加强年轻审计干部培养，锻造一流过硬审计铁军》一文做出批示："年轻干部是审计事业发展的生力军，高密市审计局着眼审计工作持续发展，加强审计干部队伍建设，特别是为年轻干部建载体、搭平台的做法值得学习借鉴，请各县市区局重视年轻审计干部的培养锻炼和成长，按照审计署提出的'三能'要求，采取有力有效举措加快提升审计干部专业化水平。"

《加强年轻审计干部培养，锻造一流过硬审计铁军》全文如下。

年轻干部是审计事业发展的骨干力量。高密市审计局主动顺应新时代、新形势、新任务对审计工作的新要求，精准加强年轻审计干部培养，为年轻审计干部发展"搭平台、建舞台、摆擂台"，让广大年轻审计干部在加强政治理论学习、涵养职业操守、提升业务技能、履行审计监督职责中展现青春风采，在参与疫情防控、乡村振兴、全国文明城市创建、维护稳定等党委政府中心工作中冲锋在前，在擦亮"先锋党支部""五星级党支部"品牌中体现先锋本色，努力锻造充满生机活力的一流过硬审计铁军，确保审计事业青蓝相接、薪火相传。

### 一、把准定位，画好"一张规划图"

局党组将年轻审计干部培养作为队伍建设的关键一招、人才兴审的重要抓手，以培养"有红色基因、系好人生的第一粒扣子；有知识底蕴、夯实入职的第一个台阶；有业务底气、练就干好审计工作的第一手本领；有做人底线、守住职业操守的第一道关口"的"四有"审计干部为目标，深刻认识青年成长进步是审计事业发展的重要保障，树牢"审计工作的希望在青年、审计事业的未来在青年"的理念，画好年轻审计干部培养规划图。局党组坚决落实审计署、省审计厅和潍坊市审计局关于审计人才队伍建设特别是年轻审计干部培养的一系列文件和会议精神，实施专项行动，加强对这项工作的组织领导，建立定期研究总结推进工作机制，细化主要负责人挂帅、班子成员分工、科室协作、全员联动、典型引领、专项培养经费保障等6项措施，用活、用好多种特色培养载

体。区分现有26名40岁以下不同入职时间、不同年龄段、不同专业、不同知识结构的年轻审计干部，量体裁衣、因人施策，瞄准短板、靶向发力，做到一张规划图排兵布阵、多个良方育人练兵，让年轻审计干部既又红又专、一专多能，又学有所长、用有所长，尽快成为审计工作的行家里手、精兵强将。

## 二、提升格局，锚定“两个大目标”

一是锚定“练硬功、强根基”大目标，打造硬核团队。立足年轻审计干部是审计工作主力军的实际，着眼年轻审计干部风华正茂、大有可为的鲜明优势，鼓励和引导他们在全省审计机关模范机关建设“三级联动”试点工作中当主角，在推进研究型审计中打头阵，在“导师制”“师带徒”等活动中做“青出于蓝而胜于蓝”的榜样，在提升大数据审计技能中练真功，放手让年轻审计干部在2022年开展的8个重要审计项目、5项重点工作任务、3个重头攻坚课题中担纲重任、施展身手、一线接受锻炼和考验，选派年轻审计干部参加上级审计机关组织的业务培训班、研讨班和“以干代训”项目等。通过勤关心、多爱护，创机会、搭平台，大胆用、放心使，着力释放思想活力、挖掘工作潜能、锤炼实战本领，让他们尽快从“新兵”转为“老兵”，从“新手”成为“能手”，从“能手”升为“骨干”，多渠道多方式发现、培养、储备更多的年轻审计精锐，不断发展壮大审计有生力量、专业化人才队伍，为审计工作高质量发展提供坚强人才保障。近年来，先后有12名年轻审计干部分别荣获高密市优秀共产党员、高密先锋青年、高密市岗位建功标兵、高密市最美科技工作者等荣誉称号，6名年轻审计干部的先进事迹被《中国审计报》《中国审计》《潍坊审计》及高密融媒等主流媒体宣传报道。2名“90后”审计干部在全市“担当奉献”比赛中斩获奖项。二是锚定“促提升、上层级”大目标，锤炼“顶尖”人才。着眼全省审计工作一盘棋，先后派出11名年轻审计干部参与省厅统一组织的审计项目，让他们在大阵地、大兵团作战中开阔视野、提升格局、学习经验、锤炼本领、提高能力。多名年轻审计干部经过外派历练、借力培育，步入了成长的快车道，脱颖而出成为审计人才“群岭”中的“高峰”，促进优化了队伍结构，推动了人才梯队建设，释放了人才“磁场效应”。“85后”“90后”年轻审计干部经重点培养、重点使用，成为主要业务骨干和中层干部主力。同时，选派10名年轻审计干部参与各级巡视巡察、巡审联动、专项督查、案件查办等工作，积极配合做好全市年轻干部定向培养、选拔和交流任用工作，适时向外推荐、选送、输出优秀年轻审计干部，让审计机关培养的“审计人出身”的年轻干部，带着高素质、好作风、硬本领，在新的岗位上进一步接受检验、锻炼和考验，为经济社会高质量发展做出应有贡献。近年来，3名优秀年轻审计干部被选拔交流到上级机关工作。

## 三、打造特色，创建“三个新载体”

一是开好一套组合课堂。每月组织1期“审计大课堂”，邀请财政、人社、发改、教体等重点职能部门走进大课堂讲知识、讲政策、讲业务，为年轻审计干部开展有关审计项目定向“加油”“充电”“赋能”；每月举办1期“审计微讲堂”，让年轻审计干

鲁简057号

山东审计简报

第107期

山东省审计厅　　2022年11月11日

按：近年来，潍坊高密高度重视年轻审计干部培养，积极"搭平台、建舞台、搭擂台"，多措并举拓宽年轻干部成长空间，努力锻造一支充满生机活力的审计生力军，取得较好成效。厅党组书记、厅长王金城批示："年轻干部是审计事业创新发展的有生力量，是审计事业的未来和希望。高密市审计局注重年轻干部培养和锻炼，收到显著成效。望总结提升、固化机制，为审计工作高质量发展提供有力支持和保障。"现将有关做法予以编发，供参考借鉴。

高密加强年轻审计干部培养
锻造坚强生力军

— 1 —

加强年轻审计干部培养
锻造一流过硬审计铁军

高密市审计局

年轻干部是审计事业发展的骨干力量。高密市审计局主动顺应新时代新形势新任务对审计工作的新要求，精准加强年轻审计干部培养，为年轻审计干部发展"搭平台、建舞台、摆擂台"，让广大年轻审计干部在加强政治理论学习、涵养职业操守、提升业务技能、履行审计监督职责中展现青春风采，在参与疫情防控、乡村振兴、全国文明城市创建、维护稳定等党委政府中心工作中冲锋在前，在擦亮"先锋党支部""五星级党支部"品牌中体现先锋本色，努力锻造充满生机活力的一流过硬审计铁军，确保审计事业青蓝相接、薪火相传。

一、把准定位，画好"一张规划图"。局党组将年轻审计干部培养作为队伍建设的关键一招、人才兴审的重要抓手，以培养"有红色基因、系好人生的第一粒扣子；有知识底蕴、夯实入职的第一个台阶；有业务底气、练就干好审计工作的第一手本领；有做人底线、守住职业操守的第一道关口"的"四有"审计干部为目标，深刻认识青年成长进步是审计事业发展的重要保障，树牢"审计工作的希望在青年，

— 1 —

2022年11月，山东省委审计办主任，省审计厅党组书记、厅长王金城对高密审计工作的批示原件。

潍坊审计信息

第23期

潍坊市审计局　　2022年10月20日

按：高密市审计局着力加强年轻干部队伍建设，高标准谋划，多举措推进，取得明显成效。近日，省委审计办主任、省审计厅党组书记、厅长王金城作出批示："年轻干部是审计事业创新发展的有生力量，是审计事业的未来和希望。高密市审计局注重年轻干部培养和锻炼，收到显著成效。望总结提升，固化机制，为审计工作高质量发展提供有力支撑和保障。"市委审计办主任，市审计局党组书记、局长张祖钊批示："年轻干部是审计事业发展的生力军。高密市审计局着眼审计工作持续发展，加强审计干部队伍建设，特别是为年轻干部建载体、搭平台的做法值得学习借鉴。各县市区局要重视年轻审计干部的培养锻炼和成长，按照审计署提出的'三能'要求，采取有力有效举措加快提升审计干部专业化水平。"现将其有关做法予以编发，供参考借鉴。

- 1 -

加强年轻审计干部培养
锻造一流过硬审计铁军

高密市审计局

年轻干部是审计事业发展的骨干力量。高密市审计局主动顺应新时代新形势新任务对审计工作的新要求，精准加强年轻审计干部培养，为年轻审计干部发展"搭平台、建舞台、摆擂台"，让广大年轻审计干部在加强政治理论学习、涵养职业操守、提升业务技能、履行审计监督职责中展现青春风采，在参与疫情防控、乡村振兴、全国文明城市创建、维护稳定等党委政府中心工作中冲锋在前，在擦亮"先锋党支部""五星级党支部"品牌中体现先锋本色，努力锻造充满生机活力的一流过硬审计铁军，确保审计事业青蓝相接、薪火相传。

一、把准定位，画好"一张规划图"。局党组将年轻审计干部培养作为队伍建设的关键一招、人才兴审的重要抓手，以培养"有红色基因、系好人生的第一粒扣子；有知识底蕴、夯实入职的第一个台阶；有业务底气、练就干好审计工作的第一手本领；有做人底线、守住职业操守的第一道关口"的"四有"审计干部为目标，深刻认识青年成长进步是审计事业发展的重要保障，树牢"审计工作的希望在青年，

— 1 —

2022年10月，潍坊市委审计办主任，潍坊市审计局党组书记、局长张祖钊对高密审计工作的批示原件。

部轮流登台解读政策、讲解案例、总结交流，以促进相互学习、共同提高；每2个月安排1期“青审学堂”，作为培育年轻审计干部的专设平台和特色“小灶”，引导他们围绕坚定理想信念、传承红色基因、廉洁从审、敬业奉献、研究型审计、大数据审计、信息宣传、审计科研等进行思想碰撞、开展交流研讨，让“青审学堂”成为培育审计工作“红色基因传承人”和“青年突击队”的摇篮。二是实行导师制。首次建立6人专业导师队伍，实行定向选题，重点围绕预算执行审计、经济责任审计、政策落实审计、大数据审计、国有企业审计、审计法律法规应用6大业务领域，针对年轻审计干部以身示范、言传身教、定向发力，发挥好专业导师的“教导员”“智囊团”“带头人”作用。三是开展“师带徒”。与导师制双轨并行，首批遴选10名“85后”年轻干部同10名业务“老把式”“一对一”结对拜师，在日常学习研究和项目一线面对面、手把手“传”优良作风、“帮”工作方法、“带”能力提升，促进年轻审计干部快速成长进步。具体工作中，年轻审计干部踊跃做“写手”、当“主笔”，活跃于《高密审计》内刊、高密审计公众号舞台，积极撰写理论文章、审计要情和信息宣传稿件，其中50多篇稿件分别被《中国审计报》《大众日报》《山东审计》《山东审计简报》《潍坊日报》《潍坊审计》《潍坊审计信息》等各级业务报刊、内刊、门户网站和党报党刊采用，5篇审计要情获党委政府主要领导批示，为市委、市政府决策提供了科学参考。

## 高密市审计局“强基层、铸铁军”工程实施方案获领导批示

2017年2月，《高密市审计局“强基层、铸铁军”工程实施方案》获高密市委书记杨建华批示：“党的建设、队伍建设是做好审计工作的重要保障和关键之关键，审计局在这方面大胆创新，锐意进取，在打造铁军方面创造了经验，很好地履行了审计职能，为全市经济社会发展做出了贡献。市长王文琦批示：“市审计局认真落实市委、市政府决策部署，自觉把‘作风建设年’活动与省审计厅开展的‘强基层、铸铁军’工程紧密结合起来，不断加强党的建设、队伍建设、业务建设和文化建设，既锻炼了队伍，又提升了工作成效，希望审计局进一步增强责任感和使命感，继续发挥好模范带头作用，在经济发展中打头阵、当先锋、做表率。请将市审计局的经验做法发各镇街区、各部门单位学习。”

《高密市审计局“强基层、铸铁军”工程实施方案》全文如下。

按照省厅《全省审计机关实施“强基层、铸铁军”工程方案》及《潍坊市审计机关实施“强基层、铸铁军”工程方案》(以下简称“工程”)统一部署要求，结合高密市审计局工作实际，提出如下实施方案。

**一、指导思想**

全面贯彻落实党的十九大精神，深入学习贯彻习近平总书记系列重要讲话精神，牢固树立“四个意识”特别是核心意识、看齐意识，紧紧围绕统筹推进“五位一体”总体布局、协调推进“四个全面”战略布局，以

审计管理体制改革为契机，突出问题导向，创新方法、完善机制、夯实基础，不断加强和改进新形势下的审计工作，按照更新理念同频、谋划部署同步、审计执法同质、履职尽责同效的要求，主动融于全省审计事业发展共同体，锤炼兵团作战、协同作战能力，全面提升审计工作水平，为促进经济社会持续健康发展做出新贡献。

## 二、总体目标

通过实施工程，推动局审计工作在县市区审计机关和市直部门中走在前列。实现“四个进一步”：一是“四个意识”进一步增强，更加坚决贯彻执行党委政府和上级审计机关决策部署；二是审计理念进一步转变，自觉践行新发展理念，更加主动适应经济发展新常态和审计工作新形势、新任务；三是干部队伍凝聚力和战斗力进一步提高，特别是班子结构优化、领导有力，更加胜任新形势下的审计工作；四是审计监督效能进一步提升，审计项目质量持续提高，更好地服务经济社会健康持续发展。

## 三、工作任务和推进措施

### （一）加强党的建设，铸就铁军之魂

强化党建工作是实的不是虚的，是管长远、管根本的“主业主课”意识。从严落实党建责任，重点解决好重业务轻党建或业务与党建相脱节、两张皮问题；解决党建基本功不扎实、不深入问题；解决政治意识不强、政治纪律不严问题。

1. 从严落实主体责任。局党组要认真履行全面从严治党主体责任，严格落实党建工作责任制，严肃党内政治生活，增强政治敏锐性和鉴别力。认真执行理论学习中心组学习、民主生活会、组织生活会等制度，不断提高党内政治生活质量和水平，切实发挥局党组引领审计事业发展的领导核心作用。责成1名正科级党组成员专门抓党建，其他班子成员认真履行“一岗双责”，通过以上率下，形成党组统一领导、党组书记负总责、班子成员“一岗双责”、支部具体落实，各科室协调配合、齐抓共管、共同推进的党建工作格局。

2. 着力练好基本功。将党建牢牢抓在手中不放松，对照党建工作任务清单、责任清单、问题清单，进一步明确局党组、机关支部、党小组和临时党小组职责。认真落实“三会一课”、民主评议党员、谈心谈话、党费收缴、发展党员、党员教育培训等党建工作必修课和规定动作，保证组织生活常态化、制度化，做到不缺项不漏项，抓全抓严抓细，扎扎实实练好基本功，力戒党建与业务工作“一手软”“两张皮”、不同步。

3. 注重打好特色牌。促进党建与审计业务有机融合，努力体现审计机关党建工作的独有特色。根据审计任务日益繁重、大项目多等特点，成立临时党小组，明确临时党小组职责，做到“党员走到哪里，党组织就要覆盖到哪里，先锋模范形象就要树立到哪里”，充分发挥党建工作“一线堡垒、一线示范、一线监督”作用。结合推进“两学一做”学习教育常态化、制度化，扎实开展“察民情解民忧、强基础促和谐”下基层大调研活动。要求全体党员干部对党忠诚、服从组织，叫响“我是党员”口号，开展争当“审计先锋”等主题活动，激励全体党员干部立足本职岗位勤奋工作、建功立业，为党旗增光添彩。

（二）加强队伍建设，挺起铁军之脊

通过加强队伍建设，解决以下问题：科室较多、人员分散、整体力量不足的问题；责任不清、运作不畅的问题；干少干多一个样，优秀人才不能脱颖而出的问题。

1. 抓学习，克服本领恐慌。全体审计人员要牢固树立终身学习、全员学习的理念，把学习作为一种自觉、一种习惯、一种追求，努力克服本领恐慌，争当综合型、复合型人才。坚持以老带新，通过实践锻炼，“手把手、面对面”教，外出学习培训及内部交流等方法促进年轻干部健康成长。制订党员干部培训计划，确保每年度每名业务人员至少培训一次。坚持周一班子例会和双周全体人员集体学习制度不动摇，建立切实可行的议事学习机制，努力建设学习型机关。

2. 抓协作，提高团队作战能力。一是整合有关科室和人员，合理设置内部机构、搭配审计力量，明确职责、相互配合、协同作战，进一步提高办事效率和工作效能。二是树立“一盘棋”思想，强化团结意识和团队精神，营造心往一处想、劲往一处使，讲大局、讲团结、讲奉献的良好氛围。三是充分发挥每一名审计人员的专业优势，将会计、审计、经济、法律、计算机等各方面人才和知识有效结合起来，互学互补，增进融合，集体发力，凝聚干事创业的精气神。四是注重发挥骨干人才的引领带动作用，打造骨干团队，激发全体审计人员的工作主动性、积极性。

3. 抓作风，严明纪律规矩。严格遵守各项政治纪律和政治规矩，遵守各项工作纪律和工作要求，健全完善各项风险防控机制，确保全体审计人员能干事、会干事、不出事。要树立正确的用人导向，把品德高尚、业务过硬、干事创业的人用起来。全体审计人员要增强廉政意识，养成主动接受监督的习惯，严格遵守中央八项规定、审计署“八不准”和本局制定的各项廉政纪律制度，做到依法审计、廉洁审计、文明审计。要层层签订廉政责任书，加强廉政风险防控，树立忠诚、干净、担当的良好审计形象。

4. 抓考核，健全激励机制。综合运用审计干部日常考核、年度考核、信访反映、个人有关事项报告等措施方法，及时发现和纠正党员干部修身、律己、用权方面的苗头性、倾向性问题，不断提高审计人员的党性修养和政治素质。将考核指标细化、量化，落实到每个科室、每名审计人员，考核结果作为评先树优和干部晋升的重要依据，发挥好激励作用，充分调动工作积极性。

（三）加强业务建设，彰显铁军之实

通过加强业务建设，着力解决审计规范化程度不高、反映问题的力度和深度不够、审计成果开发和转化利用不充分、优秀审计项目缺乏等问题。

1. 抓规范，出精品。在全局开展“规范化建设年”活动，按照上级审计机关要求，进一步修订完善相关制度，优化工作流程，抓好贯彻落实，严格监督考核。特别要在审计质量管控、审计程序完善、审计风险防范上出硬举措、下大力气，确保审计工作依法、规范、严谨、高效，切实提高审计质量，使每项工作都能成为“精品项目”“放心工程”。要通过以点带面，推动整体工作提升，力争在创建省市优秀审计项目上实现新突破。

2. 抓创新，求突破。把创新作为审计工作的发展引擎、内在动力，坚持问题导向，突出闯关意识，注重发现、深入研究和着力解决工作过程中遇到的难点问题、制约瓶颈、制度障碍，推动整体工作爬坡过坎、提质增效。面对全面从严治党新形势、新要求，深入研究领导干部自然资源资产离任审计、环境保护审计、村居审计等新课题，在审计内容、审计环节、审计标准、审计评价等方面大胆探索，积累经验，力求突破。

3. 抓特色，谋亮点。按照常规性工作出特色、探索性工作求突破的思路，统筹审计计划安排，整合优势资源，调动各方力量，积极推进审计监督工作全面进步、全面过硬。同时，立足本地实际，积极挖掘和体现工作优势、工作亮点，在一些探索性领域、重点审计项目、重要工作方法上解放思想、大胆实践，努力擦亮高密审计名片，打造高密审计品牌。

4. 抓服务，提威信。审计监督的根本目的在于服务，要自觉将监督寓于服务之中，在依法查处问题的同时，进一步增强服务意识，积极提合理化建议，帮助被审计单位完善内部控制制度，提高经济运行质量和效益，做到既有审计威慑力，又有审计威信度。要加强审计成果开发利用，对审计发现的问题及问题成因进行深入剖析，提出有针对性、前瞻性和可操作性的意见建议，当好参谋助手，服务领导决策，发挥好审计监督的建设性作用，进一步赢得党政领导对审计工作的重视和支持。

（四）加强审计文化建设，培育铁军之源

通过加强审计文化建设，着力解决对审计文化建设重要性的认识不足、个人文化素养不高、整体文化氛围不浓等问题，用文化涵养身心，弘扬正能量，形成合力。

1. 增强文化理念。将创建先进审计文化作为培育和弘扬社会主义核心价值观和审计人员“责任、忠诚、清廉、依法、独立、奉献”价值观的重要渠道和平台，注重充分发挥审计文化的教育、熏陶、引导和辐射作用，通过宣传发动、教育引导、典型示范等，在全局营造浓厚的审计文化氛围，增强全体审计人员重视和参与审计文化建设的理念，提升创建动力，人人争当审计文化的承载者、践行者、传播者。根据审计工作面临的新形势、新任务，以全新视角诠释“崇真尚审”高密审计文化品牌，不断赋予其新内涵、新精神，用文化软实力滋养过硬审计作风，达到“润物细无声”的效果。

2. 开拓文化阵地。不断加大文化投入，加强阵地建设，让审计文化落地生根。印制审计文化手册，开设廉政文化走廊，积极发挥廉政文化示范点效应；进一步丰富完善审计书屋，为审计人员提供充足的精神食粮；建立善行义举“四德榜”，教育引导审计人员崇贤尚德、修身正行，自觉践行价值观；创办《学习与交流》内刊，使其成为交流平台、心灵驿站、精神家园；酝酿编辑《高密审计简史》，全面回顾总结高密市审计工作发展历程，留存珍贵历史资料；同时，充分利用好道德讲堂、视频会议室、局域网、宣传栏、党员活动室等其他文化阵地。

3. 丰富文化活动。充分利用各种阵地，

组织开展丰富多彩、健康向上的文体活动。“三八”国际妇女节举办女职工健身操比赛，“七一”举办“我为党旗添风采，喜迎党的十九大”主题演讲活动。在全体审计人员中倡导开展“每天读书一小时，每月深读一本书”“推荐阅读一本好书”等活动，建设书香审计机关。开展“我的审计故事”征文活动，通过讲好自己和身边人鲜活的审计故事，进一步激发全体审计人员呵护审计、热爱审计、奉献审计的热情和干劲。开展“关爱健康”“阳光心态”等教育活动，引导审计人员自觉养成健康的生活方式，积极培育阳光心态，展现审计人良好的精神风貌。

4. 增进人文关怀。坚持以人为本，大力支持工会、妇委会等群团组织发挥作用，加强人文关怀，关心职工生活，认真听取和对待干部职工的合理诉求，切实帮助干部职工解决工作、学习、生活、家庭等方面存在的实际困难，让审计人员感受到审计大家庭的温暖，能够轻装上阵、安心工作。

**四、工作要求**

（一）加强组织领导

成立高密市审计局“强基层、铸铁军”工程领导小组，党组书记、局长张宗春任组长，党组成员、主任科员赵立刚任副组长，其他党组成员为成员。领导小组下设办公室，具体负责组织实施和协调推进工作，建立并完善实施工程的相关配套机制和措施，督促有关科室开展工作。

（二）强化工作结合

以工程实施为抓手，加强统筹安排，与推进“两学一做”学习教育常态化、制度化相结合，与工作考核、评先树优相结合，将工程完成情况作为机关年度工作考核和评先树优的重要参考依据。

（三）加强督导检查

将工程实施情况作为班子例会的一项重要内容，认真听取各分管领导汇报，并纳入全局的年度工作综合考核。局领导小组组建工程实施情况督导组，根据工作安排，不定期检查开展情况，并在全局范围进行通报，确保“工程”实施取得实效。

（四）加强宣传引导

积极宣传工程实施过程中的好做法、好经验，发掘先进典型，通过召开座谈会、报告会等方式，利用报刊、互联网等载体及《学习与交流》内部刊物，加大先进典型宣传力度，努力营造团结向上、凝心聚力、干事创业的良好氛围。

## 高密市审计局实施“强基层、铸铁军”工程领导小组

组　长：张宗春

副组长：赵立刚

成　员：李　刚　陈鹏程　侯文奇
　　　　王传勇

领导小组下设办公室，具体负责“强基层、铸铁军”工程的组织、协调、指导、督查等工作。

高密市审计局

尊敬的杨书记：

近日，潍坊市审计局在《潍坊审计信息》2018年第1期上，专门刊发了我局去年以来“抓班子、带队伍、强基层、铸铁军”的一些做法，并加注了编者按。现将该材料呈上，请审阅。

2018年2月9日

2018年2月，高密市委书记杨建华对高密审计工作的批示原件。

高密市审计局

尊敬的王市长：

近日，潍坊市审计局在《潍坊审计信息》2018年第1期上，专门刊发了我局去年以来“抓班子、带队伍、强基层、铸铁军”的一些做法，并加注了编者按。现将该材料呈上，请审阅。

2018年2月11日

2018年2月，高密市市长王文琦对高密审计工作的批示原件。

2017年7月18日，山东省审计厅党组成员、副厅长许庆豪（右中）到高密市调研。

2017年8月31日，山东省审计厅党组成员、副厅长杨统海（前中）到高密市调研。

2017年9月28日，潍坊市审计局党组成员、副局长王天玉（台上中）参加高密市审计局实施“强基层、铸铁军”工程动员会议。

2017年10月16日，山东省经济责任审计工作联席会议办公室主任孙明禄（左三）到高密市调研。

## 第四节　获奖计算机审计方法

AO现场审计实施系统（以下简称“AO”）是金审工程建设的国家审计信息系统的重要组成部分，是开展计算机审计、强化审计项目质量控制、实现审计信息共享的重要系统。为进一步提高使用AO开展审计的质量水平，促进AO应用经验的积累和推广，2009年高密市审计局制定《AO应用实例评选暂行办法》。为进一步搞好高密市审计局的AO审计应用工作，着力提高审计工作质量和效率，促进审计人员之间的相互交流学习，不断推出新的AO审计应用创新成果，经局党组研究，特成立机关AO审计应用工作小组，研究交流AO审计应用工作，积极探索AO审计应用的新思路、新方法和新技巧，确保AO审计应用工作有程序、有规范，有创新、有成果，推动全市审计工作不断迈上新台阶。

2009年—2014年，上级部门征集AO应用实例、计算机审计方法、企业模拟实验室案例。高密市审计局有28篇AO应用实例获奖（表10-1），其中，8篇获审计署应用奖；有29篇计算机审计方法获奖（表10-2）、3篇企业模拟实验室案例获奖（表10-3）。

表 10-1　2009 年—2014 年高密市审计局 AO 应用实例获奖一览表

| 年份 | 实例 | 作者 | 获奖等次 |
| --- | --- | --- | --- |
| 2009 | 高密市水业公司 2006 年—2008 年财务收支审计 | 刘世霞、王春晓、尹　志<br>王　静 | 审计署应用奖 |
| | 山东金亿机械制造有限公司 2007 年—2008 年财务收支审计 | 王艳丽、魏　强、任宪法 | 审计署鼓励奖 |
| | 高密市人民医院院长任期经济责任审计 | 宋世忠、王传勇、张　琳 | 审计署鼓励奖 |
| 2010 | 高密市地方税务局 2009 年度税收征管和财政财务收支情况审计 | 刘世霞、王　静、付希娟<br>王春晓、魏　强 | 省优秀奖 |
| | 高密市市立医院 2007 年—2009 年财务收支审计 | 张　婷、张尔京、陈福良 | 省优秀奖 |
| | 原高密市建设局局长任期经济责任审计 | 宋世忠、王传勇、张　琳 | 省优秀奖 |
| 2011 | 山东登升劳保有限公司 2010 年 1 月—2011 年 3 月税收申报缴纳情况审计 | 刘世霞、尹　志、王春晓 | 审计署应用奖 |
| | 高密市社会保险事业管理中心 2010 年至 2011 年 6 月社会养老保险基金审计调查 AO 应用实例 | 仪秀梅、张尔京、冯　梅 | 审计署应用奖 |
| | 活用 AO 开展审计，强化税收征管成效——山东省高密市 2010 年度税收征管质量情况审计 AO 应用实例 | 付希娟 | 审计署应用奖 |
| | 警惕“蛀房”公积金——浅谈 AO 系统在住房公积金审计中的应用 | 王艳丽、魏　强、朱　慧 | 审计署应用奖 |
| | 高密市城市建设投资开发有限公司资产负债损益审计 AO 应用实例 | 王　静、宋世忠 | 审计署鼓励奖 |
| | 山东省潍坊高密市教育局 2010 年度预算执行审计情况实例 | 张海波、任宪法 | 审计署鼓励奖 |
| | 高密市住房和城乡建设局各类建设项目收费情况专项审计调查 AO 应用实例 | 宋世忠、郝明军 | 审计署鼓励奖 |
| 2012 | 面对供暖成本大军，运用 AO 各个击破 | 刘世霞、陈福良、王春晓 | 审计署应用奖 |
| | 审计关注民生医疗，AO 高效显成效 | 刘世霞、陈福良、王春晓 | 审计署应用奖 |
| | 高密市姜庄镇卫生院信息系统“应用控制”审计 AO 案例 | 张建华、王丽娜、冯　梅 | 审计署应用奖 |
| | 山东智汇工程项目管理有限公司 2010 年—2011 年税收缴纳情况审计 | 王　静、宋世忠、付希娟 | 审计署鼓励奖 |
| | AO 2011 在财政预算执行审计中的综合应用 | 付希娟、王艳丽、宋世忠<br>张　琳、郝明军 | 审计署鼓励奖 |

续表

| 年份 | 实例 | 作者 | 获奖等次 |
| --- | --- | --- | --- |
| 2012 | 山东高密高锻机械有限公司 2010 年 1 月—2012 年 3 月税收缴纳申报审计 | 刘世霞、陈福良、王春晓 | 审计署鼓励奖 |
|  | 山东天达生物制药股份有限公司 2011 年 1 月—2012 年 4 月税收申报 AO 应用实例 | 张建华、王丽娜、冯　梅 | 审计署鼓励奖 |
|  | 高密市住房和城乡建设局 2011 年度预算执行和财务收支情况审计 AO 案例 | 张建华、王丽娜、冯　梅 | 审计署鼓励奖 |
|  | 高密市土地经营开发管理办公室原主任于道河同志任期经济责任审计 | 宋世忠、郝明军、王　静 | 审计署鼓励奖 |
|  | “医改”不“易改” | 魏　强 | 审计署鼓励奖 |
|  | 高密市供电公司 2011 年资产负债损益审计 AO 实例 | 王艳丽 | 审计署鼓励奖 |
|  | 巧借 AO“慧眼”揭开医院“面纱” | 宋世忠、付希娟、张　琳、郝明军 | 审计署鼓励奖 |
|  | 活用 AO2011 问诊地方税收征管质量 | 付希娟、王　静、宋世忠、张　琳、张　婷 | 审计署鼓励奖 |
|  | 2011 年度高密市财政局预算执行审计 | 王艳丽 | 省鼓励奖 |
|  | 利用 AO 模块小功能查处某企业多列成本费用少缴企业所得税实例 | 张海波 | 省鼓励奖 |

表 10-2　2009 年—2014 年高密市审计局计算机审计方法获奖一览表

| 年份 | 方法 | 作者 | 获奖等次 |
| --- | --- | --- | --- |
| 2011 | 某房地产企业成本结转计算机审计方法 | 任宪法、付希娟、张　琳 | 省优秀 |
|  | 财政部门虚拨预算单位经费审计方法 | 张海波、王　静 | 省入选 |
|  | 地税局业务数据审计 | 刘世霞、王　静、尹　志、王春晓 | 审计署入选 |
|  | 房地产企业计算多发放利息应调整纳税所得审计方法 | 王静、宋世忠、郝明军 | 审计署入选 |
|  | 利用库存成本调节企业利润 | 王艳丽、王春晓、朱　慧 | 审计署入选 |
|  | 业务数据逼财务数据现原形 | 刘世霞、尹　志、王春晓 | 审计署入选 |
| 2012 | 以实际出入库量相对应计算多转成本的计算机审计方法 | 刘世霞、王春晓、陈福良 | 审计署入选 |
|  | 核实用煤单位煤成本结转的计算机审计方法 | 刘世霞、王春晓、陈福良 | 审计署入选 |

续表

| 年份 | 方法 | 作者 | 获奖等次 |
|---|---|---|---|
| 2012 | 固定资产财务业务数据分类对比审计方法 | 王艳丽 | 审计署入选 |
| | 对比医院就诊情况变化的审计方法 | 刘世霞、王春晓、陈福良 | 审计署入选 |
| | 其他应付款核算收支的审计方法 | 宋世忠、王　静、张　婷<br>郝明军 | 省鼓励奖 |
| | 每户门诊报销限额核对计算机审计方法 | 王　静 | 省鼓励奖 |
| | 乡镇卫生院医疗服务项目收费之床位费审计方法 | 张建华、王丽娜、冯　梅 | 省鼓励奖 |
| | 乡镇卫生院医疗服务项目收费情况审计方法 | 张建华、王丽娜、冯　梅 | 省鼓励奖 |
| | 乡镇卫生院药品加价情况审计方法 | 张建华、王丽娜、冯　梅 | 省鼓励奖 |
| | 快速查找医疗收费疑点计算机审计方法 | 付希娟 | 省鼓励奖 |
| | 地方税务部门延迟入库税收情况查询计算机审计方法 | 付希娟 | 省鼓励奖 |
| 2013 | 揭露公立医院改革药品“零加成”背后真相计算机审计方法 | 张海波 | 省二等奖 |
| | 运用外部数据验证是否存在以虚假地块成交交易缴纳耕地占用税和契税的计算机审计方法 | 付希娟 | 省二等奖 |
| | 结转商品成本与收入数量对比计算多转成本的计算机审计方法 | 王春晓 | 省三等奖 |
| | 查询医院违规收取床位费的计算机审计方法 | 付希娟、王春晓 | 省鼓励奖 |
| | 减少修购基金而未增加固定资产的计算机审计方法 | 宋世忠、刘　端 | 省鼓励奖 |
| | 医疗材料领用与医疗废物实际回收一致性计算机审计方法 | 魏　强 | 省鼓励奖 |
| | 企业销售系统业务数据计算机审计方法 | 冯　梅 | 省鼓励奖 |
| | 部门预算执行计算机审计方法 | 冯　梅 | 省鼓励奖 |
| | 预算单位零余额账户资金转入单位基本账户及大额提现的计算机审计方法 | 张海波 | 省鼓励奖 |
| 2014 | 水务营销系统控制及业务数据应用的计算机审计方法 | 张建华、冯　梅 | 省二等奖 |
| | 以出入库“一对一”核算成本的计算机审计方法 | 张建华、冯　梅 | 省三等奖 |
| | 根据煤的基准价计算供暖亏损的计算机审计方法 | 王春晓 | 省三等奖 |

表 10-3　2009 年—2014 年高密市审计局企业模拟实验室案例获奖一览表

| 年份 | 案例 | 作者 | 获奖等次 | |
|---|---|---|---|---|
| 2011 | 审查某企业税收申报缴纳情况 | 刘世霞、王春晓 | 审计署入选 | 审计署三等奖 |
| | 某化纤企业转移投资分红偷漏个人所得税审计模拟案例 | 张海波 | 审计署入选 | 审计署三等奖 |
| | 房地产开发企业资产负债真实合法性审计 | 宋世忠、王　静<br>郝明军、张　婷 | 审计署入选 | 审计署二等奖 |

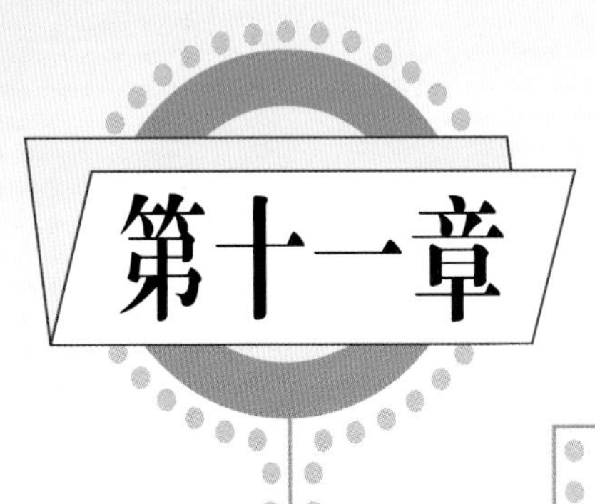


RONGYU

# 荣　誉

## 第一节　集体荣誉

高密市审计局自1984年成立以来，始终以创“一流班子、一流队伍、一流业绩”为目标，坚持依法依规审计，促进当地经济社会发展，审计监督工作不断强化，充分发挥审计在经济社会发展中的监督作用。多次获得山东省、潍坊市、高密市及有关部门的表彰奖励（表11-1），所获荣誉从不同角度展现了高密审计的经验做法和发展成就。

表11-1　1984年—2024年高密市审计局集体荣誉一览表

| 获奖年份 | 荣誉 | 授奖单位 |
|---|---|---|
| 1987 | 全省审计统计工作先进单位 | 山东省审计局 |
| 1989 | 高密县首届会计知识大奖赛团体第三名 | 高密县财政局 |
| 1991 | 1991年度审计书刊发行工作先进单位 | 中国审计出版社、山东省审计学会 |
| 1997 | 1997年度审计书刊发行工作先进单位 | 中国审计出版社、山东省审计学会 |
| 1998 | 先进基层党组织 | 中共高密市委 |
| | 1998年度审计书刊发行工作先进单位 | 中国审计出版社、山东省审计厅 |
| | 机关档案工作省二级先进单位 | 山东省档案局 |
| 1999 | 全市粮食财务挂账清查审计工作先进审计组 | 潍坊市审计局 |
| | 1999年度文明单位 | 高密市精神文明建设委员会 |
| | 第五期包村工作先进单位 | 中共高密市委、高密市人民政府 |
| | 先进基层党组织 | 中共高密市委 |
| 2000 | 先进基层党组织 | 中共高密市委 |

续表

| 获奖年份 | 荣誉 | 授奖单位 |
|---|---|---|
| 2001 | 第六期包村工作先进工作组 | 中共高密市委、高密市人民政府 |
| | 2001 年度文明单位 | 高密市精神文明建设委员会 |
| | 妇女工作先进单位 | 高密市妇联 |
| 2002 | 全省审计机关先进集体 | 山东省人事厅、山东省审计厅 |
| | 机关档案工作规范化目标管理省一级先进单位 | 山东省档案局 |
| | 先进基层党组织 | 中共高密市委市直机关党工委 |
| | 2001 年—2002 年全市审计通联宣传发行工作先进单位 | 潍坊市审计局 |
| | 2001 年—2002 年全市审计科研工作先进单位 | 潍坊市审计局 |
| 2003 | 妇女工作先进单位 | 高密市妇联 |
| | 2002 年度先进基层工会委员会 | 高密市总工会 |
| | 2002 年度全省审计科研工作先进单位 | 山东省审计厅 |
| | 先进纪检监察组织 | 中共高密市纪律检查委员会、高密市人事局、高密市监察局 |
| | 教育执法先进单位 | 中共高密市委、高密市人民政府 |
| | 先进基层党组织 | 中共高密市委市直机关工委 |
| | 第七期包村工作先进单位 | 中共高密市委、高密市人民政府 |
| | 2003 年度招商引资先进单位 | 中共高密市委、高密市人民政府 |
| 2004 | 纪检监察系统先进集体 | 中共高密市纪律检查委员会、高密市人事局、高密市监察局 |
| | 先进基层党组织 | 中共高密市委市直机关工委 |
| | 潍坊市级文明单位 | 潍坊市精神文明建设委员会 |
| | 2004 年度招商引资先进单位 | 中共高密市委、高密市人民政府 |
| | 妇女工作先进单位 | 高密市妇联 |
| | 先进基层工会委员会 | 高密市总工会 |
| | 履行计划生育工作职责先进单位 | 中共高密市委、高密市人民政府 |
| 2005 | 2005 年度小康河综合治理先进单位 | 中共高密市委、高密市人民政府 |
| | 2005 年度全市支持公路建设先进单位 | 高密市人民政府 |
| | 履行人口与计划生育工作职责达标奖 | 中共高密市委、高密市人民政府 |
| | 先进基层党组织 | 中共高密市委市直机关工委 |
| 2006 | 2006 年度支持全市公路建设先进单位 | 高密市人民政府 |
| | 2005 年度审计信息宣传工作先进单位 | 潍坊市审计局 |

续表

| 获奖年份 | 荣誉 | 授奖单位 |
| --- | --- | --- |
| 2006 | 全市审计机关先进集体 | 潍坊市人事局、潍坊市审计局 |
| | 人口与计划生育目标管理责任达标奖 | 中共高密市委、高密市人民政府 |
| | 先进基层党组织 | 中共高密市委市直机关工委 |
| | 2003 年—2005 年环境保护目标责任书先进单位 | 高密市人民政府 |
| 2007 | 2006 年度全省优秀审计项目 | 山东省审计厅 |
| | 2007 年度市直机关工作优秀单位 | 中共高密市委、高密市人民政府 |
| | 2007 年度平安高密建设先进单位 | 中共高密市委、高密市人民政府 |
| | 全市文明和谐创建工作先进单位 | 高密市精神文明建设委员会 |
| | 人口与计划生育目标管理责任达标单位 | 中共高密市委、高密市人民政府 |
| | 2007 年度支持公路建设先进单位 | 高密市人民政府 |
| | 先进基层党组织 | 中共高密市委市直机关工委 |
| 2008 | 全市饮用安全水工程先进单位 | 中共高密市委、高密市人民政府 |
| | 先进纪检监察组织 | 中共高密市纪律检查委员会、高密市人事局、高密市监察局 |
| | 文明机关 | 中共潍坊市委、潍坊市人民政府 |
| | 全市包村工作先进单位 | 中共高密市委、高密市人民政府 |
| | 人口与计划生育目标管理责任达标优秀奖 | 中共高密市委、高密市人民政府 |
| | 先进基层党组织 | 中共高密市委 |
| | 2008 年度支持农村公路建设先进单位 | 高密市人民政府 |
| | 2007 年度先进妇委会 | 中共高密市委市直机关工委、高密市妇联 |
| 2009 | 2008 年度全市优秀审计信息（报道） | 潍坊市审计局 |
| | 2008 年度全市优秀审计报告 | 潍坊市审计局 |
| | 2008 年度全市优秀审计项目（经济责任审计） | 潍坊市审计局 |
| | 2008 年度全市优秀审计项目（税收征管和财务收支审计） | 潍坊市审计局 |
| | 文化工作先进单位 | 中共高密市委、高密市人民政府 |
| | 2008 年度平安高密建设先进单位 | 中共高密市委、高密市人民政府 |
| | 2008 年度人口责任目标考核优秀奖 | 中共高密市委、高密市人民政府 |
| | 2008 年度全市纪检监察信访举报工作先进单位 | 中共高密市纪律检查委员会、高密市监察局 |
| | 2008 年度经济发展软环境建设工作先进单位 | 高密市经济发展软环境建设工作领导小组 |
| | 市直机关党建工作示范点 | 中共高密市委市直机关工委 |

续表

| 获奖年份 | 荣誉 | 授奖单位 |
|---|---|---|
| 2010 | 2010年度通联宣传工作优秀单位 | 中国审计报社 |
| | 2009年度全市优秀审计报道 | 潍坊市审计局 |
| | 2009年度全市优秀审计项目（公路建设工程审计） | 潍坊市审计局 |
| | 2009年度审计工作创新三等奖 | 潍坊市审计局 |
| | 2009年度全市优秀审计项目（供暖期运营情况绩效审计） | 潍坊市审计局 |
| | 2010年度平安高密建设先进单位 | 中共高密市委、高密市人民政府 |
| | 2009年度工会工作先进单位 | 高密市总工会 |
| | 全省审计机关先进集体 | 山东省人社厅、山东省审计厅 |
| | 2010年度人口责任目标考核达标优秀奖 | 中共高密市委、高密市人民政府 |
| | 文明和谐机关 | 中共潍坊市委、潍坊市人民政府 |
| | 2009年度人口责任目标考核达标奖 | 中共高密市委、高密市人民政府 |
| | 包村工作先进单位 | 中共高密市委、高密市人民政府 |
| | 深入学习实践科学发展观活动先进单位 | 中共高密市委 |
| | 市直部门包靠企业工作先进集体 | 中共高密市委、高密市人民政府 |
| | 2009年度市直部门（单位）绩效考核先进单位 | 中共高密市委、高密市人民政府 |
| | 创建学习型机关示范单位 | 中共高密市委市直机关工委 |
| | 省级文明单位 | 山东省精神文明建设委员会 |
| | 2009年度山东省内审宣传工作先进单位 | 山东省内部审计师协会 |
| 2011 | 2008年—2010年全市内部审计先进单位 | 潍坊市审计局 |
| | 2011年度全国审计宣传工作先进单位 | 中国审计报社 |
| | 2009年度全省优秀审计项目 | 山东省审计厅 |
| | 2010年度人口责任目标考核达标优秀奖 | 中共高密市委、高密市人民政府 |
| | 全市内部审计工作先进单位 | 高密市人社局、高密市审计局 |
| | 学习型党组织建设先进单位 | 中共高密市委、高密市人民政府 |
| | 2010年度经济发展软环境建设工作先进单位 | 高密市经济发展软环境建设工作领导小组 |
| | 全市审计机关庆祝建党90周年歌咏比赛优秀组织奖 | 潍坊市审计局 |
| | 先进基层党组织 | 中共高密市委市直机关工委 |
| | 2011年度山东省内审宣传工作先进单位 | 山东省内部审计师协会 |
| 2012 | 2010年度审计工作创新奖三等奖 | 潍坊市审计局 |

续表

| 获奖年份 | 荣誉 | 授奖单位 |
| --- | --- | --- |
| 2012 | 山东廉政法治建设创单位 | 山东省廉政与法制文化建设典范宣传办公室、山东富民强省典范品牌推评宣传组委会、山东工人报社、中国廉政法制报道、中国名家名牌网 |
| | 2011 年全市审计信息化工作先进单位 | 潍坊市审计局 |
| | 2011 年度全市审计工作创新奖三等奖 | 潍坊市审计局 |
| | 2010 年度全省优秀审计项目 | 山东省审计厅 |
| | 2011 年度全市优秀审计项目（本级预算执行审计） | 潍坊市审计局 |
| | 2011 年全市审计工作创新奖三等奖 | 潍坊市审计局 |
| | 2011 年全市优秀审计报道 | 潍坊市审计局 |
| | 2011 年全市审计信息化工作先进单位 | 潍坊市审计局 |
| | 第三批全市廉政文化建设示范点 | 中共高密市纪律检查委员会 |
| | 2011 年度审计统计工作质量检查情况通报表扬 | 潍坊市审计局 |
| | 2011 年度全市依法行政工作先进单位 | 高密市政府 |
| | 2011 年度市直机关先进妇委会 | 高密市委市直机关工委 |
| | 2011 年度人口责任目标考核达标奖 | 中共高密市委、高密市人民政府 |
| | 高密市社会组织党建工作示范点名单 | 中共高密市委组织部、中共高密市委社会组织工作委员会 |
| | 学习型党组织建设先进单位 | 中共高密市委、高密市人民政府 |
| | 2011 年度人口责任目标考核达标奖 | 中共高密市委、高密市人民政府 |
| | 2011 年全市党委办公系统保密工作先进单位 | 中共高密市委、高密市人民政府 |
| | 2011 年学习型党组织建设工作先进单位 | 中共高密市委、高密市人民政府 |
| | 潍坊市学习型党组织 | 潍坊市建设学习型党组织工作协调小组 |
| | 2011 年度“高密民生在线”工作先进单位 | 中共高密市纪委、中共高密市委宣传部 |
| | 2011 年度市直部门单位包靠工业企业先进单位 | 中共高密市委、高密市人民政府 |
| | 先进基层党组织 | 中共高密市委市直机关工委 |
| | 全市宣传思想文化工作先进单位 | 中共高密市委 |
| | 2012 年度全国审计宣传工作先进单位 | 中国审计报社 |
| | 2012 年度通联宣传工作先进单位 | 中国审计报社 |

续表

| 获奖年份 | 荣誉 | 授奖单位 |
|---|---|---|
| 2012 | 审计署办公厅审计模拟实验室案例评审二等奖 | 审计署 |
|  | 审计署办公厅审计模拟实验室案例评审三等奖 | 审计署 |
|  | 十八大精神与审计知识竞赛三等奖 | 潍坊市审计局 |
|  | 2012 年全市审计工作创新奖 | 潍坊市审计局 |
| 2013 | 全市包村联户工作优秀单位 | 中共高密市委、高密市人民政府 |
|  | 2013 年度全国审计宣传先进单位 | 中国审计报社 |
|  | 全市包村联户工作优秀单位 | 中共高密市委、高密市人民政府 |
|  | 2012 年度优秀内审协会 | 潍坊市内部审计师协会 |
|  | 2012 年度全市优秀审计项目（卫生院实施国家基本药物制度发展状况审计） | 潍坊市审计局 |
|  | 2012 年度全市优秀表彰审计项目 | 潍坊市审计局 |
|  | 2012 年度先进基层工会委员会 | 高密市总工会 |
|  | 潍坊市审计机关信息化建设先进单位第三名 | 潍坊市审计局 |
|  | 高密市先进团总支部 | 共青团高密市委 |
|  | 2012 年度精品工程奖 | 中共高密市委宣传部 |
|  | 2012 年度学习型党组织建设工作先进单位 | 中共高密市委、高密市人民政府 |
|  | 2012 年度全市优秀审计报道 | 潍坊市审计局 |
|  | 2012 年度高密市地方税收保障工作先进单位 | 高密市人民政府 |
|  | 预审服务政府投资建设项目被评为市直机关优秀服务项目 | 中共高密市委市直机关工委 |
|  | 先进基层党组织 | 中共高密市委市直机关工委 |
|  | “第一书记”工作先进单位 | 中共高密市委组织部 |
|  | 2012 年度人口责任目标考核达标优秀奖 | 中共高密市委、高密市人民政府 |
|  | 2013 年度审计宣传工作优秀单位 | 中国时代经济出版社、《中国审计》编辑部 |
|  | 2013 年度审计宣传工作先进单位 | 中国审计报社 |
|  | 内部审计宣传先进单位 | 山东省内部审计师协会 |
|  | 优质服务项目 | 中共高密市委市直机关工委 |
| 2014 | 山东省优秀内审协会 | 山东省内部审计师协会 |
|  | 2013 年度通联宣传先进单位 | 中国审计报社 |
|  | 2013 年度地方税收保障工作先进单位 | 高密市人民政府办公室 |
|  | 机关党建宣传信息先进单位 | 中共高密市委市直机关工委 |

续表

| 获奖年份 | 荣誉 | 授奖单位 |
|---|---|---|
| 2014 | 2014 年度全国审计宣传工作先进单位 | 中国审计报社 |
| | 2014 年度审计宣传工作优秀单位 | 中国时代经济出版社、《中国审计》编辑部 |
| | 2013 年度选派市直干部到镇街区工作先进单位 | 中共高密市委 |
| | 市直机关优质服务项目 | 中共高密市委市直机关工委 |
| | 2013 年度机构编制管理工作先进单位 | 中共高密市委、高密市人民政府 |
| | 2013 年度依法行政工作先进单位 | 中共高密市委、高密市人民政府 |
| | 2013 年度平安高密建设先进单位 | 中共高密市委、高密市人民政府 |
| | 2013 年度全市优秀审计项目（本级预算执行审计） | 潍坊市审计局 |
| | 2011 年—2014 年体育工作先进单位 | 中共高密市委、高密市人民政府 |
| 2015 | 先进基层工会 | 高密市总工会 |
| | 全省审计系统先进集体 | 山东省人力资源和社会保障厅、山东省审计厅、山东省公务员局 |
| | 全市包村联户工作先进单位 | 中共高密市委、高密市人民政府 |
| | 2014 年全市计算机审计方法征集活动优秀组织单位 | 潍坊市审计局 |
| | 2014 年度平安高密建设先进单位 | 中共高密市委、高密市人民政府 |
| | 2015 年度全国审计宣传工作先进单位 | 中国时代经济出版社、《中国审计》编辑部 |
| | 市直机关优质服务项目 | 中共高密市委市直机关工委 |
| | 山东省内部宣传工作先进单位 | 山东省内部审计师协会 |
| | 2015 年度全国审计宣传工作先进单位 | 中国审计报社 |
| | 高密市“春蕾计划”爱心单位 | 高密市妇女联合会 |
| | 2014 年度履行人口和计划生育目标职责考核优秀奖 | 中共高密市委、高密市人民政府 |
| 2016 | 高密市社会组织党建工作示范点 | 中共高密市委组织部、中共高密市委社会组织工作委员会 |
| | 三八红旗集体 | 中共高密市委、高密市人民政府 |
| | 市直机关优秀服务项目 | 中共高密市委市直机关工委 |
| | 2016 年度全国审计宣传工作先进单位 | 中国时代经济出版社、《中国审计》编辑部 |
| | 2016 年度全国审计宣传工作先进单位 | 中国审计报社 |
| | 2016 年第二季度全市优秀审计信息稿件三等奖 | 潍坊市审计局 |

续表

| 获奖年份 | 荣誉 | 授奖单位 |
| --- | --- | --- |
| 2017 | 2017 年度审计宣传工作先进单位 | 中国时代经济出版社、《中国审计》编辑部 |
| | 高密市五四红旗团（总）支部 | 共青团高密市委 |
| | 包村联户工作先进单位 | 中共高密市委、高密市人民政府 |
| | 市直机关先进基层党支部 | 中共高密市委市直机关工委 |
| | 2016 年度优质服务项目（本级预算执行审计） | 中共高密市委市直机关工委 |
| | 2016 年度实施银龄安康工程先进单位 | 中共高密市委组织部、离退休干部工作委员会 |
| | “五好”离退休干部党支部 | 中共高密市委组织部、离退休干部工作委员会 |
| | 2017 年度审计质量检查获优秀等次 | 潍坊市审计局 |
| | 2016 年度全市优秀审计项目（本级预算执行审计） | 潍坊市审计局 |
| 2018 | 2018 年度审计通联宣传工作先进单位 | 中国时代经济出版社、《中国审计》编辑部 |
| | 2018 年度全国审计宣传工作先进单位 | 中国审计报社 |
| | 审计质量检查获优秀等次 | 潍坊市审计局 |
| | 潍坊市巾帼建功先进集体 | 潍坊市妇女“双学双比”“巾帼建功”活动领导小组、潍坊市妇女联合会 |
| | 2018 年县级审计机关审计质量检查获优秀等次 | 潍坊市审计局 |
| | 2017 年全市优秀审计项目（经济责任审计） | 潍坊市审计局 |
| | 全市离退休干部党组织考核二等奖 | 中共高密市委离退休干部工作委员会 |
| | 2017 年度志愿服务先进集体 | 中共高密市委宣传部、中共高密市委组织部等 15 个部门 |
| | 2017 年度事业单位绩效考评 A 级单位 | 高密市事业单位绩效考评委员会办公室 |
| | 2017 年度市直机关“优质服务项目” | 中共高密市委市直机关工委 |
| | 市直机关示范党支部 | 中共高密市委市直机关工委 |
| | 2017 年度市直部门（单位）工作综合考核获优秀等次 | 中共高密市委、高密市人民政府 |
| | 市直机关先进党组织 | 中共高密市委市直机关工委 |
| | 先进离退休干部党总支（支部） | 中共高密市委组织部、离退休干部工作委员会 |
| | 潍坊市审计机关首届大数据审计实战大比武三等奖 | 潍坊市审计局 |
| 2019 | 2019 年度审计通联宣传工作先进单位 | 中国时代经济出版社、《中国审计》编辑部 |

续表

| 获奖年份 | 荣誉 | 授奖单位 |
|---|---|---|
| 2019 | 2019 年度全国审计宣传工作先进单位 | 中国审计报社 |
| | 2019 年县级审计机关审计质量检查总分第二 | 潍坊市审计局 |
| | 2018 年度全市优秀审计项目（经济责任审计） | 潍坊市审计局 |
| | 2018 年度市直机关“优质服务项目” | 中共高密市委市直机关工委 |
| | 全市棚户区改造和尾留“清零”工作先进集体（嘉奖单位） | 中共高密市委、高密市人民政府 |
| | 2018 年度安全生产先进单位 | 高密市人民政府安全生产委员会 |
| | 全市包村帮扶工作先进单位 | 中共高密市委、高密市人民政府 |
| | 市直部门单位工作综合考核获优秀等次 | 中共高密市委、高密市人民政府 |
| | 全市解放思想改进作风加快高质量发展大讨论“巾帼论坛”征文活动优秀组织奖 | 中共高密市委宣传部、高密市妇联 |
| | 全市妇女工作先进单位 | 高密市妇联 |
| 2020 | 2020 年度审计通联宣传工作先进单位 | 中国时代经济出版社、《中国审计》编辑部 |
| | 2020 年度审计宣传工作先进单位 | 中国审计报社 |
| | 山东省审计系统先进集体 | 中共山东省委审计委员会办公室、山东省人社厅、山东省审计厅 |
| | 全市审计机关“听党话、感党恩、跟党走”微视频展评优秀奖 | 潍坊市审计局 |
| | 2020 年潍坊审计系统“抗疫杯”乒乓球团体比赛优秀组织奖 | 潍坊市审计局 |
| | 2019 年度事业单位绩效考核优秀单位 | 高密市事业单位考核委员会 |
| | 2019 年度高密市农村人居环境整治工作突出单位 | 中共高密市委、高密市人民政府 |
| | 2019 年度市直党政群部门经济社会发展综合考核获良好等次 | 中共高密市委办公室<br>高密市人民政府办公室 |
| | 2019 年度市直机关“优质服务项目” | 中共高密市委市直机关工委 |
| | 示范党支部 | 中共高密市委市直机关工委 |
| 2021 | 2021 年县级审计机关审计质量检查第一名 | 潍坊市审计局 |
| | 全市审计系统“担当杯”羽毛球团体比赛团体第三名 | 潍坊市审计局 |
| | 高密市 2020 年度安全生产先进单位 | 高密市安全生产委员会 |
| | 2020 年度事业单位绩效考核优秀单位 | 高密市事业单位考核委员会 |
| | 2020 年度高密市脱贫攻坚工作“先锋单位” | 中共高密市委、高密市人民政府 |
| | 2020 年度高密市职工信赖的职工之家 | 高密市总工会 |

续表

| 获奖年份 | 荣誉 | 授奖单位 |
|---|---|---|
| 2021 | 2020 年度部门（单位）党组织书记抓基层党建工作情况评价等次：好 | 中共高密市委市直机关工委 |
|  | 2020 年度市直部门（单位）经济社会发展综合考核获优秀等次 | 中共高密市委组织部 |
|  | 先锋党支部 | 中共高密市委市直机关工委 |
| 2022 | 全省财政大数据审计技能竞赛三等奖(县级审计机关) | 山东省审计厅 |
|  | 2021 年度全市审计信息工作先进单位 | 潍坊市审计局 |
|  | 全省审计机关模范机关建设“三级联动”试点单位 | 潍坊市审计局 |
|  | 全市审计机关审理业务技能竞赛一等奖 | 潍坊市审计局 |
|  | 潍坊审计系统大数据技能竞赛团体奖 | 潍坊市审计局 |
|  | 前三季度潍坊市审计信息宣传第一名 | 潍坊市审计局 |
|  | 2021 年度全市优秀审计项目(本级预算执行审计) | 潍坊市审计局 |
|  | 2021 年度高密市五星级党支部 | 中共高密市委组织部 |
|  | 2021 年度事业单位绩效考核获良好等次 | 高密市事业单位考核委员会 |
|  | 2021 年度市直部门（单位）和国有企业综合绩效考核获良好等次 | 中共高密市委办公室 、高密市人民政府办公室 |
|  | “致敬 · 先锋”主题摄影优秀作品 | 中共高密市委组织部、中共高密市委市直机关工委 |
|  | 市直机关“优秀党建品牌” | 中共高密市委市直机关工委 |
| 2023 | 2022 年度全省审计机关省级审计资金管理使用情况综合评估：政府采购完成较好单位 | 山东省审计厅办公室 |
|  | 2022 年度全市审计信息工作先进单位 | 潍坊市审计局 |
|  | 2022 年度全市审计信息工作先进单位 | 潍坊市审计局 |
|  | 2021 年度全省优秀审计项目 | 山东省审计厅 |
|  | 2022 年度高密市平安建设暨维稳安保工作“先锋单位” | 中共高密市委、高密市人民政府 |
|  | 2022 年度高密市作风建设年工作“先锋单位” | 中共高密市委、高密市人民政府 |
|  | 2022 年度高密市五星级党支部 | 中共高密市委组织部 |
|  | 高密市“过硬党支部” | 中共高密市委组织部 |
|  | 2022 年度市直机关优秀党组织书记抓基层党建工作突破项目 | 中共高密市委市直机关工委 |
|  | 2022 年度市直机关优质服务项目 | 中共高密市委市直机关工委 |
|  | 2022 年度市直部门（单位）和国有企业综合绩效考核获优秀等次 | 中共高密市委办公室、高密市人民政府办公室 |

续表

| 获奖年份 | 荣誉 | 授奖单位 |
| --- | --- | --- |
| 2024 | 2023年度省级审计资金管理使用情况通报表扬（政府采购执行完成较好单位） | 山东省审计厅办公室 |
| | 全省审计机关优秀审计项目二等奖 | 山东省审计厅 |
| | 2023年度全市审计信息工作先进单位 | 潍坊市审计局 |
| | 2023年度全市审计宣传工作先进单位 | 潍坊市审计局 |
| | 市委、市政府通报表扬 | 中共高密市委办公室<br>高密市人民政府办公室 |
| | 2023年度市直部门、单位和市属国有企业综合绩效考核优秀等次 | 中共高密市委办公室<br>高密市人民政府办公室 |
| | 2023年度高密市绿色低碳高质量发展工作先锋单位 | 中共高密市委<br>高密市人民政府 |
| | 2023年度高密市深化作风建设年工作先锋单位 | 中共高密市委<br>高密市人民政府 |
| | 高密市三八红旗集体 | 中共高密市委宣传部<br>高密市精神文明建设委员会办公室<br>高密市妇女联合会 |
| | 2023年度模范机关创建先进单位 | 中共高密市委市直机关工委 |
| | 2023年度事业单位绩效考核优秀等次 | 高密市事业单位考核委员会 |
| | 2023年度精神文明建设先锋单位 | 中共高密市委宣传部 |
| | 2023年度高密市宣传思想文化工作精品工程（理论研究成果类） | 中共高密市委宣传部 |
| | 2024年度市直机关批准立项党组织书记抓基层党建工作突破项目 | 中共高密市委市直机关工委 |
| | 2024年度市直机关批准立项服务项目 | 中共高密市委市直机关工委 |
| | 2023年度高密市五星级党支部 | 中共高密市委组织部 |
| | 2024年第一季度市直机关优秀主题党日案例 | 中共高密市委市直机关工委 |
| | 2024年第二季度市直机关优秀主题党日案例 | 中共高密市委市直机关工委 |

## 第二节　个人荣誉

高密市审计局自1984年成立以来，审计人员兢兢业业、勤于学习、爱岗敬业、乐于奉献、团结奋进、顽强拼搏，为全市经济社会发展做出了应有贡献，涌现出一批优秀个人和先锋模范，先后获得了山东省、潍坊市，高密市及相关部门的表彰和奖励（表11-2）。

表11-2　1984年—2024年高密市审计局个人荣誉一览表

| 姓名 | 荣誉 | 授奖单位 | 表彰时间 |
|---|---|---|---|
| 王心福 | 优秀离退休干部党员家庭 | 中共高密市委组织部、离退休干部工作委员会 | 2018 |
| 王玉树 | 包村工作先进个人 | 中共高密市委、高密市人民政府 | 2005 |
| 王　伟 | 审计机关先进工作者 | 潍坊市审计局 | |
| 王传勇 | 审计机关先进工作者 | 潍坊市审计局 | 2007、2008 |
| | 机关事业单位考核优秀等次 | 中共高密市委、高密市人民政府 | 2005、2011 |
| | 全市包村联户工作先进个人 | 中共高密市委 | 2015 |
| 王　宇 | 先进工作者 | 高密市审计局 | 2020 |
| | 潍坊市审计机关审理业务技能竞赛一等奖 | 潍坊市审计局 | 2022 |
| | 2022年度潍坊市青年岗位能手 | 共青团潍坊市委 | 2023 |
| | 机关事业单位考核优秀等次 | 中共高密市委、高密市人民政府 | 2023、2024 |
| | 2024年度潍坊市职业技能大赛、第三届潍坊市审计职业技能竞赛三等奖 | 潍坊市人力资源和社会保障局、潍坊市总工会、潍坊市审计局 | 2024 |
| 王丽娜 | 体育彩票专项资金审计结果通报 | 潍坊市审计局 | |
| 王丽萍 | 机关事业单位考核优秀等次记三等功 | 中共高密市委、高密市人民政府 | 2021 |
| | 机关事业单位考核优秀等次 | 中共高密市委、高密市人民政府 | 2023、2024 |
| 王积田 | 审计系统先进个人 | 潍坊市审计局 | 1988、1989 |
| 王春晓 | 审计工作先进个人 | 高密市审计局 | 2010、2014<br>2015、2019<br>2020、2021 |
| | 计算机审计能手人才 | 中国审计学会 | 2012 |

续表

| 姓名 | 荣誉 | 授奖单位 | 表彰时间 |
|---|---|---|---|
| 王春晓 | 2013 年计算机审计领军人才 | 中国审计学会 | 2013 |
| | 潍坊市审计系统第一届大数据审计能手 | 潍坊市审计局 | 2021 |
| | 2024 年全市审计系统大数据技能竞赛个人一等奖 | 潍坊市审计局 | 2024 |
| 王艳丽 | 审计工作先进个人 | 高密市审计局 | 2007、2008<br>2009、2014 |
| | 2011 年度全市依法行政工作先进个人 | 高密市人民政府 | 2011、2012 |
| | 2012 年计算机审计领军人才 | 中国审计学会 | 2012 |
| | 2013 年度市直机关优质服务标兵 | 中共高密市委市直机关工委 | 2014 |
| | 全市审计系统先进个人 | 潍坊市人力资源和社会保障局、潍坊市审计局 | 2015 |
| 王　峰 | 2012 年度平安高密建设先进个人 | 中共高密市委、高密市人民政府 | 2013 |
| | 2013 年度“项目建设攻坚年”和“干部作风建设年”活动岗位奉献先锋 | 中共高密市委、高密市人民政府 | 2014 |
| | 先进工作者 | 高密市审计局 | 2014、2015<br>2020、2021 |
| | 银龄安康工程先进个人 | 高密市人力资源和社会保障局、高密市老龄工作委员会办公室 | 2014、2015 |
| | 2019 年度高密市创建国家卫生城市工作突出个人 | 中共高密市委、高密市人民政府 | 2020 |
| 王福兴 | 全市审计机关先进工作者 | 潍坊市人事局、潍坊市审计局 | 1998 |
| | 全省审计机关干部教育培训先进工作者 | 山东省审计厅 | 2001 |
| | 优秀离退休干部党支部书记 | 中共高密市委组织部、高密市离退休干部工作委员会 | 2017 |
| | 优秀离退休干部党总支（支部）书记 | 中共高密市委组织部、高密市离退休干部工作委员会 | 2018 |
| 王　静 | 全市审计信息化建设先进个人 | 潍坊市审计局 | 2012、2021 |
| | 计算机审计领军人才、能手人才 | 中国审计学会 | 2013 |
| | 2020 年度全市大数据审计推广应用先进个人 | 潍坊市审计局 | 2021 |
| | 机关事业单位考核优秀等次 | 中共高密市委、高密市人民政府 | 2024 |
| | 2024 年度潍坊市职业技能大赛、第三届潍坊市审计职业技能竞赛优秀奖 | 潍坊市人力资源和社会保障局<br>潍坊市总工会、潍坊市审计局 | 2024 |
| 王镇一 | 先进工作者 | 中共高密县委、高密县人民政府 | 1984 |
| 尹　志 | 2014 年度先进工作者 | 高密市审计局 | 2015 |

续表

| 姓名 | 荣誉 | 授奖单位 | 表彰时间 |
|---|---|---|---|
| 邓　涛 | 机关事业单位考核优秀等次记三等功 | 中共高密市委、高密市人民政府 | 2013 |
| | 2013 年度旧城改造工作先进个人 | 中共高密市委、高密市人民政府 | 2014 |
| | 机关事业单位考核优秀等次 | 中共高密市委、高密市人民政府 | 2014 |
| 田晋名 | 2011 年度县市区审计局网站宣传工作受省厅表彰的先进个人 | 潍坊市审计局 | 2012 |
| | 纪委征文嘉奖 | 中共高密市纪委 | 2012 |
| | 2013 年度全国审计宣传工作先进个人 | 中国审计报社 | 2013、2016<br>2019、2020 |
| | 2014 年度先进工作者 | 高密市审计局 | 2015 |
| | 2023 年全省审计机关审计好新闻评选展播活动“十佳人物通讯” | 山东省审计厅 | 2024 |
| 付希娟 | 全市审计系统先进个人 | 潍坊市人力资源和社会保障局、潍坊市审计局 | 2015 |
| | 高密市事业单位脱贫攻坚专项奖励 | 中共高密市委、高密市人民政府 | 2021 |
| | 高密市优秀共产党员 | 中共高密市委 | 2021 |
| | 2021 年度全市审计信息工作先进个人 | 潍坊市审计局 | 2022 |
| | 2023 年度高密市“一号改革工程”优化营商环境工作个人标兵 | 中共高密市委 | 2024 |
| 仪孝直 | 审计机关先进工作者 | 高密市审计局 | 1997 |
| 仪秀梅 | 机关事业单位考核优秀等次 | 中共高密市委、高密市人民政府 | 2008 |
| | 审计工作先进个人 | 高密市审计局 | 2007、2008<br>2009、2010<br>2014 |
| | 2013 年度地方税收保障工作先进个人 | 高密市人民政府办公室 | 2014 |
| 冯　梅 | 体育彩票专项资金审计结果通报表彰 | 潍坊市审计局 | |
| | 2012 年度审计工作信息化建设先进个人 | 高密市审计局 | 2013 |
| | 先进工作者 | 高密市审计局 | 2014、2015<br>2020、2021 |
| | 工人先锋号 | 高密市总工会 | 2016 |
| | 岗位建功标兵 | 中共高密市委市直机关工委 | 2022 |
| 朱　慧 | 先进工作者 | 高密市审计局 | 2012、2016<br>2020、2021<br>2022 |

续表

| 姓名 | 荣誉 | 授奖单位 | 表彰时间 |
|---|---|---|---|
| 朱　慧 | 2017 年度审计宣传工作先进个人 | 中国时代经济出版社、《中国审计》编辑部 | 2017 |
| | 2020 年度内部审计信息宣传工作先进个人 | 山东省内部审计师协会、山东内部审计专刊编辑部 | 2020 |
| | 潍坊市内审信息宣传工作先进个人 | 潍坊市审计学会 | 2020、2024 |
| | 高密先锋青年 | 中共高密市委宣传部、共青团高密市委 | 2023 |
| 任宪法 | 审计工作先进个人 | 高密市审计局 | 2010、2014 |
| | 2011 年全省地方政府性债务审计三等功 | 山东省审计厅 | 2012 |
| | 创先争优先进个人 | 高密市审计局 | 2012 |
| | 2013 年计算机审计领军人才 | 中国审计学会 | 2013 |
| | 选派市直干部到镇街区工作先进个人 | 中共高密市委 | 2013、2014 |
| 刘世霞 | 先进工作者 | 高密市审计局 | 2007、2008<br>2009、2010 |
| | 机关事业单位考核优秀等次 | 中共高密市委、高密市人民政府 | 2008 |
| | 计算机审计领军人才 | 中国审计学会 | 2013 |
| 刘　端 | 先进工作者 | 高密市审计局 | 2014、2019<br>2020 |
| | “庆祝建党一百周年”潍坊审计系统书画评展优秀奖 | 中共潍坊市审计局机关委员会 | 2021 |
| 闫晓菲 | 2022 审计年度地方党政经济责任审计工作表现突出人员 | 山东省审计厅 | 2022 |
| | 2022 年度青春之星 | 高密市审计局 | 2023 |
| | 2023 年度工作标兵 | 高密市审计局 | 2024 |
| | 机关事业单位考核优秀等次 | 中共高密市委、高密市人民政府 | 2024 |
| 李小亮 | 2020 年度创建国家卫生城市工作先进个人 | 高密市审计局 | 2021 |
| | 高密市最美学雷锋志愿者 | 中共高密市委组织部等 15 个部门 | 2023 |
| 李玉德 | 先进工作者 | 中共高密县委、高密县人民政府 | 1991 |
| | 全市审计系统先进工作者 | 潍坊市审计局 | 1991 |
| | 2007 年度审计工作先进个人 | 高密市审计局 | 2008 |
| | 2013 年度全市农村公路先进个人 | 高密市人民政府 | 2014 |
| | 机关事业单位考核优秀等次 | 中共高密市委、高密市人民政府 | 2015 |
| 李　刚 | 机关事业单位考核优秀等次 | 中共高密市委、高密市人民政府 | 2018 |

续表

| 姓名 | 荣誉 | 授奖单位 | 表彰时间 |
|---|---|---|---|
| 李宗福 | 机关事业单位考核优秀等次记三等功 | 中共高密市委、高密市人民政府 | 2011、2012<br>2015 |
| | 机关事业单位考核优秀等次 | 中共高密市委、高密市人民政府 | 2013、2014 |
| 李培智 | 市级先进个人 | 潍坊市审计局 | 1998、2013 |
| | 先进工作者 | 高密市审计局 | 2014 |
| 邱　雪 | 市直机关优秀党建管理员 | 中共高密市委市直机关工委 | 2012 |
| | 机关事业单位考核优秀等次记三等功 | 中共高密市委、高密市人民政府 | 2012 |
| | 创先争优先进个人 | 高密市审计局 | 2012 |
| | 先进个人 | 高密总工会、高密市审计局工会委员会 | 2012、2013 |
| | 机关党建宣传信息先进个人 | 中共高密市委市直机关工委 | 2014 |
| 宋世忠 | 先进工作者 | 高密市审计局 | 2008、2009<br>2014、2020<br>2021 |
| | 2011 年全省地方政府性债务审计嘉奖 | 山东省审计厅 | 2012 |
| | 计算机审计领军人才 | 中国审计学会 | 2013 |
| | 全市审计系统先进个人 | 潍坊市人力资源和社会保障局、潍坊市审计局 | 2015 |
| | 高密市最美科技工作者 | 高密市委宣传部、市科学技术协会、市科学技术局 | 2022 |
| 宋新茹 | 2022 年度网评工作个人标兵 | 中共高密市委宣传部 | 2023 |
| | 2022 年度全市政务信息工作先进个人 | 高密市人民政府办公室 | 2023 |
| 张　倩 | 2014 年度人口和计划生育工作先进个人 | 中共高密市委、高密市人民政府 | 2015 |
| | 2016 年度档案工作先进个人 | 中共高密市委办公室、高密市人民政府办公室 | 2017 |
| | 高密市优秀党务干部 | 中共高密市委组织部 | 2020 |
| | 2022 年度全市审计信息工作先进个人 | 潍坊市审计局 | 2023 |
| | 审计宣传工作先进个人 | 潍坊市审计局 | 2023、2024 |
| 张尔京 | 机关事业单位考核优秀等次 | 中共高密市委、高密市人民政府 | 2008 |
| | 先进工作者 | 中共高密县委、高密县人民政府 | 1990 |
| | 审计工作先进个人 | 潍坊市审计局 | 1999 |
| | 审计系统先进工作者 | 潍坊市审计局 | 1991 |

续表

| 姓名 | 荣誉 | 授奖单位 | 表彰时间 |
|---|---|---|---|
| 张志伟 | 审计系统先进工作者 | 潍坊市审计局 | 1990、1993 |
| | 先进工作者 | 中共高密县委、高密县人民政府 | 1991 |
| | 机关事业单位考核优秀等次 | 中共高密市委、高密市人民政府 | 2002、2003<br>2005 |
| | 先进个人并记三等功 | 潍坊市人事局、潍坊市审计局 | 2006 |
| | 体育工作先进个人 | 中共高密市委、高密市人民政府 | 2007、2008<br>2009 |
| 张欣悦 | 表扬信 | 山东省审计厅人事处 | 2023 |
| | 红色经典诵读决赛三等奖 | 潍坊市审计局 | 2023 |
| 张宗春 | 潍坊市优秀党务工作者 | 中共潍坊市委 | 2018 |
| | 机关事业单位考核优秀等次 | 中共高密市委、高密市人民政府 | 2018、2020 |
| | 机关事业单位考核优秀等次记三等功 | 中共高密市委、高密市人民政府 | 2015、2019<br>2022 |
| 张建华 | 审计工作先进个人 | 高密市审计局 | 2005、2006<br>2007、2009<br>2010 |
| | 机关事业单位考核优秀等次 | 中共高密市委、高密市人民政府 | 2008、2011<br>2015 |
| | 全国审计宣传先进个人 | 中国审计报 | 2012 |
| | 审计通联宣传工作先进个人 | 中国时代经济出版社、《中国审计》编辑部 | 2013、2014<br>2015、2016 |
| 张钰雪 | 先进工作者 | 高密市审计局 | 2019、2020 |
| | 表扬信 | 山东省审计厅社会保障审计处 | 2024 |
| 张　健 | 高密市优秀共青团员 | 共青团高密市委 | 2016 |
| | 2022 年度青春之星 | 高密市审计局 | 2023 |
| 张海波 | 高密市创先争优优秀共产党员 | 中共高密市委 | 2012 |
| | 计算机审计能手人才 | 中国审计学会 | 2012 |
| | 2013 年度全省计算机审计方法评审二等奖 | 山东省审计厅 | 2014 |
| | 第三批省管领导干部经济责任审计先进个人 | 中共山东省委组织部、山东省审计厅 | 2015 |
| | 2020 年度高密市创建国家卫生城市工作个人标兵 | 中共高密市委、高密市人民政府 | 2021 |
| 张崇凯 | 审计系统先进个人 | 潍坊市审计局 | 1989、1993 |
| | 机关事业单位考核优秀等次 | 中共高密市委、高密市人民政府 | 2005 |

续表

| 姓名 | 荣誉 | 授奖单位 | 表彰时间 |
|---|---|---|---|
| 张　婷 | 2016年度实施银龄安康工程先进个人 | 高密市人力资源和社会保障局、高密市老龄工作委员会办公室 | 2017、2018 |
| | 先进工作者 | 高密市审计局 | 2019、2020 |
| | 2020年度高密市创建国家卫生城市工作个人标兵 | 中共高密市委、高密市人民政府 | 2021 |
| 张　源 | 全市审计机关“信仰的力量”演讲比赛一等奖 | 潍坊市审计局 | 2016 |
| | 2019年度审计通联宣传工作先进个人 | 中国时代经济出版社、《中国审计》编辑部 | 2019 |
| | 机关事业单位考核优秀等次 | 中共高密市委、高密市人民政府 | 2020、2021 |
| | 2020年审计通联宣传工作先进个人 | 中国时代经济出版社、《中国审计》编辑部 | 2020 |
| | “庆祝建党一百周年”潍坊审计系统书画评展优秀奖 | 中共潍坊市审计局机关委员会 | 2021 |
| 陈鹏程 | 全市模范军队转业干部，记三等功 | 潍坊市委组织部、潍坊市人力资源和社会保障局 | 2011 |
| | 潍坊市“包村联户”先进个人 | 中共潍坊市委、潍坊市人民政府 | 2012 |
| | 全市棚户区改造和尾留“清零”工作先进个人 | 中共高密市委、高密市人民政府 | 2019 |
| | 2020年度高密市创建国家卫生城市工作个人标兵 | 中共高密市委、高密市人民政府 | 2021 |
| | 机关事业单位考核优秀等次 | 中共高密市委、高密市人民政府 | 2018、2019<br>2021、2022 |
| 陈福良 | 招商引资先进个人 | 中共高密市委、高密市人民政府 | 2007、2010<br>2012、2013 |
| | 审计工作先进个人 | 高密市审计局 | 2010、2014 |
| | 包村联户工作先进个人 | 中共高密市委、高密市人民政府 | 2017 |
| | 2019年度高密市脱贫攻坚工作突出个人 | 中共高密市委、高密市人民政府 | 2020 |
| | 2020年度脱贫攻坚工作先进个人 | 中共高密市委、高密市人民政府 | 2021 |
| 陈继伟 | 审计系统先进个人 | 潍坊市审计局 | 1988、1989 |
| 苗笑晗 | 第一季度“学习强国”学习平台学用学习标兵 | 中共高密市委市直机关工委 | 2021 |
| | 全市“巾帼论坛”征文活动先进个人（优秀奖） | 中共高密市委宣传部 | 2019 |

续表

| 姓名 | 荣誉 | 授奖单位 | 表彰时间 |
| --- | --- | --- | --- |
| 范季红 | 全省粮食清查审计先进个人、记三等功奖励 | 山东省审计厅 | 1999 |
| | 机关事业单位考核优秀等次 | 中共高密市委、高密市人民政府 | 2005、2006 |
| | 机关事业单位考核优秀等次记三等功 | 中共高密市委、高密市人民政府 | 2011 |
| | 审计机关先进工作者 | 潍坊市人事局、潍坊市审计局 | 2012 |
| 孟　丽 | 机关事业单位考核优秀等次 | 中共高密市委、高密市人民政府 | 2016 |
| | 2015 年度市直部门实施银龄工程先进个人 | 高密市人力资源和社会保障局、高密市老龄工作委员会办公室 | 2016 |
| | 高密市优秀共青团员 | 共青团高密市委 | 2017 |
| 赵立刚 | 机关事业单位考核优秀等次记三等功 | 中共高密市委、高密市人民政府 | 2012、2019 |
| | 机关事业单位考核优秀等次 | 中共高密市委、高密市人民政府 | 2013.2018 |
| | 全市审计系统先进个人（三等功） | 潍坊市人力资源和社会保障局、潍坊市审计局 | 2015 |
| 郝明军 | 审计工作先进个人 | 高密市审计局 | 2011、2020<br>2021、2022 |
| | 审计能手 | 高密市审计局 | 2015、2023 |
| | 高密市优秀第一书记 | 中共高密市委、高密市人民政府 | 2019 |
| | 高密市市直机关优秀共产党员 | 中共高密市委市直机关工委 | 2021 |
| | 2023 年度高密市项目建设年工作个人标兵 | 中共高密市委 | 2024 |
| 荆汝光 | 全市内部审计工作先进个人 | 潍坊市审计局 | |
| | 2007 年度审计工作先进个人 | 高密市审计局 | |
| | 内部审计工作先进个人 | 高密市人事局、高密市审计局 | 2008 |
| | 审计机关先进工作者 | 潍坊市审计局 | |
| 钟　璐 | 机关事业单位考核优秀等次 | 中共高密市委、高密市人民政府 | 2021、2023 |
| | 2023 年度工作标兵 | 高密市审计局 | 2024 |
| 侯文奇 | 全市包村帮扶工作先进个人 | 中共高密市委、高密市人民政府 | 2019 |
| | 2020 年度高密市农村人居环境整治工作个人标兵 | 中共高密市委、高密市人民政府 | 2021 |
| | 市直机关优秀党务工作者 | 中共高密市委市直机关工委 | 2021 |
| | 2022 年度高密市平安建设暨维稳安保工作个人标兵 | 中共高密市委、高密市人民政府 | 2023 |
| | 机关事业单位考核优秀等次 | 中共高密市委、高密市人民政府 | 2023 |

续表

| 姓名 | 荣誉 | 授奖单位 | 表彰时间 |
| --- | --- | --- | --- |
| 姚雅文 | 高密市优秀青年岗位能手 | 共青团高密市委 | 2013 |
|  | AO 培训认证考试合格 | 审计署计算机技术中心 | 2014 |
|  | 2014 年度高密市优秀共青团员 | 共青团高密市委 | 2015 |
|  | 2011 年—2015 年全市普法依法治理工作先进个人 | 中共高密市委宣传部 | 2016 |
|  | 先进工作者 | 高密市审计局 | 2021 |
| 徐正伟 | 机关事业单位考核优秀等次记三等功 | 中共高密市委、高密市人民政府 | 2012、2014<br>2018 |
|  | 2014 年度平安高密建设先进个人 | 中共高密市委、高密市人民政府 | 2015 |
|  | 机关事业单位考核优秀等次 | 中共高密市委、高密市人民政府 | 2013、2016 |
|  | 市直机关优秀共产党员 | 中共高密市委市直机关工委 | 2017 |
|  | 先进工作者 | 高密市审计局 | 2009、2014<br>2020、2021 |
| 徐胜利 | 审计系统先进个人 | 潍坊市审计局 | 1988 |
| 栾琳芝 | 先进工作者 | 高密市审计局 | 2015、2021 |
|  | 表扬信（地下水漏斗区审计） | 山东省审计厅涉外处 | 2019 |
| 郭　鹏 | 先进工作者 | 高密市审计局 | 2015、2019<br>2020、2021 |
|  | 2019 年度高密市最美志愿者 | 高密市精神文明建设委员会 | 2020 |
|  | 2020 年度新时代最美学雷锋志愿者 | 中共高密市委宣传部、中共高密市委组织部等 9 个部门 | 2021 |
|  | 抽调参加 2021 年度市委巡察工作表现优异人员 | 中共潍坊市委巡察工作领导小组办公室 | 2022 |
|  | 2022 年度全市学雷锋志愿服务活动最美学雷锋志愿者 | 中共高密市委组织部等 15 个部门 | 2023 |
| 程元友 | 高密县首届会计知识大赛个人第二名 | 高密县首届会计知识大赛组委会 | 1989 |
|  | 全市审计系统先进个人 | 潍坊市人力资源和社会保障局、潍坊市审计局 | 2006 |
|  | 机关事业单位考核优秀等次 | 中共高密市委、高密市人民政府 | 2006、2012 |
|  | 第二届“高密慈善奖”——慈善工作先进个人 | 高密市政府 | 2017 |
| 韩　晴 | 红色经典诵读决赛三等奖 | 潍坊市审计局 | 2023 |
|  | 2024 年度潍坊市职业技能大赛、第三届潍坊市审计职业技能竞赛二等奖 | 潍坊市人力资源和社会保障局<br>潍坊市总工会、潍坊市审计局 | 2024 |

续表

| 姓名 | 荣誉 | 授奖单位 | 表彰时间 |
|---|---|---|---|
| 楚化军 | 审计机关先进工作者 | 高密市审计局 | 2005 |
| | 2006 年度先进审计工作者 | 高密市审计局 | 2007 |
| | 2007 年度审计工作先进个人 | 高密市审计局 | 2008 |
| 楚希彦 | 档案工作先进个人 | 中共高密市委办公室、高密市人民政府办公室 | 2011、2012<br>2013、2014<br>2015、2016 |
| 臧忠兰 | 审计机关先进工作者 | 高密市审计局 | 1998 |
| 薛步月 | 市直机关优秀离退休共产党员 | 中共高密市委市直机关工委 | 2013 |
| 薛敬礼 | 2020 年度农村人居环境整治工作先进个人 | 高密市审计局 | 2021 |
| 戴学仁 | 机关事业单位考核优秀等次 | 中共高密市委、高密市人民政府 | 2008 |
| | 优秀共产党员 | 中共潍坊市委 | 2008 |
| | 机关事业单位考核优秀等次记三等功 | 潍坊市人事局、潍坊市审计局 | 2011 |
| 戴　晶 | 潍坊市审计系统工作先进工作者 | 潍坊市审计局 | 1987、1989 |
| | 潍坊市审计系统工作先进工作者 | 潍坊市人事局、潍坊市审计局 | 1990、1991<br>1993 |
| | 全市粮食财务挂账清查审计工作先进个人 | 潍坊市审计局 | 1998 |
| | 机关事业单位考核优秀等次记三等功 | 潍坊市人事局、潍坊市审计局 | 2001 |
| | 潍坊市审计十佳爱岗敬业标兵 | 潍坊市审计局、潍坊市总工会 | 2001 |
| 魏凤磊 | 服务中心工作先进个人 | 高密市审计局 | 2014 |
| | 2013 年度选派市直干部到镇街区工作先进个人 | 中共高密市委 | 2014 |
| | AO 培训认证考试合格 | 审计署计算机技术中心 | 2014 |
| | 先进工作者 | 高密市审计局 | 2019、2020 |
| | “庆祝建党一百周年”潍坊审计系统书画评展优秀奖 | 中共潍坊市审计局机关委员会 | 2021 |
| 魏　强 | 计算机审计能手人才 | 中国审计学会 | 2012、2013 |
| | 内审先进工作者 | 潍坊市内部审计师协会 | 2013、2014<br>2019 |
| | 先进工作者 | 高密市审计局 | 2014、2020<br>2021 |
| | 全市“六五”普法中期先进个人 | 高密市全民普法依法治市工作领导小组 | 2014 |
| | 优秀共产党员 | 中共高密市委 | 2016 |

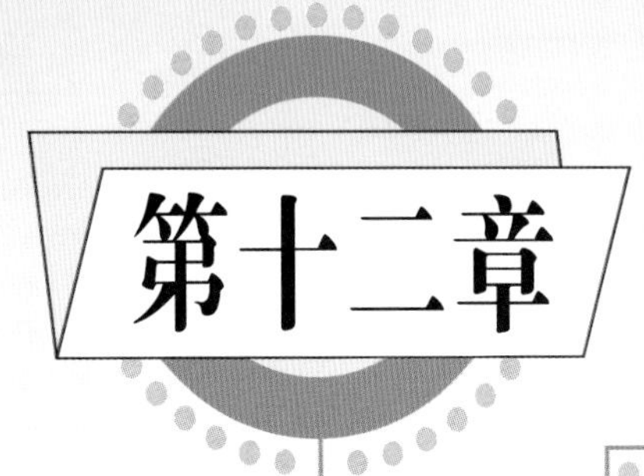

# 第十二章

## RENWU

## 人　物

高密市审计局成立40年来，历任8任局长，先后有90多位工作人员。本章收录历任局长、历任副局长或党组成员，高密市经济责任审计服务中心主任、高密市经济责任审计联席会议主任、科级以上干部和部分普通工作人员。个别工作人员因常年失去联系没有录入。

## 第一节　高密市审计局历任党组书记、局长

### 王镇一

王镇一（1932年—2008年），高密市密水街道人。中共党员，中专学历。1949年6月参加工作，曾任高密县审计局局长。

1972年，任高密县粮食局科员；县政府办公室秘书；1979年，任高密县政府办公室副主任；县财贸办公室副主任；1984年4月，任高密县审计局局长、调研员；1992年12月退休。1985年，成为潍坊市会计学会会员。1984年，被评为县级先进工作者。

## 郝恩贵

郝恩贵（1941年—2024年），高密市阚家镇人。中共党员，中专学历。1964年8月参加工作。曾任高密县审计局局长。

1982年,任中共呼家庄公社党委书记；1984年5月，任夏庄镇党委书记。1985年7月,任高密县审计局局长；1992年12月，任高密县审计局党组书记；1995年12月,任高密市审计局调研员；2002年1月退休。1988年，参加审计署举办的财务会计培训班并获证书；1993年，参加潍坊市涉外组织函授进修班并获结业证书；1993年，参加山东省会计专业继续教育培训并获结业证书。1987年，获潍坊市审计系统先进工作者奖励；1990年，被高密县委评为优秀共产党员；1989年—1991年连续3年被高密县委、县政府评为先进工作者。

## 王福兴

王福兴，1953年12月出生，高密市阚家镇人。中共党员，专科学历。1976年11月参加工作。1976年5月加入中国共产党。曾任高密市审计局局长、党组书记。

1973年12月，任职于高密县阚家镇通讯报道学大寨工作队；1976年10月，任高密县委农工部干事；1984年4月，任高密县民政局副局长；1988年6月，任高密县大牟家镇镇长、党委副书记；1991年，任大牟家镇党委书记；1995年12月，任高密市审计局局长、党组书记；2001年，兼任高密市经济责任联席会议办公室主任；2005年4月，任高密市审计局主任科员；2013年12月退休。1991年，获高密县委、县政府记大功奖励；1992年，被高密县委、县政府评为先进工作者；1995年，获高密市委、市政府三等功奖励；

1996年，获高密市委、市政府嘉奖；1998年，被潍坊市人事局、潍坊市审计局评为全市审计机关先进工作者；2001年，被评为全省审计机关干部教育培训先进工作者；2017年，被评为高密市优秀离退休党支部书记。

## 姜殿国

姜殿国，1955年5月出生，青岛市胶州市张应镇人。中共党员，专科学历。1976年参加工作。曾任高密市审计局局长、党组书记。

1984年，任高密县人事局科员；1990年，任高密县技术监督局副局长、党组成员；1991年3月，任高密县审计局副局长、党组成员；2005年4月，任高密市审计局局长、党组书记。1992年、1994年被潍坊市审计局评为先进工作者；1998年、1999年获高密市委、市政府嘉奖奖励。

## 戴学仁

戴学仁，1961年12月出生，高密市胶河社区人。中共党员，专科学历。1982年7月参加工作。曾任高密市审计局局长、党组书记。

1984年，为高密镇二中教师；1989年，任高密县政府办公室秘书；2000年，任高密市政府副秘书长、办公室副主任、法制局局长；2007年3月，任高密市审计局局长、党组书记，兼任市经济责任联席会议办公室主任；2012年4月，任青岛科技大学高密校区管理服务中心主任、高密市审计局党组书记。2008年，获潍坊市优秀共产党员称号，高密市委、市政府嘉奖奖励。2011年，在机关事业单位考核中获潍坊市人事局、潍坊市审计局三等功奖励。

## 李宗福

李宗福，1963年4月出生，高密市醴泉街道人。中共党员，本科学历。1984年5月参加工作。曾任高密市审计局局长。

1984年5月，任高密县蔡家站财政所会计、所长；1992年12月，任高密县蔡家站镇党委副书记、经委主任；1997年12月，任高密市柴沟镇党委副书记、工业园区主任；2004年2月，任高密市柴沟镇党委副书记、镇长、安委会主任；2006年2月，任高密市经济开发区党工委副书记、办事处主任、安委会主任；2006年12月，任高密市李家营镇党委书记；2007年8月，任高密市人口和计生局局长、党委书记；2011年11月，任高密市审计局局长、党组副书记；2016年1月，任高密市人大常委会预算工委主任、人大财经委副主任委员。2011年、2012年、2015年，获高密市委、市政府三等功奖励。

## 张宗春

张宗春，1968年5月出生，高密市大牟家镇人。中共党员，本科学历。1988年7月参加工作，曾任高密市审计局党组书记、局长，现任高密市政协常委、高密市审计局三级调研员。

1988年7月，任高密县教师进修学校教师、办公室副主任；1997年5月，任高密市政协办公室秘书；2000年9月，任高密市政协办公室副主任科员；2001年6月，任高密市委办公室副主任科员；2003年3月，任高密市委办公室副主任科员、督查室主任；2003年8月，任高密市委研究室副主任；2006年5月，任高密市委办公室主任科员；2007年4月，任高密市政协党组成员、秘书长、办公室主任；2009年7月，任高密市政协党组成员、办公室主任；2011 年 11 月，任高密市委组织部副部长、老干部局局长；2016 年 1 月，任高密市审计局党组书记、局长；2017 年 6 月，任高密市审计局党组书记、局长，四级调研员；2019 年 1 月，任市高密审计局党组书记、局长，三级调研员。2016 年、2019 年、2022 年，获高密市委、市政府三等功奖励。

## 王丽萍

王丽萍，女，1973 年 4 月出生，海南省定安县人。中共党员，本科学历。1994 年 7 月参加工作。现任高密市审计局党组书记、局长，四级调研员。

1994 年 7 月，任高密市技工学校教师、团委书记；1996 年 3 月，任高密市劳动和社会保障局科员、政工科长、劳动保障监察大队副大队长；2004 年 5 月，任高密市委宣传部科员、办公室主任，副主任科员；2008 年 5 月，任高密市妇联党组成员、副主席、市政协常委，主任科员；2016 年 1 月，任高密市委宣传部副部长、市政协常委；2019 年 12 月，任高密市委宣传部副部长、市文化和旅游局党委书记、局长，四级调研员；2022 年 1 月，任市审计局党组书记、局长，四级调研员。2017 年、2018 年、2019 年、2020 年、2021 年、2022 年、2023 年，获高密市委、市政府嘉奖和记三等功。

## 第二节　高密市审计局历任副局长及党组成员

### 王积田

王积田（1943年—2005年），高密市姚哥庄社区人，中共党员，中专学历。曾任高密县审计局副局长。

1962年应征入伍，服役于中国人民解放军济南军区六十七军步兵第五九八团，曾任副团长；1980年7月，中国人民解放军南京高级陆军学校军事系毕业；1984年，任高密县审计局副局长。1990年—1992年，被评为优秀党员。

### 陈继伟

陈继伟，1954年2月出生，高密市夏庄镇人。中共党员，专科学历。1971年9月参加工作。曾任高密县审计局副局长。

1974年参军，服役于陆军第七十六师高炮营；1978年4月转业到高密县人民医院担任财务出纳；1984年2月—1991年3月，就职于高密县审计局，先后任科员、股长、副局长；1991年1月，任潍坊市审计事务所所长、党支部书记。

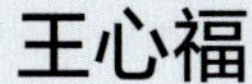

## 王心福

王心福，1951年1月出生，高密市柏城镇人。中共党员，中专学历。1974年8月参加工作。曾任高密市审计局副局长。

1985年11月，任高密县李家营镇镇长；1992年12月，任高密县审计局副局长；2003年，任高密市审计局正科级协理员；2011年退休。1990年2月，获高密县先进工作者称号；1992年，被评为高密县优秀人大代表。

## 史星跃

史星跃，1947年6月出生，高密市醴泉街道人，中共党员，初中学历。1964年7月参加工作。曾任高密市审计局党组成员、纪检组组长。

1973年2月，任高密县化肥厂科员；1978年5月，任高密县（市）委信访办公室副主任；1997年12月，任高密市审计局纪检组组长；2003年5月，任高密市审计局副主任科员。2007年6月退休。

## 范季红

范季红，女，1961年3月出生，诸城市密州街道人。中共党员，本科学历，高级审计师。曾任高密市审计局党组成员、副局长。

1981年7月，任职于高密县制革厂财务科；1983年11月，任高密县木器厂财务科科长；1985年9月，任高密县审计局工交审计科科员；1991年10月，任高密县审计局工交审计科科长；1997年12月，任高密市审计局副局长、党组成员；2007年

12月，任高密市审计局主任科员（正科级）、党组成员；2011年5月，任高密市经济责任审计办公室主任、党组成员；2016年3月退休。在审计系统年度考核中多次被潍坊市人事局和潍坊市审计局评为潍坊市审计系统先进个人；在高密市公务员考核中，多次被高密市委、市政府评为优秀公务员。

## 王　伟

王伟，女，1958年2月出生，青岛市崂山区人。中共党员，专科学历。1974年8月参加工作，曾任高密市审计局副局长。

1975年11月，任职于高密县袁家公社卫生院；1978年6月，任职于高密县人民医院；1984年9月，任职于高密县卫生局；1988年12月，调职于高密县审计局；1997年12月，任高密市审计局工会主席；2004年2月，任高密市审计局副局长；2013年2月退休。1990年、1991年获高密县审计系统先进工作者；1994年，获高密市委、市政府三等功奖励。

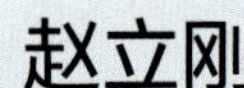

## 赵立刚

赵立刚，1962年9月出生，青岛市莱西市人。中共党员，专科学历。1980年7月参加工作，曾任高密市审计局党组成员、副局长，一级主任科员。

1983年，任高密县河崖公社团委书记；1985年，任高密县组织部干事；1992年12月，任高密县审计局纪检组组长；1997年，任高密市审计局副局长、党组成员；2019年，任高密市审计局一级主任科员。2003年，获高密市委、市政府三等功奖励；2015年，被潍坊市人力资源和社会保障局、潍坊市审计局评为全市审计系统先进个人；2019年，获高密市委、市政府三等功奖励。

## 王玉树

王玉树，1954年11月出生，高密市姜庄镇人。中共党员，专科学历。曾任高密市审计局党组成员、纪检组组长。

1976年9月，任职于高密县仁和公社广播站；1985年4月，任高密县咸家乡经管站站长；1991年7月，任高密县咸家乡组织委员（副科级）；1994年5月，任高密县咸家乡副书记；1995年12月，任高密市周戈庄党委副书记；1998年12月，任高密市井沟镇党委副书记；2000年9月，任高密市审计局党组成员、纪检组组长；2005年11月，任高密市审计局副主任科员；2014年11月退休。2005年，被高密市委、市政府评为包村工作先进个人。

## 戴　晶

戴晶，女，1959年4月出生，青岛市平度市人。中共党员，本科学历，审计师。1975年12月参加工作。曾任高密市审计局党组成员、经济责任审计办公室主任（正科）。

1975年12月，任高密县燃料公司会计；1985年10月起，先后任高密县审计局办公室科员、行政事业股科员、财政金融行政事业科科长、商贸科科长等。2002年1月，任高密市经济责任审计办公室主任（副科）；2006年5月，任高密市审计局纪检组组长、党组成员；2008年12月，任高密市审计局副局长、党组成员、纪检组组长；2010 年 3 月，任高密市经济责任审计办公室主任（正科）、党组成员。2014 年 4 月退休。1987 年、1989 年被潍坊市审计局评为潍坊市审计系统先进工作者；1990 年、1991 年、1993 年、1997 年被潍坊市人事局、审计局评为潍坊市审计系统先进工作者；1994 年、1999 年、2001 年获高密市委、市政府嘉奖；1998 年，被潍坊市审计局评为全市粮食财务挂账清查审计工作先进个人；2000 年获高密市委、市政府三等功奖励；2001 年获潍坊市人事局、潍坊市审计局三等功奖励；2001 年被潍坊市审计局、潍坊市总工会授予潍坊市审计十佳爱岗敬业标兵称号；2006 年被高密市委、市政府评为全市纪检监察工作先进个人。

## 陈鹏程

陈鹏程，1965 年 4 月出生，高密市醴泉街道人。中共党员，专科学历。1984 年 10 月参加工作。现任高密市经济责任审计服务中心六级职员。

2006 年 8 月，任高密市审计局任工会主席、党组成员；2010 年 2 月，任高密市审计局副局长、党组成员；2015 年 1 月，任高密市经济责任审计办公室主任、党组成员；2019 年 3 月，任高密市经济责任审计服务中心主任、党组成员；2021 年 4 月，任高密市经济责任审计服务中心七级职员；2023 年 5 月，任高密市经济责任审计服务中心六级职员。2011 年，被潍坊市委组织部、潍坊市人力资源和社会保障局评为潍坊市模范军队转业干部，并记三等功；2012 年，被中共潍坊市委、市政府表彰为“包村联户”活动先进个人；2020 年、2021 年获高密市委、市政府嘉奖。

## 张崇凯

张崇凯，1959年7月出生，诸城市吕标镇人。中共党员，专科学历。1977年参加工作。曾任高密市审计局党组成员、副局长、三级副主任科员。

1984年，任高密县机械工业公司会计；1988年12月，任高密县审计局科员；2005年，任高密市审计局副主任科员；2008年，任高密市审计局副局长、党组成员、三级副主任科员。1993年被潍坊市审计局评为先进个人。

## 李　刚

李刚，1968年10月出生，高密市姜庄镇人。中共党员，本科学历，1989年8月参加工作。现任高密市审计局一级主任科员。

1989年7月，任高密县乡镇企业局审计员、文书；1994年4月，任高密县经济委员会政策研究室副主任；1996年7月，任高密市纪委检查员；2003年3月，任高密市纪委副主任科员；2004年2月，任高密市纪委教育研究室主任；2007年1月，任高密市纪委常委、教育研究室主任；2007年4月，任高密市纪委常委、办公室主任；2008年5月，任高密市纪委常委、主任科员，市监察局副局长；2009年2月，任高密市审计局党组成员、副局长；2017年6月，任高密市审计局党组成员、副局长、二级主任科员；2019年1月，任高密市审计局党组成员、副局长、一级主任科员；2022年5月，任高密市审计局一级主任科员。2018年获高密市委、市政府嘉奖。

## 王传勇

王传勇，1963 年 9 月出生，烟台市牟平区人。中共党员，本科学历。曾任高密市审计局党组成员。

2008 年，任高密市审计局副主任科员；2011 年，任高密市审计局工会主席、党组成员；2016 年，任高密市审计局主任科员、党组成员；2019 年，任高密市审计局二级主任科员、行政事业科科长；2023 年退休。获高级审计师职称。2009 年被评为高密市审计工作先进个人；2015 年被评为高密市包村联户工作先进个人。

## 邓　涛

邓涛，1972 年 2 月出生，高密市夏庄镇人。中共党员，本科学历。1994 年 7 月参加工作，曾任高密市审计局党组书记；现任高密市综合行政执法局党组书记、局长、四级高级主办，市城管局局长。

1994 年 7 月，任高密市国土资源局科员；2001 年 7 月，任高密市国土资源局科长；2003 年 3 月，任高密市土地储备中心主任；2005 年 11 月，任高密市土地储备中心副主任、高密市国土资源局党委委员；2006 年 12 月，任高密市土地储备中心主任、高密市国土资源局党委委员；2009 年 4 月，任高密市国土资源局纪委书记（正科级）；2009 年 12 月—2011 年 11 月，任高密市姜庄镇党委副书记、镇长；2013 年 3 月，任高密市审计局党组书记；2014 年 8 月，任高密市审计局党组副书记（保留正科级）；2016 年 1 月，任高密市经管局党总支副书记、局长；2018 年 3 月，任高密市农业党工委书记、市委农工办主任；2019 年 1 月，任高密市农业农村局党组副书记、副局长、一级主任科员；2019 年 3 月，任高密市统计局党组书记、局长、一级主任科员；2022年5月，任高密市统计局党组书记、局长、四级调研员；2023年5月起，任高密市综合行政执法局党组书记、局长、四级高级主办，市城管局局长。

## 侯文奇

侯文奇，1972年6月出生，高密市咸家社区人。中共党员，本科学历。现任高密市审计局党组成员、四级调研员。

2014年8月，任高密市审计局党组成员、主任科员；2017年7月，任高密市审计局党组成员、四级调研员。2018年，被评为青岛上合峰会安保维稳先进个人；2019年，被评为高密市包村帮扶工作先进个人；2020年，被评为高密市农村人居环境整治工作个人标兵；2021年，被评为高密市直机关优秀党务工作者；2022年，被评为高密平安建设暨维稳安保工作个人标兵。2023年，获高密市委、市政府嘉奖。

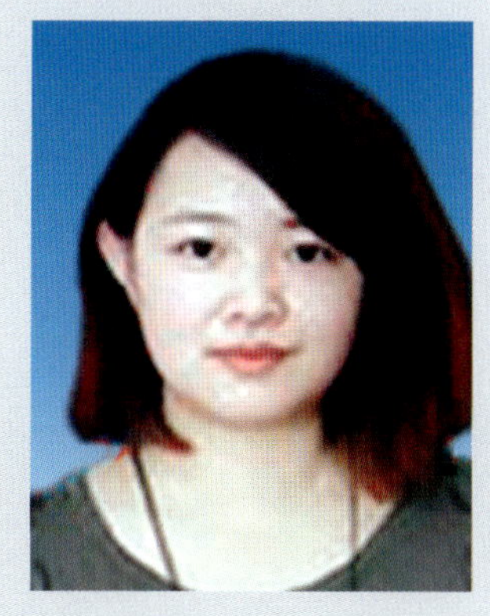

## 王玉凤

王玉凤，女，1982年1月出生，高密市姜庄镇人。中共党员，本科学历。曾任高密市审计局副局长；现任山东省审计厅涉外审计处四级高级主管。

2007年8月，任高密市柏城镇党委科员；2009年9月，任高密市政协提案法制委员会副主任；2013年6月，任高密市政协办公室主任科员；2015年3月，任高密市审计局副局长（保留正科级）；2017年6月，任高密市审计局副局长、二级主任科员。2019年10月调至山东省审计厅。

## 王　静

王静，女，1981年7月出生，高密市醴泉街道人。中共党员，中级审计师，研究生学历。现任高密市审计局党组成员、副局长。

2003年8月，任高密市统计局综合科科员；2005年12月，任高密市柏城镇政府副镇长（挂职）；2006年12月，任高密市醴泉街道办事处招商办副主任；2009年7月，任高密市审计局干部（保留副科级）；2011年6月，任高密市经济责任审计办公室副主任；2016年，任高密市审计局工会主席；2017年，任高密市审计局妇委会主任；2019年3月，任高密市经济责任审计服务中心副主任（保留副科级）；2020年5月起，任高密市审计局党组成员、副局长。2005年，被评为潍坊市第一次经济普查先进个人；2011年，被评为潍坊市审计信息化工作先进个人；2012年，获全国计算机审计能手人才称号；2014年，获中共高密市委市直机关工委市直机关“巾帼建功”岗位明星称号；2015年，获高密市妇女联合会“春蕾计划”爱心使者称号；2019年，获高密市“最美家庭”称号；2021年，被评为潍坊市信息化工作先进个人。

## 王艳丽

王艳丽，女，1974年2月出生，高密市姚哥庄社区人。中共党员，本科学历。1992年8月参加工作，现任审计局党组成员、市经济责任审计服务中心主任。

1992年8月，任高密县水产蔬菜股份公司会计；1996年3月，任高密市审计局科员；2008年2月，任高密市经济责任审计办公室副主任（正股级）；2010年12月，任高密市审计局法制科科长；2016年5月，任高密市经济责任办公室副主任兼法制科科长；2019年3月，任高密市经济责任审计服务中心副主任；2021年4月，任高密市审计局党组成员、市经济责任审计服务中心主任。2009年，获高密市审计工作先进个人、审计工作突出贡献奖等荣誉；2010年，获高密市审计业务标兵称号；2012年，获高密市直机关优秀共产党员、创先争优先进个人、2012年，获计算机审计领军人才称号；2014年，被评为年度市直机关优质服务标兵、先进工作者；2015年，获潍坊市审计系统先进个人（嘉奖）、2014年度审计能手称号；2022年12月，被山东省内部审计师协会评为2022年度全省内部审计先进工作者。

## 李　欣

李欣，1983年9月出生，高密市柏城镇人。中共党员，硕士学历。现任高密市审计局党组成员、副局长。

2006年10月，任高密市林业局科员；2007年12月，任高密市人大常委会研究室科员；2011年6月，任高密市人大常委会老干部工作办公室副主任；2014年8月，任高密市人大常委会研究室副主任；2019年2月，任高密市人大常委会研究室主任；2020年11月，任高密市人大常委会机关支部书记、研究室主任；2022年5月，任高密市审计局党组成员、副局长。多次被高密市委、市政府授予嘉奖、记三等功奖励。

## 付希娟

付希娟，女，1979年6月出生，高密市密水街道人。中共党员，本科学历，中级审计师。现任高密市审计局党组成员。

2003年11月，任高密市审计局经责办科员；2009年2月，任高密市审计局法制科副科长；2010年7月，任高密市审计局法制科科长；2010年12月，任高密市审计局财政金融审计科科长；2022年12月，任高密市审计局党组成员。2011年、2013年和2018年，分别被中共高密市委市直机关工委授予市直机关优秀共产党员称号；2012年11月，被中国审计学会评选为计算机审计能手人才；2015年1月，被潍坊市人力资源和社会保障局、潍坊市审计局评为全市审计系统先进个人；2018年12月，在潍坊市首届大数据实战大比武中获三等奖；2021年4月，被高密市委、高密市人民政府授予高密市事业单位工作人员脱贫攻坚个人嘉奖；2021年6月，被中共高密市委评为高密市优秀共产党员；2022年2月，被潍坊市审计局评为2021年度审计信息工作先进个人；2022年6月，被聘为高密市十九届人大预算审查监督咨询专家；2022年11月，在全省财政数字化审计技能竞赛中获三等奖。

## 张海波

张海波，1979 年 6 月出生，高密市大牟家镇人。本科学历，中共党员，高级审计师。现任市审计局党组成员。

2005 年 9 月，任高密市审计局财政金融审计科科员；2008 年 2 月，任高密市审计局经贸审计科副科长；2010 年 12 月，任高密市审计局财政金融审计科副科长；2011 年 11 月，任高密市审计局农业与资源环保审计科科长；2019 年 3 月，任高密市审计局行事经贸科科长；2022 年 12 月，任高密市审计局党组成员、经责审计一科科长。2011 年 10 月，通过全国审计系统计算机中级考试。2012 年 6 月，被中共高密市委授予创先争优优秀共产党员称号；2012 年 11 月，被中国审计学会计算机审计分会评为计算机审计能手人才；2015 年 3 月，被山东省委组织部、山东省审计厅评为第三批省管干部经济责任审计先进个人。

## 第三节　高密市经济责任审计服务中心历任负责人

### 戴　晶

戴晶（详见本章第二节）

### 程元友

程元友，1966 年 1 月出生，高密市阚家镇人。专科学历，中级审计师。1988 年 7 月参加工作。现任高密市经济责任审计服务中心副主任。

1988 年 7 月，任高密县审计局工交科科员；1989 年 2 月，任高密县审计局商贸科科员；1992 年 7 月，任高密县审计局工交科科员，11 月获得全国助理审计师资格证书；1995 年 11 月，获得全国审计师资格证书；1998 年 2 月，任高密市审计局商贸科科员；1999 年 2 月，任高密市审计局行政事业科副科长；2002 年 3 月，任高密市经济责任审计办公室副主任；2006 年 2 月，任高密市经济责任审计办公室主任；2010 年 2 月，任高密市经济责任审计办公室副主任。1993 年 2 月，被高密县委、县政府评为先进工作者；2006 年 3 月，获高密市委、市政府嘉奖；2006 年 3 月，获潍坊市人事局、潍坊市审计局嘉奖奖励。

### 王　静

王静（详见本章第二节）

## 范季红

范季红（详见本章第二节）

## 陈鹏程

陈鹏程（详见本章第二节）

## 王艳丽

王艳丽（详见本章第二节）

## 宋世忠

宋世忠，1968 年 10 月出生，高密市柏城镇人。中共党员，专科学历，注册会计师、评估师、高级审计师。现任高密市经济责任审计服务中心副主任。

2008 年 2 月，任高密市审计局财政金融审计科副科长；2009 年 2 月，任高密市经济责任审计办公室副主任；2010 年 12 月，任高密市经济责任审计科科长；2016 年，任高密市经济责任办公室（高密市经济责任审计服务中心）副主任。2012 年 1 月，被山东省审计厅评为地方政府性债务审计先进个人；2012 年 11 月，被中国审计学会评为计算机审计能手人才；2015 年 1 月，被潍坊市人社局、潍坊市审计局评为潍坊市审计系统先进个人；2021 年 3 月，被高密市委、市政府评为 2020 年度高密市脱贫攻坚工作个人标兵；2021 年 4 月，获高密市事业单位脱贫攻坚专项奖励嘉奖；2022 年 5 月，被高密市委宣传部、市科学技术协会、市科学技术局评为高密市最美科技工作者。

## 第四节　高密市经济责任审计联席会议办公室负责人

### 徐正伟

徐正伟，1968年10月出生，上海市南汇区人。中共党员，专科学历，审计师。现任高密市经济责任审计工作联席会议办公室主任。

1989年7月，任高密县自来水公司办事员；1990年6月，任高密县审计局办公室科员；2000年10月，任高密市审计局投资审计科科员；2007年2月，任高密市审计局投资审计科副科长；2012年2月，任高密市审计局投资审计科科长；2019年5月，任高密市审计局四级主任科员；2021年4月，任高密市经济责任审计联席会议办公室主任。2009年，被评为高密市审计工作先进个人；2013年，被评为全市农村公路工作先进个人；2014年被高密市审计局评为先进工作者；2015年，被评为2014年度平安高密建设先进个人、2014年度高密市审计局审计能手；2017年，获高密市直机关优秀共产党员称号；2020年、2021年，被高密市审计局评为先进工作者。

## 第五节　高密市审计局历任科级以上干部

### 常德润

常德润，1948年10月出生，高密市柏城镇人。中共党员，中专学历。1998年12月，任高密市审计局任主任科员。2008年11月退休。

### 李兆友

李兆友，1952年4月出生，高密市柏城镇人。中共党员，大专学历。1986年3月，任高密县柏城镇党委宣传委员、副书记；1997年12月，任高密市开发区党工委副书记；2001年12月，任高密市审计局主任科员。2012年4月退休。

### 刘世霞

刘世霞，女，1962年8月出生，高密市井沟镇人。中共党员，中专学历，会计师。1985年7月参加工作。1992年调入高密县审计局，任经贸科科长；2016年退休。2006年和2008年在公务员考核中获得嘉奖。

## 张建华

张建华，1963年5月出生，高密市姜庄镇人，中共党员，专科学历，中级审计师，二级主任科员。

1989年11月，调任高密县审计局，先后在商贸科、行财科、财金科、行政事业科任科员；2008年，任高密市审计局行政事业科科长；2009年—2012年，任高密市审计局投资科科长；2011年6月，任高密市审计局副主任科员；2019年1月，任高密市审计局三级主任科员；2023年1月，任高密市审计局二级主任科员；2023年6月退休。被高密市委、市政府记嘉奖7次，记三等功1次；2010年被潍坊市人社局、审计局评为审计系统先进个人。

## 第六节　1984年—2024年高密市审计局普通工作人员（部分）

### 徐胜利

徐胜利，1959年6月出生，青岛市莱西市人。中共党员，本科学历。1984年2月，调入高密县审计局工作，曾任办公室主任。1990年9月调离。

### 薛步月

薛步月，1930年7月出生，高密市井沟镇人。中共党员，高中学历。1985年4月，调入高密县审计局，任公交审计股股长。1990年7月退休。

### 张尔京

张尔京，1962年5月出生，高密市阚家镇人。中共党员，专科学历，中级审计师。1986年7月，由高密县拒城河供销社调入高密县审计局；1992年3月，任高密县审计局商贸科副科长（主持工作）；1997年，任高密市审计局工交科科长；2002年，任高密市审计局投资科科长；2009年，任高密市审计局行政事业科科长；2015年，任高密市审计局执行科科长；2017年6月，任高密市审计局四级主任科员；2022年5月退休。1990年，被高密县委、县政府评为先进工作者；1991年，被潍坊市审计局评为审计系统先进工作者；1999年，被潍坊市审计局评为全市粮食财务挂账清查审计工作先进个人；2005年，被高密市直机关党工委授予优秀共产党员称号；2008年，获高密市委、市政府嘉奖；2009年，被高密市政府评为农村公路建设先进个人。

## 李玉德

李玉德，1964年1月出生，高密市阚家镇人。中共党员，专科学历，审计师。1986年7月，任高密县审计局办事员；1992年8月，任高密县审计局基本建设审计科科长；2019年5月，任高密市审计局固定资产投资审计科科长。1991年2月，被高密县委员会、高密县人民政府评为先进工作者；1991年3月，被潍坊市审计局评为全市审计系统先进工作者；2015年，获高密市委、市政府嘉奖。

## 仪秀梅

仪秀梅，女，1967年6月出生，高密市醴泉街道人。中共党员，本科学历。1987年调入高密县审计局，为计算机操作员；2017年7月退休。2009年、2010年，获评高密市审计工作先进个人；2013年，被评为高密地方税收保障工作先进个人；2014年，被评为高密市先进工作者。

## 楚化军

楚化军，1965 年 11 月出生，高密市姜庄镇人。中共党员，专科学历。1988 年 7 月，任高密县东风商场会计、科长；1992 年 5 月，调入高密县审计局任科长；2009 年 3 月，任高密市审计局农保科科长。先后获高密审计机关先进工作者、审计工作先进个人等称号。2017 年 5 月调出。

## 张聿俭

张聿俭，1937 年 11 月出生，高密市醴泉街道人。中共党员，中专学历。1984 年 2 月，调入高密县审计局；1985 年，任高密县审计局商贸股股长；1995 年 10 月退休。

## 伏建义

伏建义，1955 年 3 月出生，高密市井沟镇人。中共党员，初中学历。1986 年 6 月，调入高密县审计局；2015 年 3 月退休。

## 李培智

李培智，1965年12月出生，高密市井沟镇人。中共党员，本科学历，高级审计师。1989年11月起，任职于高密县审计局投资审计科。1998年和2013年被评为高密市先进个人；2012年获得省级优秀审计项目表彰。

## 张志伟

张志伟，1956年12月出生，高密市夏庄镇人。中共党员，专科学历，审计师。1990年2月，调入高密县审计局任办公室科员；1991年，任高密县审计局办公室副主任并主持工作；1994年3月，任高密市审计局基建审计科副科长；2002年3月，任高密市审计局行政事业审计科科长；2009年2月，任高密市审计局企业审计科科长；2016年，晋升为副科级；2017年12月退休。1990年、1993年，被评为潍坊市审计系统先进工作者；1991年，被高密县委、县政府评为先进工作者；1995年，获高密市委、市政府信访工作先进工作者；1999年，获高密市委、市政府第五期包村工作先进个人；2002年，被高密市委市直机关工委评为优秀共产党员；2002年、2003年、2005年，获高密市委、市政府嘉奖；2006年，获潍坊市人事局、审计局先进个人并记三等功奖励；2007年起连续3年被高密市委、市政府评为体育工作先进个人。

## 荆汝光

荆汝光，1957年8月出生，高密市井沟镇人。中共党员，专科学历，审计师。1990年3月，调入高密县审计局工作，任审管科科长。2017年8月退休。曾获高密市内部审计工作先进个人、2007年度审计工作先进个人、审计机关先进工作者等称号。

## 尹　志

尹志，1966年3月出生，日照市东港区人。中共党员，高中学历，助理审计师。1991年考入高密县审计局，历任基建科、行政事业科、审管科、执行科、办公室科员。

## 岳明智

岳明智，1962年8月出生，高密市阚家镇人。中共党员。1995年12月，转业到高密市审计局任驾驶员。2022年9月退休。

## 楚希彦

楚希彦，1962年8月出生，高密市密水街道人。中共党员。1995年6月，由部队转业至高密市审计局；2007年8月，任高密市审计局办公室科员；2022年9月退休。2013年、2015年，被评为高密市审计局先进工作者；2007年—2015年，被高密市委、市政府评为高密市档案管理先进个人。

## 陈福良

陈福良，1964年1月出生，高密市醴泉街道人。中共党员，专科学历。中级审计师。1996年3月，考入高密市审计局，先后在行政事业审计科、企业审计科、农业与资源环保审计科等科室从事审计工作。2024年2月退休。2015年4月—2021年6月连续三期被高密市委组织部选拔为驻村“第一书记”。驻村期间先后被高密市委、市政府评为高密市脱贫攻坚工作突出个人，多次获得包村联户工作先进个人、农业农村工作先进个人等称号。驻村工作被《中国审计报》《中国审计》《潍坊审计》报道。

## 王丽娜

王丽娜，女，1965年12月出生，高密市大牟家镇人。专科学历，中级审计师。1996年3月，考入高密市审计局，先后在商业审计科、农业与资源环保审计科等从事审计工作；2020年12月退休。

## 张 婷

张婷，女，1981 年 4 月出生，高密市密水街道人。中共党员，本科学历。2005 年 9 月，任高密市审计局办公室科员；2008 年 9 月，任高密市审计局行政事业科科员；2010 年 12 月，任高密市审计局计算机科科员；2017 年 3 月，任高密市审计局办公室科员。

## 魏 强

魏强，1982 年 4 月出生，高密市大牟家镇人。中共党员，本科学历，中级审计师。2014 年 2 月，任高密市审计局计划统计科科长；2017 年 2 月，任高密市审计局行事经贸科科长；2019 年 3 月起，任高密市审计局计划法制科科长。2012 年，被中国审计学会评为计算机审计能手人才；2016 年 6 月，被中共高密市委评为优秀共产党员；2018 年 10 月，被评为 2018 年度山东省内审信息宣传工作先进个人；2020 年 1 月，被评为 2019 年度全省内部审计工作先进个人；2021 年 6 月，被评为高密市直机关优秀共产党员；2022 年，当选为中国共产党高密市第十四次代表大会代表；2022 年 4 月，被评为第十三届高密先锋青年；2022 年，获潍坊市审计机关审理业务技能竞赛一等奖。

## 任宪法

任宪法，1982年12月出生，高密市柏城镇人。中共党员，本科学历。现任高密华荣实业发展有限公司党委副书记、副董事长。2006年10月—2015年3月，任高密市审计局科员。2012年10月—2015年3月，挂职担任高密市咸家工业区管理委员会主任助理、财税中心主任。2012年1月，被山东省审计厅记三等功(地方政府性债务审计)；2013年10月，被高密市委评为2012年优秀双向挂职干部；2014年3月，被高密市委评为市直干部到镇街工作先进个人。

## 王　峰

王峰，1978年7月出生，高密市井沟镇人。中共党员，专科学历。2007年5月，任高密市审计局科员；2008年2月，任高密市审计局办公室副主任；2011年11月，任高密市审计局办公室主任。2014年，被中共高密市委、高密市人民政府授予2013年度“项目建设攻坚年”和“干部作风建设年”活动岗位奉献先锋称号；2020年，被中共高密市委、高密市人民政府评为2019年度高密市创建国家卫生城市工作突出个人。

## 张　琳

张琳，女，1978年11月出生，青岛市胶南区人。中专学历。2007年10月，任高密市审计局办公室科员；2007年11月，任高密市审计局财金科科员；2012年8月，任高密市审计局经贸科科员；2017年2月，任高密市审计局行事经贸科科员。

## 郭　鹏

郭鹏，1980 年 12 月出生，高密市夏庄镇人。本科学历。2007 年 10 月，任高密市审计局投资审计科科员；2021 年 12 月，任高密市审计局投资审计科副科长。2021 年 3 月，被评为高密市 2020 年度“新时代最美学雷锋志愿者”；2022 年 8 月，被中共潍坊市委巡查工作领导通报表扬；2023 年 1 月，被评为 2022 年度高密市学雷锋志愿服务活动“最美学雷锋志愿者”。

## 王春晓

王春晓，女，1983 年 2 月出生，高密市密水街道人。本科学历，高级审计师。2007 年 10 月，任高密市审计局经贸科科员；2017 年 2 月，任高密市审计局行事经贸科科员；2019 年 3 月，任高密市审计局电子数据审计科科长。2020 年 7 月，取得高级审计师职称证书。2012 年 11 月，被中国审计学会评选为计算机审计能手人才；2018 年，参加潍坊市审计机关首届大数据审计实战大比武获先进团体三等奖；2021 年，参加潍坊市审计系统首届大数据审计能手评选活动获大数据审计能手称号；2022 年，参加山东省审计厅举办的全省财政大数据审计技能竞赛获三等奖；2022 年，参加潍坊市审计局举办的全市审计系统大数据审计技能竞赛获个人二等奖和团体奖。

## 郝明军

郝明军，1984年3月出生，高密市密水街道人。中共党员，本科学历，中级审计师。2008年10月，任高密市审计局办公室科员；2011年1月，任高密市审计局经责办科员；2012年12月，任高密市审计局投资科科员；2020年12月，任高密市审计局财金科科员。2011年、2015年，被评为高密市审计工作先进个人；2019年4月，被评为高密市优秀第一书记；2021年7月，被评为高密市市直机关优秀共产党员。

## 朱　慧

朱慧，女，1986年6月出生，高密市夏庄镇人。中共党员，本科学历，高级审计师。2009年10月，任高密市审计局办公室科员；2010年，任高密市审计局法制科科员；2013年，任高密市审计局计划统计科科员；2017年，任高密市审计局计划法制科科员；2021年12月，任高密市审计局经济责任审计二科科长。2016年，被高密市人力资源和社会保障局、高密市科学技术协会评为优秀科技工作者；2017年，被评为全国审计宣传工作先进个人；2020年，被评为山东省内审信息宣传工作先进个人、潍坊审计信息宣传工作先进个人；2023年，被评为高密先锋青年。

## 冯　梅

冯梅，女，1982年11月出生，菏泽市曹县人。中共党员，研究生学历，高级审计师。2010年11月，任高密市审计局办公室科员；2011年1月，任高密市审计局行政事业科科员；2014年6月，任高密市审计局行政事业科副科长；2017年2月，任高密市审计局农保科副科长；2019年2月，任高密市审计局农保科科长。2012年10月，取得中级审计师资格证书；2017年6月，获评高级审计师资格。2019年—2021年，年度考核被评为优秀等次；2016年，获高密市总工会工人先锋号称号；2022年，获得年度市直机关岗位建功标兵称号。

## 栾琳芝

栾琳芝，女，1985年5月出生，高密市夏庄镇人。中共党员，本科学历。审计师。2010年11月，任高密市审计局办公室科员；2013年1月，任高密市审计局财金科科员；2022年12月，任高密市审计局经责一科科员。

## 邱　雪

邱雪，女，1984年7月出生，高密市柴沟镇人。中共党员，研究生学历，理学学士、工程硕士。现任高密市政协经济委副主任、三级主任科员。2008年9月，任高密市统计局科员；2011年2月，任高密市审计局科员；2012年7月，任高密市审计局办公室副主任；2014年2月，任高密市审计局执行科科长；2014年12月，调入高密市政协任职。2012年，获高密市市直机关优秀党建管理员、创先争优先进个人称号；2013年，获高密市先进工会工作者、市直机关党建管理员、2012年度人口和计划生育工作先进个人；2014年，获高密市机关党建宣传信息先进个人。

## 刘 端

刘端，女，1985年6月出生，高密市密水街道人。中共党员，本科学历，高级审计师。2011年8月，任高密市审计局办公室科员；2012年12月，任高密市审计局经责办科员；2019年3月，任高密市审计局财金科副科长；2020年11月，任高密市审计局行事科副科长。2013年10月，取得审计师资格证书；2022年5月，获高级审计师资格。2013年，撰写的《减少修购基金而未增加固定资产的计算机审计方法》在全省计算机审计方法评审中获鼓励奖。

## 姚雅文

姚雅文，女，1989年1月出生，高密市井沟镇人。中共党员，研究生学历，高级审计师。2012年4月，任高密市审计局科员；2021年11月，任高密市审计局农业资源与环保科副科长。2022年5月取得高级审计师资格证书。获“六五普法依法治理工作先进个人”等荣誉。

## 魏凤磊

魏凤磊，1979 年 2 月出生，高密市大牟家镇人。中共党员，研究生学历，中级审计师。2012 年 11 月，任高密市审计局财务科长；2013 年 4 月，任高密市审计局办公室副主任；2021 年 12 月，任高密市经济责任审计科负责人兼经济责任审计一科科长。2013 年，获高密市包村联户先进个人荣誉称号。

## 张　倩

张倩，女，1986 年 8 月出生，高密市朝阳街道人。中共党员，研究生学历。2013 年 10 月，任高密市审计局办公室科员。2015 年 8 月，被中共高密市委、市政府评为 2014 年度人口和计划生育工作先进个人；2020 年，被中共高密市委组织部评为高密市优秀党务干部；2023 年，被潍坊市审计局评为 2022 年度全市审计信息工作先进个人、审计宣传工作先进个人。

## 张　健

张健，1988 年 11 月出生，高密市朝阳街道人。中共党员，本科学历，中级审计师。2014 年 10 月，任高密市审计局固定资产投资科科员。2021 年，被评为高密市审计局 2020 年度征地拆迁工作先进个人。

## 孟　丽

孟丽，女，1990年1月出生，临沂市平邑县人。民革党员，本科学历。2014年10月考入高密市审计局，先后任局办公室科员、财政金融科科员。2018年11月，调至寒亭区审计局，任寒亭区审计局固定资产投资审计科科长。

## 张　源

张源，女，1993年3月出生，高密市夏庄镇人。中共党员，本科学历。2015年10月，任高密市审计局办公室试用期公务员；2016年10月转正，任高密市审计局办公室科员；2017年6月，任高密市审计局一级科员；2024年1月，任高密市审计局四级主任科员。2019年、2020年，被中国时代经济出版社、《中国审计》编辑部评为审计通联宣传工作先进个人；2020年、2021年被高密市委、市政府嘉奖；2022年被高密市委、市政府记三等功。

## 张钰雪

张钰雪，女，1993年4月出生，青岛市胶州市人。中共党员，本科学历。2015年10月，任高密市审计局农保科科员；2017年2月，任高密市审计局行事经贸科科员；2021年12月，任高密市审计局电子数据审计科科员。

## 苗笑晗

苗笑晗，女，1992 年 2 月出生，高密市密水街道人。中共党员，本科学历。2017 年 9 月，任高密市审计局农业与资源环保科员；2021 年 12 月，任高密市审计局经济责任审计二科科员。

## 王 宇

王宇，女，1992 年 7 月出生，高密市醴泉街道人。中共党员，研究生学历。2017 年 9 月，任高密市审计局经济责任审计科科员；2021 年 12 月，任高密市审计局计划法制科科员。2019 年，考取计算机审计中级证书。2022 年，获潍坊市审计机关审理业务技能竞赛一等奖；2023 年，被评为 2022 年度潍坊市青年岗位能手；2023 年，获 2022 年度公务员考核优秀等次，被高密市委、市政府嘉奖。

## 钟 璐

钟璐，女，1993 年 4 月出生，高密市胶河社区人。本科学历。2018 年 8 月，任高密市审计局法制科科员；2019 年 1 月，任高密市审计局财政金融审计科科员。2024 年 1 月，任高密市审计局四级主任科员。2021 年，获高密市委、市政府嘉奖；2023 年，获高密市委、市政府嘉奖。

## 闫晓菲

闫晓菲，女，1995 年 8 月出生，高密市密水街道人。本科学历。2020 年 11 月，任高密市审计局经济责任审计科科员；2021 年 12 月，任高密市审计局财政金融审计科科员。2022 年 9 月，获省审计厅 2022 审计年度地方党政经济责任审计工作表现突出人员通报表彰。

## 韩　晴

韩晴，女，1994 年 7 月出生，枣庄市滕州市人。研究生学历。2021 年 5 月，任高密市审计局办公室科员。2023 年 7 月，参加潍坊市审计局组织的“感党恩、守初心”红色经典诵读获三等奖。

## 张欣悦

张欣悦，女，1996 年 11 月出生，高密市密水街道人。中共党员，本科学历。2021 年 5 月，任高密市审计局经责一科科员。2023 年 7 月，参加潍坊市审计局组织的“感党恩、守初心”红色经典诵读获三等奖。

## 宋新茹

宋新茹，女，2000年3月出生，青岛市胶州市人。共青团员，本科学历。2022年7月，任高密市审计局办公室任科员。2022年，获高密市2022年度网评工作个人标兵称号，被评为2022年度全市政务信息工作先进个人。

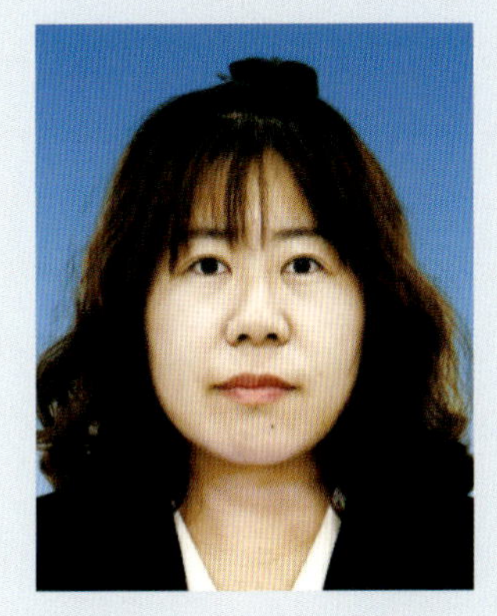

## 刘　云

刘云，女，1994年7月出生，高密市大牟家镇人。本科学历。2022年10月，任高密市审计局办公室科员。

## 王克烁

王克烁，1999年3月出生，淄博市淄川区人。中共党员，本科学历。2023年8月，任高密市审计局科员。

## 庄绪英

庄绪英，1999 年 12 月出生，临沂市莒南县人。中共党员，本科学历。2024 年 8 月，任高密市审计局试用期人员。

## 李小亮

李小亮，1992 年 8 月出生，高密市密水街道人。中共党员，专科学历。2012 年 10 月起，任高密市审计局办公室协审人员。2023 年，被评为高密市最美学雷锋志愿者。

## 薛敬礼

薛敬礼，1985 年 2 月出生，潍坊市高新区人。本科学历。2017 年 3 月，任高密市审计局投资科协审人员。

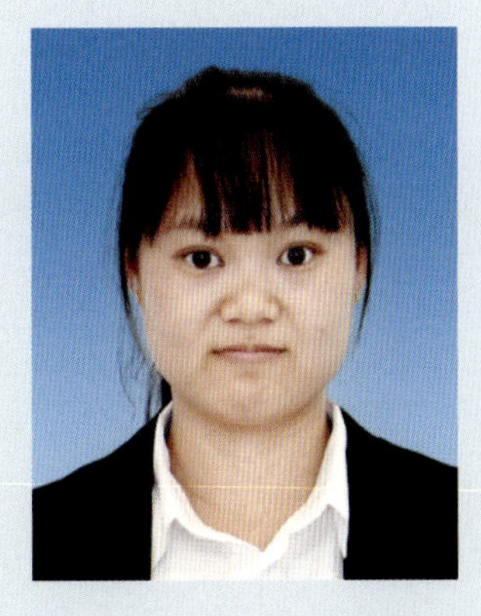

## 石丽丽

石丽丽，女，1996 年 3 月出生，高密市阚家镇人。专科学历。2019 年 1 月，任高密市审计局电子数据审计科任协审人员。

## 孙研策

孙研策，1993 年 8 月出生，高密市密水街道人。中共党员，专科学历。2019 年 1 月，任高密市审计局投资科协审人员。

## 田晋名

田晋名，1964 年 1 月出生，高密市井沟镇人。中共党员，本科学历。1998 年 9 月起，在高密市审计局工作，从事文字和信息宣传工作，负责起草领导讲话、工作总结、志鉴资料、情况汇报等综合性材料，撰写的大量审计信息宣传稿件和文学作品被《中国审计报》《中国审计》《中国内部审计》《山东审计》《潍坊审计》《大众日报》《联合日报》《潍坊日报》等各级业务报刊、系统内刊等采用，多次被评为全国、全省、全市审计信息宣传工作先进个人。

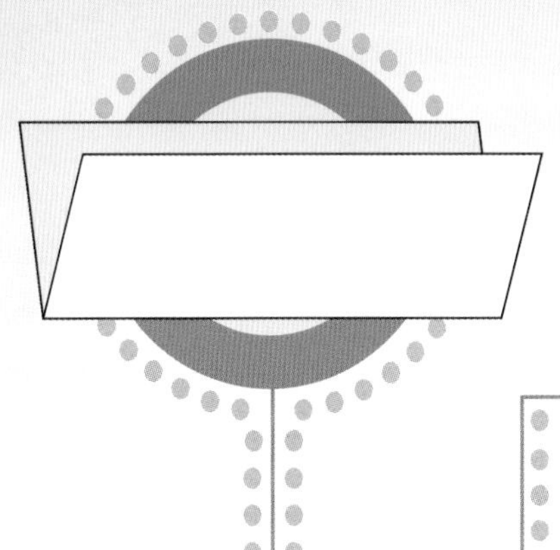

FULU

# 附　录

# 市委审计委员会工作规则

## 一、机构设置

**第一条**　市委审计委员会是市委议事协调机构，直接受市委领导。

**第二条**　市委审计委员会设主任 1 人，由市委书记担任；副主任和委员若干人，由市领导同志、相关部门主要负责同志组成。

**第三条**　市委审计委员会的办事机构为市委审计委员会办公室，负责处理市委审计委员会日常事务工作。市委审计委员会办公室设在市审计局。

## 二、指导思想和工作原则

**第四条**　坚持以习近平新时代中国特色社会主义思想为指导，全面贯彻党的十九大精神，坚持稳中求进工作总基调，坚持新发展理念，紧紧围绕统筹推进“五位一体”总体布局和协调推进“四个全面”战略布局，牢固树立“四个意识”，坚定“四个自信”，做到“两个维护”，全面落实党中央对审计工作的部署要求，更好地发挥审计监督作用。

**第五条**　坚持党对审计工作的集中统一领导，把党中央对审计工作的部署要求落实到审计工作的全过程；坚持在宪法和法律范围内活动，依据党章和其他党内法规履职尽责；坚持实行民主集中制，充分发扬民主，重大问题集体研究；坚持理论联系实际，深入调查研究，强化协调督导，确保各项工作落实到位。

## 三、主要职责

**第六条**　市委审计委员会负责全市审计领域重大工作的总体设计、统筹协调、整体推进、督促落实。主要职责是：研究提出并组织实施在全市审计领域坚持党的领导、加强党的建设政策措施，审议审计监督重大政策和改革方案，审议年度市级预算执行和其他财政支出情况审计报告，审议决策审计发展规划、年度审计计划、审计结果运用等审计监督重大事项。

## 四、会议制度

**第七条**　市委审计委员会实行集体讨论重大问题制度，每年至少召开 1 次全体会议。可以根据工作需要不定期召开专题会议。

**第八条**　市委审计委员会会议议题由市委审计委员会办公室根据市委审计委员会主任要求研究提出建议，报市委审计委员会主任批准确定。

**第九条**　市委审计委员会全体会议由市委审计委员会主任主持。出席会议人员为：

市委审计委员会主任、副主任、委员。根据会议议题请其他市领导同志和有关部门负责同志列席会议，列席人员名单于会前报市委审计委员会主任批准确定。

**第十条** 市委审计委员会专题会议由市委审计委员会主任（或者由其委托副主任）主持。出席会议人员由市委审计委员会办公室提出建议，报市委审计委员会主任（或者由其委托副主任）确定。

**第十一条** 市委审计委员会议定事项，由市委审计委员会办公室协调督促有关部门落实，落实情况向市委审计委员会主任、副主任报告。

**第十二条** 市委审计委员会会议纪要，是落实会议决定事项的依据，由市委审计委员会办公室根据会议研究的结论性意见整理形成，报市委审计委员会主任签发。会议纪要印发市委审计委员会主任、副主任、委员，以及与会议决定有关的市领导同志和有关部门，并报送市委常委。

## 五、其他事项

**第十三条** 涉及全市审计的重大事项和情况，应当通过潍坊市委审计委员会办公室及时向潍坊市委审计委员会报告。

**第十四条** 各有关部门涉及审计的重大事项和情况，应当通过市委审计委员会办公室及时向市委审计委员会报告。

**第十五条** 市委审计委员会办公室负责建立完善市委审计委员会各成员单位工作协调机制，建立协调会议制度、联络员制度。

**第十六条** 本规则自市委审计委员会第一次全体会议通过之日起施行。

中共高密市委审计委员会办公室
2019 年 4 月 28 日

# 市委审计委员会办公室工作细则

## 一、机构性质

**第一条** 市委审计委员会办公室是市委审计委员会（以下简称“委员会”）的办事机构，直接受委员会领导，负责处理委员会日常事务工作。委员会办公室设在市审计局。

## 二、主要职责

**第二条** 牢固树立“四个意识”，坚定“四个自信”，做到“两个维护”，坚持党中央对审计工作的集中统一领导。贯彻落实市委审计委员会决定，协调督促有关方面落实委员会决定事项、工作部署和要求。组织研究在全市审计领域坚持党的领导、加强党的建设的具体措施，向委员会提出工作建议。

**第三条** 组织研究全市审计监督发展规划、重大政策措施和改革方案，综合协调推进审计项目实施、审计结果运用等审计监督重大事项，统筹推进审计法规规章、政策制度等建设。

**第四条** 提出年度审计项目计划，经委员会主任批准，提交委员会会议审议决定。

**第五条** 提出年度市级预算执行和其他财政收支情况审计报告，经委员会主任批准，提交委员会会议审议决定。

**第六条** 研究处理有关方面向委员会提出的重要事项及相关请示，接受各有关部门涉及审计的重大事项和情况的报告，研究评估后向委员会提出建议。

**第七条** 承担委员会会议相关工作，经委员会主任批准准备会议议题、议程和材料，整理会议文件和会议纪要，负责会议精神的督促落实。

**第八条** 负责建立完善委员会各成员单位工作协调机制，建立协调会议制度、联络员制度。

**第九条** 负责建立完善全市审计监督重大事项督查督办制度。根据工作需要，对审计查出问题整改工作或者其他重大事项进行专项督查。

**第十条** 负责委员会的值班联络、简报编印、资料管理等工作。

**第十一条** 负责完成市委和委员会交办的其他工作。

## 三、会议制度

**第十二条** 定期或者不定期召开会议，贯彻落实市委决策部署和委员会工作安排，以及市委领导同志要求，研究有关问题，推动相关部署落实。

**第十三条** 根据工作需要，召开各成员单位联络员会议、专题协调会议、专题研究会议。涉及重要问题的情况，报委员会主任审批。

**第十四条** 根据市委领导同志要求或者实际工作需要拟定各项会议议题。

## 四、其他事项

**第十五条** 加强与潍坊市委审计委员会办公室的联系，及时向其报告涉及审计的重要事项和情况。

**第十六条** 加强与委员会各成员单位以及有关部门的联系，协调研究涉及审计的重大事项和有关问题。

**第十七条** 本细则自市委审计委员会第一次全体会议通过之日起施行。

中共高密市委审计委员会办公室
2019年4月28日

# 关于进一步加强内部审计工作的意见

高审委办发〔2020〕2号

为加强内部审计工作，建立健全内部审计制度，提升内部审计工作质量，充分发挥内部审计作用，根据《中华人民共和国审计法》《中华人民共和国审计法实施条例》《审计署关于内部审计工作的规定》《审计署关于加强内部审计工作业务指导和监督的意见》《山东省审计监督条例》及潍坊市委审计委员会《关于进一步加强内部审计工作的意见》，结合我市实际，现就加强内部审计工作提出如下意见。

## 一、充分认识内部审计工作的重要性

内部审计是对本单位及所属单位财政财务收支、经济活动、内部控制、风险管理实施独立客观的监督、评价和建议，以促进单位完善治理、实现目标的活动。内部审计工作是党和国家审计监督体系的重要组成部分。加强内部审计工作，不仅能够促进各部门单位加强内部管理、提高发展质量、防范控制风险、提高管理绩效、促进廉政建设。而且有利于推动审计资源整合，建立健全以审计机关为主导、以审计需求为导向、以内部审计和社会审计为补充的审计监督全覆盖工作机制。各部门单位要以习近平新时代中国特色社会主义思想为指导，认真贯彻落实中央审计委员会会议精神，从依法行政、依法治理的高度，深刻认识新形势下加强内部审计工作的重要性，切实把加强内部审计工作作为深化内部改革、完善内部治理的重要举措，充分发挥内部审计在规范管理、防范风险、完善治理等方面的基础性和源头性作用，促进和保障我市经济社会高质量发展。

## 二、健全完善内部审计制度

国家机关、事业单位、社会团体及国有企业等依法属于审计机关审计监督对象的单位，都应按照国家有关法律法规和内部审计职业规范，建立健全内部审计制度，明确内部审计工作的领导体制、职责权限、人员配备、经费保障、审计结果运用和责任追究等内容。

要加强对内部审计工作的领导。建立被审计单位党组织、主要负责人对内部审计工作领导机制，国家机关、事业单位、社会团体等单位的内部审计机构应在本单位党组织、主要负责人的直接领导下开展内部审计工作；国有企业内部审计机构应当在企业党组织、董事会（或者主要负责人）直接领导下开展内部审计工作，向其负责并报告工作。各部门单位应定期听取内部审计工作汇报，加强对内部审计工作规划、年度审计计划、审计质量控制、问题整改和队伍建设等重要事项的管理，保障内部审计机构和审计人员依法依规独立履行职责。内部审计机构和内部审计人员要独立开展审计工作，不得参与可能影响独立、客观履行审计职责的工作。

内部审计工作要与财务工作的职责分离，所需经费应列入本部门、单位预算。

要重视审计结果运用。各部门单位要把内部审计结果及整改情况作为考核、任免、奖惩干部和相关决策的重要依据。对内部审计发现的重大违纪违法问题线索，应当按照管辖权限依法依规及时移送纪检监察机关、司法机关。内部审计机构应加强与纪检监察、组织人事等其他内部监督力量的协作配合，建立信息共享、结果共用、重要事项共同实施、问题整改问责共同落实等工作机制。审计机关在审计中，特别是在国家机关、事业单位和国有企业等单位审计中，应有效利用内部审计力量和成果，对内部审计发现并已经纠正的问题不再在审计报告中反映。

**三、加强内部审计机构和队伍建设**

各部门单位应结合政府机构改革、部门职能调整、事业单位分类改革、深化国有企业改革，优化整合内部审计资源，合理配备内部审计力量，积极开展内部审计监督工作。

要建立健全内部审计机制。按照国家有关规定，财政财务收支金额较大或者所属单位较多的行政机关、事业单位，管理使用社会公共资金金额较大的社会团体和其他事业组织，国有资本占控股或者主导地位的大中型企业和地方金融机构等，应当依法按规定建立健全内部审计机制。已经设有独立内部审计机构的部门单位应当强化内部审计工作机制，促进内部审计工作正常开展、健康发展；下属单位、分支机构较多或者实行系统垂直管理的单位，其内部审计机构应当对全系统的内部审计工作进行指导和监督。

要加强内部审计队伍建设。各部门单位要选配政治素质高、业务能力强、能够胜任审计工作的人员到内部审计机构工作。内部审计机构负责人应当具有审计、会计、经济、法律或者管理等工作经历。内部审计人员要严格遵守有关法律法规和内部审计职业规范，依法履行审计职责，并对其在执行内部审计业务中知悉的国家秘密和商业秘密，负有保密义务。除涉密事项外，各部门单位可以根据需要，向社会购买审计服务，利用社会审计资源解决内部审计机构力量不足、专业技术人员缺乏的困难和问题。各部门单位要支持和保障内部审计机构通过多种途径开展内部审计人员任职教育培训，不断提高内部审计人员的执业胜任能力。对忠于职守、坚持原则、认真履职、成绩显著的内部审计人员，由所在单位予以表彰。

**四、提升内部审计工作质量**

要提高政治站位。各部门单位内部审计机构要认真学习贯彻中央审计委员会会议精神，更新观念，创新方法，科学确定本部门单位内部审计工作目标和重点，逐步从单纯的查错纠弊向促进提高单位管理水平转变，从单纯的财政财务收支审计向管理审计、风险评估、绩效审计转变，从监督型向监督服务型转变，更好地为本部门单位加强管理、提高效益服务。

要突出审计重点。坚持问题导向，科学安排内部审计计划，积极推进以真实性、合规性为导向的财政财务收支审计，加大对本单位及下属单位贯彻落实党和国家重大政策措施情况的监督力度，关注重大发展战略、重大决策事项、重大投资项目、大额资金使用等重大经济事项，强化对本单位及所属单位内部控制及风险管理情况的审计，组织实施对本单位内部管理的领导人员履行经济责任及自然资源资产管理和生态环境保护责任情况的审计，协助本单位主要负责人督促落实审计发现问题的整改工作。

要提高审计质量。内部审计机构要逐步建立内部审计业务会议、目标责任考核、审计质量问责、审计结果报告等业务制度。要将审计质量控制贯穿于审计工作全过程，以加强内部审计现场管理为核心，建立完善内部审计质量控制标准，提升内部审计质效。积极推行部门信息集中管理下的联网审计，准确发现疑点，精准揭示问题，提高内部审计工作质量和效率。

要严格审计整改。按照职责分工、协同配合、形成合力的要求，建立健全内部审计整改工作联动机制、整改督查机制和责任追究机制，推动建立内部审计整改长效机制。被审计单位主要负责人要履行整改第一责任人职责，对审计发现的问题和提出的建议及时整改，并将整改结果书面告知内部审计机构。对内部审计发现的典型性、普遍性、倾向性问题，应及时分析研究问题产生的根源，制定整改措施，完善相关制度，堵塞管理漏洞，从源头上遏制“屡审屡犯”问题的发生。

五、加强内部审计工作指导监督

要加强指导监督。审计机关要加强对内部审计工作的指导，将内部审计的业务指导和监督纳入年度工作内容，与审计业务工作同部署、同落实、同检查。要推动各部门单位建立健全内部审计制度，指导内部审计统筹安排审计计划，监督内部审计职责履行情况，促进内部审计业务开展。各部门单位应当将内部审计工作计划、工作总结、审计报告、整改情况以及审计中发现的重大违纪违法问题线索等资料报送同级审计机关备案。要加强国家审计与内部审计的协作，有效整合审计资源，提高审计效率。

要加强业务培训。审计机关要采取现场指导、业务交流等方式，加强对内部审计人员的业务指导和培训，及时总结推广开展内部审计工作的经验和做法。要核查利用内部审计成果，将内部审计工作开展情况以及质量效果等内容纳入审计监督评价的范围。在实施审计项目时要听取被审计单位内部审计机构、内部审计人员的意见和建议。各部门单位内部审计机构要主动与审计机关加强联系沟通，建立审计信息通报、审计情况反馈、审计结果报告等工作机制。

要加强督导评估。审计机关要采取日常监督、结合审计项目监督、开展专项检查等方式，对单位的内部审计制度建立健全情况、内部审计工作质量情况等进行督导检查。根据督导检查情况对内部审计进行评价，督促单位内部审计机构及时整改问题，规范内部审计行为，提高内部审计工作质量和水平。

2020 年 3 月 12 日

# 关于加强审计整改工作的实施意见

高审委办发〔2022〕3 号

为深入贯彻落实中共中央办公厅、国务院办公厅《关于建立健全审计查出问题整改长效机制的意见》和省委、潍坊市委审计委员会若干措施，推动审计整改工作制度化、规范化，切实发挥审计监督治已病、防未病作用，根据《中华人民共和国审计法》有关规定，结合我市实际，制定如下实施意见。

**一、健全审计整改的领导、监督和落实机制。**加强党对审计整改工作的领导，各级党委（党组）要及时研究审计查出重大问题、重要审计事项的处理意见，对审计整改提出明确要求，对重点行业领域突出问题的整改情况要纳入党委政府督查督办事项，开展专项督察。发挥人大常委会对审计整改的监督作用，支持运用法定监督方式，深化拓展监督内容，积极推进对有关主管部门、被审计单位提交的整改情况开展满意度测评。发挥政府主导作用，加强对审计整改工作的专题研究和部署推进，牵头做好跨地区跨部门、整改难度大等重要问题的整改工作，推动有序化解处置，加强源头综合治理。（责任单位：市委办公室、市人大常委会机关、市政府办公室）

**二、严格落实被审计单位整改主体责任。**主要负责人要认真履行第一责任人职责，将整改审计查出的问题、落实审计提出的意见建议纳入领导班子重要议事日程，专题研究部署，制订整改方案，明确整改措施、整改时限、目标要求，按项逐条落实责任单位和责任人，压紧压实整改责任，对重大问题的整改要亲自管、亲自抓，确保应改尽改，整改结果真实、完整、合规。（责任单位：被审计单位）

**三、压实主管部门监督管理责任。**主管部门要认真落实行业系统监管责任，发挥好行业领导和业务指导作用，牵头抓好行业共性问题整改。对普遍性、倾向性和苗头性问题，既要督促纠正具体问题，更要以点带面、举一反三，完善体制机制，推动标本兼治。主管部门与审计机关应加强联动协作，建立联合督查机制，定期开展行业领域跟踪检查、督导调研、专项整治等工作，共同规范行业管理，提升行业治理能力，防止屡查屡犯。要将问题整改纳入行业领域绩效考核内容，以考核促落实，形成行业整改合力。注重调动行业内部审计力量，发挥协同整改作用，推动被审计单位整改到位。（责任单位：市各行业各系统主管部门）

**四、强化审计机关督促检查责任。**审计机关对审计查出问题，按立行立改、分阶段整改、持续整改，分类提出整改要求，研究制定审计整改标准。依法开展跟踪督促检查，按照见人见事见物的要求，严格核实整改结果的真实性、完整性、合规性，防止材料整改、数字整改等虚假整改，督促举一反三全面整改。实行督察督办通报制度，对领导同志的重要批示指示落实情况开展专项督察，对整改不力、屡审屡犯等情况进行通报批评，下发督办函限期整改，维护审计整改的严肃性和权威性。定期开展问题整改专项审计，促进结果运用，拓展审计成效。定期组织回头看，推动问题解决，防止反弹回潮。审计机关根据工作需要，可以聘请专业力量参与审计整改工作。（责任单位：市审计局）

**五、实行审计整改清单制、销号制。**审计机关对各类审计结果文书反映的问题和提出的意见建议，建立问题清单，实行台账管理。被审计单位和有关责任单位要严格对照问题清单形成任务清单，明确整改措施、责任人、时间表等，在整改期限届满后，及时将整改报告及相关证明材料书面反馈审计机关，由审计机关审核认定、对账销号。（责任单位：市审计局）

**六、加强审计整改联动。**发挥市委审计委员会、经济责任审计工作联席会议等议事协调机构作用，及时研究推进审计整改及结果运用的具体措施。加强审计监督与纪检监察、巡视巡察、党政督查、人大监督、行政监督、司法监督、出资人监督等各类监督的贯通协作，在审计线索移送、处理结果反馈、审计情况通报、行业专项整治、跟踪督促检查、审计整改问责等方面及时沟通，联动配合，形成合力，巩固拓展审计整改成效，防止屡审屡犯。（责任单位：市审计局）

**七、落实审计整改报告机制。**上级审计机关年度预算执行和其他财政收支审计工作报告涉及本地区的问题，应由党委和政府组织汇总审计整改结果，按要求报送整改情况。对纳入本级年度预算执行和其他财政收支审计工作报告的问题，本级政府应组织汇总审计整改结果，向本级人大常委会做整改情况报告，根据需要由有关部门做审计查出突出问题的单项整改报告。被审计单位和有关责任单位的审计整改结果，应依法依规按程序向社会公告，主动接受社会监督。（责任单位：市审计局）

**八、强化审计结果运用。**审计结果及整改情况要作为对乡镇、市直部门单位绩效考核的重要内容，并作为考核、任免、奖惩被审计领导干部的重要参考。领导干部经济责任审计和自然资源资产审计结果及整改情况，要纳入所在单位领导班子党风廉政建设责任制检查考核内容，作为领导班子民主生活会以及领导班子成员述责述廉的重要内容。经济责任审计结果报告、自然资源资产审计结果报告（审计意见）及审计整改报告应归入被审计领导干部个人档案和廉政档案。审计查出问题及其整改情况应作为人大常委会加强预算决算审查监督、国有资产管理情况监督的重要依据，作为监督政府优化财政资源配置和财政部门安排下一年度预算的重要参考。（责任单位：市纪委监委机关、市委组织部、市人大常委会机关、市审计局）

**九、建立完善审计整改约谈制度。**对未在规定时限内整改且未说明原因或原因不充分、未及时报告审计整改结果并造成不良后果、整改工作满意度测评结果较差、无正当理由不按要求公告审计整改结果、未及时推动主管领域问题整改并造成不良后果等情形，由审计机关提出约谈意见建议，经本级市委审计委员会主要负责同志批准后，对被审计单位或有关责任单位主要负责人进行约谈。被约谈人所在单位应将约谈情况及约谈后整改情况作为领导班子民主生活会内容。（责任单位：市审计局）

**十、加大责任追究力度。**严肃审计整改纪律，对拒不整改、推诿整改、敷衍整改、虚假整改的单位和人员，审计机关书面提出责任追究建议，由有管理权限的党委（党组）、纪检监察机关、组织人事部门或有关部门依规依纪依法追责问责，并视情在一定范围内予以通报，处理结果反馈审计机关。（责任单位：市纪委监委机关、市委组织部、市审计局）

中共高密市委审计委员会办公室

2022年6月24日

# 高密市市管党政主要领导干部和国有企事业单位主要领导人员任前经济责任以及自然资源资产管理和生态环境保护责任告知办法

**第一条** 为进一步增强市管党政主要领导干部和国有企事业单位主要领导人员（以下统称领导干部）依法履行经济责任以及自然资源资产管理和生态环境保护责任，规范领导干部履职行为，促进领导干部依法用权、秉公用权、廉洁用权和担当作为，根据《党政主要领导干部和国有企事业单位主要领导人员经济责任审计规定》《领导干部自然资源资产离任审计规定（试行）》等有关规定，结合我市实际，制定本办法。

**第二条** 本办法所称经济责任以及自然资源资产管理和生态环境保护责任，是指主要领导干部在任职期间，对其管辖范围内贯彻执行党和国家经济方针政策、决策部署，推动经济和社会事业发展，管理公共资金、国有资产、国有资源，防控重大经济风险等有关经济活动应当履行的职责和依法依规对本地区、本部门单位及主管业务领域的自然资源资产的管理开发利用、环境保护和环境改善、生态系统的保护和修复及其他自然资源资产管理和生态环境保护等工作应当履行的责任。

**第三条** 领导干部任前责任告知对象主要包括：

（一）各镇（街、区）党（工）委、政府（办事处、管委会）等机构的正职领导干部。

（二）市级党政工作部门、事业单位、人民团体等单位的正职领导干部。

（三）市属国有和国有资本占控股地位或者主导地位的企业的法定代表人或者不担任法定代表人但实际行使相应职权的主要领导人员。

（四）上级领导干部兼任下级单位正职领导职务且不实际履行经济责任时，实际分管日常工作的副职市管领导干部。

（五）市委要求进行经济责任审计的其他主要领导干部。

**第四条** 领导干部任前经济责任告知的主要内容包括：

（一）镇（街、区）党（工）委、政府（办事处、管委会）主要领导干部，主要告知其贯彻执行党和国家经济方针政策、决策部署，省委省政府、潍坊及高密市委、市政府工作要求，本地区经济社会发展规划和政策措施的制定、执行，重大经济事项的决策和执行，财政财务管理和经济风险防范，民生保障和改善，生态文明建设项目和资金等的管理使用，在预算管理中执行机构编制管理规定，在经济活动中落实有关党风廉政建设责任和遵守廉洁从政规定，以及以往审计发现问题整改等方面的责任。

（二）部门单位市管主要领导干部，主

要告知其贯彻执行党和国家的经济方针政策、决策部署，省委省政府、潍坊及高密市委、市政府工作要求，本部门本单位重要发展规划和政策措施的制定、执行，重大经济事项的决策和执行，财政财务管理和经济风险防范，生态文明建设项目和资金等的管理使用，在预算管理中执行机构编制管理规定，内部管理和对所属单位有关经济活动的监管，在经济活动中落实有关党风廉政建设责任和遵守廉洁从政规定，以及以往审计发现问题整改等方面的责任。

（三）市属国有企业主要领导人员，主要告知其贯彻执行党和国家经济方针政策、决策部署，省委省政府、潍坊及高密市委、市政府工作要求，企业发展战略规划的制订和执行，重大经济事项的决策和执行，企业法人治理结构的建立、健全和运行，内部控制制度的制定和执行，企业财务的真实合法效益、风险管控、境外资产管理、生态环境保护，在经济活动中落实有关党风廉政建设责任和遵守廉洁从业规定，以及以往审计发现问题整改等方面的责任。

**第五条** 领导干部任前自然资源资产管理和生态环境保护责任告知的主要内容包括：领导干部贯彻执行中央生态文明建设方针政策和决策部署，省委省政府、潍坊及高密市委、市政府工作要求，遵守自然资源资产管理和生态环境保护法律法规，自然资源资产管理和生态环境保护重大决策，完成自然资源资产管理和生态环境保护目标，自然资源资产管理和生态环境保护监督，组织自然资源资产管理和生态环境保护相关资金征管用及项目建设运行等方面的责任。

**第六条** 任前责任告知工作由市委组织部负责组织实施。在领导干部提拔到第三条所列职务或跨系统跨行业平职交流时，结合组织谈话、任职培训或送达等方式，向新任领导干部发放责任告知书一式三份。领导干部签字后，一份由领导干部保管，一份由组织部门存档，一份由审计部门存档。

**第七条** 组织部门须将领导干部应履行的经济责任，自然资源资产管理和生态环境保护责任，应知晓的廉政纪律、财经法规等纳入领导干部培训的内容。

**第八条** 本办法由市委组织部、市审计局负责解释。

**第九条** 本办法自印发之日起施行。市财政局、市国资局管理的市属国有企业主要领导人员参照执行。

附件：1. 镇（街、区）党（工）委、政府（办事处、管委会）主要领导干部经济责任告知书

2. 部门单位市管主要领导干部经济责任告知书

3. 市属国有企业主要领导人员经济责任告知书

4. 镇（街、区）党（工）委、政府（办事处、管委会）主要领导干部自然资源资产管理和生态环境保护责任告知书

5. 部门单位市管主要领导干部自然资源资产管理和生态环境保护责任告知书

附件 1

# 镇（街、区）党（工）委、政府（办事处、管委会）主要领导干部经济责任告知书

________同志：

根据《高密市市管党政主要领导干部和国有企事业单位主要领导人员任前经济责任以及自然资源资产管理和生态环境保护责任告知办法》规定，现将您担任__________________________________（职务）期间应履行的经济责任事项和相关要求、对履职过程中存在的问题应承担的责任告知如下。

**一、应履行的经济责任事项和相关要求**

（一）在贯彻执行党和国家经济方针政策、决策部署，省委省政府、潍坊及高密市委、市政府工作要求方面，应当做到认真、及时、有效，结合地区实际，制定有针对性的制度办法，并采取有效措施积极推进，严格按要求抓好各项工作，确保把各项政策和要求不折不扣落到实处，防止乱作为、不作为、慢作为等问题的发生。

（二）在本地区经济社会发展规划和政策措施的制定执行方面，应当树立科学的发展观和正确的政绩观，制订科学合理的地区经济社会发展规划和政策措施，明确工作思路和具体措施，坚持“一张蓝图绘到底”；按时、按要求完成与上级党委政府或主管部门签订的责任目标，积极推动本地区科学发展和高质量发展。

（三）在重大经济事项的决策执行方面，应当做到依法决策、科学决策和民主决策，建立健全重大经济事项集体决策制度，健全决策程序，重视决策内容合法合规性审查以及决策事项的后续监管和执行效果，避免因未经集体决策、决策失误、监管不力等，造成公共资金、国有资产、国有资源损失浪费，生态环境破坏，公共利益损害等问题。

（四）在财政财务管理和经济风险防范方面，应当严格遵守预算法、全面实施预算绩效管理意见等财经法规，强化预算执行、风险管控和绩效管理，促进发挥财政资金支持发展、引导发展作用；加强全口径预算管理，硬化预算约束，推进财政资金统筹盘活和高效使用；践行绿色发展理念，推进生态文明项目建设，提高项目资金绩效；切实用好政府债券资金，严控隐性债务规模，防范化解地方隐性债务风险；建立健全区域性金融风险监测、报告、预警和防范机制。

（五）在民生保障和改善方面，应当认真落实乡村振兴、社保、就业、教育、医疗、保障性住房等民生政策，完成向社会承诺的民生实事；加大民生投入，建立与本地区经济社会发展水平相适应的民生建设投入保障机制，让改革发展成果更多、更好地惠及广大人民群众。

（六）在经济活动中落实有关党风廉政建设责任和遵守廉洁从政规定方面，应当切实履行党风廉政建设第一责任人职责，建立健全廉政风险防控体系；严格落实中央八项规定精神、《党政机关厉行节约反对浪费条

例》等规定，严格控制楼堂馆所建设、“三公”经费等支出，严格执行办公用房和公务用车标准，严禁在审批监管、资源开发、土地使用权出让、工程招投标等方面滥用职权。

（七）在以往审计发现问题整改方面，应当认真整改审计查出的问题，并举一反三，加强管理，完善相关制度。

（八）其他应当履行的经济责任。

**二、对履行经济责任过程中存在的问题应当承担的责任**

（一）领导干部对履行经济责任过程中的下列行为应当承担直接责任。

1. 直接违反有关党内法规、法律法规、政策规定的；

2. 授意、指使、强令、纵容、包庇下属人员违反有关党内法规、法律法规、政策规定的；

3. 贯彻党和国家经济方针政策、决策部署不坚决、不全面、不到位，造成公共资金、国有资产、国有资源损失浪费，生态环境破坏，公共利益损害等后果的；

4. 未完成有关法律法规规章、政策措施、目标责任书等规定的领导干部作为第一责任人（负总责）事项，造成公共资金、国有资产、国有资源损失浪费，生态环境破坏，公共利益损害等后果的；

5. 未经民主决策程序或者民主决策时在多数人不同意的情况下，直接决定、批准、组织实施重大经济事项，造成公共资金、国有资产、国有资源损失浪费，生态环境破坏，公共利益损害等后果的；

6. 不履行或者不正确履行职责，对造成的后果起决定性作用的其他行为。

（二）领导干部对履行经济责任过程中的下列行为应当承担领导责任。

1. 民主决策时，在多数人同意的情况下，决定、批准、组织实施重大经济事项，由于决策不当或者决策失误造成公共资金、国有资产、国有资源损失浪费，生态环境破坏，公共利益损害等后果的；

2. 违反部门、单位内部管理规定造成公共资金、国有资产、国有资源损失浪费，生态环境破坏，公共利益损害等后果的；

3. 参与相关决策和工作时，没有发表明确的反对意见，相关决策和工作违反有关党内法规、法律法规、政策规定，或者造成公共资金、国有资产、国有资源损失浪费，生态环境破坏，公共利益损害等后果的；

4. 疏于监管，未及时发现和处理所管辖范围内本级或者下级部门、单位等违反有关党内法规、法律法规、政策规定的问题，造成公共资金、国有资产、国有资源损失浪费，生态环境破坏，公共利益损害等后果的；

5. 除直接责任外，不履行或者不正确履行职责，对造成的后果应当承担责任的其他行为。

中共高密市委组织部<br>中共高密市委审计委员会办公室<br>高密市审计局

年　月　日

领导干部（签字）：

附件 2

# 部门单位市管主要领导干部经济责任告知书

________同志：

根据《高密市市管党政主要领导干部和国有企事业单位主要领导人员任前经济责任以及自然资源资产管理和生态环境保护责任告知办法》规定，现将您担任____________________________________（职务）期间应履行的经济责任事项和相关要求、对履职过程中存在的问题应承担的责任告知如下。

**一、应履行的经济责任事项和相关要求**

（一）在贯彻执行党和国家经济方针政策、决策部署，省委省政府、潍坊及高密市委、市政府工作要求方面，应当做到认真、及时、有效，结合单位实际，制定有针对性的制度办法，并采取有效措施积极推进，严格按要求抓好各项工作，确保把各项政策和要求不折不扣落到实处，防止乱作为、不作为、慢作为等问题的发生。

（二）在本部门本单位重要发展规划和政策措施的制定执行方面，应当树立科学的发展观和正确的政绩观，制定科学合理的本部门本单位发展规划和政策措施，明确工作思路和具体措施，按照“三定”规定履行部门职责，认真完成潍坊及高密市委、市政府部署的改革任务和重点改革事项，以及上级主管部门下达的工作目标任务，积极推动本部门本单位科学发展和高质量发展。

（三）在重大经济事项的决策执行方面，应当做到依法决策、科学决策和民主决策，建立健全重大经济事项集体决策制度，健全决策程序，重视决策内容合法合规性审查以及决策事项的后续监管和执行效果，避免因未经集体决策、决策失误、监管不力等，造成公共资金、国有资产、国有资源损失浪费，生态环境破坏，公共利益损害等问题。

（四）在财政财务管理和经济风险防范方面，应当严格遵守预算法、会计法、全面实施预算绩效管理意见等财经法规，强化预算执行、风险管控和绩效管理，加强预算收支、决算、项目投资、政府采购、国有资产等方面的管理，提高资金和资产使用绩效。

（五）在内部管理和对所属单位有关经济活动的监管方面，应当建立健全并严格执行资产、财务、业务、合同等内部管理制度和网络安全制度；加强对所属部门、单位的监督和管理；重视并支持内部审计工作，防止因监管不到位造成所属部门、单位发生违纪违规等问题。

（六）在经济活动中落实有关党风廉政建设责任和遵守廉洁从政规定方面，应当切实履行党风廉政建设第一责任人职责，建立健全本单位廉政风险防控体系；严格落实中央八项规定精神、《党政机关厉行节约反对浪费条例》等规定，严格控制楼堂馆所建设、“三公”经费等支出，严格执行办公用房和公务用车标准，严禁违规发放津贴补贴奖金等；严禁在重大投资、工程招投标、资金分配、政府采购等方面滥用职权。

（七）在以往审计发现问题整改方面，应当认真整改审计查出的问题，并举一反三，加强管理，完善相关制度。

（八）其他应当履行的经济责任。

**二、对履行经济责任过程中存在的问题应当承担的责任**

（一）领导干部对履行经济责任过程中的下列行为应当承担直接责任。

1. 直接违反有关党内法规、法律法规、政策规定的；

2. 授意、指使、强令、纵容、包庇下属人员违反有关党内法规、法律法规、政策规定的；

3. 贯彻党和国家经济方针政策、决策部署不坚决、不全面、不到位，造成公共资金、国有资产、国有资源损失浪费，生态环境破坏，公共利益损害等后果的；

4. 未完成有关法律法规规章、政策措施、目标责任书等规定的领导干部作为第一责任人（负总责）事项，造成公共资金、国有资产、国有资源损失浪费，生态环境破坏，公共利益损害等后果的；

5. 未经民主决策程序或者民主决策时在多数人不同意的情况下，直接决定、批准、组织实施重大经济事项，造成公共资金、国有资产、国有资源损失浪费，生态环境破坏，公共利益损害等后果的；

6. 不履行或者不正确履行职责，对造成的后果起决定性作用的其他行为。

（二）领导干部对履行经济责任过程中的下列行为应当承担领导责任：

1. 民主决策时，在多数人同意的情况下，决定、批准、组织实施重大经济事项，由于决策不当或者决策失误造成公共资金、国有资产、国有资源损失浪费，生态环境破坏，公共利益损害等后果的；

2. 违反部门、单位内部管理规定造成公共资金、国有资产、国有资源损失浪费，生态环境破坏，公共利益损害等后果的；

3. 参与相关决策和工作时，没有发表明确的反对意见，相关决策和工作违反有关党内法规、法律法规、政策规定，或者造成公共资金、国有资产、国有资源损失浪费，生态环境破坏，公共利益损害等后果的；

4. 疏于监管，未及时发现和处理所管辖范围内本级或者下级部门、单位等违反有关党内法规、法律法规、政策规定的问题，造成公共资金、国有资产、国有资源损失浪费，生态环境破坏，公共利益损害等后果的；

5. 除直接责任外，不履行或者不正确履行职责，对造成的后果应当承担责任的其他行为。

中共高密市委组织部

中共高密市委审计委员会办公室

高密市审计局

年 月 日

领导干部（签字）：

附件3

# 市属国有企业主要领导人员经济责任告知书

________同志：

根据《高密市市管党政主要领导干部和国有企事业单位主要领导人员任前经济责任以及自然资源资产管理和生态环境保护责任告知办法》规定，现将您担任____________________________________（职务）期间应履行的经济责任事项和相关要求、对履职过程中存在的问题应承担的责任告知如下：

**一、应履行的经济责任事项和相关要求**

（一）在贯彻执行党和国家经济方针政策、决策部署，省委省政府、潍坊及高密市委、市政府工作要求方面，应当做到认真、及时、有效，结合企业实际，制定有针对性的制度办法，并采取有效措施积极推进，确保把各项政策和要求不折不扣落到实处，防止乱作为、不作为、慢作为等问题的发生。

（二）在企业发展战略规划的制定执行方面，应当树立科学的发展观和正确的政绩观，制定科学合理的企业发展战略规划；通过调整产业结构、加大研发投入等措施，提高自主创新能力和核心竞争力；认真完成潍坊及高密市委、市政府交办的重大任务，以及与市国资局或其他部门签订的责任目标，推动企业高质量发展。

（三）在重大经济事项的决策执行方面，应当做到依法决策、科学决策和民主决策，建立健全重大经济事项集体决策制度，健全决策程序，重视决策内容合法合规性审查以及决策事项的后续监管和执行效果，特别是对重大投资和工程建设项目、重大物资和服务采购、重大资本运作和资产处置、重大对外担保和出借资金等事项，避免因未经集体决策、决策失误、监管不力等，造成公共资金、国有资产、国有资源损失浪费，生态环境破坏，公共利益损害等问题。

（四）在企业法人治理结构的建立运行和内部控制方面，应当健全完善企业法人治理结构，发挥企业党委政治核心作用，以及董事会、经理层各自作用；建立健全生产经营、投融资、内部审计等内部控制制度；加强对所属企业单位发展战略、对外投资、对外担保、项目建设、大额资金运作等决策执行的管理和监督。

（五）在财务管理和风险管控方面，应当制定合理的企业经营战略和风险防控机制，避免管理层级过多、链条过长、管理手段落后等情况；确保资产负债损益的真实、合法和效益性；加大对重大投资尤其是境外投资、经营、债务、金融业务、网络信息安全等方面的风险管控。

（六）在经济活动中落实有关党风廉政建设责任和遵守廉洁从业规定方面，应当切实履行党风廉政建设第一责任人职责，建立健全本单位廉政风险防控体系；严格落实中央八项规定精神，严禁违规公款出国、超标准购置公务用车、豪华装饰办公场所和添置高档办公用品、公款吃喝、公款旅游、会议接待铺张浪费等问题；严禁在重大投资、工程招投标、物资采购、资产处置等方面滥用职权。

（七）在以往审计发现问题整改方面，应当认真整改审计查出的问题，并举一反三，加强管理，完善相关制度。

（八）其他应当履行的经济责任。

**二、对履行经济责任过程中存在的问题应当承担的责任**

（一）领导干部对履行经济责任过程中的下列行为应当承担直接责任。

1. 直接违反有关党内法规、法律法规、政策规定的；

2. 授意、指使、强令、纵容、包庇下属人员违反有关党内法规、法律法规、政策规定的；

3. 贯彻党和国家经济方针政策、决策部署不坚决、不全面、不到位，造成公共资金、国有资产、国有资源损失浪费，生态环境破坏，公共利益损害等后果的；

4. 未完成有关法律法规规章、政策措施、目标责任书等规定的领导干部作为第一责任人（负总责）事项，造成公共资金、国有资产、国有资源损失浪费，生态环境破坏，公共利益损害等后果的；

5. 未经民主决策程序或者民主决策时在多数人不同意的情况下，直接决定、批准、组织实施重大经济事项，造成公共资金、国有资产、国有资源损失浪费，生态环境破坏，公共利益损害等后果的；

6. 不履行或者不正确履行职责，对造成的后果起决定性作用的其他行为。

（二）领导干部对履行经济责任过程中的下列行为应当承担领导责任。

1. 民主决策时，在多数人同意的情况下，决定、批准、组织实施重大经济事项，由于决策不当或者决策失误造成公共资金、国有资产、国有资源损失浪费，生态环境破坏，公共利益损害等后果的；

2. 违反部门、单位内部管理规定造成公共资金、国有资产、国有资源损失浪费，生态环境破坏，公共利益损害等后果的；

3. 参与相关决策和工作时，没有发表明确的反对意见，相关决策和工作违反有关党内法规、法律法规、政策规定，或者造成公共资金、国有资产、国有资源损失浪费，生态环境破坏，公共利益损害等后果的；

4. 疏于监管，未及时发现和处理所管辖范围内本级或者下级部门、单位等违反有关党内法规、法律法规、政策规定的问题，造成公共资金、国有资产、国有资源损失浪费，生态环境破坏，公共利益损害等后果的；

5. 除直接责任外，不履行或者不正确履行职责，对造成的后果应当承担责任的其他行为。

中共高密市委组织部

中共高密市委审计委员会办公室

高密市审计局

年 月 日

领导干部（签字）：

附件4

# 镇（街、区）党（工）委、政府（办事处、管委会）主要领导干部自然资源资产管理和生态环境保护责任告知书

________同志：

根据《高密市市管党政主要领导干部和国有企事业单位主要领导人员任前经济责任以及自然资源资产管理和生态环境保护责任告知办法》规定，现将您担任__________________________________（职务）期间应履行的自然资源资产管理和生态环境保护责任事项及相关要求告知如下。

一、在贯彻执行中央生态文明建设方针政策和决策部署，省委省政府、潍坊及高密市委、市政府工作要求方面，应当结合本地区实际，制定生态文明体制改革相关的制度办法，并采取有效措施，保障国家有关自然资源资产和生态环境保护重大战略及改革任务落地见效。

二、在遵守自然资源资产管理和生态环境保护法律法规方面，应当依法管理自然资源资产、保护生态环境；制定出台和审查批准的当地自然资源资产开发利用和生态环境保护法规制度、规划（计划），应当与上位法规制度及上级规划（计划）相衔接；自然资源资产开发利用和生态环境保护重大经济活动及建设项目，应当依法依规进行。

三、在自然资源资产管理和生态环境保护重大决策方面，针对经济社会发展、自然资源开发利用和生态环境保护重大事项决策审批以及规划（计划）调整事项，应当落实资源生态环境相关禁止性、限制性、约束性政策要求；符合主体功能区划、土地利用总体规划、城乡规划等规定，以及国家公园等自然保护地自然生态系统保护要求；应当落实环境影响评价有关要求，推动重点生态功能区产业准入负面清单落地实施。

四、在完成自然资源资产管理和生态环境保护目标方面，应当保证完成上级确定的自然资源利用、环境治理、环境质量、生态保护等方面约束性指标；完成大气、水、土壤污染防治等行动计划确定的目标，以及其他纳入国家和地方生态文明建设考核的任务目标。

五、在履行自然资源资产管理和生态环境保护监督责任方面，应当依法加强监督检查，保证自然资源资产开发合法、管理有序、使用有效，守住自然资源消耗上限、环境质量底线、生态保护红线等资源环境生态红线，建立资源环境承载能力变化情况及监测预警机制并有效运行；加大严重损毁自然资源资产和重大生态破坏（灾害）、环境污染事件预防处置力度，以及环境监测、环境统计和数据弄虚作假案件查处力度，认真抓好各级环保、土地等督察检查发现问题整改。

六、在组织自然资源资产和生态环境保护相关资金征管用及项目建设运行方面，应当加强对有关自然资源资产和生态环境保护

税费、政府性基金以及国有自然资源资产有偿使用收入的征收管理，保证应收尽收，禁止违规减征、免征和缓征，防止隐瞒转移、坐收坐支等问题发生；加强对生态环境保护资金投入使用的监督管理，防止挤占、挪用和损失浪费等问题发生；加强对自然资源资产开发利用和生态环境保护重点项目、设施建设运营情况的监督管理，防止违法违规建设，以及项目建设进度迟缓、建成后闲置等效益低下问题发生。

七、在以往审计发现问题整改方面，应当认真整改审计查出的问题，并举一反三，加强管理，完善相关制度。

八、其他应当履行的自然资源资产管理和生态环境保护责任。

中共高密市委组织部
中共高密市委审计委员会办公室
高密市审计局

年 月 日

领导干部（签字）：

附件5

# 部门单位市管主要领导干部自然资源资产管理和生态环境保护责任告知书

________同志：

根据《高密市市管党政主要领导干部和国有企事业单位主要领导人员任前经济责任以及自然资源资产管理和生态环境保护责任告知办法》规定，现将您担任____________________________________（职务）期间应履行的自然资源资产管理和生态环境保护责任事项及相关要求告知如下。

一、在贯彻执行中央生态文明建设方针政策和决策部署，省委省政府、潍坊及高密市委、市政府工作要求方面，应当结合实际，制定生态文明体制改革相关的制度办法，并采取有效措施，保障国家有关自然资源资产和生态环境保护重大战略及改革任务落地见效。

二、在遵守自然资源资产管理和生态环境保护法律法规方面，应当制定出台有关自然资源资产管理和生态环境保护的具体制度和办法，并与上位法规制度相衔接；对自然资源资产开发利用和生态环境保护重大经济活动及建设项目，应当在职责范围内，依法依规尽职尽责。

三、在自然资源资产管理和生态环境保护重大决策方面，针对经济社会发展、自然资源开发利用和生态环境保护重大事项决策审批以及规划（计划）调整事项，应当落实资源生态环境相关禁止性、限制性、约束性政策要求；符合主体功能区划、土地利用总体规划、城乡规划等规定，以及国家公园等自然保护地自然生态系统保护要求；应当落实环境影响评价有关要求，推动重点生态功能区产业准入负面清单落地实施的相关职责。

四、在完成自然资源资产管理和生态环境保护目标方面，应当完成上级确定的自然资源利用、环境治理、环境质量、生态保护等方面约束性指标相关职责；完成大气、水、土壤污染防治等行动计划确定的目标应尽职责，以及其他纳入国家和地方生态文明建设考核的任务目标的相关职责。

五、在履行自然资源资产管理和生态环境保护监督责任方面，应当依法加强监督检查，保证自然资源资产开发合法、管理有序、使用有效，守住自然资源消耗上限、环境质量底线、生态保护红线等资源环境生态红线，建立资源环境承载能力变化情况及监测预警机制并有效运行；加大严重损毁自然资源资产和重大生态破坏（灾害）、环境污染事件预防处置力度，以及环境监测、环境统计和数据弄虚作假案件查处力度，认真抓好各级环保、土地等督察检查发现问题整改。

六、在组织自然资源资产和生态环境保护相关资金征管用及项目建设运行方面，应当完善基础管理和长效机制，建立健全内部控制，堵塞管理漏洞；应当加强对有关自然资源资产和生态环境保护税费、政府性基金以及国有自然资源资产有偿使用收入的征收管理，保证应收尽收，禁止违规减征、免征和缓征，防止隐瞒转移、坐收坐支等问题发生；加强对生态环境保护资金投入使用的监督管理，防止挤占、挪用和损失浪费等问题发生；加强对自然资源资产开发利用和生态环境保护重点项目、设施建设运营情况的监督管理，防止违法违规建设，以及项目建设进度迟缓、建成后闲置等效益低下问题发生。

七、在以往审计发现问题整改方面，应当认真整改审计查出的问题，并举一反三，加强管理，完善相关制度。

八、其他应当履行的自然资源资产管理和生态环境保护责任。

中共高密市委组织部

中共高密市委审计委员会办公室

高密市审计局

年 月 日

领导干部（签字）：

# 后　记

高密市审计局自1984年成立以来，历经40年风风雨雨。为总结历史、鼓舞斗志、明确方向、凝聚力量，用历史经验启迪智慧、砥砺品格，开创审计事业新局面，2023年，在高密市委、市政府的正确领导和相关部门单位的大力支持下，高密市审计局决定编纂《高密市审计志》。高密市审计局党组书记、局长王丽萍任总负责人，组建班子，保证人员到位、经费到位，对编纂工作给予高度重视和支持。

2023年7月开始，编纂人员在深入调查研究、征询各方面建议和相关部门意见基础上，参考有关资料，拟订纲目。期间，按照“求证每一个疑点、不漏一个细节”的原则，编纂人员多次到高密市委组织部、市委机构编制委员会办公室、市委党史研究中心、市人力资源和社会保障局、市融媒体中心、市档案馆等单位调查、查阅资料，还通过走访、联系老干部等获取第一手资料。2023年12月，45余万字的初稿终于完成。随后，编纂委员会6次召开书稿研讨会，对资料薄弱的章节进行补充完善，征询当事人意见，纠正偏差，弥补疏漏。

《高密市审计志》是高密市审计局成立后编纂的第一部专业性资料著述。高密市审计局党组书记、局长王丽萍多次召集会议研究调度，反复斟酌讨论；局班子其他成员结合各自分工对书稿提出了很多宝贵的意见；局机关各科室提供了大量基础原始资料。戴学仁、张宗春、戴晶、张志伟、李玉德等领导同志，提供了许多珍贵史料，并对本书的修改完善提出了建议。

高密市委党史研究中心、市档案局等单位对该书出版给予了及时指导和帮助。市委党史研究中心多次为编纂工作把关定向，提出了许多宝贵意见，使编纂工作得以顺利进行。本书即将付梓之际，对以上单位及各位领导、同志一并表示衷心感谢！

由于时间仓促、时间跨度大、资料繁多，难免存在疏漏差错，不足之处敬请读者批评指正。

《高密市审计志》编纂委员会

2024年12月